JE ME TUERAIS POUR VOUS

et autres nouvelles inédites

DU MÊME AUTEUR

Aux éditions Grasset

GATSBY LE MAGNIFIQUE, traduit par Jacques Tournier, 1996 ; Les Cahiers Rouges, 2007.

UN LÉGUME OU LE PRÉSIDENT DEVENU FACTEUR, traduit par Charles Dantzig, Les Cahiers Rouges, 2008.

DES LIVRES ET UNE ROLLS, traduit par Guillaume Villeneuve, préface de Charles Dantzig, 2013 ; Les Cahiers Rouges, 2016.

Aux éditions Fayard

Carnets, traduit et préfacé par Pierre Guglielmina, 2002.

FRANCIS SCOTT FITZGERALD

JE ME TUERAIS POUR VOUS

et autres nouvelles inédites

Traduit de l'anglais (États-Unis)
par MARC AMFREVILLE

Postface de ANNE MARGARET DANIEL

BERNARD GRASSET / FAYARD
PARIS

L'édition originale de cet ouvrage a été publiée en 2017 par Hoffmann & Campe Verlag, sous le titre :

I'D DIE FOR YOU, AND OTHER LOST STORIES

Couverture : © MP / Leemage (photo) / © BridgemanImages (signature).

ISBN 978-2-246-81294-4

Reconnaissance de dette

I.

Ce n'est pas mon vrai nom que vous lisez ci-dessus – celui auquel il appartient m'a donné la permission de l'utiliser pour signer ce texte. Je ne divulguerai pas le mien. Je suis éditeur. Je publie de longues histoires d'amour écrites par de vieilles filles du Dakota du Sud, des romans policiers qui parlent de riches hommes du monde et de femmes apaches dotées de « grands yeux noirs », des travaux sur telle ou telle menace ou sur la couleur de la lune à Tahiti, rédigés par des universitaires et autres chômeurs. Je n'accepte aucune œuvre de fiction proposée par des écrivains de moins de quinze ans. Les éditorialistes et les communistes (je confonds toujours ces deux mots) me vouent aux gémonies parce que je ne m'intéresse qu'à l'argent. C'est vrai, je suis extrêmement vénal. Ma femme en a besoin. Mes enfants dépensent sans compter. Si on m'offrait tout l'argent qui s'entasse à New York, je ne le refuserais pas. Je préférerais publier un livre qui promette un premier tirage de cinq cent mille exemplaires, plutôt que d'avoir découvert Samuel Butler, Theodore Dreiser et James Branch Cabell la même année. Vous penseriez comme moi si vous étiez éditeur.

Il y a six mois, j'ai signé un contrat pour une valeur sûre. Un livre de la main d'Harden, le spécialiste des recherches parapsychologiques – le célèbre Dr Harden. Son premier essai, publié par mes soins en 1913, avait accroché le public comme un crabe de Long Island vous saisit, et à l'époque, le parapsychologique était loin d'être aussi en vogue qu'aujourd'hui. Nous l'avons annoncé comme un livre à la puissance émotionnelle sans précédent. Son neveu, Cosgrove Harden, était mort à la guerre, et le Dr Harden avait écrit avec élégance et pudeur un récit sur la façon dont il était entré en communication par divers moyens avec ce jeune homme dans l'au-delà.

Le Dr Harden ne recherchait pas le succès à tout prix. C'était un savant éminent, titulaire d'un doctorat de psychologie délivré par l'Université de Vienne, et d'un autre, de droit, décerné par l'Université d'Oxford, autrefois professeur invité à l'Université d'Ohio. Son livre n'était ni aride ni naïf. Il était animé par un sérieux absolu. Par exemple, il racontait dans ces pages qu'un jeune homme du nom de Wilkins était venu frapper à sa porte en affirmant que le défunt lui devait trois dollars et quatre-vingts cents. Il lui avait demandé de sonder les intentions du disparu à ce sujet. Le Dr Harden avait catégoriquement refusé. Il considérait que pareille requête équivalait à prier les saints pour un parapluie égaré.

La publication nous a demandé quatre-vingt-dix jours de préparation. Pour la première de couverture, nous avions le choix entre trois types de police différents et deux illustrations, tous commandés aux étoiles de la profession, avant que la jaquette proprement dite soit confectionnée. Les épreuves finales ont été relues par sept correcteurs irréprochables pour que le plus léger tremblement dans la queue d'une virgule ou la moindre coulée dans un I majuscule ne risquent pas d'offenser la vue si exigeante du Grand Public Américain.

Quatre semaines avant la date prévue pour la publication, de volumineuses caisses partirent en direction d'un millier de points du paysage littéraire. Rien qu'à Chicago, on en expédia vingt-sept mille exemplaires. À Galveston, Texas, sept mille. Cent autres furent envoyées non sans regret à Bisbee, Arizona, Redwing, Minnesota, et Atlanta, Géorgie. Les plus grandes villes étant souvent victimes de problèmes d'acheminement des colis, des lots de vingt, trente et quarante livres furent disséminés çà et là aux quatre coins du continent, à la façon dont un artiste qui réalise des œuvres avec du sable en éparpille quelques fines poignées à la dernière minute sur son tableau.

Le premier tirage s'élevait précisément à trois cent mille.

Dans le même temps, le service de presse travaillait sans relâche de 9 heures à 17 heures six jours par semaine : on mettait en italiques, soulignait, ajoutait majuscules et doubles majuscules, on préparait des accroches, des titres, des articles ciblés sur la personne et des interviews ; on sélectionnait des photographies qui montraient le Dr Harden en train de méditer, de rêver ou de contempler le paysage ; on choisissait des clichés où on le voyait une raquette de tennis ou un club de golf à la main, en compagnie d'une belle-sœur, devant l'océan. On préparait des centaines de notes sur le texte. Les exemplaires du service de presse constituaient des piles considérables qu'on expédiait aux critiques d'un millier de journaux et revues.

La date arrêtée était le 15 avril. Le 14, un silence fébrile envahit les bureaux, et au magasin du rez-de-chaussée, les employés surveillaient nerveusement les rayons où des piles d'exemplaires seraient bientôt installées et les vitrines encore vides où trois étalagistes experts devaient travailler toute la soirée pour disposer les livres en carrés, monticules, tas, cercles, cœurs, étoiles et parallélogrammes.

Au matin du 15 avril, à 9 heures moins 5, Miss Jordan, la chef sténographe, s'évanouit d'excitation dans les bras de mon associé. À 9 heures tapantes, un vieux monsieur arborant des favoris dignes de Lord Dundreary acheta le premier exemplaire de *L'Aristocratie du monde des esprits*. Le grand livre était lancé.

Trois semaines plus tard, je décidai de me rendre à Joliet, Ohio, pour rencontrer le Dr Harden. Une reprise de la fameuse histoire de Mahomet (ou était-ce Moïse ?) et de la montagne. C'était un homme timide et replié sur lui-même. Il fallait l'encourager, le féliciter, mettre en échec les avances que pourraient lui faire des éditeurs rivaux. J'entendais prendre toutes les dispositions nécessaires pour qu'il me confie son prochain ouvrage, et c'est avec cette idée en tête que j'emportais plusieurs contrats soigneusement formulés qui lui épargneraient le désagréable souci des contingences matérielles pour les cinq années à venir.

Nous quittâmes New York à 16 heures. En déplacement, j'ai coutume de glisser une demi-douzaine d'exemplaires de mon livre-phare et de les prêter sur un mode décontracté à mes compagnons de voyage qui paraissent les plus intelligents dans l'espoir de faire connaître l'ouvrage à un nouveau cercle de lecteurs. Avant notre arrivée à Trenton, une dame qui portait un lorgnon, installée dans une cabine de luxe, tournait avec méfiance les pages du volume, le jeune homme qui occupait la couchette du haut dans mon compartiment était absorbé par la lecture d'un deuxième, et une jeune fille vaguement rousse, aux yeux particulièrement doux, jouait au morpion sur la couverture du sien.

Pour ma part, je somnolais. Sans changement notoire, le paysage du New Jersey laissa la place à celui de la Pennsylvanie. Nous vîmes défiler de nombreuses vaches, des étendues considérables de forêts et de champs, et toutes les vingt minutes environ, le même paysan nous apparaissait, assis dans sa charrette près de la gare du village, qui chiquait son tabac en fixant pensivement les vitres du train Pullman.

Nous avions bien dû passer devant lui dix ou quinze fois quand je fus interrompu dans ma sieste par le jeune homme partageant mon compartiment qui s'était mis à agiter les pieds comme un batteur qui joue de la grosse caisse dans un orchestre et à pousser petits cris et grognements. J'étais à la fois surpris et ravi parce que je voyais qu'il était profondément ému, bouleversé par le livre qu'il serrait entre ses longs doigts blancs : *L'Aristocratie du monde des esprits* du Dr Harden.

« Eh bien, lançai-je d'un ton enjoué, cela vous intéresse, on dirait ? »

Il releva la tête. Sur son visage émacié, luisaient ces yeux qu'on ne voit qu'à deux sortes d'hommes : ceux qui ne jurent que par le spiritualisme et ceux qui l'abhorrent.

Comme il semblait encore passablement étourdi, je répétai ma question.

« Si ça m'intéresse ? M'intéresse ? s'écria-t-il. Mon Dieu ! »

Je l'examinai attentivement. Oui, c'était clairement soit un médium soit un de ces jeunes gens moqueurs qui écrivent des nouvelles humoristiques sur le spiritisme dans les magazines bon marché.

« Un ouvrage… remarquable, reprit-il. Le héros, si j'ose dire, a évidemment passé le plus clair de son temps depuis sa mort à dicter son histoire à son oncle. »

Je me déclarai tout à fait d'accord.

« La valeur de ce témoignage, évidemment, soupira-t-il, dépend entièrement de l'endroit où le jeune homme dit se trouver.

– Bien entendu. » Quelque peu déconcerté, j'ajoutai : « Il doit être au paradis, et non pas au… purgatoire.

– Oui, reconnut-il après réflexion. Ce serait gênant qu'il se trouve au purgatoire… et a fortiori, qu'il soit ailleurs encore. »

Là, il dépassait les bornes.

« Rien dans la vie de ce jeune homme ne pourrait laisser supposer qu'il soit… qu'il soit en…

– Bien sûr que non. Je ne pensais pas à la région que vous avez en tête. J'ai seulement dit qu'il serait gênant qu'il se trouve au purgatoire, et plus encore qu'il soit ailleurs.

– Mais où, je vous prie ?

– À Yonkers, par exemple. »

L'idée me fit sursauter.

« Comment dites-vous ?

– En fait, s'il se trouvait au purgatoire, ce serait à mon avis une petite erreur de sa part, mais s'il était à Yonkers…

– Cher Monsieur, l'interrompis-je, quel rapport pourrait-il bien y avoir entre Yonkers et *L'Aristocratie du monde des esprits* ?

– Aucun. J'ai seulement suggéré que s'il était à Yonkers…

– Mais il n'y est pas.

– Non, bien entendu. » Il marqua une pause et soupira de nouveau. « En fait, il est récemment passé d'Ohio en Pennsylvanie. »

Cette fois, la tension nerveuse me fit littéralement bondir. Je n'avais pas encore compris où il voulait en venir, et pourtant, je devinais que ses remarques devaient avoir un sens caché.

« Vous voulez dire, m'empressai-je de lui faire préciser, que vous ressentez sa présence astrale ? »

Le jeune homme se redressa brutalement.

« Cela suffit maintenant, articula-t-il avec véhémence. Il semble que depuis un mois je suis le jouet de tous les Basil King et de toutes les avaleuses de couleuvres des États-Unis. Il se trouve, Monsieur, que je m'appelle Cosgrove P. Harden. Je ne suis pas mort. Je ne l'ai jamais été. Mais après la lecture de ce livre, je ne serai plus jamais rassuré à l'idée de mourir. »

II.

De l'autre côté de l'allée centrale, la jeune fille fut si étonnée par mon cri de douleur et de surprise qu'elle traça une croix au lieu d'un cercle.

J'eus soudain la vision d'une interminable file d'attente s'étirant depuis la 40e Rue, où se trouve ma maison d'édition, jusqu'à la Bowery – cinq cent mille personnes les doigts crispés sur leur exemplaire de *L'Aristocratie du monde des esprits*, venues exiger la restitution de leurs deux dollars cinquante. Je me demandai aussitôt si je ne pouvais pas changer tous les noms propres et faire passer l'ouvrage de ma collection

« Documentaires » à mes « Fictions ». Mais même pour cela, il était déjà trop tard. Trois cent mille exemplaires étaient déjà entre les mains du Public Américain.

Quand je me fus suffisamment remis de mes émotions, le jeune homme me fit le récit complet de ses expériences depuis l'annonce de sa mort. Trois mois dans une prison allemande, dix mois hospitalisé pour une fièvre cérébrale, un mois entier ensuite avant qu'il pût se souvenir de son propre nom. Une demi-heure après son arrivée à New York, il avait croisé un vieil ami qui l'avait regardé fixement avant de s'étrangler et de s'évanouir sur-le-champ. Quand il eut repris connaissance, ils allèrent prendre un cocktail au bar le plus proche, et une heure plus tard, Cosgrove Harden avait recueilli le récit le plus ahurissant qu'un homme eût jamais entendu sur lui-même.

Il héla un taxi et se rendit dans une librairie. L'ouvrage qu'il cherchait était déjà épuisé. Il avait aussitôt pris le train pour Joliet, Ohio, et par un coup de chance, on avait mis le livre entre ses mains.

Je pensai tout d'abord que l'inconnu était un maître chanteur, mais en le comparant à la photographie reproduite en page 226 de *L'Aristocratie du monde des esprits*, je constatai qu'il s'agissait indubitablement de Cosgrove P. Harden. Il était plus maigre et plus vieux que sur ce cliché, la moustache avait disparu, mais c'était bel et bien le même homme.

Désespéré, je poussai un profond soupir.

« Pour une fois qu'un document se vend mieux qu'un roman.

– Un roman ! Mais précisément, c'en est un ! s'exclama-t-il, rageur.

– En un certain sens, oui, concédai-je.

– En un certain sens ? C'est de la fiction ! Il remplit tous les critères d'une œuvre de fiction : ce n'est qu'un long mensonge à l'eau de rose. Vous diriez que c'est un témoignage ?

– Non, répondis-je calmement. Je parlerais plutôt de "non-fiction". Une forme de littérature hybride entre la fiction et le témoignage. »

Il ouvrit le livre au hasard et poussa un petit cri de détresse poignante qui fit marquer une pause à la jeune fille rousse dans ce qui était sans doute les demi-finales de son tournoi de morpion.

« Regardez ! gémit-il pitoyablement. Regardez ! Il est écrit "Lundi". Pensez à mon existence sur "ce rivage lointain" un "lundi". Je vous demande un peu ! Je suis en train de respirer des fleurs. Je passe ma journée à respirer des fleurs. Vous voyez, n'est-ce pas ? Page 194, au premier paragraphe, un parfum de rose se répand… »

Je soulevai le livre avec soin pour l'approcher de mes narines.

« Je ne remarque rien, c'est sans doute l'encre qui…

– Ne respirez pas, lisez ! s'écria-t-il. Je hume le parfum d'une rose et pendant deux paragraphes, je suis plongé dans une sorte d'extase par la noblesse naturelle de l'être humain. Rien qu'une petite bouffée ! Ensuite, je me consacre pendant une heure aux marguerites. Mon Dieu ! Je ne vais jamais plus pouvoir participer à la moindre réunion à l'université. »

Il tourna quelques pages, et geignit de nouveau.

« Et me voici en compagnie des enfants. Je danse avec eux. Je passe toute la journée avec eux et nous dansons. Pas même un *shimmy*[1] comme on les aime. Nous faisons

1. Danse des années 20 (*NdT*).

quelque chose d'artistique. Je ne sais pas danser. Je déteste les enfants. Mais à peine mort, que je me retrouve moitié nounou, moitié dansant dans une comédie musicale.

– Allons, allons, me hasardai-je à le contredire, ce passage a reçu tous les suffrages. Voyez un peu comment sont décrits vos vêtements. Vous êtes enveloppé dans… une sorte de robe en tissu vaporeux. Elle flotte derrière vous…

– Un peu comme une chemise de nuit trop ample, m'interrompit-il, maussade, et des feuilles me tombent sur la tête. »

Il me fallait le reconnaître. On décrivait bel et bien des feuilles.

« Tout de même, suggérai-je, songez comme cela aurait pu être pire. Il aurait pu vous rendre complètement ridicule s'il vous avait fait répondre à des questions sur le numéro figurant sur le boîtier de la montre de votre grand-père, ou sur une dette de jeu s'élevant à trois dollars quatre-vingts. »

Il y eut un silence de quelques secondes.

« Drôle de loustic, mon oncle, dit-il, pensif. Je crois qu'il doit être un peu fou.

– Mais pas du tout, lui assurai-je. J'ai eu affaire aux auteurs toute ma vie, et c'est sans doute le plus sain d'esprit que nous ayons rencontré. Il n'a jamais tenté de nous emprunter d'argent, n'a jamais exigé que nous renvoyions les responsables de notre stratégie publicitaire, et il ne nous a jamais juré que ses amis de Boston, Massachusetts, n'avaient pas reçu les exemplaires de son livre.

– Je compte quand même donner une sacrée correction à son corps astral.

– C'est là toute votre intention ? m'inquiétai-je. Vous n'allez pas apparaître en utilisant votre vrai nom pour gâcher les ventes de ce livre, n'est-ce pas ?

– Quoi !

– Vous ne feriez sûrement pas une chose pareille ! Pensez à la déception que vous causeriez. Vous feriez cinq cent mille malheureux !

– Mais les femmes, répondit-il, morose, les femmes ont le goût du malheur. Songez un peu à ma petite amie, la fille à laquelle j'étais fiancé. Comment croyez-vous qu'elle a réagi à mon soudain intérêt pour les fleurs depuis que je l'ai quittée ? Vous pensez qu'elle m'a vu d'un bon œil danser avec des enfants pendant toute… toute la page 221. À moitié nu ! »

J'étais au désespoir. Il me fallait envisager le pire.

« Mais que comptez-vous faire exactement ?

– Ce que je compte faire ? s'exclama-t-il, fou de rage. Eh bien je vais faire envoyer mon oncle en prison, ainsi que son éditeur, son agent, et toute l'équipe jusqu'au dernier satané typographe qui a participé à l'impression. »

III.

Quand nous atteignîmes Joliet, Ohio, à 9 heures le lendemain matin, j'avais réussi à le calmer et à lui rendre un semblant de raison. Je lui expliquai que son oncle était un vieil homme, qu'il s'était fourvoyé. À n'en pas douter, on l'avait sans doute abusé lui-même. Son cœur était peut-être faible et il pourrait bien lâcher quand il verrait son neveu remonter soudain son allée.

J'avais bien entendu en tête l'idée d'un compromis que nous pourrions trouver. Si j'arrivais à persuader Cosgrove de disparaître pendant environ cinq ans pour une somme raisonnable, tout n'était pas encore perdu.

Et donc, en quittant la petite gare, nous évitâmes le village, et dans un silence déprimant, nous parcourûmes les quelque huit cents mètres qui conduisaient à la maison du Dr Harden. À une centaine de mètres du terme de notre voyage, je m'arrêtai et me tournai vers lui.

« Attendez ici, lui enjoignis-je. Il faut que je le prépare au choc. Laissez-moi une demi-heure et je reviens. »

Il commença par rechigner, mais finalement, il s'assit dans l'herbe épaisse du bord de la route. J'essuyai mon front moite et empruntai l'allée de la maison.

Dans le jardin du Dr Harden, éclaboussé de soleil, fleurissaient des magnolias japonais qui répandaient des larmes roses sur la pelouse. Je le repérai aussitôt assis devant une fenêtre ouverte. Les rayons s'infiltraient dans la maison, et les carrés de lumière qu'ils dessinaient progressaient furtivement et s'allongeaient jusqu'à son bureau et au fatras de papiers qui le jonchaient, puis jusqu'aux genoux du Dr Harden et même jusqu'à son visage surmonté d'une broussaille de cheveux blancs. Devant lui, sur le plateau de la table, se trouvait une enveloppe marron, et ses longs doigts maigres manipulaient fébrilement le paquet de coupures de presse qu'il venait d'en sortir.

Je m'étais approché, dissimulé par les magnolias, et m'apprêtais à le héler quand j'aperçus une jeune fille vêtue d'un déshabillé violet qui s'avançait, baissant la tête entre les branches basses des pommiers plantés dans la partie nord du jardin, avant de remonter la pelouse qui s'étendait devant la maison. Je me reculai promptement et la regardai venir se camper devant la fenêtre ouverte et s'adresser sans la moindre timidité au Dr Harden.

« Il faut que je vous parle », annonça-t-elle sans détour.

Le Dr Harden releva les yeux et une colonne du *Philadephia Press* lui échappa des mains. Je me demandai s'il s'agissait de l'article qui le décrivait comme « le nouveau saint Jean ».

« À propos de cette chose », poursuivit-elle.

Elle sortit un livre de sous son bras. C'était *L'Aristocratie du monde des esprits*. Je le reconnus à sa couverture rouge et aux anges qui en décoraient les coins.

« À propos de cette *chose* », répéta-t-elle avec hargne, et elle jeta violemment le livre dans un buisson où il glissa entre deux branches d'églantine avant d'aller tristement atterrir entre les racines.

« Mais, Miss Thalia !

– Mais, Miss Thalia, l'imita-t-elle. Vieux fou, faut-il que vous soyez fêlé pour avoir écrit un livre pareil !

– Fêlé ? » On décelait dans la voix du Dr Harden un vague espoir que cette expression qu'il ne connaissait pas fût flatteuse. Il ne demeura pas longtemps dans le doute.

« Fêlé ! Vous m'avez bien entendue, explosa-t-elle. Mon Dieu, est-ce que vous parlez anglais ? Vous n'êtes donc jamais allé à un bal d'étudiants ?

– Je ne savais pas, répondit le Dr Harden avec froideur, qu'on organisait des bals d'étudiants au dancing de la Bowery. Et je n'ai jamais entendu ce participe passé employé pour qualifier une personne. Quant au livre…

– C'est une honte absolue !

– Si vous voulez bien parcourir ces coupures de presse… »

Elle s'accouda au rebord de la fenêtre, fit un mouvement qui semblait indiquer qu'elle comptait se hisser à l'intérieur, mais brusquement, elle laissa retomber son menton sur ses mains, et en le regardant droit dans les yeux, elle entreprit de s'expliquer.

« Vous aviez un neveu, et on ne peut pas dire que cela ait été une chance pour lui. C'était le meilleur homme du monde, le seul que j'aie aimé et que j'aimerai jamais. »

Le Dr Harden hocha la tête et fit mine de répondre, mais Thalia frappa de son petit poing sur le rebord de la fenêtre et poursuivit :

« Il était brave, honnête et paisible. Il est mort de ses blessures dans une ville étrangère et demeurera pour la postérité le sergent Harden, du 105e régiment d'infanterie. Une vie sans histoires et une mort honorable. Qu'avez-vous fait ! » Sa voix, de plus en plus forte, s'était mise à trembler et une vibration de sympathie pour le défunt traversa la vigne vierge qui escaladait la fenêtre. « Qu'avez-vous fait ! Vous avez fait de lui la risée de tous ! Vous l'avez ramené à la vie sous les traits d'une créature surnaturelle qui envoie des messages idiots sur les fleurs, les oiseaux et le nombre de plombages de George Washington. Vous avez... »

Le Dr Harden se leva d'un bond.

« Êtes-vous venue ici, s'écria-t-il d'une voix perçante, pour me dire à moi ce que...

– Taisez-vous. Je vais vous dire tout le tort que vous avez causé, et ne croyez pas que tous les corps astraux qui peuplent ce côté-ci des Rocheuses vont pouvoir m'arrêter. »

Le Dr Harden se laissa retomber sur sa chaise.

« Allez-y, répondit-il en faisant un effort visible pour se maîtriser. Dites tout ce qui passera par votre tête de mégère. »

Elle marqua une pause et se détourna un instant pour regarder du côté du jardin. Je me rendis compte qu'elle se mordait les lèvres et qu'elle clignait des yeux pour refouler ses larmes. Ensuite, elle se retourna et planta de nouveau ses yeux noirs dans ceux du Dr Harden.

« Vous l'avez pris, continua-t-elle, et utilisé comme une boule de pâte pour que votre escroc de médium en fasse une tarte destinée à toutes ces femmes hystériques qui croient que vous êtes un grand homme. Qui vous déclarent "grand" sans le moindre respect pour la dignité de la mort et la réserve qu'on lui doit. Vous êtes un vieillard bilieux et édenté, qui n'a même pas l'excuse d'un vrai chagrin pour avoir joué sur sa propre crédulité et celle d'un nombre considérable de crétins. Je n'ai rien d'autre à dire, j'en ai terminé. »

Sur ces mots, la tête droite, elle tourna les talons et repartit dans ma direction aussi brusquement qu'elle était venue. J'attendis qu'elle fût à plus d'une vingtaine de mètres de la maison. Ensuite, je la suivis à travers l'herbe tendre de la pelouse et m'adressai à elle :

« Miss Thalia. »

Elle me fit face, quelque peu surprise.

« Miss Thalia, je veux que vous sachiez qu'il y a une surprise pour vous au bout de cette allée. Quelqu'un que vous n'avez pas vu depuis de nombreux mois. »

Son visage ne montra aucun signe de compréhension.

« Je ne veux pas gâcher votre plaisir, continuai-je, mais je ne souhaite pas non plus que vous soyez effrayée dans quelques minutes quand vous aurez la surprise de votre vie.

– Que voulez-vous dire ? demanda-t-elle calmement.

– Rien. Poursuivez votre route en pensant à ce qu'il y a de plus beau au monde, et sans doute quelque chose d'extraordinaire vous arrivera-t-il. »

Sans rien ajouter, je la saluai bien bas et lui souris avec bienveillance, le chapeau à la main.

Je la vis me dévisager avec étonnement puis se retourner et s'éloigner. Quelques instants plus tard, la courbe du muret de pierres que surplombaient les magnolias la dérobait à ma vue.

IV.

Il se passa quatre jours entiers – quatre jours angoissants et étouffants – avant que je ne réussisse à mettre suffisamment d'ordre dans ce chaos pour organiser une réunion de travail. La première rencontre entre Cosgrove Harden et son oncle fut l'expérience la plus nerveusement éprouvante de ma vie. Je passai une heure perché sur le bord glissant d'une chaise branlante, prêt à bondir chaque fois que je voyais les muscles du jeune homme se crisper sous la manche de sa veste. Je tressautais instinctivement et tombais chaque fois de ma chaise sans pouvoir me retenir pour atterrir assis sur le plancher.

Le Dr Harden finit par mettre un terme à l'entrevue en se levant pour se diriger vers le premier étage. Grâce à l'alternance des menaces et des promesses, je réussis à exiger du neveu qu'il reste enfermé dans sa chambre et lui arrachai l'engagement qu'il garderait le silence pendant vingt-quatre heures.

J'utilisai tout l'argent liquide que j'avais sur moi pour m'assurer le concours des deux vieux domestiques. Il ne fallait pas qu'ils parlent, leur assurai-je. Mr Cosgrove Harden venait de s'échapper de Sing Sing. Je tremblais en proférant ce mensonge, mais il en flottait tellement dans l'air qu'un de plus ou de moins ne ferait aucune différence.

N'eût-ce été pour Miss Thalia, j'aurais abandonné la partie le premier jour et serais rentré à New York pour attendre la catastrophe. Mais la jeune femme se trouvait dans un tel état de bonheur extatique qu'elle était prête à tout m'accorder. Je lui proposai, s'ils acceptaient de se marier et d'aller vivre sur la côte Ouest sous un faux nom pendant dix ans, de subvenir généreusement à leurs besoins. Elle bondit de joie. Je saisis l'occasion pour dépeindre sous des couleurs chatoyantes un petit nid d'amour en Californie ; un temps idéal toute l'année, et Cosgrove qui remonterait l'allée de leur bungalow à l'heure du dîner ; les romantiques missions espagnoles des environs, et Cosgrove qui remonterait l'allée de leur bungalow à l'heure du dîner ; le Golden Gate au coucher de soleil au mois de juin, et Cosgrove qui remonterait l'allée... etc., etc.

Pendant que je parlais, elle poussait de petits cris de joie, et se déclara d'accord pour partir immédiatement. Ce fut elle qui persuada Cosgrove le quatrième jour de participer à une rencontre au salon. J'expliquai à la bonne que nous ne devions être dérangés sous aucun prétexte et nous prîmes place pour mettre les choses à plat.

Nos points de vue divergeaient radicalement.

Le jeune Harden ressemblait beaucoup à la Reine de cœur dans *Alice au pays des merveilles.* Quelqu'un avait commis une faute, et il fallait qu'il fût puni aussitôt. Il y avait eu suffisamment de faux morts dans cette famille, et il y en aurait bientôt un vrai si on n'y prenait pas garde !

Le Dr Harden pensait que tout cela était un embrouillamini épouvantable et il ne savait plus que faire, Dieu lui en était témoin, il aurait préféré être déjà mort.

Thalia disait qu'elle s'était renseignée sur la Californie dans un guide touristique, que le climat y était délicieux, et puis cette idée de Cosgrove remontant l'allée à l'heure du dîner…

Moi, j'étais d'avis qu'il n'y avait pas de nœud si serré qu'on ne pût trouver le moyen de sortir du labyrinthe, et je m'emmêlais tellement dans mes métaphores multiples que je ne réussis qu'à rendre les choses plus confuses encore qu'elles ne l'étaient déjà.

Cosgrove Harden insista pour que nous prenions chacun en main un exemplaire de *L'Aristocratie du monde des esprits* et que nous en débattions. Son oncle répliqua que voir ce livre suffirait à lui donner la nausée. Thalia suggéra que nous allions tous en Californie pour y résoudre le problème.

J'allai chercher quatre livres et les distribuai. Le Dr Harden ferma les yeux et commença aussitôt à gémir. Thalia ouvrit le sien à la dernière page et entreprit de dessiner des bungalows paradisiaques avec une jeune femme debout sur le seuil de chacun d'eux. Le jeune Harden se mit frénétiquement en quête de la page 226.

« Nous y voilà, s'écria-t-il. Juste en face de la photographie de "Cosgrove Harden, juste la veille du jour où il prit la mer, qui montre le petit grain de beauté qu'il avait au-dessus de l'œil gauche", on peut lire ceci : "Ce grain de beauté avait toujours importuné Cosgrove. Il pensait que les corps devaient être irréprochables, et qu'il était dans la nature des choses de faire disparaître cette imperfection." Or… je n'ai pas de grain de beauté ! »

Le Dr Harden le reconnut.

« C'était peut-être une imperfection sur la pellicule, suggéra-t-il.

– Dieu du ciel ! Si la pellicule n'avait pas réussi à saisir l'image de ma jambe gauche, tu m'aurais sans doute fait pleurer pendant toute la longueur du livre sur son absence, et tu te serais débrouillé pour que je la retrouve au chapitre 29.

– Écoutez un peu, les interrompis-je. Ne peut-on pas trouver un compromis ? Personne ne sait que vous êtes là. Ne serait-il pas possible… »

Le jeune Harden me jeta un regard furibond.

« Je n'ai pas encore commencé. Je n'ai même pas encore parlé de la façon dont il a détourné de moi l'affection de Thalia.

– Détourné l'affection ? protesta le Dr Harden. Je ne me suis absolument pas intéressé à elle. D'ailleurs elle me déteste, elle… »

Cosgrove lâcha un petit rire amer.

« Tu te flattes. Tu crois vraiment que j'aie pu être jaloux de tes favoris grisonnants ? Je parle de la façon dont les descriptions que tu fais de moi ont détourné son affection. »

L'air concentré, Thalia se pencha en avant.

« Mes sentiments pour toi n'ont jamais varié, Cosgrove. Jamais.

– Allons, allons, Thalia, répliqua le jeune homme d'un air irrité. Ils ont bien dû changer un peu. Que dis-tu de la page 223 ? Pourrais-tu aimer un homme qui porte des sous-vêtements flottants ? Un homme décrit comme “vaporeux” ?

– J'en étais peinée, Cosgrove. Enfin, je l'aurais été si je l'avais cru, mais précisément, je n'ai accordé aucune foi à tous ces mensonges.

– Aucun changement dans tes sentiments ? » Il paraissait déçu.

« Aucun, Cosgrove.

– Eh bien, dit le jeune homme avec ressentiment, ma carrière politique en tout cas est ruinée. Je veux dire que si je décidais d'en faire une, je ne pourrais jamais être président. Je ne suis même pas un fantôme d'inspiration démocrate. Je suis un esprit résolument snob.»

Le Dr Harden avait enfoui la tête entre ses mains avec un air d'abattement profond.

Je tentai une interruption désespérée, prenant si fort la parole que Cosgrove dut se taire pour m'écouter.

«Je vous garantis dix mille dollars par an si vous disparaissez pendant dix ans!»

Thalia battit des mains et Cosgrove, en l'observant du coin de l'œil, commença pour la première fois à montrer un vague intérêt pour ma proposition.

«Mais après ces dix ans?

– Oh, répondis-je plein d'espoir. Le Dr Harden pourrait bien être…

– Finissez votre phrase, dit le docteur, d'un ton lugubre. Je serais peut-être mort, et honnêtement, je pense que je le serai.

– Et vous pourrez alors revenir sous votre vrai nom, poursuivis-je sans égards pour le vieil homme. Entre-temps, nous nous engageons à ne pas republier l'ouvrage.

– Hum… Mais supposons qu'il soit encore en vie dans dix ans, insista Cosgrove, soupçonneux.

– Oh je serai mort, ne t'en fais pas, s'empressa de le rassurer son oncle.

– Mais comment le sais-tu?

– Comment sait-on que tout le monde finit par mourir? C'est seulement la nature humaine qui veut cela.»

Cosgrove le fixa avec aigreur.

«L'humour n'a aucune place dans cette conversation. Si tu acceptes en toute honnêteté de mourir, si tu n'y mets mentalement aucune réserve…»

Le docteur hocha la tête d'un air sombre.

« Je ferais aussi bien de disparaître. Avec l'argent qu'il me reste, je serai mort de faim d'ici là.

– Ce serait la meilleure solution. Et pour l'amour du ciel, prends des dispositions pour ton enterrement. Ne t'avise pas de tomber raide mort chez toi un beau jour et d'attendre que je revienne m'occuper de tout. »

Cette dernière injonction sembla emplir le docteur d'une certaine amertume, et Thalia, qui était restée tout ce temps silencieuse, releva brusquement la tête.

« Vous n'entendez pas un bruit à l'extérieur ? » demanda-t-elle en dressant l'oreille.

J'avais de fait entendu quelque chose – c'est-à-dire que j'avais inconsciemment perçu un murmure, qui n'avait cessé d'enfler et se mêlait à de nombreux bruits de pas.

« Si, répondis-je, c'est étrange… »

Mais je fus brusquement interrompu : le murmure au-dehors s'intensifia jusqu'à devenir aussi lancinant qu'une mélopée, la porte s'ouvrit brusquement et une domestique aux yeux hagards se précipita vers nous.

« Docteur Harden ! Docteur Harden ! s'écria-t-elle terrifiée, il y a une foule de gens, peut-être un million, qui marchent sur la route et qui remontent vers la maison. Ils seront sur la véranda d'ici même pas… »

Le vacarme qui augmenta soudain nous apprit qu'ils étaient en fait déjà là. Je bondis sur mes pieds.

« Cachez votre neveu ! » criai-je au Dr Harden.

La barbe tremblante, ses yeux chassieux écarquillés, le Dr Harden saisit mollement Cosgrove par le coude.

« Que se passe-t-il ? bégaya le vieil homme.

– Je ne sais pas. Faites-le monter tout de suite au grenier, couvrez-le de feuilles et cachez-le derrière une relique familiale ! »

Sur ces mots, je disparus, laissant les trois autres en proie à la panique et à l'incompréhension. Je traversai le vestibule, franchis la porte d'entrée pour sortir dans la véranda. Il était grand temps.

Là s'était amassée et se bousculait une véritable multitude : des jeunes gens en costume à carreaux et arborant des couvre-chefs à larges bords, et d'autres, plus âgés, portant des chapeaux melon et des vestes aux manchettes élimées, qui tous se mirent à me faire de grands signes et à crier dans ma direction par-dessus la tête de leurs voisins. Leur signe distinctif était un crayon dans la main droite et un bloc-notes dans la gauche – un bloc-notes ouvert, s'entend, qui attendait d'être rempli, virginal et pourtant menaçant.

Derrière eux, sur la pelouse, se pressait une foule plus importante encore – des bouchers et des boulangers, les reins ceints de leurs tabliers, de grosses femmes aux bras croisés, d'autres plus minces qui soulevaient leurs marmots sales pour qu'ils jouissent du spectacle, des garçons braillards, des chiens qui aboyaient, d'horribles fillettes qui sautillaient sur place en criant et en frappant dans leurs mains. Plus à l'arrière encore, les anciens du village, édentés, l'œil vitreux, la bouche ouverte, formaient une sorte de dernier cercle, et leurs barbes grises chatouillaient la poignée de leurs cannes. Surplombant le tout, le soleil couchant, rouge sang et horrible, dardait ses derniers rayons sur trois cents paires d'épaules qui s'agitaient.

Après le tumulte soudain qui avait fait suite à mon entrée en scène, le silence retomba comme une chape de plomb, lourde de sens ; et dans ce silence, retentirent les voix d'une douzaine des hommes qui m'entouraient le bloc-notes à la main.

« Jenkins du *Toledo Blade* !

– Harlan du *Cincinnati News* !

– M'Gruder du *Dayton Times* !

– Cory du *Zanesville Republican* !

– Jordan du *Cleveland Plain Dealer* !

– Carmichael du *Columbus News* !

– Martin du *Lima Heralds* !

– Ryan de l'*Akron World* ! »

C'était étrange et familier à la fois – comme une carte de l'Ohio qui serait soudain devenue folle, les distances refusant de se transformer en surfaces et les villes bondissant par-dessus la limite des comtés. Ma raison vacillait.

Puis le silence se fit de nouveau. Je remarquai un mouvement au milieu de la foule, une sorte de vague ou de remous qui gagnait le centre comme un mince souffle de vent parcourant un champ de blé.

« Qu'est-ce que vous voulez ? » m'écriai-je d'une voix qui sonnait creux.

D'un même souffle, la réponse monta de cinq cents poitrines :

« Où est Cosgrove Harden ? »

Le lièvre était levé ! Les journalistes se pressèrent autour de moi, tour à tour suppliants, menaçants, exigeants.

« Ça a bien failli marcher, pas vrai ? – Un peu plus, et on n'en aurait rien su. – Qui paie ses dettes s'enrichit, il paraît. – Est-ce qu'il ne va pas donner une interview ? – Amenez-nous le vieil escroc ! »

Puis l'étrange vague qui avait soulevé cette marée humaine vint mourir dans les premiers rangs. Un grand jeune homme blond qui paraissait monté sur des échasses sortit impétueusement de la foule et des dizaines de mains secourables le poussèrent vers moi. Il escalada prestement les marches de la véranda.

« Qui êtes-vous ? m'écriai-je.

– J'suis Elbert Wilkins, dit-il, le souffle court. C'est moi qu'ai découvert le pot aux roses. »

Il marqua une pause et bomba le torse. C'était son heure de gloire. Il était devenu l'immortel messager des dieux.

« Je l'ai reconnu le jour où il est arrivé ! Vous voyez, vous voyez... » – tous se penchèrent impatiemment vers lui – « Il m'a signé cette reconnaissance de dette pour trois dollars et quatre-vingt cents quand il a perdu contre moi au poker, et *je veux mon argent* ! »

Je suis éditeur. Je publie toutes sortes de livres. J'en cherche un qu'on vendra à cinq cent mille exemplaires. Les romans avec un zeste de parapsychologie ont le vent en poupe. Si possible, je préférerais dénicher le manuscrit d'un fervent matérialiste racontant les aventures d'un homme du monde fortuné ou d'une Apache aux yeux noirs. Ou encore une histoire d'amour. Avec l'amour, on ne prend pas de risques. Il faut être en vie pour aimer.

Cauchemar : une fantaisie en noir

I.

Puis-je dire d'entrée de jeu qu'à mon avis, rien de tout cela ne s'est vraiment passé ? L'histoire est trop grotesque et je n'ai jamais pu découvrir exactement où elle avait eu lieu ni réussi à identifier les différents acteurs par leurs vrais noms.

Dans un coin plaisant du New Hampshire, sur une colline blanche en hiver et verte en été, on aperçoit une grappe de quatre ou cinq maisons. Par un après-midi de printemps, il n'est pas rare que les portes et les fenêtres de la plus grande et la plus élégante d'entre elles s'ouvrent largement sur les courts de tennis. Un air de violon ou de piano flotte souvent dans l'air de l'été. On perçoit du mouvement dans le grand salon du rez-de-chaussée comme s'il s'y donnait une réception. En marchant le long de la terrasse, vous surprendrez peut-être à travers les portes-fenêtres plusieurs personnes occupées à jouer au billard, d'autres à écouter les accents entraînants de la *Cavalerie légère* de Suppé, ou un peu plus loin, d'autres encore qui brodent – tous par ce jour de juin sont absorbés par leur passe-temps, à l'exception d'une grande jeune femme vêtue de blanc, qui se tient sur le seuil et balaie du regard les montagnes du New Hampshire d'un air mêlant ravissement et déplaisir.

On tenait conversation au salon – et certaines discussions étaient animées et joyeuses. Un gentleman de haute taille ressemblant un peu à un mouton, qui se tenait au milieu d'un groupe de trois, fit observer avec circonspection :

« Et voici que maintenant Mrs Miller joue au bridge... Si je pouvais me glisser derrière elle avec une bonne paire de ciseaux et lui couper une douzaine de ses anglaises grises, cela ferait de beaux souvenirs et elle n'en serait que moins laide. »

Les deux autres ne semblèrent pas s'amuser de son idée fantasque. L'un d'eux lâcha une remarque méprisante en mauvais espagnol et fixa celui qui venait de parler avec sévérité. Le troisième sembla ne leur prêter aucune attention et leur tourna brusquement le dos à l'arrivée d'un quatrième.

« Eh bien, eh bien... Mr Woods, et... Mr Woods... et Mr Woods, lança gaiement le nouveau venu. Quel temps splendide, n'est-ce pas ? »

Les trois Mr Woods – ils étaient frères, âgés d'environ trente-cinq, quarante et quarante-cinq ans – lui donnèrent raison. C'était un homme robuste, au teint mat, les yeux marron et brillants, les cheveux noirs, et doté d'une tête d'épervier qui s'accordait étrangement avec sa voix puissante au débit lent. Un vrai dandy, plus sûr de lui-même que n'importe qui d'autre parmi les présents. Il s'appelait Vincintelli et était originaire de Milan.

« Avez-vous apprécié la musique que Mrs Sachs et Mr Hepburn ont jouée pour nous ? demanda Vincintelli.

– J'étais précisément en train de dire..., commença l'aîné des frères Woods, mais il s'interrompit.

– En train de dire ? demanda Vincintelli, d'un ton calme mais non sans vivacité.

– Rien », répondit Mr Wallace Woods.

Vincintelli regarda alentour et ses yeux s'attardèrent sur la jeune femme qui se tenait sur le seuil. D'instinct, il réprouva la posture physique qu'elle avait adoptée : le fait de rester là trahissait d'une certaine façon une humeur plus centrifuge que centripète – elle se sentait attirée par la douceur de cet après-midi de juin, les collines qui déferlaient à l'infini, et promettaient tout autant l'aventure qu'un océan sans aucun horizon pour limite. Il se sentit cruellement blessé parce qu'il était d'humeur tout à fait opposée – pour lui, elle faisait de ces lieux le centre stable de l'univers.

Il fit un tour complet du salon, d'un pas plus rapide et plus nerveux qu'à son habitude, lançant un salut ici, lâchant une boutade ou une joyeuse remarque là, félicitant les musiciens amateurs, puis, passant non loin de Kay Shafer qui ne se retourna même pas pour le regarder, il arriva de nouveau à proximité des frères Woods qui ne s'étaient pas quittés une seconde.

« Vous devriez vous mêler davantage aux autres, leur reprocha-t-il. Quel trio fermé vous faites !

– *Yo no quiero*, souffla rapidement le cadet avec mépris.

– Comme vous le savez, je ne parle pas très bien l'espagnol, répondit posément Vincintelli. La communication serait plus facile en anglais.

– *Yo non hablo inglese*, affirma Mr Woods.

– Vous parlez très bien l'anglais, au contraire, Mr Woods. Vous êtes né et avez été élevé en Amérique, comme vos frères. Nul ne l'ignore, n'est-ce pas ? » Et il rit de bon cœur et avec assurance, avant de sortir sa montre de son gousset.

« Il est 2 heures et demie. Il nous faut tous vaquer à nos occupations. » Et comme il s'éloignait d'un pas rapide, ce fut comme s'il avait donné le signal de la retraite, parce que les présents, seuls ou deux par deux, se mirent en marche et commencèrent à quitter lentement la pièce.

« Le train part, claironna le plus jeune Mr Woods, New York, New Haven et Hartford, correspondances pour Pelham, Greenwich, South Norwalk, Norwalk ! » Sa voix se fit soudain plus forte et finit par résonner dans tout le salon. « Westpoint ! *Larchmont* ! NEW HAVEN ! ET AU-DELÀ ! »

Une infirmière se glissa aussitôt à son côté. « Voyons, Mr Woods. » Sa voix parfaitement exercée trahissait une certaine désapprobation mais sans mauvaise humeur. « Nous ne devons pas faire autant de bruit. Nous allons nous rendre à l'atelier de menuiserie où…

– *Le train part voie 12.* » Sa voix s'était faite plaintive mais demeurait sonore et son débit rythmé, tandis qu'il se dirigeait docilement avec elle vers la porte. Les autres frères leur emboîtèrent le pas, chacun accompagné de son infirmière. Puis ce fut le tour, avec un soupir et un dernier regard sur le paysage, de Miss Shafer. Elle marqua une pause cependant, quand un petit homme court sur pattes avec un torse puissant et des moustaches de castor entra précipitamment dans la pièce.

« Bonjour, Père, dit-elle.

– Bonjour, ma chérie. » Il se tourna aussitôt vers Vincintelli. « Passez à mon bureau tout de suite.

– Oui, professeur Shafer.

– Quand partez-vous, Père ?

– À 4 heures. » Il ne semblait pas beaucoup s'intéresser à elle et la jeune femme ne se donna pas la peine de lui dire au revoir ; son front se plissa néanmoins légèrement quand elle consulta sa montre et reprit sa marche vers la sortie.

Le Pr Shafer et le Dr Vincintelli se rendirent dans le bureau du professeur qu'abritait la même bâtisse.

« Je ne reviendrai pas avant trois ou quatre jours, annonça le professeur. Voici quelques derniers points que je vous demande de noter : Miss Katzenbaugh dit qu'elle veut partir, et puisqu'elle n'a signé aucune prise en charge officielle, nous ne pouvons pas la garder – jusqu'à ce que sa sœur arrive de New York, retenez-la sous un prétexte ou un autre. Il s'agit à l'évidence de schizophrénie paranoïde, mais quand ils refusent de signer, que pouvons-nous faire ? » Il haussa les épaules et jeta un coup d'œil au papier qu'il tenait. « Ahrens a des tendances suicidaires, c'est un patient à surveiller de près, retirez tous les petits objets de sa chambre. On ne saurait se montrer trop prudent – rappelez-vous les balles de golf que nous avons trouvées dans le corps de Mr Capes lors de l'autopsie. Je pense aussi que nous pouvons considérer que Mrs O'Brien est rétablie et la laisser sortir. Parlez-lui-en et écrivez à sa famille.

– Très bien, professeur, dit Vincintelli qui notait consciencieusement.

– Déplacez Carstairs aux Cèdres. À chaque pleine lune, il miaule toute la nuit et empêche les autres de dormir. Enfin, voici quelques ordonnances et notes de service qui parlent d'elles-mêmes. Voilà, dit-il en se rencognant dans son fauteuil, je crois que c'est tout. Avez-vous quelque chose à me demander ? »

Vincintelli hocha pensivement la tête.

« C'est au sujet des frères Woods.

– Vous vous inquiétez toujours pour eux, dit le Dr Shafer avec impatience. Il ne s'agit pas d'un cas qui permette un pronostic très intéressant. Ils déclinent régulièrement. »

Vincintelli approuva d'un signe de tête. « Aujourd'hui, j'ai tenté de les faire venir au déjeuner. Échec total : celui qui se prend pour un chef de gare était déchaîné en quittant la pièce. »

Le Pr Shafer regarda sa montre. « Il faut que je sois parti dans dix minutes.

– Récapitulons leur histoire, dit Vincintelli. Les frères Woods sont de riches et prospères agents de change ; l'aîné, Wallace, s'effondre après la chute des marchés en 1929 et il est expédié ici, les poches encore pleines de bandes de téléscripteur. Il développe la manie de couper les cheveux des autres, et nous avons des ennuis chaque fois qu'il déniche une paire de cisailles. Je vous rappelle le fâcheux incident avec la perruque de Mrs Reynard – sans parler du jour où il s'est attaqué aux poils de votre visage avec des ciseaux à ongles. »

Mal à l'aise, le professeur se passa la main dans la barbe.

« Le deuxième frère, Walter, était en charge du département des actions étrangères. Il a sombré après les révolutions qui ont éclaté en Amérique du Sud, et il est arrivé ici avec la conviction délirante qu'il ne parle que l'espagnol. Le troisième, John, autrefois spécialisé dans les valeurs ferroviaires, est resté en bonne santé jusqu'à l'automne 1931 où il s'est évanoui un beau jour, et a repris connaissance persuadé qu'il était chef de gare à Grand Central. Il y a également un quatrième frère, Peter, parfaitement sain d'esprit, qui a repris les affaires familiales. »

Le Pr Shafer jeta un nouveau coup d'œil à sa montre. « Tout cela est très juste, docteur Vincintelli, mais je dois vraiment vous quitter. Si vous songez pour eux à un changement de traitement, nous en parlerons à mon retour. »

Il entreprit de ranger ses papiers dans son attaché-case, tandis que Vincintelli fixait sur lui un regard sombre.

« Mais professeur…

– Il me semble que nous devrions nous concentrer sur des cas plus intéressants que celui des frères Woods », et sans un mot de plus, le professeur Shafer se hâta de disparaître.

Alors que Vincintelli restait là, manifestement frustré et insatisfait, une petite lumière rouge s'alluma sur le bureau, et Miss Shafer entra dans la pièce. Le médecin se leva.

« Mon père est-il parti ? demanda Kay.

– Vous pouvez encore le rattraper, je pense.

– C'est sans importance. Je voulais seulement qu'il sache que la rotative est en panne à l'imprimerie. »

Il la regarda sans chercher à dissimuler son admiration.

« Quand on vous voit, on a du mal à penser que vous êtes un authentique médecin.

– Je suis censée prendre cela pour un compliment ? demanda-t-elle avec indifférence.

– Oui, un compliment à votre jeunesse. La médecine… il n'y a pas de plus noble vocation. Mais choisir la psychiatrie… – une lueur exaltée s'alluma dans ses prunelles – c'est être un preux chevalier, un samouraï de la profession. Et quand un jour vous verrez s'élever les magnifiques tours de notre Institut pour la recherche psychiatrique, lequel n'aura d'égal que l'Institut Rockefeller…

– Je pense, articula posément Kay Shafer, et depuis un certain temps déjà, que vous êtes aux premiers stades d'une psychose maniaco-dépressive. » Il la considéra d'un air hébété, et elle continua : « Et je crains de développer moi-même quelques symptômes comparables si je ne sors pas d'ici immédiatement. J'ai dans l'idée que mon père jugerait que je n'ai aucun don en la matière. »

Kay avait vingt-trois ans, et une longue et gracieuse silhouette que sa stricte robe blanche ne parvenait pas à dissimuler. Ses yeux marron brillaient d'une lumière vive et son visage grave était souvent traversé par de brusques accès de gaieté amusée. Ce jour-là cependant, elle était on ne peut plus sérieuse quand elle poursuivit :

« Ce qui est sans doute une institution enviable pour un jeune médecin névrosé et animé par une ambition enthousiaste l'est sans doute moins pour une fille dotée d'un minois intéressant. »

Un mois plus tôt, Vincintelli lui avait demandé sa main et elle avait dit non, en ponctuant son refus d'un éclat de rire. Son intuition lui disait que le moment n'était pas encore venu de tenter à nouveau sa chance, mais il ne cessait de se souvenir avec inquiétude de la façon dont elle semblait avoir été sur le point de s'enfuir par la porte-fenêtre.

« C'est parce que vous n'avez pas encore appris à considérer votre travail d'un point de vue professionnel, suggéra-t-il du ton qu'on emploie avec une petite fille pour la rassurer. Si vous voyez un patient profondément atteint, cela vous déprime – ce qui est un sentiment naturel chez un profane, mais qui ne convient pas à un médecin spécialiste des troubles mentaux. Ce ne sont pour nous que des cas, même si leurs souffrances diffèrent fondamentalement des nôtres. Ils souffrent sans doute plus, mais pas à la façon des êtres normaux. C'est un peu comme si vous essayiez de retrouver la sensibilité d'une personne instruite chez un cheval de trait.

– La différence ne m'apparaît pas si clairement, reconnut Kay. Je sais bien que mon père ne peut pas se ronger les sangs pour chaque patient qu'il traite, mais il en est devenu dur. En toute humilité, je dis simplement que ce travail ne me convient pas. »

Il s'approcha et se tint à son côté, il se risqua même à poser une main timide sur son avant-bras nu, mais la retira aussitôt en sentant que les pores de la jeune femme se contractaient.

« Laissez-moi vous aider, Kay. Si nous unissions nos vies… »

Il fut interrompu par un déclic sur le bureau du Pr Shafer quand la lumière rouge s'alluma. Irrité, il s'éloigna de Kay et cria : « Entrez. » C'était la secrétaire du professeur.

« Mr Peter Woods vient d'arriver de New York, docteur.

– Mr Peter Woods… Ah oui… » Vincintelli se redressa, ses traits se détendirent, et sur son visage s'était déjà peint une expression d'aménité conviviale quand Mr Peter Woods fit son apparition.

C'était un jeune homme de belle taille, d'environ trente ans, la mine avenante et les manières courtoises, mais les traits harassés de quelqu'un sur qui pèsent de lourdes responsabilités.

« Docteur Vincintelli ? dit-il. J'apprends que le professeur Shafer n'est pas là.

– Entrez donc, Mr Woods. Ravi de faire votre connaissance. Je regrette que le professeur ait dû s'absenter, mais comme je me suis personnellement occupé de vos frères, j'espère pouvoir le remplacer de façon satisfaisante. En fait… »

Peter Woods se laissa soudain tomber dans le fauteuil à côté du bureau.

« Ce n'est pas pour mes frères que je suis venu, docteur Vincintelli, mais pour moi-même. »

Le médecin sursauta et se tourna vivement vers Kay.

« Ce sera tout, Miss Shafer. Je dois m'entretenir avec Mr Woods. »

Ce fut seulement à ce moment précis que Peter Woods remarqua que quelqu'un d'autre se trouvait dans le bureau, et en s'apercevant qu'une jolie jeune femme avait entendu son aveu, il tressaillit. Pendant ce temps, Kay l'observait – il était à coup sûr le plus bel homme qu'elle eût rencontré depuis la fin de ses études de médecine, mais elle examinait avec plus d'attention encore la position de ses mains, les muscles de son visage, la forme de sa bouche, à la recherche de cette tension qui, au sens médical, est un des signes révélateurs d'une maladie mentale.

« Je voudrais rester seul avec Mr Woods, répéta le docteur Vincintelli.

– Très bien. »

Quand elle eut quitté la pièce, Vincintelli, s'étant composé un masque de bienveillance, s'assit de nouveau dans le fauteuil du Pr Shafer et croisa les mains.

« Voyons un peu, Mr Woods, racontez-moi. »

Le jeune homme prit une profonde inspiration, puis il se rencogna à son tour au fond de son siège, l'air concentré.

« Comme vous le savez sans doute, je suis le cadet des dirigeants de l'entreprise. C'est probablement la raison pour laquelle je suis moins enclin que mes frères à m'inquiéter, mais en vérité, l'effondrement du marché ne m'a fait ni chaud ni froid. Nous étions tellement riches en 1929, je trouvais injuste que nous le soyons à ce point. Quand les choses ont empiré, j'ai commencé à me sentir franchement mal, mais tout de même pas aussi mal que mes frères, et quand ils sont tombés malades, l'un après l'autre, je ne me l'expliquai pas. Il ne me semblait pas que les circonstances aient complètement justifié leur état.

– Poursuivez, poursuivez, dit le Dr Vincintelli, je comprends.

– Ce qui m'inquiétait personnellement, ce n'était pas la crise économique, c'était la maladie de mes frères. Depuis le jour où Walter s'est effondré, il y a un an, j'ai vécu avec l'idée que notre famille souffrait d'une maladie mentale héréditaire qui pourrait bien m'atteindre à mon tour. Jusqu'à la semaine dernière. »

De nouveau, il inspira profondément.

« Je rentrais du bureau vendredi dernier dans le penthouse que j'occupe seul dans la 85e Rue. J'avais énormément travaillé, après une nuit blanche la veille, passée à fumer. Quand j'ai ouvert la porte et me suis retrouvé face à ce grand silence, j'ai soudain compris que l'heure était venue – j'étais en train de perdre la raison.

– Racontez-moi, lui enjoignit le Dr Vincintelli en se penchant en avant. Dites-moi exactement ce qui s'est passé.

– Eh bien, j'ai vu… j'ai vu…

– Oui, insista avec empressement le médecin.

– J'avais des anneaux et des cercles devant les yeux qui tournoyaient comme des soleils et des lunes de toutes les couleurs. »

Le Dr Vincintelli recula dans son fauteuil.

« C'est tout ?

– Cela ne vous paraît pas suffisant ? s'étonna Peter Woods. Je n'avais jamais rien vu de semblable.

– Pas de voix ? demanda le psychiatre. Pas de bourdonnement à vos oreilles ?

– Eh bien si, reconnut Peter Woods. Un peu comme un matin de gueule de bois.

– Pas de migraine ? Vous n'avez pas eu l'impression de ne pas être celui que vous croyiez ? Aucune envie de vous supprimer ? Aucune terreur incontrôlable ?

– Non, aucun de ces signes. Sauf peut-être le dernier. J'avais une peur terrible d'être en train de devenir fou.

– Je vois », dit le Dr Vincintelli en croisant les doigts. Il y eut un instant de silence, puis il reprit la parole d'une voix claire et énergique. « Mr Woods, vous n'avez jamais rien fait d'aussi sage que de venir ici de votre propre chef pour réclamer nos soins. Vous êtes un homme très malade.

– Mon Dieu, gémit Peter Woods, vous voulez dire que je pourrais finir comme mes frères ?

– Non, répondit le médecin avec emphase. Parce que dans votre cas, nous allons prendre les choses en main à temps. »

Peter Woods s'enfouit la tête entre ses paumes.

C'était la coutume pour les patients qui n'étaient pas sujets à contrainte de dîner de façon assez formelle avec le personnel à une longue table dans l'agréable salle à manger. Quand ils prirent place, Kay Shafer se retrouva face à Mr Peter Woods.

Une certaine mélancolie pesait sur toute l'assemblée. Les médecins entretenaient des conversations légères, mais la plupart des patients, comme épuisés par les efforts fournis dans la journée ou déprimés par leur environnement, parlaient peu et se concentraient sur leur nourriture, ou bien regardaient fixement leurs assiettes. C'était la tâche de Kate et des autres médecins de dissiper autant que possible cette tristesse ambiante.

En s'asseyant, elle sourit et dit quelques mots à Peter Woods qui la dévisagea avec une expression plutôt surprise. Après quelques instants, il adressa une remarque anodine sur le temps à Mr Hughes, le patient installé à sa gauche, mais comme il ne recevait aucune réponse, il baissa les yeux et ne tenta plus la moindre conversation. Au bout d'une minute, Mr Hughes prit soudain la parole :

« Le dernier à finir sa soupe est un tocard. »

Personne ne rit ni ne sembla avoir entendu. La femme au teint cadavérique placée à la droite de Peter Woods s'adressa à son voisin :

« Vous venez d'arriver ?

– Oui.

– Jouez-vous au polo ?

– Ma foi, un peu.

– Il faudra que nous fassions bientôt une partie dans ce cas, peut-être demain.

– Je vous remercie beaucoup de cette proposition », dit-il surpris.

La femme se pencha brusquement vers lui.

« Dieu du ciel, ce poisson ! »

Peter Woods examina son assiette, il n'y avait rien à redire à ce poisson.

« Mais il m'a l'air très bon.

– Très bon ? » Elle secoua sa tête décharnée. « Eh bien, si vous pensez qu'il est très bon, je n'ai qu'une chose à dire : vous êtes sûrement complètement toqué. »

Kay le vit se crisper, examiner de nouveau son poisson, le piquer avec prudence du bout de sa fourchette, et même le humer discrètement, comme s'il pensait que son propre jugement était devenu faillible.

Mr Hughes reprit la parole.

« Le dernier à finir son assiette… » Mais Kay pensa que les choses étaient déjà allées assez loin. Elle se pencha en avant et d'une voix claire et tranchante, interrompit la déclaration de Mr Hughes.

« Vous connaissez le New Hampshire, Mr Woods ?

– Je n'y étais jamais venu.

– Il y a de belles promenades et d'agréables escalades, avec de très belles vues, à faire dans les parages, dit Kay.

– Le paysage le plus insipide de toute l'Amérique du Nord », grommela la cavalière à voix basse.

Kay poursuivit sa conversation jusqu'à ce que Mr Hughes l'interrompît.

« D'ailleurs, je suis médecin, déclara-t-il, passant du coq à l'âne. Un des meilleurs médecins de ce pays. » Il jeta un regard envieux au Dr Vincintelli assis en bout de table. « Je voudrais seulement qu'on me laisse prendre cet endroit en charge pendant ne serait-ce qu'une semaine. Je dirigeais autrefois une clinique à côté de laquelle celle-ci a des allures d'hospice. »

Il plongea un regard triste dans son assiette.

« Que s'est-il passé ? se força à lui demander Peter Woods. Elle a fait faillite ?

– Exact, répondit le médecin d'un ton découragé. Un échec complet, et j'ai été obligé de venir ici.

– Comme c'est regrettable.

– Oui, répondit-il d'un air absent. Et moi, je sais la raison de cet échec.

– Quelle est-elle ?

– Un complot. J'avais des ennemis puissants. Quelle arme croyez-vous qu'ils ont utilisée contre moi ?

– Laquelle ? s'enquit Peter Woods.

– Des souris. Ils ont rempli toute la clinique de souris. Il y en avait partout. Certes, j'en voyais parfois… »

De nouveau, Kay l'interrompit.

« Allons, allons, docteur Hughes, vous n'allez tout de même pas raconter cela à Mr Woods maintenant… »

L'homme baissa la voix, mais Kay l'entendit néanmoins murmurer.

« Elle me déteste. Elle ne supporte pas de m'entendre parler de souris.

– Vous aimez les chevaux ? demanda la patiente à Peter Woods.

– Oui, beaucoup.

– J'ai monté toute ma vie, mais un cheval m'a jetée au bas de ma selle il y a trois ans. » Elle hésita. « Je continue tout de même à tenir ma propre écurie. Il ne me reste que six chevaux maintenant. Dont trois chevaux de chasse qui vont vous plaire. Je vous les montrerai demain. »

La conversation fut interrompue par le bruit des chaises qu'on tirait en arrière sur le plancher. Le Dr Vincintelli s'était levé, et toute la tablée à sa suite. Kay poussa un long soupir de soulagement. Elle s'était, d'une certaine façon, adaptée aux comportements irrationnels et aux délires des patients, mais ce soir-là lui avait semblé particulièrement éprouvant, comme si elle avait tout vu à travers les yeux du nouveau venu. Elle éprouvait pour lui de l'affection et espérait qu'il ne serait pas victime du même sort que ses frères. Tout cela était très déprimant et ne faisait qu'accroître son désir de prendre le large.

À 21 h 30 environ, alors que les patients s'étaient déjà retirés et qu'elle traversait le parc pour rentrer dans ses appartements, le Dr Vincintelli l'appela et la rejoignit.

« Qu'avez-vous pensé de Woods ? demanda-t-il. Je l'ai volontairement placé en face de vous. »

Kay réfléchit.

« Je ne peux pas dire que j'ai remarqué quoi que ce soit. Il semblait assez fatigué et plutôt embarrassé. Mr Hughes et Miss Holliday se sont montrés particulièrement pénibles et absurdes, et après le dîner, cet alcoolique de Chestwind n'a cessé de lui demander s'il ne prendrait pas un whisky à l'eau.

– Je suppose qu'ils voulaient tous se faire remarquer par le nouveau.

– En tout cas, c'était très gênant », dit Kay.

Le médecin se tut pendant quelques secondes.

« C'est un cas beaucoup plus sérieux qu'il y paraît, reprit-il soudain.

– Vous croyez vraiment ? demanda-t-elle, assez inquiète.

– Je lui ai parlé longuement cet après-midi. Il a déjà quelques hallucinations. Il va suivre le même chemin de démence paranoïde que ses frères. Il s'éloigne déjà de la réalité. » Soudain, il changea de ton pour lancer presque trop joyeusement : « Mais c'est vraiment trop dommage de parler boutique par une aussi belle soirée. »

Elle était si concentrée sur la tragédie de Peter Woods qu'elle ne se rendit même pas compte qu'il lui avait pris le bras, et le remarqua seulement quand il prononça son prénom d'une voix tendre. Alors, elle s'écarta vivement.

« Kay, je voulais vous dire…

– Taisez-vous, s'écria-t-elle. Même si j'éprouvais le moindre sentiment pour vous, et ce n'est pas le cas, je serais tout sauf d'humeur réceptive après avoir entendu une aussi triste histoire.

– Mais ne pouvez-vous pas faire votre travail et de votre vie sentimentale deux mondes diff…

– Je ne pourrai jamais devenir un monstre du jour au lendemain. Pardonnez-moi, j'ai besoin d'être seule. »

Elle s'éloigna d'un pas rapide en l'abandonnant sur place. La conscience de ne rien pouvoir faire contre la tristesse de ce monde lui fit monter les larmes aux yeux.

II.

Mon emploi du temps, songeait Kay le lendemain matin, ressemble au carnet de rendez-vous d'une jeune fille qui va faire son entrée dans le monde : voir le professeur, voir le portraitiste, voir la modiste, sauf que le professeur, le portraitiste et la modiste en question n'exerçaient plus leur profession.

L'espace d'un instant, alors qu'elle se tenait devant la baie vitrée, elle les oublia tous, et la même vague nostalgie pour quelque chose qu'elle n'avait jamais connu l'envahit brusquement. Elle aurait voulu se trouver dans un bateau en partance pour les mers du Sud, dans une voiture qui la conduirait au bal, dans un avion qui l'emporterait au pôle Nord. Elle aurait voulu entrer dans une boutique pleine de bibelots tout à fait inutiles et infiniment décoratifs – éléphants en ivoire, bracelets maures, boucles d'oreilles, oui, et même des anneaux de nez – et pouvoir dire : « Je vais prendre ça », « Et puis ça », « Et ça encore ». Elle aurait voulu dévaliser le rayon Cosmétiques d'un drugstore, et parler de banalités à des hommes qui l'auraient trouvée jolie à regarder plutôt que compétente.

À la place, elle devait voir Mr Kirkjohn, le professeur de danse. C'était un homme agréable à bien des égards, si l'on exceptait son idée fixe. Mr Kirkjohn voulait se rendre à Paris et descendre de l'Arc de triomphe au Café de la Paix. Un désir bien innocent en soi, mais durant cette promenade, Mr Kirkjohn entendait être complètement dévêtu. À défaut de Paris, il souhaitait se retrouver nu où qu'il fût – sauf quand il était seul, auquel cas, cela lui était égal. Kay lui réservait des entretiens aussi rares que brefs parce qu'à peine l'avait-il vue qu'il commençait à dénouer sa cravate.

Il y avait d'autres visites dont aucune n'était vraiment une partie de plaisir, sauf celle qu'elle devait rendre à une jeune fille qui était guérie et allait rentrer chez elle. Kay l'enviait : elle parlait déjà des vêtements qu'elle allait acheter et du voyage à l'étranger qu'elle ferait à l'automne.

« Vous viendrez me voir, docteur, n'est-ce pas ? demanda la jeune fille. Vous en avez fait davantage pour moi que n'importe qui d'autre ici.

– Chère petite, je ne saurais pas comment parler à vos amies. Je tiens un discours scientifique à des médecins et je babille avec des patients depuis si longtemps que je ne sais plus comment tenir une simple conversation. Écrivez-moi une lettre avec tous les mots d'argot qu'emploient les jeunes aujourd'hui. Ce que je connais de plus récent, c'est : "Ne me dis pas…" »

Après plusieurs autres entretiens, elle prit son cabriolet et se rendit au village à environ huit kilomètres. Il faisait un temps radieux ce matin-là, et elle se mit à chanter au volant.

Les feuilles volent et tombent dru,
Rousses ou brunes, toutes aussi belles
Mais tristement elles me rappellent

L'amour d'été que j'ai perdu.

Soudain, elle écrasa la pédale de frein – l'homme élégant qui longeait la route avait relevé la tête sur son passage, et à sa grande surprise, elle avait reconnu Mr Peter Woods.

Elle arrêta sa voiture quelques mètres devant lui, et pendant qu'il se rapprochait, elle se mit à réfléchir à toute allure. Il ne portait pas de valise, et à l'évidence, il était tout simplement sorti de la clinique. Il fallait le ramener mais s'il s'obstinait, elle ne pourrait rien faire seule. La route était solitaire et déserte. Devait-elle poursuivre jusqu'au village et appeler le Dr Vincintelli ou bien tenter de se montrer persuasive ? Son pouls s'accéléra quand il atteignit la portière.

« Mes respects du matin, dit-il en soulevant son chapeau.

– Dites-moi, Mr Woods, comment se fait-il que vous vous trouviez là ?

– J'ai simplement décidé de m'en aller, avoua-t-il en souriant, je ne supportais plus cet endroit.

– Sans voir le docteur Vincintelli ? Vous auriez pourtant dû le consulter avant de prendre une décision pareille. Ce n'est pas vraiment juste pour la clinique, savez-vous, Mr Woods ? Montez, je vais faire demi-tour, je vous ramène et nous irons lui parler. »

Il secoua la tête.

« Je me suis pris d'antipathie pour le docteur Vincintelli, et à dire vrai, pour la clinique elle-même. L'atmosphère ne m'y semble pas très reposante.

– Tout de même, Mr Woods, on ne se lance pas sur la route comme ça tout seul. »

Il lui jeta un regard qu'elle jugea étrange.

« C'est pourtant exactement ce que vous faites, vous aussi.

– Ce n'est pas du tout la même chose, rétorqua la jeune femme d'un ton tranchant.

– Je ne vois pas pourquoi. Jusqu'à 16 heures hier, j'étais responsable de chacun de mes actes. Je suis venu de mon plein gré pour me faire soigner, mais si j'étais resté ne serait-ce que quelques heures de plus, je n'aurais plus répondu de rien. »

Elle le dévisagea avec attention. Il semblait d'humeur douce et agréable, mais se souvenant de ce que lui avait dit le docteur Vincintelli la veille au soir, elle laissa la voiture en prise et garda le pied sur l'accélérateur.

« Par ailleurs, reprit-il en souriant, vous ne m'avez pas dit ce que vous, vous faisiez ici ? »

Et voilà, on y était : la pierre d'achoppement, la remarque irrationnelle.

« Nous ne sommes pas dans la même situation, Mr Woods, expliqua-t-elle avec fermeté. Je ne suis pas malade. Quelqu'un vous a-t-il dit que je l'étais ?

– Non, personne ne m'a parlé de vous. » Il sourit de nouveau. « Je reconnais que vous ne me paraissez pas souffrante, mais je crois qu'il est caractéristique d'un malade mental d'affirmer qu'il est en parfaite santé. Cela dit, je sais pertinemment que je suis pour l'heure tout à fait sain d'esprit, et pourtant…

– Mr Woods, l'interrompit Kay. Vous êtes en train de faire quelque chose que vous regretterez par la suite. Pourquoi ne pas rester jusqu'à ce que mon… jusqu'à ce que le professeur Shafer soit de retour lundi ? Un peu de repos ne peut pas vous faire de mal.

– Un peu de repos ! » Il lâcha un rire moqueur.

« Et vous fera sans doute du bien. Vous n'êtes pas du tout en état de voyager.

– Je compte rentrer en voiture. Mon chauffeur est resté au village pour attendre mes instructions.

– Vous n'êtes pas non plus en état de faire un voyage en voiture. »

Et de nouveau, un regard étrange, une remarque déplacée.

« Alors pourquoi le seriez-vous, vous ? »

Cette fois, elle se garda de le contredire mais il était triste de constater la présence de cette tache noire, une tache qui souvent s'élargissait jusqu'à assombrir l'esprit entier. Cependant, en ce moment précis, ce patient ne lui inspirait étonnamment aucune crainte.

« Vous pouvez guérir, Mr Woods, et nous pouvons vous soigner ici même. Nos traitements, nos locaux sont calqués sur les pratiques les plus modernes employées en Europe. » Elle se rendit compte qu'elle citait les termes d'un prospectus. « Vous le savez d'ailleurs, sinon vous ne nous auriez pas confié vos frères. S'il s'avère que la clinique ne vous convient pas, le professeur Shafer sera le premier à vous conseiller d'essayer ailleurs.

– Ce sera trop tard.

– Il n'est jamais trop tard. Je suis convaincue que vous pouvez être sauvé.

– Vous, ils vous ont sauvée ? »

Elle adoucit sa voix pour tenter de le convaincre.

« Mr Woods, rien que pour me faire plaisir, montez dans cette voiture.

– Ah… soupira-t-il en réfléchissant. Si j'accepte, ce sera avant tout pour le plaisir de m'asseoir à côté de vous. Je crois que seul votre joli visage m'a permis de ne pas sombrer hier soir à table. »

Elle détestait le reconnaître, mais le compliment l'enchanta.

« Montez. Nous allons rentrer et je vous conduirai à l'atelier de menuiserie.

– Mais qu'irais-je y faire ?

– Cela s'appelle l'ergothérapie. Il faut avant tout s'occuper, vous comprenez ? Nous ne croyons plus au repos, voyez-vous ?

– Le docteur Vincintelli m'a pourtant ordonné d'en prendre – un peu comme s'il m'avait dit de grandir de sept ou huit centimètres.

– Ce n'était que temporaire. On va vous assigner une activité. Quelque chose qui vous plaira.

– Quelle est la vôtre ? Conduire une voiture ?

– Montez, Mr Woods.

– Si j'obtempère, ce sera la première chose vraiment folle que j'aurai jamais faite. »

Elle songeait que son absence avait déjà dû être remarquée et qu'ils s'étaient sans doute lancés à ses trousses. Ils n'avaient en aucun cas le droit de le garder contre son gré, sauf s'il représentait un danger public, mais le Dr Vincintelli allait essayer de le rattraper pour tenter de le convaincre.

Peter Woods eut soudain un geste d'impuissance et monta dans le véhicule.

« Vous êtes plus charmante que Vincintelli et à mon avis, en meilleure santé que tous ceux que j'ai rencontrés.

– Merci. » Alors qu'elle démarrait, elle aperçut une voiture qui passait comme un éclair sur une colline voisine et elle la reconnut comme appartenant à la clinique. Vincintelli, enfin ! Obéissant à une impulsion qu'elle n'aurait su s'expliquer, elle tourna pour emprunter une petite route qui, au prix d'un petit détour, ramenait à la clinique.

« Vous êtes mariée ? demanda soudain Peter Woods.

– Non.

– Pourquoi ne vous mariez-vous pas ? Cela résoudrait sans doute tous vos problèmes.

– Peut-être, mais avec qui ?

– Attendez que je sois rétabli et épousez-moi. »

Elle posa sur lui un regard grave.

« Vous faites cette proposition à toutes les femmes le jour où vous les rencontrez ?

– Je ne l'ai jamais proposé à personne. Et, reconnut-il, je ne le ferais probablement pas en ce moment si je ne me trouvais pas dans cet état de crise. Mais je vous ai regardée là-bas sur cette route, et vous m'avez semblé si jolie, si saine et si simple. Je n'arrivais pas à y croire. » Il marqua une pause. « Je suppose que c'est cette robe blanche qui vous donne l'air d'une infirmière, quelqu'un de sûr, à qui on peut faire confiance. »

Kay était embarrassée.

« S'il y a une raison pour laquelle je n'épouserais jamais un homme, ce serait bien parce qu'il chercherait une infirmière. Je pourrais seulement réfléchir à une proposition de mariage si elle venait de quelqu'un de plus solide que moi.

– Attendez un peu qu'ils me remettent d'aplomb, dit-il avec détermination, je ne suis pas faible, c'est seulement qu'on ne peut pas lutter tant qu'on ne sait pas si on a toutes ses facultés intactes. »

L'espace d'un instant, parce que ses propres paroles lui rappelaient une situation qu'il avait pour un temps oubliée, un tel nuage d'angoisse lui passa sur le visage que le cœur de la jeune femme se gonfla de compassion. Il était, sa maladie mise à part, exactement le genre d'homme qu'elle eût aimé épouser. Elle ressentait pour lui une forte attirance physique. Mais elle se souvint de ses frères, et recouvra une froide attitude professionnelle quand ils passèrent le portail de la clinique.

« Je ne pense pas que le docteur Vincintelli soit là, dit-elle. Si nous faisions un tour pour visiter les ateliers ? Ce sont des endroits très joyeux et agréables.

– D'accord, accepta-t-il, résigné. Mais ne vous attendez pas à ce que je bondisse d'enthousiasme en les découvrant. »

Il reconnut que l'endroit avait du charme – il aurait pu s'agir d'un club de loisirs, avec un local où remiser les caddies de golf, et quelques bungalows alentour. « Les Bouleaux » et « Les Cèdres » où logeaient les cas désespérés étaient séparés des autres pavillons par une haie d'arbres. On comptait trois ateliers – un de menuiserie, bourdonnant d'activités, un de reliure, et un dernier où on enfilait des perles, tissait et gravait sur cuivre. Les patients avaient des visages tristes et ils travaillaient avec des gestes lents, mais le soleil étincelait gaiement aux fenêtres, et les couleurs vives des objets et matériaux qu'ils manipulaient donnaient l'illusion que tout allait pour le mieux. En les observant, Peter Woods lâcha une de ses remarques absurdes :

« Pourquoi ne sont-ils pas tous vêtus de blanc comme vous ? »

Comme ils quittaient ces locaux, la voiture du Dr Vincintelli remontait l'allée principale. Il paraissait contrarié et pressé. Il jeta un rapide coup d'œil circulaire et en découvrant leur présence, il sursauta et se figea sur place. Puis il marcha vers eux, et Kay vit qu'il était furieux.

« Vraiment, ceci me paraît tout à fait contraire aux règles, lui dit-il.

– En quoi ? répliqua-t-elle avec froideur.

– Il me semblait avoir clairement expliqué à Mr Woods, dit-il en adressant à ce dernier un sourire de façade, qu'il lui fallait rester seul pour l'instant.

– C'est ma faute, répondit l'intéressé. Je m'ennuyais terriblement. Le grand air et tout le reste m'ont attiré.

– Rien de tout cela n'est indiqué dans votre état. Il vous faut obéir aux consignes, cher Monsieur, sinon je ne réponds pas des conséquences.

– Entendu, répondit Peter avec lassitude. Je vais faire un essai de vingt-quatre heures. Est-ce que je dois rejoindre ma cellule tout de suite ?

– Je vous accompagne. Je vais changer un peu les dispositions prises auparavant. »

Peter regarda Kay et lui sourit.

« Merci de la visite, dit-il. Si je reste, nous pourrons faire quelques colliers ensemble, ou quelque chose du genre, qu'en dites-vous ?

– Parfait », répondit-elle d'un ton léger.

Mais elle avait le cœur lourd pour ce bel homme, dans la fleur de l'âge, qui traversait le jardin ensoleillé en suivant les pas du Dr Vincintelli.

III.

Le Dr Vincintelli voulut s'entretenir avec Kay après le déjeuner. Il était toujours irrité, et seule la position de la jeune femme lui interdisait de se laisser aller à sa colère.

« Je ne crois pas que vous ayez une idée claire de ce qui affecte Mr Woods, dit-il. Je pensais vous avoir expliqué que j'avais reconnu des symptômes paranoïdes clairs. Pour l'instant, je souhaite le mettre à l'isolement pour mener à bien une observation complète.

– Vous ne m'avez rien dit de semblable, répondit-elle. Je l'ai trouvé sur la route. Je lui présentais seulement le régime auquel sont soumis ici tous les patients.

– Le régime en question n'a donné aucun résultat avec ses frères, rétorqua-t-il vivement. J'ai d'autres idées. »

Elle le lui concéda. De fait, il ne manquait pas d'idées – plusieurs ouvrages de sa main sur le diagnostic et le pronostic faisaient autorité et étaient déjà traduits en plusieurs langues. Son père plaçait en lui une confiance totale, et pourtant, Kay ne parvenait pas à l'apprécier ; chaque fois qu'il tentait de l'approcher, elle reculait avec dégoût.

À part une visite quotidienne dont elle partageait la responsabilité avec deux autres médecins, Kay ne franchissait pas souvent le seuil de ces tristes bâtisses où l'esprit humain s'est effacé et a même disparu pour ne laisser que l'enveloppe vide du corps. Mais deux jours plus tard, son tour vint et elle se rendit aux Cèdres pour entendre et lire les comptes-rendus des cas les plus désespérés. Elle s'approcha de la porte d'une chambre où se trouvait auparavant une patiente et sortit la clé de sa poche, mais l'infirmier secoua la tête.

« C'est un malade à l'isolement, docteur Shafer. Il ne doit entrer en contact avec personne.

– Qui est-ce ?

– Mr Peter Woods.

– Comment ? » Elle ne parvenait pas à comprendre pourquoi on l'avait amené là.

« Je veux le voir.

– C'est contraire aux ordres.

– Cela m'est égal, insista-t-elle avec fermeté. Les instructions du docteur Vincintelli ne s'appliquent pas aux médecins. »

À contrecœur, il ouvrit la porte et franchit le seuil avant elle, comme pour la protéger en cas d'agression. Alors qu'ils entraient, un homme bondit du lit bas qui était le seul meuble de la pièce. Son visage était si déformé par la rage qu'elle eut peine à reconnaître le jeune homme si avenant croisé deux jours plus tôt.

« Alors vous voilà ! s'écria-t-il. C'est pour ça que vous m'avez ramené ici ? Mais qui êtes-vous ? Une indic ? Eh bien, vous voyez, ils m'ont rendu dingue, ces salauds, complètement dingue, je vous dis. Et si j'arrive à mettre la main sur ce Vincintelli, je l'étrangle, cette espèce de…

– Vous feriez mieux de ne pas rester là, conseilla l'infirmier.

– Sortez, s'époumona Peter Woods. Sortez ! Sortez, je vous dis ! »

C'était horrible – Kay fit en vain appel à sa formation professionnelle pour la soutenir, mais elle ne parvint pas à mettre de côté l'élément humain dans cette situation. Il existait entre elle et cet homme une sympathie qui ne disparut pas et ne se fit même pas moins personnelle en voyant ce qu'il était devenu. Au prix d'un terrible effort, elle réussit à se maîtriser.

« Écoutez-moi, Mr Woods, dit-elle en s'appliquant à ce que sa voix ne tremble pas. Je veux que vous me parliez avec calme. Je veux savoir ce qui s'est passé qui vous a mis dans cet état. »

Il lâcha un rire dément.

« Ah oui ? Eh bien, vous n'en saurez rien. Je me confierai à quelqu'un de sain d'esprit. Comme ça leur ressemble de vous envoyer me voir ici ! Je suppose qu'ils croient que je vais accepter de vous parler parce que vous êtes cinglée. Dites à ce chien galeux de Vincintelli de venir lui-même et je lui broierai les os… »

La vue de l'infirmier sembla le rendre plus fou furieux encore, mais l'homme savait à quoi s'en tenir, et quand Peter Woods s'avança, il recula d'un pas pour faire glisser Kay de l'autre côté de la porte qu'il referma précipitamment.

Le Dr Vincintelli attendait dans le couloir.

« J'espère que vous êtes satisfaite maintenant, Miss Shafer, dit-il d'un ton glacial. Par ailleurs, tant que je serai en charge de ce service, j'entends que mes instructions soient respectées. »

Les yeux de la jeune femme s'emplirent de larmes, non pas à cause de la rebuffade de Vincintelli dont elle remarqua à peine la présence, mais à cause du sort de cette âme en détresse de l'autre côté de la lourde porte.

« J'ai reçu un télégramme de votre père, reprit le psychiatre. Il veut que vous alliez tout de suite le retrouver à New York pour ramener une patiente ici.

– Très bien », dit Kay d'une voix blanche.

Elle avait l'impression d'être une traîtresse : elle revoyait Peter marcher avec sérénité au long de la route qui le conduisait vers la liberté, puis monter dans la voiture de son plein gré et être entraîné vers cette horreur. Malgré le respect et la crainte que lui inspirait son père, elle résolut, en chemin vers la gare, de lui demander de vérifier si le traitement choisi par le Dr Vincintelli s'imposait. Pendant les six mois où elle avait été interne dans cette clinique, elle avait toujours senti qu'un patient était vraiment malade grâce à une centaine de petits signes – et peut-être faisait-elle alors appel à son savoir subconscient parce que, depuis l'enfance, elle avait toujours baigné dans cette atmosphère. Et c'était bien le problème dans le cas présent : elle *sentait* que quelque chose ne tournait pas rond. Jusqu'à cet après-midi, il lui avait semblé qu'il n'y avait là aucune maladie qu'un traitement adéquat ne saurait vite faire reculer.

Non sans un certain découragement, parce qu'elle n'ignorait pas qu'elle n'avait pas assez d'expérience pour se fier totalement à son jugement, elle récapitula les éléments du dossier de Peter Woods.

Point négatif : ses trois frères étaient déments.

Point positif : il était venu de son plein gré se faire soigner.

Autre point positif : il s'était montré logique et malléable malgré son abattement.

Autre point négatif : il faisait des observations étranges et immotivées.

Quels étaient ces commentaires ? Elle les passa en revue. Il y avait sa tendance à s'imaginer que les individus sains d'esprit étaient fous, par exemple qu'elle était elle-même malade. Il l'avait affirmé à plusieurs reprises ; il ne l'avait jamais appelée « docteur », mais lui avait toujours parlé comme si elle était elle aussi internée. Cet après-midi, il l'avait traité d'« indic », sous-entendant qu'elle était une patiente qui tentait de se gagner les faveurs des autorités en le ramenant à la clinique. Enfin, il avait posé cette étrange question dans l'atelier : « Pourquoi ne sont-ils pas tous vêtus de blanc comme vous ? »

La voiture s'arrêta devant la gare et, comme si l'action des freins avait soudain provoqué l'éveil d'une intuition qui lui avait jusque-là échappé, elle se redressa brusquement sur son siège.

« Je me demande… dit-elle à haute voix, puis : Oh mon Dieu ! »

C'était impossible, impossible, et pourtant, elle venait de se rappeler un moment dans le bureau du Dr Vincintelli juste avant l'arrivée de Peter Woods, et d'autres épisodes survenus au cours des quelques mois précédents se bousculèrent dans sa mémoire. D'une voix presque hystérique, elle cria au chauffeur :

« Je ne vais pas prendre ce train. J'ai oublié quelque chose. Faites demi-tour et roulez aussi vite que possible. »

Elle se demanda si elle n'était pas en train de se rendre tout à fait ridicule, même si sa décision était complètement rationnelle, mais elle savait qu'elle n'avait pas le choix.

Vingt minutes plus tard, elle pénétrait sans se faire remarquer aux Cèdres et se précipitait aussitôt vers la chambre de Peter Woods. Elle ouvrit la porte avec son passe. La chambre était vide.

Elle se rendit auprès de l'infirmier de garde.

« Le docteur Vincintelli a prescrit un traitement hydrothérapique, lui dit-il, pour les huit heures à venir.

– Le patient s'y est-il soumis sans protester ?

– On ne peut vraiment pas dire ça, docteur Shafer. Il était très agité. On a dû s'y mettre à trois. »

Kay savait exactement de quoi il parlait. Le banquier Peter Woods avait été solidement attaché à une sorte de hamac qu'on avait plongé dans un bain chaud à des fins médicales.

C'était un traitement qu'on utilisait avec succès dans les cas d'extrême agitation nerveuse.

« Je vois », dit-elle. Et elle sortit de la pièce comme si elle comptait quitter le pavillon, mais emprunta à la place le couloir qui menait aux salles de bains. Elle ouvrit à nouveau à l'aide de son passe, et parvint dans une pièce tapissée de liège où trônait une unique baignoire – dans laquelle elle reconnut, soigneusement ligotée, la silhouette de Peter Woods.

Il souriait, riait même, en proie à une hilarité irrépressible et, durant quelques affreuses secondes, elle se demanda si ce rire n'était pas maniaque.

« Vous semblez d'humeur un peu plus joyeuse, risqua-t-elle.

– Je ne peux pas m'en empêcher. C'est tellement absurde, bon sang ! Je me demandais ce que diraient mes employés s'ils me voyaient ainsi. Tout est si complètement irréel, on se croirait sous l'Inquisition, il n'y a rien d'autre à faire qu'en rire. » Son sourire s'effaça cependant, et une lueur de rage s'alluma dans ses yeux. « Mais si vous croyez que je ne vais pas faire payer ce type pour tout ça…

– Allons, je vous en prie, dit-elle dans un souffle, je veux que vous m'écoutiez calmement pendant une minute. Vous êtes d'accord ?

– Vous craignez que je me lève et que je vous fausse compagnie ?

– Le docteur Vincintelli vous a-t-il dit à un moment ou un autre comment les patients étaient vêtus ?

– Ma foi, oui, répondit-il, perplexe. Il m'a dit que vous portiez tous du blanc pour ne pas oublier qu'on est toujours soi-même la meilleure des infirmières.

– Et les médecins et le personnel ?

– Il m'a expliqué qu'ils s'habillaient toujours comme tout le monde, pour que les patients n'aient pas l'impression d'être à l'hôpital. Et alors ? »

Tous les commentaires illogiques qu'il avait faits se trouvaient expliqués. Il avait pris les infirmières et les médecins pour des patients, et les malades pour le personnel. Elle le vit frissonner sous son drap de momie mouillé.

« Ce n'était pas vrai ? s'impatienta-t-il. Qu'y a-t-il de vrai dans ce lieu dément ? Tous les médecins sont-ils fous et les malades sains d'esprit, ou quoi ?

– Je pense, répondit Kay, qu'un des médecins est fou.

– Et moi ? Est-ce que je suis sain d'esprit ? »

Avant qu'elle ait pu répondre, un bruit la fit se retourner : le Dr Vincintelli se tenait sur le seuil de la porte.

« Miss Shafer, dit-il d'une voix grave et intense en la fixant du regard. Miss Shafer, approchez un peu. »

Il recula de quelques pas, et elle le suivit. Il possédait un certain pouvoir magnétique dont il usait parfois au cours des traitements, et elle comprit qu'il était en train de s'en servir. Sa volonté lui sembla s'embrouiller quelque peu et elle le suivit pas à pas jusqu'à ce qu'il eût refermé la porte sur les rugissements forcenés de Peter Woods.

Il la saisit par les coudes.

« Écoutez-moi bien, petite sotte, souffla-t-il. Je ne suis pas fou. Je sais exactement ce que je fais. C'est vous qui êtes folle, vous qui tentez d'empêcher d'agir celui qui élèvera un monument à la mémoire de votre père et auquel l'humanité sera redevable pour toujours. Écoutez. » Il tremblait un peu. « Il y a un mois, les trois frères Woods, complètement fous, sont venus voir votre père *de leur plein gré* et ont déclaré vouloir lui léguer toute leur fortune pour ses recherches.

– Mais bien sûr, il a refusé, s'indigna Kay.

– Oui, mais aujourd'hui, la donne a complètement changé ! s'écria-t-il, triomphant. Nous tenons le quatrième et dernier frère, et il n'y a pas d'autre héritier. Personne ne sera lésé. Nous ouvrirons notre institut, et nous aurons édifié un monument pour lequel l'humanité bénira notre nom à jamais.

– Mais cet homme n'est pas malade ! s'exclama Kay. Il est aussi sain d'esprit que moi !

– Vous vous trompez ! Je vois des signes que vous ne percevez pas. Il va s'effondrer, comme les trois autres, dans une semaine, d'ici trois jours, peut-être même avant le retour de votre père.

– Espèce de monstre ! Vous êtes complètement fou ! Vous divaguez ! »

Soudain, ils furent interrompus. On entendit tinter des sonnettes, des portes claquer, et on vit des infirmières surexcitées courir dans les couloirs.

« Que se passe-t-il ?

– Les frères Woods ! Ils ont disparu tous les trois !

– Impossible ! s'écria Vincintelli.

– Les barreaux de leurs fenêtres ont été sciés à l'aide de limes dérobées dans l'atelier de menuiserie. »

Sur le front de Vincintelli, les veines furent bientôt aussi grosses que des vers de terre.

« Poursuivez-les ! cria-t-il en proie à une folie furieuse. Ils doivent être encore dans le parc. Donnez l'alarme dans le bâtiment principal ! »

Il avait oublié Kay. Vociférant toujours, il dévala les couloirs et s'enfonça dans la nuit.

Dès que la voie fut libre, Kay ouvrit la porte de la salle de bains, et s'empressa de détacher les courroies qui retenaient Peter Woods prisonnier.

« Sortez de là et habillez-vous. Nous partons. Nous allons nous enfuir avec ma voiture.

– Mais ils ont mis mes vêtements sous clé quelque part.

– Je vais vous trouver une couverture, dit-elle, puis elle hésita. Non, ça ne marchera pas. La police va surveiller les routes cette nuit et ils nous prendront tous les deux pour des fous. »

Impuissants, ils attendirent quelque temps. Au-dehors, ils entendaient les voix des infirmiers qui battaient les buissons.

« J'ai une idée, s'écria-t-elle. Attendez une seconde. »

Elle se précipita vers la chambre de Mr Kirkjohn de l'autre côté du couloir et elle ouvrit sa porte. Parfumé et impeccable, il se brossait les cheveux devant son miroir.

« Mr Kirkjohn, demanda Kay, hors d'haleine. Déshabillez-vous !

– Vous dites ? » Puis, il comprit ce qu'elle voulait et une lueur de satisfaction tranquille lui éclaira le visage.

« Retirez tous vos vêtements et jetez-les-moi.

– Avec plaisir, chère Madame. »

Veste, gilet, cravate, pantalon, chaussures, chaussettes : elle les prit tous et en fit une pile.

« Chère Madame – il avait la main posée sur le premier bouton de sa combinaison –, c'est le plus beau jour de ma vie. »

Kay referma la porte en poussant un petit cri aigu.

Une demi-heure plus tard, la pédale au plancher, ils filaient comme le vent au long des routes du New Hampshire par cette belle nuit d'été. La lune brillait, et l'univers leur paraissait immense et libre. Peter Woods prit une profonde inspiration.

« Et qu'est-ce qui vous a fait penser malgré tout que je n'étais pas fou ? demanda-t-il.

– Je ne sais pas trop. » Elle regarda les étoiles d'un air de petite fille sage. « Je suppose que c'est au moment où vous avez voulu m'épouser. Aucune femme ne peut croire qu'un homme qui demande sa main peut avoir complètement perdu la raison.

– Et cela ne va pas vous gêner d'être un peu plus saine d'esprit que moi ?

– Mais je ne le suis pas, chéri. » Elle avait prononcé le mot qu'elle n'avait jamais dit à personne aussi vite que possible. « Je suis étreinte par la plus grande folie qui soit.

– À propos d'étreinte, dit-il. Quand nous arriverons au petit bois que j'aperçois, si on arrêtait la voiture ? »

IV.

On ne retrouva jamais les trois frères Woods. Toutefois, on m'a rapporté il y a quelques mois, mais je n'en ai pas reçu confirmation, que l'annonceur dans une certaine gare centrale de New York posséderait une intonation particulière qui fait dire aux financiers de Wall Street : « Mais où ai-je donc déjà entendu cette voix ? » Le deuxième frère, Wallace, a sans doute fui pour l'Amérique du Sud, où il peut enfin se faire comprendre. Quant à l'histoire elle-même, je la tiens d'un coiffeur, premier fauteuil chez Elixer, à Scranton, Pennsylvanie. Vérifiez vous-même si vous voulez : le coiffeur en question est un homme de haute taille, qui ressemble un peu à un mouton, et pourrait sans doute prétendre à un emploi plus prestigieux.

Que comptez-vous y faire ?

I.

La jeune fille flânait sous le ciel rose en attendant qu'il se passe quelque chose. Ce n'était pas une personne de nature rêveuse, mais ce soir-là, elle l'était : ce crépuscule si particulier semblait nouveau pour elle, enfin presque, après toutes ces années passées dans des pays lointains. De drôles de lignes noires se dessinaient dans les arbres, il y avait aussi de petits insectes bizarres, les premiers cris nocturnes d'étranges petites bêtes commençaient à se faire entendre.

« Ces cris, ce sont des grenouilles, songea-t-elle, ou non, plutôt des *grillons*[1]. Comment dit-on "grillon" déjà en anglais ? Ce sont à coup sûr des grillons près de la mare. Et ça, c'est sans doute une hirondelle, ou une chauve-souris, se dit-elle ; comme les arbres sont différents, constata-t-elle à nouveau, avant de se remettre à penser à l'amour et autres sujets concrets. Puis elle en revint aux arbres variés et à leurs ombres, aux ciels et aux bruits divers, comme les klaxons

1. En français dans le texte. Comme tous les mots dorénavant signalés par un astérisque (*NdT*).

des automobiles et le chien qui aboyait près de l'autoroute à péage de Philadelphie...

Le chien aboyait après un homme qu'il se mit bientôt à renifler, et ne trouvant la trace de rien d'hostile ni d'intéressant, il se mit à fureter en tous sens et à faire mine de jouer. L'homme s'apprêtait à rencontrer la jeune fille, même s'il ne le savait pas encore ; pour l'instant, il restait assis par terre au milieu de l'allée, et essayait d'arracher sa proie à un démonte-pneu de 1927.

« Allez va-t'en, sale bête ! » éructa-t-il, et en grommelant involontairement, il retourna vers son démonte-pneu, un outil en acier de première qualité et tout à fait ingénieux qui n'avait qu'à moitié cédé à son burin inadéquat.

Ce n'était pas un voleur, mais un médecin, et c'était sa voiture, il en était le propriétaire depuis plusieurs mois durant lesquels « les gommes », pour reprendre une expression de vendeur de voitures, avaient roulé plus que ce qu'on pouvait raisonnablement en attendre. En quittant la route principale pour s'engager dans l'allée, il s'était rendu compte qu'un de ses pneus avait capitulé devant l'usure du temps, ce qui expliquait le manque de stabilité dans la direction. Il l'avait remarqué dès qu'il avait quitté l'hôpital.

« Pépé aurait quand même pu venir dans sa berline, grommela-t-il encore. Il commence à se faire paresseux. Dans la plupart des professions, on l'aurait déjà mis au rebut. Chez nous, les vieux, on les couvre d'or. »

En entendant cette jérémiade, un observateur intéressé aurait pu déduire que le Dr Bill Hardy appartenait à la jeune et irrévérencieuse génération. Il n'était pas exactement grand, et bâti de façon banale, un peu comme son démonte-pneu de 1927 avait été assemblé de façon banale, et ses réflexions lors de ce moment de répit lui étaient inspirées par le fait que son patron, l'honorable Dr C.H.L. Hines, lui avait délégué la plus déplaisante de ses obligations : celle de passer voir, de consoler et de traiter une hypocondriaque chronique d'un certain âge, un soir où précisément il aurait eu des affaires importantes à régler.

C'était un trop bon médecin pour confondre devoir et plaisir personnel, mais dans ce cas, la frontière entre les deux était ténue : il y avait d'une part cette femme dans une banlieue au sud de la ville qu'il fallait aller voir, réconforter, ou au moins éconduire avec tact, et de l'autre, celle qui habitait dans la luxueuse résidence au bout de cette allée, qui n'avait besoin de rien et croyait néanmoins l'inverse, mais qui versait vingt-cinq dollars dans les caisses du Dr C.H.L. Hines contre l'assurance que son cœur n'allait pas lâcher, et qu'elle n'avait ni la lèpre ni ce qu'elle appelait elle-même « la bubonique ». D'ordinaire, le Dr C.H.L. Hines se chargeait de la rassurer. Ce soir-là, il s'était contenté de s'emparer du téléphone et avait marmotté : « Écoutez, Bill. Je suis en train de me préparer pour une soirée à laquelle ma femme et moi sommes impatients d'aller depuis des lustres. Allez donc voir ce que vous pouvez faire pour cette espèce de… pour Mrs Brickster. »

Bill ajusta le burin et le gong – c'était un curieux objet qu'il avait trouvé sous le siège et baptisé « gong » parce qu'il résonnait quand on le touchait – et donna un coup sans grand espoir. À sa surprise, la mâchoire du démonte-pneu se desserra ; il fut tellement encouragé par la découverte de ses talents mécaniques, ou plutôt archéologiques, que dix minutes plus tard, il prenait l'allée pour aller à la rencontre de sa patiente. Ensuite, il coupa le moteur et descendit de voiture pour affronter la jeune fille.

Affronter est bien le mot qui convient. Car elle, pour sa part, le vit arriver avec surprise et espoir. Elle avait dix-huit ans, cette peau veloutée dont les peintres italiens de la Décadence ont doté leurs angelots, et tout le désir du monde brillait dans ses yeux gris.

« Enchanté, je suis le docteur Hardy, l'assistant du docteur Hines. Mrs Brickster a téléphoné…

– Oh, enchantée. Je suis Miss Mason, la fille de Mrs Brickster. »

Le coucher de soleil rougeoyant avait presque disparu mais elle s'était avancée dans ses derniers rayons. « Mère est sortie, mais puis-je faire quelque chose ?

– La question est plutôt de savoir ce que moi je pourrais faire », corrigea-t-il.

Elle eut un petit sourire. « Ma foi, je ne crois pas vous connaître assez bien pour en décider à votre place.

– Je voulais dire, là, tout de suite. Puis-je faire quelque chose ce soir ?

– Cela non plus, je ne saurais vous le dire, docteur Hines.

– Non, je suis le docteur Hardy, l'assistant du docteur Hines.

– Excusez-moi, docteur Hardy. Nous avons coutume de servir une tasse de café et de donner quelques pièces de monnaie que nous dénichons dans la maison. »

Bill se rendit compte à cette réponse que quelque chose échappait à la logique aristotélicienne. Il réfléchir un instant, puis il reprit :

« Quelqu'un m'a appelé de cette maison, Miss Mason, pour que je vienne m'occuper de votre mère. Si elle a été emmenée quelque part…

– Oui, Père l'a emmenée.

– Oh, je suis désolé. Quel était le problème ?

– Elle a découvert qu'on donnait *Louise* à l'Opéra de Chicago.

– Oh je vois », répondit Bill, alors qu'en fait, il ne *voyait* rien, parce que dans le soir qui tombait, cette fille avait quelque chose d'éblouissant. « Vous voulez dire qu'elle déteste *Louise*. Je comprends, j'avais une tante qui n'a jamais pu…

– C'est de plus en plus triste, docteur Hines.

– Non. Hardy, l'assistant du docteur Hines.

– Excusez-moi, docteur Hardy. Mais quand on commence à parler de tantes, on se demande où on va. Mère est allée entendre *Louise,* elle ne l'a pas fui. Mais elle est partie plutôt précipitamment, Père n'avait pas encore mis ses boutons de manchettes. Je viens de rentrer après plusieurs années et de rencontrer mon nouveau beau-père, j'essaie de m'habituer. Si quelqu'un est malade ici, je ne sais pas qui. Mère ne m'en a absolument pas parlé.

– Donc votre mère va bien ? Ce n'est pas elle qui a appelé le docteur Hines ? Il s'agit d'une erreur ?

– Elle ne semblait pas malade quand elle est partie pour l'opéra.

– Et si, et si nous oubliions tout cela ? » Mais il jeta un nouveau coup d'œil à Miss Mason, et décida de n'en rien faire. « Enfin, je veux dire, et si nous vérifiions ? Je vais vous donner le numéro du standard d'un praticien, vous appelez, et nous verrons s'ils ont effectivement reçu un tel appel. Je ne vous demanderai même ni café ni pièces de monnaie. Je vais attendre dans ma voiture.

– Entendu, répondit-elle. Il vaudrait mieux savoir exactement de quoi il retourne. »

Quand elle réapparut dans la véranda quelques minutes plus tard, elle tenait une enveloppe à la main.

« Excusez-moi, docteur Hines, vous aviez tout à fait raison. De fait, Mère avait appelé le médecin…

– Mon nom est Hardy.

– Bon… ne recommençons pas. Elle a appelé celui des deux que vous voulez ; je ne veux pas vous paraître discourtoise, mais pour ce que j'en sais, vous pourriez aussi bien être un racketteur. »

Il étouffa un petit rire et répondit :

« Et nous voici revenus au point de départ – à moins que votre mère ne m'attende à l'entracte. »

Elle lui tendit l'enveloppe.

« J'ai trouvé ceci sur la table du vestibule en ressortant, adressé au docteur… » Elle s'interrompit juste à temps, et ajouta gentiment, tandis qu'il approchait la lettre de ses phares parce que la lumière du jour était désormais insuffisante : « J'espère que cela va clarifier les choses. »

Cher docteur,

C'est en fait pour mon fils que je vous ai demandé de venir, parce que je recommence à m'intéresser aux affaires de la maison, comme vous me l'avez suggéré, et cela me réussit au mieux. Toutefois, mon mari et moi avons pensé qu'une sortie me ferait du bien, et j'ai accepté. D'autant plus qu'on donnait un opéra que je voulais à tout prix voir. À moins que nous n'allions au cinéma. N'importe quoi qui m'empêche de penser à mes propres soucis, comme vous l'avez recommandé. Je suis donc désolée si je vous ai causé le moindre souci.

Sincères salutations,

Anne Marshall Mason Brickster

Que comptez-vous y faire?

P.S. : J'aurais voulu rester pour vous parler du garçon, mais mon mari pensait qu'il valait mieux que je prenne l'air. Il m'a dit qu'il avait volé le bluga. Je ne sais pas ce qu'est un bluga, mais je suis convaincue qu'il ne devrait pas faire une chose pareille à son âge.

A.M.M.B.

Bill passa des veilleuses aux phares ; sous cette nouvelle lumière, il regarda encore une fois la lettre : rien de changé, le garçon avait volé le bluga, sa mère voulait qu'on fasse quelque chose à ce sujet. Pour la première fois, une vague appréciation des problèmes que le Dr Hines était d'ordinaire appelé à résoudre, et qui lui incombaient désormais, amena une légère sueur de compassion à ses tempes. Il se retourna brusquement vers la jeune fille.

« Quand vous êtes-vous rendu compte que le bruga avait disparu ?

– Quel bruga ? »

Raté.

« Le brunga ? »

Elle s'éloigna, à peine mais de façon néanmoins perceptible, et Bill couvrit ses arrières en lui expliquant tout :

« Voici ce qu'il en est : votre frère a de toute évidence pris quelque chose qui ne lui appartient pas. Vos parents veulent comprendre les tenants et les aboutissants de ce geste. Vous arrivez à lire ce mot ? »

Leurs têtes étaient si proches sous la lumière que ses épais cheveux blonds et bouclés se frottèrent contre la joue de la jeune fille, tandis qu'un long et fragile fil de soie d'or effleura le coin de l'œil du médecin, tout en lui donnant l'impression de caresser son corps entier.

« Je ne peux vraiment pas vous aider, dit-elle au bout de quelques secondes.

– Je pense que je devrais mener mon enquête.

– Comme vous voulez. Il y a encore de la lumière à sa fenêtre. »

Elle le conduisit à travers un vestibule orné des restes d'un jeu de massacre.

« Vous préférez le voir ici ? » Elle marqua une pause au bas des marches. « Ou là-haut, dans sa chambre ?

– Montons », suggéra Bill. Il conservait l'espoir de réussir à retrouver le bruga caché sous un oreiller, et à résoudre tout le problème en donnant à ce garçon une leçon de morale qu'il gardait toujours à portée de main dans son sac en cas d'urgence. La Grâce lui montra le chemin dans l'escalier comme un phare, et il lui sembla que par la suite dans la véranda, elle pourrait faire la lumière sur les questions que se posait un jeune médecin ou lui rendre tout service du même ordre.

Cet espoir – de voir l'énigme résolue – commença par être justifié quand, à peine entrés dans une pièce censée être éclairée, ils se virent plongés dans l'obscurité. Miss Mason appuya sur l'interrupteur et Bill découvrit un garçon de treize ans habillé d'une veste de pyjama qui dissimulait assez mal un uniforme de l'Union dont il ne s'était pas défait, un lit dans lequel il ne s'était manifestement pas couché mais où il s'était cependant allongé, et un livre qui tremblait encore d'avoir été glissé en hâte à moitié sous l'oreiller.

« Voici sans doute l'igloo », songea le médecin dont l'esprit avait fait un lien entre l'objet de ses recherches et le Grand Nord.

Mais quand il avança la main avec adresse pour s'en saisir sous le regard hostile du garçon, il s'aperçut au premier coup d'œil qu'il s'agissait d'un volume à la couverture bleu délavé intitulé *Mémoires d'un ex-négrier blanc*, dont l'auteur était en toute modestie décrit comme « un homme qui l'est encore ».

Il le reposa avec indifférence, comme s'il n'existait pour lui qu'à la façon dont, par exemple, un exemplaire de *Quarante années passées dans les bassins de Tivoli* peut demeurer dans la mémoire d'un invité, et il demanda :

« Et toi, comment vas-tu, jeune homme ? »

Mais le jeune homme en question avait depuis longtemps décidé de ne plus se prêter à ce type d'échanges. Il jeta un regard furieux à Bill, un autre à sa sœur, avant de revenir à Bill. Puis il leur opposa ce qu'on aurait pu appeler par euphémisme, au temps de leurs arrière-grands-parents, le « Sifflet du merle ».

Mais Bill n'était pas du genre à se laisser démonter, il saisit le gamin par l'épaule, lui fit ployer la tête vers le drap et menaça : « Si tu veux jouer à ce petit jeu, tu vas trouver à qui parler. »

Le garçon, atteignant sans résister la surface du drap, tourna vers lui des yeux dénués de toute expression, et répondit :

« Et qu'est-ce que vous comptez faire maintenant ? »

C'était une vraie question. Bill était doué pour résoudre certaines devinettes, mais son intuition lui disait que ce ne serait pas le cas de celle-ci. Il jeta un coup d'œil furtif en direction de la jeune fille, mais dans ses prunelles brillantes, il lut l'éternel message de celle qui dit : « Dans un monde régi par les hommes, il faut me dire où on veut m'amener avant que j'accepte d'y aller ou pas. » Bill s'assit au chevet du lit et dut se satisfaire d'une conversation entrecoupée de pauses, d'hésitations et d'arrêts complets, laquelle aurait été fidèlement transcrite comme suit par le greffier d'un tribunal.

« Qu'est-ce que tu aimes dans la vie ?

– Moi ? »

Pause durant laquelle le garçon observe le docteur.

« Qu'est-ce que tu aimes dans la vie ? répéta le médecin.

– Les livres, répondit le garçonnet sans conviction.

– Moi aussi, j'aime les livres.

– Si cela ne vous dérange pas, interrompit la jeune fille qui voyait se mettre en place une conversation paisible et familiale, je vais vaquer à mes occupations. »

Bill se dit qu'elle avait claqué la porte un peu trop fort. Il regrettait maintenant de ne pas être parti quand il avait découvert que Mrs Brickster était sortie – il n'était ni psychiatre, ni moraliste, il se considérait comme un homme de science. Il avait assez confiance en lui-même pour s'occuper avec bon sens d'une femme malade en détresse – mais en regardant le patient, un dégoût oublié des garçons de treize ans monta en lui et se dressa sur sa tête comme la crête d'un coq. Avec colère, il ajouta en son for intérieur : Et je ne suis pas détective non plus.

Mais il resta calme et dit au garçon de son ton le plus suave :

« Et les jeux, tu les aimes ?

– Sans plus.

– D'accord mais lesquels ?

– J'aime seulement jouer aux gendarmes et aux voleurs.

– Je suis d'accord. C'est amusant. »

Comme Diamond Dick, se dit Bill, mais quelque chose le poussa à demander :

« Et qui préfères-tu voir gagner ? Les gendarmes ou les voleurs ? »

Le garçon lui décocha un regard méprisant.

« Ben la mafia, bien sûr, vous seriez pas un peu demeuré ?

– Ne recommence pas à te montrer grossier !

– Et qu'est-ce que vous comptez y faire ?

– Je vais... »

Bill se rappela soudain un autre rêve de son enfance. Cette situation, c'était un peu comme jouer aux pirates...

« Quel genre de livres lis-tu ? » Il gardait un visage aussi impassible que s'il avait examiné la poitrine du garçon à l'aide d'un stéthoscope.

« J'en sais rien là tout de suite.

– Tu es déjà allé au cinéma ? » Il vit le visage du garçon s'illuminer comme s'il avait trouvé une porte de sortie. « Des films de gangsters ?

– Ils me laissent pas souvent en voir. » Mais le ton qu'il venait d'employer était trop suffisant pour être convaincant. « Nous et les autres fils de riches, il nous laissent rien voir à part des comédies, des histoires de kidnapping, et ce genre de trucs. Moi, ce qui me plaît, c'est les comédies.

– Lesquelles ? Charlie Chaplin ?

– Qui ça ?

– Charlie Chaplin. »

Manifestement, ce nom ne lui rappelait rien.

« Non, les... vous savez, les comédies.

– Qui aimes-tu, dis-moi ?

– Oh... » Le gamin sembla réfléchir. « Eh bien, j'aime Greta Garbo, Marlène Dietrich et Constance Bennett.

– Et tu dirais que leurs films sont des comédies ?

– C'est les plus marrantes.

– Les plus marrantes quoi ?

– Les plus marrantes comédies.

– Pourquoi ?
– Ben, elles cherchent tout le temps la passion.
– La quoi ?
– Ben, elles cherchent un jules, quoi !
– Explique-moi.
– Oh vous le savez très bien. Ce… comme si c'était Noël, quoi ! »

Bill se mit à essayer de comprendre, mais il se rappela soudain que la question de l'igloo n'était pas résolue et il se ravisa. Il semblait plus prudent de revenir aux livres.

« Tu as des livres à toi ? » demanda-t-il.

Le garçon le fixa avec attention.

« Hé, vous seriez pas un méchant, hein ? »

Bill dut réfléchir un moment pour décider si oui ou non, il était un méchant.

« Non, s'accorda-t-il.

– Eh bien, dit le garçon en se rasseyant dans son lit, j'en ai de deux sortes. J'en ai un sur quatre filles, avec une qui s'appelle Meg et qui tombe dans un terrier de lapin et qui… J'en ai plein des comme ça. » Il hésita. « Et puis, j'en ai d'autres à moi.

– Je peux les voir ? »

Le garçon mesura le pour et le contre.

« Qu'est-ce que vous comptez en faire ? »

Bill, pour la troisième fois, réfléchit avant de finir par répondre :

« Rien.

– Alors soulevez le bout du matelas. »

Bill s'exécuta. Par la suite, il devait se demander s'il en avait compté dix ou vingt. En tout cas, il se rappelait *Les Faits de l'amour*; *Guerre et Paix*, tome 1 ; *Meilleures Nouvelles de 1926*;

Les Mutations de la psychiatrie en quatre-vingts ans; *Cinquante petites histoires secrètes de l'Exposition universelle de 1876.*

La voix du garçon, à la fois tranchante et douce, vint interrompre la méditation de Bill sur cette cache. « Au fond, vous êtes peut-être un méchant. Vous avez vu mes livres maintenant. Alors qu'est-ce que vous comptez faire ?

– Te retirer les amygdales, certainement », répondit Bill. Et il recula aussitôt parce que le matelas venait d'être vite remis en place, sans doute car l'on s'approchait dans le couloir.

« Je n'ai rien à y redire, mon bonhomme, dit Bill, je n'ai pas...

– Rien que des vieux trucs que... »

Il s'interrompit à l'arrivée de sa sœur, dont la présence ne lui était pas familière et qu'il craignait vaguement.

« Mère et Père sont rentrés, annonça-t-elle à Bill. Si vous voulez les rejoindre au rez-de-chaussée.

– Vous feriez une parfaite secrétaire médicale, dit-il.

– J'ai vécu chez un médecin pendant trois mois. »

Bill respira un grand coup, tandis qu'elle poursuivait : « Sa femme est tombée très malade. Vous savez, pas *gravement** mais *chroniquement**. J'aime bien les médecins. »

Le garçon se concentrait pour savoir s'il avait ou non été trahi, tandis que Bill sortait de la chambre à la suite de sa sœur, et jetait un coup d'œil par-dessus son épaule en tentant à deux reprises de dire quelque chose, mais en voyant une dernière fois l'incorrigible façon qu'il avait de le regarder, il se contenta de lui lancer : « Je ne te dénoncerai pas, mais je voudrais bien qu'on continue cette conversation », et d'ajouter, sur le seuil : « En tout cas, je ne dirai à aucun de tes amis que tu m'as fait des confidences. »

Il avait fait de son mieux, mais il ne s'était néanmoins jamais senti aussi maladroit qu'en suivant Miss Mason au long de l'interminable couloir et dans l'escalier. Au bas des marches, il tenta de se ressaisir parce qu'il se retrouvait au centre de la scène qu'il avait imaginée.

Une femme à l'évidence stupide – mais qui aurait songé à lui en vouloir ? – se tenait à l'entrée de la pièce principale, pour laquelle on n'avait jamais trouvé un nom satisfaisant aux États-Unis ; elle lui adressait des signes joyeux pour l'inviter à la suivre dans un bureau. De là, ils délogèrent son mari, à qui la main qui n'était pas occupée à encourager Bill à s'approcher fit signe de décamper.

« Je vous ai reconnu tout de suite, dit Mrs Brickster, grâce au portrait que m'avait fait de vous le docteur Hines. Il décrit toujours tout si bien. Le film que nous avons vu ce soir, par exemple, il aurait pu en parler aussi bien qu'un critique spécialisé. » Il se détendit un peu, refusa le whisky à l'eau qu'elle lui proposait et demanda d'un ton professionnel :

« Dites-moi, Mrs Brickster, quel semble être le problème ? »

Elle se lança aussitôt :

« Tout a bien sûr commencé par une petite contraction... » Et conclut deux heures plus tard en déclarant : « Vous avez sans doute raison, tout cela était dû au stress que m'a causé le retour de ma fille. »

Elle avait soudain épuisé le semblant de forces que donne une fatigue nerveuse et elle se retourna contre lui :

« Et puisque vous partez, docteur, puis-je vous demander de rappeler au docteur Hines que, quand c'est lui que j'appelle, c'est lui que je veux. » Le téléphone se mit à sonner et sans cesser de parler, elle décrocha. « À l'avenir, je voudrais avoir affaire au patron, pas à l'assistant. Oui, il est ici... 6632 Beaming Avenue... très personnel, très urgent, et dites-lui qu'il s'agit d'Ellis S. » Elle répétait ces mots comme si elle venait de découvrir une félonie, et en raccrochant, elle ajouta : « Eh bien, docteur, j'espère que vous ne trouverez pas là-bas de problèmes plus sérieux qu'ici. »

Et quand la porte se referma sur lui quelques minutes plus tard, Bill se demanda de fait s'il allait bel et bien rencontrer une situation plus sinistre que celle qu'il venait de laisser derrière lui.

Il marqua une pause d'une minute dans la véranda, se reposant les yeux en admirant un énorme chèvrefeuille dont la silhouette se découpait sur un croissant de lune basse. Puis comme il descendait les marches du perron, son regard distrait se posa sur une branche de l'arbuste couchée sous la lumière argentée.

C'était en fait la jeune fille revenue de l'étranger : elle dormait si profondément qu'on pouvait lire le rêve de ces contrées lointaines sur la courbe de son front. Le médecin consulta sa montre, il était plus de 3 heures. Il traversa avec la prudence que donne l'expérience le plancher en bois de la véranda mais il ne put empêcher une latte ou deux de grincer, et aussitôt, la carte du pays des merveilles qui se profile entre les sourcils des femmes disparut dans les plis qui se dessinèrent à la surface.

« Je tombais de sommeil, dit-elle. J'ai dormi. »

Comme s'il lui avait demandé de l'attendre. Ou comme si les cheveux qui avaient effleuré son visage l'avaient poussé à rester. Toutefois, elle semblait trop jeune pour qu'on pût s'amuser à ses dépens, il ramassa donc sa mallette en disant : « Eh bien, il faut que je… », et il partit, en songeant qu'il était resté longtemps dans cette maison, et que durant toutes ces heures, la jeune fille avait dormi.

II.

Il roulait vite parce que la route était longue : depuis un point situé au nord de la ville, il lui faudrait la traverser pour atteindre une colonie de pavillons de banlieue à un peu moins de vingt kilomètres au sud. Au téléphone, le message avait paru empreint de terreur – cette nuit n'était peut-être pas le meilleur moment pour annoncer la vérité. Mais ses pensées étaient encore concentrées sur la scène qu'il venait de quitter, si bien que les minutes et les kilomètres défilaient, et que ce fut avec surprise qu'il se retrouva devant cette maison qu'il connaissait dans une rue familière.

Une fenêtre était éclairée ; une berline, garée devant. Quand Bill descendit de sa voiture, la portière de la berline s'ouvrit, et une robuste silhouette s'en extirpa.

« Vous êtes médecin ? demanda l'inconnu en s'avançant à sa rencontre. « Êtes-vous par hasard ce docteur que connaît bien Mrs Dykes ?

– Oui. Elle est malade ?

– Non, mais je suis Mr Dykes. Je suis rentré aujourd'hui, de retour de Den… de Honolulu. »

Ainsi ce fantôme s'était enfin matérialisé, et même matérialisé de façon impressionnante, car, sous la vive clarté de la lune, il paraissait mesurer plus de deux mètres cinquante et être doté de longs bras préhensiles. Bill fit prudemment un pas en arrière.

« Ne vous inquiétez pas, je ne vais pas vous taper dessus. Enfin, pas encore. Laissez-moi monter dans votre voiture et bavardons un moment avant d'entrer dans la maison.

– De quoi s'agit-il ? demanda Bill. D'un rapt ? »

L'homme partit d'un rire formidable.

« Quelque chose comme ça. J'ai besoin de deux signatures. La première sur un chèque, l'autre sur une lettre que vous n'avez pas encore écrite. »

Tentant de rassembler ses idées, Bill monta dans le véhicule.

« Une lettre adressée à qui ?

– À ma femme. Vous avez été assez malin pour ne jamais lui en écrire une seule. J'ai retourné toute la maison.

– Écoutez, Mr Dykes, je ne connais votre femme que depuis un mois, et de façon tout à fait professionnelle.

– Ah vraiment ? Alors pourquoi a-t-elle collé une photo de vous juste à côté de sa coiffeuse ? »

Bill lâcha un gémissement qui se voulait spirituel.

« C'est son affaire, expliqua-t-il. Il se trouve que je sais que c'est un de mes camarades de promotion à la faculté de médecine, marié à une amie à elle, qui la lui a donnée. Je n'y suis pour rien…

– Je vois, je vois, l'interrompit le géant, moqueur. Et ce n'est pas vous qu'elle veut épouser, pendant que moi je suis à Den… enfin à Honolulu. Et je suis censé me réjouir quand je m'aperçois que ma femme a une liaison avec un docteur ? Et je vais accepter ça comme une andouille sans remuer le petit doigt ? Vous allez payer, mon vieux, et me donner les preuves qu'il me faut pour gagner mon divorce. Et vous allez apprécier la manœuvre ! »

Non, Bill n'allait rien apprécier du tout, mais il se trouvait dans une position qui, autant qu'il y réfléchisse, paraissait pour le moins quelque peu précaire. S'il se sentit soulagé ou terrifié par ce qu'il se passa alors, il ne put jamais en décider par la suite, mais quand il entendit aboyer : « Les mains en l'air ! » depuis le siège rabattable à l'arrière, ils bondirent tous deux en avant comme si on les avait piqués avec une fourche. Cependant, durant la fraction de seconde qui s'écoula avant qu'une silhouette n'apparût devant la portière de Bill, il se dit qu'il avait déjà entendu cette voix quelque part. Puis elle reprit :

« Tu savais pas qu'il avait à bord un de ses gardes du corps, hein, mon gros ? Allez, descends pour que le sang éclabousse pas les garnitures. *Plus vite que ça !* »

En tremblant piteusement, le géant chercha à tâtons la poignée, et à ce moment précis, Bill identifia son sauveur. C'était ce garçon. Et en entendant claquer le fameux « Décampe ! », il identifia quelque chose de plutôt familier dans l'arme responsable de la retraite précipitée de Mr Dykes, qui réussit tant bien que mal à se lever avant de filer jusqu'au bout de la rue à l'allure d'un homme au cœur probablement stimulé par une décharge électrique. En regardant l'arme de plus près, Bill l'avait identifiée comme quelque chose qui ressemblait à un revolver mais n'en était pas un. Quand le bruit des talons se fut évanoui dans le lointain, il reconnut ce mystérieux disque d'acier qu'il désignait encore pour lui-même comme « le gong ».

III.

Le garçon remonta dans la voiture et Bill, encore sous le coup de tous ces événements bouleversants, fit demi-tour et repartit vers la ville.

« On peut dire qu'il était vert de peur, fit observer le justicier non sans satisfaction.

– Certes, dit Bill de façon quelque peu machinale, alors que ses habitudes professionnelles reprenaient peu à peu le dessus. Je voudrais seulement savoir ce que toi, tu faisais là.

– J'avais juste envie d'une balade en voiture, répondit-il d'un air dégagé.

– Tu ne préfères pas les balades de jour ?

– Une balade en voiture avec vous. J'ai fait comme si c'était moi qui vous conduisais quelque part. Pendant tout le temps où on était sur la route, je pressais un flingue contre votre dos.

– Oh arrête, arrête un peu, dit Bill avec ingratitude. Je n'aime pas qu'on parle comme ça.

– OK. Mais pas un mot aux parents, d'accord ? Ou alors, je raconte tout ce que j'ai vu. Comment vous avez essayé de piquer sa dulcinée à ce type pendant qu'il était à Den… ou à Hula hoop… Qu'est-ce que vous pensez que va en dire la belle que vous avez laissée dans la véranda ?

– La quoi ? » Une fois de plus, Bill fut étonné, mais comme il commençait à s'habituer aux chocs successifs, il ne perdit pas son sang-froid.

« Allez pas croire que le dernier regard que vous lui avez lancé m'a échappé. Vous croyez que ça lui ferait plaisir d'apprendre…

– Tu ne sais même pas de quoi tu parles, protesta Bill. Tu ne comprendrais pas cette situation même si je t'en expliquais chaque détail.

– Expliquez-lui à elle, alors. »

À y bien réfléchir, Bill décida de n'en rien faire, il n'aimerait pas du tout devoir le lui expliquer. Il pouvait au moins essayer d'avoir prise sur ce garçon incorrigible.

« Je vais commencer tout de suite à faire ton éducation, annonça-t-il. Sache tout d'abord que tu m'es sympathique, dans une certaine mesure. Il vaut certainement mieux savoir se battre que rester à gémir sur son propre sort comme une lopette. Et puis, tu peux choisir ta cause. Il y a des combats nobles, et d'autres qui ne le sont pas, et beaucoup de choses pour lesquelles se battre dans ce monde : tes convictions, ton honneur, ta famille et… enfin tu découvriras plus tard d'autres raisons qui en valent la peine. Pour l'instant, contente-toi de défendre ce en quoi tu crois. Toutes ces histoires de gangsters n'ont rien à voir avec toi, tu ne devrais même pas y penser. Fais comme les vieux et sors-toi tout cela de la tête… »

Il était plus convaincu à chaque seconde qu'il ne savait pas lui-même de quoi il parlait, et il jeta un coup d'œil oblique à son passager pour voir s'il l'avait remarqué.

Mais le garçon dormait. Depuis un certain temps déjà, il s'était assoupi.

IV.

On apercevait les premières lueurs annonciatrices de l'aube quand ils arrivèrent en vue de la maison. Aux limites de la propriété, Bill réveilla son protecteur.

« Nous y sommes. Il ne nous reste plus qu'à espérer que ton absence n'a pas été découverte, et à te faire regagner ta chambre sans que personne ne te voie. »

Ramolli par les actions menées au cours de la nuit, le futur gangster fixa Bill d'un œil vide.

« Réveille-toi, s'impatienta le médecin. Il fait presque jour.
– Et alors, qu'est-ce que vous comptez faire ?

– Je vais supposer que tu as assez de bon sens pour rentrer sans qu'on te repère.

– La Française pourrait le faire.

– Faire quoi ? Quelle Française ?

– Je parle de ma sœur. » Le garçon avait manifestement rassemblé ses esprits. « La belle, vous savez. Elle vient de rentrer de France ou de je sais plus où. Elle pourrait me laisser entrer. »

L'idée eut le don de ramener Bill à un état presque normal.

« Mais comment t'y prendrais-tu pour la réveiller ? demanda-t-il.

– Je trouverai un moyen.

– Pour m'en assurer, je vais t'accompagner. »

Se faufilant entre les jeunes arbres, cette nouvelle vie qui palpitait, ces ombres récentes qui dessinaient un nouveau relief sur l'ancien, dans le bourdonnement d'étranges insectes, ils traversèrent la pelouse et s'arrêtèrent sous une fenêtre.

« Et maintenant ? murmura Bill.

– Là, c'est sa chambre, et la fenêtre est ouverte. »

À toute allure, Bill parcourut mentalement les différentes façons répertoriées de pénétrer dans une maison endormie.

« Nous pourrions jeter de petits cailloux, suggéra-t-il sans y croire.

– Non, on va lui jeter une de ces fleurs. Vous savez comment sont les filles ? Si elles reçoivent un caillou, elles poussent des cris d'orfraie, si c'est une rose, elles croient que c'est enfin le prince de Galles qui leur rend visite. »

La première rose, jetée par le garçon, manqua sa cible. Puis Bill exécuta deux lancers parfaits qui franchirent le rebord. Aucun son ne leur parvint et ils retinrent leur souffle.

« Essayez encore… », commença le garçon, mais il s'interrompit en voyant un tendre visage confiant apparaître à la fenêtre et essayer, les yeux ensommeillés, de distinguer ce qu'il se passait en contrebas.

Il y eut quelques échanges de murmures que seuls pourraient reproduire les célèbres mimes qui passent à la radio. Quand le visage eut disparu, le garçon, écœuré, se tourna vers Bill : « Vous voyez, elles sont toutes pareilles. Elles comprennent la moitié des choses, et l'autre moitié, elles y arrivent pas. On peut jamais leur en demander plus que la moitié. Elle est allée se choisir des vêtements, comme si on l'amenait au centre-ville pour affaires. »

Miss Mason cependant eut tôt fait de s'habiller, et de façon très élégante de surcroît : sept minutes plus tard, elle leur ouvrait une petite porte latérale. En la voyant, Bill décida qu'il parviendrait mieux à lui expliquer la situation sans les commentaires d'un tiers, et prenant prétexte d'un bâillement du garçon, il lui indiqua d'un geste sévère qu'il lui fallait monter se coucher. Le gamin cligna des yeux, ouvrit la bouche, mais en s'apercevant que le mot qu'il comptait prononcer se transformait inexorablement en un nouveau bâillement, il abandonna la partie et disparut.

« Eh bien, Miss Brickster, commença le médecin avant de s'interrompre.

– Miss Mason, corrigea-t-elle, avant de répliquer : Je suis sûre que je peux presque deviner ce qui s'est passé. Mon frère s'est installé sur le siège rabattable, je l'ai vu monter dans la voiture avant d'aller me coucher. »

Quelle erreur de penser qu'elles ne comprennent que la moitié des choses, songea Bill. Ce petit diable ne sait décidément pas tout. Parce que, ma foi, cette fille…

« Ne le dénoncez pas à vos parents, dit-il. Je l'aime bien, à la fin. Je ne voudrais pas qu'il ait des ennuis.

– Docteur Hardy.

– Oui, Miss Mason.

– Je suis rentrée d'Europe depuis deux mois, et j'ai vu tant de choses étranges se produire que je n'oserais pas me mêler de ce qui ne me regarde pas personnellement. »

Tout à fait la femme qu'il faudrait à un médecin, se dit-il.

« Miss Mason ?

– Oui, docteur ?

– Bien sûr, étant donné les circonstances, je n'ai pas pu – et il passa la main sur sa barbe naissante – terminer ma toilette. Je vous demanderais donc…

– Oui, docteur.

– De dire bonne nuit ou bonjour de ma part…

– Je comprends.

– En espérant le privilège, quand je viendrai rendre visite à votre mère demain ou aujourd'hui, de pouvoir…

– Oui, docteur.

– Vous saluer aussi.

– Ce serait un plaisir.

– Bonne nuit, Miss Brickster.

– Bonne nuit, Mr Hines. »

V.

Bill arriva au cabinet dans un état d'irritation dû au manque de sommeil mais aussi à d'indéfinissables réserves sur sa situation, qu'il ne se sentait pas assez lucide pour analyser. L'une d'elles cependant lui apparaissait avec clarté :

le docteur Hines n'arrivait plus jamais avant midi et cela créait des contraintes supplémentaires, de véritables chaînes en fait, pour son assistant. Bill ne voyait aucune justification à cette paresse croissante chez un homme qui n'avait pas encore cinquante ans.

« Je me sens peut-être mal parce que je suis moi-même en retard ce matin. J'essaie sans doute de faire peser la faute sur lui. »

Il essayait ainsi de rester dans les limites de l'équité, mais quand le Dr Hines arriva à un moment où Bill affrontait une masse de vingt obligations et vingt messages supplémentaires, il perdit patience.

« C'est difficile pour moi de me charger de tous ces détails tout en continuant à étudier », lâcha-t-il d'une voix assez faible mais néanmoins audible.

Le Dr Hines le regarda d'un air étonné, puis retrouva son indifférence placide habituelle. « Mais par les temps qui courent » – il parlait avec cette fausse jovialité dont il usait avec ses patients – « il est bon d'avoir quelque chose à faire, ha ha… » Mais son dernier éclat de rire s'arrêta net devant l'expression qu'il découvrit sur le visage de Bill.

« Je suis sérieux, docteur Hines. Je ne sais pas ce qui vous empêche de venir travailler le matin et je ne veux pas le savoir, mais c'est sacrément injuste étant donné le pourcentage que je touche. Je vous suggère de vous coucher plus tôt le soir. »

Le Dr Hines écarquilla les yeux et laissa tomber sa lèvre inférieure.

« D'accord, répondit-il en étouffant son ressentiment, mais vous semblez oublier que je vous ai trouvé quand vous n'étiez qu'un interne novice et que je vous ai fait travailler dans le cabinet que j'avais ouvert et développé dans cette ville... » Il marqua une pause pour reprendre son souffle et Bill rétorqua avec patience :

« Je le reconnais », et soudain il ajouta après coup une pensée inspirée par des propos qu'il avait entendus la nuit précédente : « Mais que comptez-vous y faire ?

– Je vais vous dire ce que je compte y faire, et je vais vous le dire tout de suite. » Le Dr Hines s'interrompit, et parce qu'il était loin d'être sot, il fit un examen de conscience, et soupira mais un peu fort : « Je vais... »

Il mesura soudain qu'il ne comptait rien y faire. Après un début remarquable, il s'était laissé aller à la paresse pendant bien longtemps, il avait confié tous les cas difficiles, ainsi que ses secrets les plus personnels, à Bill Hardy. Si son assistant partait, la structure même de l'entreprise s'effondrait. Le Dr Hines resta un long moment à regarder le jeune homme sans rien dire.

Bill devina ce que pensait son patron. Il comprit qu'il avait réussi à faire valoir son point de vue, et pour lui laisser le temps de se remettre et préserver sa dignité, il se retira. Il donna les instructions indispensables pour l'après-midi à la si compétente Miss Weiss, puis il passa la porte.

Il fila en direction du nord, et tandis qu'il roulait, il réfléchit, ou plus exactement, conclut des pensées qui l'avaient traversé au cours de cette nuit harassante : ce jeune garçon livrait bataille contre des réalités qu'il avait lui-même créées, il y aurait toujours en ce bas monde des Mrs Brickster, les belles histoires d'amour romantiques étaient pour les enfants, tandis que le travail et le danger attendaient sans cesse les hommes, et le mieux qu'il pouvait espérer à la fin de cette journée était que quelque chose de tendre et de nouveau l'attendrait au détour d'une allée.

On n'en était pas là pour l'instant, mais Bill eut l'impression de voir exactement se matérialiser cette vision en ce début d'après-midi bruissant d'un tout nouveau chœur d'insectes et sur lequel s'allongeaient les ombres des arbres d'une façon tout à fait différente. D'abord il ne fut pas sûr de ce qu'il avait vu. Puis soudain, il le fut.

Quelques minutes plus tard, il déclarait : « J'ai quelque chose à vous dire. Malheureusement, très vite, parce que je dois aussi faire une foule d'autres choses.

– Entendu, dit le garçon qui était assis en leur compagnie. En-ten-du ! » Et sans qu'on lui ait rien demandé, il ajouta : « J'accepte les ordres des caïds, je m'en vais. » Et étonnamment, il tourna les talons.

Bill le suivit du regard, avec quelques regrets. Il ne saurait sans doute jamais ce qu'était un bluga, ni rien de la façon dont les gens se regardaient à Noël. Puis il se tourna vers la jeune fille.

« Écoutez, commença-t-il, vous êtes d'une beauté… d'une beauté presque surnaturelle. Vous…

– Oui.

– Vous avez tout ce qu'une femme peut avoir. » Il hésita un instant. « En bref… »

Et sachant qu'il allait mettre longtemps avant de terminer sa phrase, précisément parce qu'il avait dit « en bref », elle décida d'accélérer les choses. « Que comptez-vous y faire ? »

Désormais peu enclin à donner avec patience toutes les explications qu'on semblait exiger de lui dans cette famille, Bill Hardy prit les choses en main et se lança dans une démonstration concrète.

Une femme à la mer

L'idée générale de soumettre l'histoire suivante à l'attention de George Burns et Gracie Allen[1] est sous-tendue par la thèse qui veut que la farce et la comédie ne maintiennent pas en éveil l'intérêt du public au-delà d'une demi-heure – mais en même temps, qu'elles portent en elles de quoi alimenter des films de long métrage.

Pendant la première demi-heure d'une vraie farce, on rit ; pendant la deuxième, on s'amuse ; et pendant la troisième, on a envie de cogner sur la tête des comédiens. Chaplin s'en était parfaitement rendu compte quand il décida de réaliser des films plus longs, comme *Le Roman comique de Charlot et Lolotte* ou *Le Kid*, et autres, et qu'il renonça à une grande partie de sa personnalité purement cocasse pour faire place à d'autres moyens d'expression, comme le caractère pathétique du Kid lui-même, afin d'appliquer un principe connu depuis des années par les auteurs de comédies légères.

À partir de ces prémices, les auteurs qui soumettent cette histoire se sont efforcés de mêler à un fond qui se veut dans l'esprit de George Burns et Gracie Allen des touches de

1. Duo comique américain des années 50.

sentiments et d'émotions communs au plus grand nombre et qui feront naître, ils l'espèrent, le même mouvement de reconnaissance suscité par leurs réalisations antérieures résolument burlesques. L'idée fut d'abord proposée à George Burns en personne et l'avait suffisamment intéressé pour qu'il nous encourage à poursuivre.

Voici donc l'histoire que nous proposons.

Une femme à la mer

Ce pauvre George, au moment même où, sur la base d'un petit héritage, il s'apprêtait à démissionner de son emploi d'agent publicitaire pour se retirer à la campagne, fut appelé dans son bureau par son patron afin de parler d'une affaire étrangement fascinante pour lui, car George était au fond un homme solitaire et discret. En lui-même, il encourageait ces qualités qui contribuaient au bonheur des autres, et trouvait plaisir à leur en donner plutôt qu'à favoriser le sien propre. Grâce à cette rare aptitude, il était considéré comme le meilleur agent publicitaire de Manhattan, et c'est sans doute la raison pour laquelle son patron avait souhaité lui confier cette affaire en tous points difficile et complexe.

En bref, comme l'expliqua le responsable de l'agence à ce pauvre George, il s'agissait de pénétrer dans la sphère de riches clients et de résoudre un problème insolite qui se posait à eux.

En apparence, un certain Mr Augustus Van Grossie, dont le nom est associé aux régates en Amérique, se trouvait dans une situation peu commune avec ses deux enfants sans mère : il lui fallait marier sa fille aînée avant la cadette. Et notez-le bien, cette aînée était d'une maladresse insigne. Plutôt jolie, elle finissait néanmoins toujours par se trahir en commettant une terrible faute de langage ou de conduite, si bien que les jeunes gens corrects de son entourage la fuyaient. Par conséquent, puisqu'elle ne trouvait pas de soupirant, il semblait qu'aucune des deux sœurs ne se marierait jamais.

La tâche que s'était vu confier l'agence de publicité était de dépêcher leur employé le plus compétent à Newport pour voir si, au cours des différentes courses de yachts, les talents de Gracie, mis en valeur avec soin, bien que sans succès à ce jour, ne pouvaient pas être exploités pour qu'on lui trouve enfin un mari. C'était le dernier recours imaginé par son père.

George commença par protester avec énergie. Il avait déjà choisi la fermette où il utiliserait son petit patrimoine à faire pousser des oignons, plutôt qu'à regarder grandir des orchidées. Mais son instinct professionnel remonta à la surface : cette mission le fascinait, et il fit ses bagages.

Dans le train, il restait déconcerté par son incorrigible faiblesse. Néanmoins, il s'était muni d'une machine à écrire et avait rassemblé toutes les informations possibles sur les régates et déniché dans les archives des journaux tous les renseignements disponibles sur les Van Grossie et leurs traditions familiales. Au moment même où il songeait à renoncer, il lut sur une mallette qu'on déposait en même temps que son propre sac du mauvais côté de l'allée centrale le nom de Gabrielle Grossie. Sentant qu'il ne pouvait pas laisser passer pareille chance, il traversa l'allée et sous prétexte de corriger l'erreur commise avec leurs bagages, il se présenta comme un ami de son père qui venait assister aux régates et qui était invité chez elle. Gabrielle, ou Gay comme elle expliqua aussitôt qu'on l'appelait, avait l'air aussi joyeuse que ce surnom, et paraissait beaucoup plus jeune et impétueuse que son nom entier semblait l'indiquer.

Durant le voyage, George réussit à profiter de la candeur de la jeune femme pour lui soutirer quelques informations sur la famille au sein de laquelle il allait passer la semaine suivante – l'une d'elles étant son irritation marquée pour la tradition qui voulait que sa sœur Gracie se mariât avant elle. Il devina avec sa prescience coutumière qu'elle devait avoir un amoureux pour lequel elle se languissait, et que cette tradition interdisait leur union. Toutefois, elle n'en voulait pas à Gracie pour autant, elle ne se plaignait que de l'esprit qui animait son père.

À peu près au même moment, le jeune homme qui, sans que George le sût, était l'objet de l'affection de la demoiselle, rendait visite à celui qui allait représenter l'Amérique dans la régate du samedi suivant, alors que sa participation n'était pas encore déclarée. Ce jeune homme était en tous points remarquable, et il avait toutes les faveurs de Mr Van Grossie, qui espérait bien tôt ou tard le voir tomber amoureux de Gracie, sa fille aînée. Ils examinaient le yacht d'un point de vue technique, loin de se douter du rôle étrange qu'il allait jouer dans la vie de chacun d'eux la semaine suivante.

Et une heure après la tombée du jour qui vit l'arrivée de George à Newport, une autre scène se déroulait qui allait tout autant affecter le destin des acteurs concernés.

Dans le parc de l'immense villa des Van Grossie à Newport, une jeune fille donnait à manger aux poissons rouges avides qui peuplaient un bassin. Elle venait de finir de puiser dans un récipient et de jeter la dernière poignée de la nourriture adéquate, et elle prenait congé de son poisson rouge favori – un spécimen à grosse gueule, particulièrement taciturne. Mais comme elle s'éloignait déjà, une curieuse réaction se fit entendre. Elle se retourna. « Qu'as-tu dit, Noah ? »

Noah ne répondit pas. « Oh, que tu es sot ! » s'exclama-t-elle avant de se remettre en marche.

Puis elle entendit l'étrange cri à nouveau. Elle se retourna en riant et dit : « Noah, je suis sûre que tu tiens le même discours à toutes les filles ! » Mais tout en s'esclaffant, elle ne pouvait ignorer le fait que le son inattendu qui avait attiré son attention venait d'une crique à une certaine distance, dans la direction d'un petit bois. C'était un bruit mystérieux. Un son qui depuis longtemps habitait le cœur de Gracie, même si elle ne le reconnaissait pas. Le son fascinant de quelque chose de nouveau, d'inédit. Elle s'arrêta dans sa course et leva les yeux vers le ciel, dans l'espoir d'y découvrir un oiseau qu'elle n'eût jamais vu auparavant. Pourtant, au fond de ce même cœur, elle savait qu'il ne s'agissait pas d'un oiseau, et une minute plus tard, elle tentait de trouver la source d'un écho de ce même bruit.

Il montait d'une anse sombre dans un coin de la crique, en fait, de la mer elle-même. Pour être plus précis, il semblait provenir d'un petit canot en piteux état, incapable de naviguer, dans lequel se trouvait un panier à linge, et à l'intérieur, un bébé qui, même dans la lumière déclinante, la fit le sortir de ce doris et le prendre dans ses bras en poussant de petits cris de joie. Il devait être tombé d'un cargo vagabond abandonné en mer, mais Gracie n'y pensa pas en ces termes à ce moment-là. Absolument ravie, elle retraversa le petit bois.

De l'autre côté de ce même petit bois, une autre scène se déroulait qui aurait surpris Mr Van Grossie. La jeune Gay, à peine descendue du train, se précipitait pour rejoindre celui que son père avait choisi comme prétendant officiel à la main de sa sœur. Sous une tonnelle, ils se retrouvèrent et s'enlacèrent avec passion, tandis que dans la grande maison, George se voyait expliquer les détails de sa mission.

Le millionnaire et l'agent publicitaire arpentaient le parc. Comme ils s'approchaient du petit bois, le même cri qu'avait perçu Gracie quelque minutes plus tôt parvint à leurs oreilles. « Qu'est-ce donc là ? » demanda Mr Van Grossie, mais George, dans ce nouvel environnement, gardait ses opinions pour lui. Il voulait utiliser son propre discernement, et bien qu'il sût sans hésiter d'où provenait le bruit, il souhaitait prendre le temps d'y penser. Le cri se fit de nouveau entendre. Cette fois, George songea : « Je veux être pendu si ça n'est pas le cri d'un bébé » et à l'adresse de son hôte, il dit, en indiquant délibérément la mauvaise direction : « Écoutez, je propose que vous alliez voir par là ce qu'il se passe, et moi, j'irai par ici. » À peine Mr Van Grossie, tout à fait déconcerté, s'était-il engagé sur le chemin en question que George se précipitait vers la source du bruit. Une seconde plus tard, il se retrouvait nez à nez avec la demoiselle du train, un jeune homme inconnu, et une femme un peu plus âgée qui portait un bébé dans un panier à linge. Ces deux couples d'êtres humains venaient manifestement de se rencontrer, et n'étant pas du genre à faire durer les situations embarrassantes, il se présenta au milieu de l'excitation générale qu'avait entraînée la découverte du bébé.

Les avis sur ce qu'il convenait d'en faire divergeaient, mais George, qui rencontrait pour la première fois la jeune femme dont il devait faire la promotion, et dans l'espoir de trouver là davantage de matière à récit et plus de mystère, se rallia à son idée que l'existence du nourrisson devait être cachée à son dur à cuire de père pour le moment, et qu'il fallait le confier à la garde d'une vieille nounou. Il paraissait évident que Gracie avait sur-le-champ résolu de l'adopter.

Plongé dans ses pensées, George partit à la recherche de Mr Van Grossie : il songea qu'il serait mieux à même de décider que faire au sujet de Miss Gracie le lendemain.

Et il n'avait certes pas tort, parce que le jour suivant, il découvrit Gracie dans son milieu naturel.

Elle s'était vu confier la tâche de baptiser le bateau de son père, et de partout, les gens avaient afflué sur les quais pour assister à la cérémonie et applaudir. C'était un numéro sans danger, et George ne voyait pas comment elle pourrait rencontrer un problème. Mais la maladresse congénitale de la jeune femme en décida autrement car, au moment même où elle devait briser la bouteille sur la proue et le bateau glisser vers le large, elle arrêta son geste, la bouteille au-dessus de la tête, pour saluer la foule. Le bateau se mit en branle, et reprenant en hâte son lancer en direction de la proue, elle manqua sa cible, et pivota sur elle-même en une pirouette acrobatique. Nullement désarmée par cet échec, il lui fallut à peine une seconde entre les bras de spectateurs charitables pour murmurer « Où suis-je ? » avant de s'élancer, jupe au vent, dans une course folle à la poursuite du bateau qui filait au long du quai. Au moment même où le yacht gagnait le bassin, Gracie arriva au bout de la jetée. Sans se laisser décourager, elle rejoignit le bateau d'un saut audacieux: elle traversa les airs dans un mouvement on ne peut plus artistique, et atteignit son but mais au prix d'un plongeon qui la fit couler lentement dans les eaux de la baie. George se précipita pour s'y jeter à son tour et la ramena à la surface, mais hanté par l'idée obsédante, dès qu'il sortit la tête des vagues, que sa tâche allait être difficile. En tant qu'agent publicitaire, il devait présenter Gracie comme une femme délicieuse, responsable et accomplie. Les journaux du lendemain ne disaient rien de l'incident, à l'exception de quelques allusions sournoises, mais les sous-entendus suffirent à le faire grincer des dents, et à se jurer que la fois prochaine, il en irait différemment. La plupart des musiciens étant considérés comme des excentriques, il se dit que si Gracie s'écartait des conventions dans ce domaine, elle serait excusée. Il décida donc de faire tout son possible pour concentrer ses efforts sur la mise au point d'un morceau difficile qu'interpréterait Gracie. Il se trouvait qu'il possédait ce talent artistique parmi tant d'autres, et il l'obligea à répéter tous les matins précédant l'événement. Le récital devait avoir lieu dans le grand salon de la demeure des Van Grossie. Le bébé était toujours secrètement aux mains d'une nounou, mais ce jour-là, Gracie avait osé l'amener dans la salle de musique pendant la répétition. George l'accompagnait, et il avait découvert que Gracie avait un certain don. Il se concentra donc sur la façon dont elle devait suivre la partition qu'il interprétait au piano. Gracie, cependant, était déchirée entre sa prétendue passion pour la harpe, et l'intérêt qu'elle portait à l'enfant qui jouait sur le plancher. Quand le marmot décida d'escalader la courbe de la harpe, elle pencha avec sollicitude l'instrument, sans que George s'en aperçût, pour qu'il ait quelque chose de plus solide à quoi s'accrocher, tandis que le pianiste, inconscient de la situation, continuait à jouer, à la reprendre et à lui donner des conseils sans deviner la cause de ces couacs inhabituels. Il se fâcha de plus en plus, tandis que l'enfant se montrait toujours plus intéressé en découvrant qu'il réussissait à grimper. Et Gracie, de même. L'intérêt qu'elle portait à son morceau décroissait d'autant. Sa harpe était maintenant tellement inclinée que la musicienne se retrouva presque dessous, à un angle périlleux, et jouait de façon tout à fait inédite, le corps dangereusement penché en arrière.

Finalement, les yeux toujours rivés à sa partition, il dit en s'imaginant qu'elle l'écoutait : « Maintenant, pour le final, nous allons tenter un grand crescendo conjoint de la harpe et du piano. » Et à ce moment précis, le tohu-bohu qu'il avait lui-même réclamé se produisit, mais sous une forme absolument inattendue : en se retournant, il découvrit la harpe, Gracie et le bébé étendus sur le sol. Tout en relevant l'un après l'autre Gracie, le bébé et la harpe, il beugla sans discontinuer en accusant la jeune femme de ne pas s'intéresser à la musique, tandis qu'elle pensait au seul fait que l'enfant avait peut-être été contrarié par sa chute de la harpe. Enfin, il se tourna vers elle, et au terme d'un chapelet d'anathèmes qui, se dit-il, aurait dû faire rentrer sous terre n'importe quelle personne ayant étudié la musique pour de bon, il lança : « Voyez un peu ce que vous avez fait à cette partition de Bach ! » À ce moment précis, Gracie tâta la couche du bébé. Et s'apercevant qu'elle était mouillée, elle répondit : « Ce n'est pas moi, c'est lui qui a fait ça ! »

George secouait encore la tête d'un air dubitatif le lendemain matin, en s'aventurant avec les deux sœurs et Dick, le soupirant de Gabrielle, sur le terrain de golf. Le problème du malheureux se compliquait du fait que Gracie n'était pas plus joueuse de golf qu'elle n'était marraine de yachts. Il avait dans l'idée de les rassembler tous et de régler la situation du bébé, mais deux points précis l'interdisaient. Tandis que la jeune femme et Dick, formant un duo des plus intimes, s'élançaient sur le green et s'affairaient autour d'un bunker, Gracie se retrouvait toujours loin derrière autour du sien, et lui s'agitait comme un agent de liaison entre deux réseaux de tranchées, s'efforçant de maintenir la cohésion du quatuor. Ce n'était pas que Gracie frappât mal la balle, mais plutôt que sur un gros caddie qu'elle avait loué, se trouvait dans un grand sac qu'elle s'était débrouillée pour dénicher, un petit marmot qui retenait toute son attention. Autant qu'il pouvait en juger entre deux imprécations passionnées qu'il lui lançait, la jeune femme semblait occupée à apprendre à compter à l'enfant, au rythme de son propre score, et c'était seulement grâce à la prédilection que marquait le jeune couple pour l'intimité des dunes qu'il réussit à les rassembler tous les trois et à discuter avec un semblant d'intelligence les plans qu'il convenait de mettre en place pour l'avenir du petit. Peut-être, songea-t-il, cette situation dépassait-elle ses capacités, mais il demeurait infatigable, et pour établir le nouveau plan qu'il échafauda le lendemain, il utilisa toutes les connaissances qu'il possédait dans le domaine de la publicité.

Il fallait organiser un concours de beauté et que Gracie remporte le prix. De surcroît, cette manifestation allait faire l'objet d'une publicité retentissante, et il avait pris soin de réfléchir à chaque détail. Des chroniqueurs mondains venus de toute la Nouvelle-Angleterre et de New York étaient présents pour prendre des notes. Gracie, à l'aide de sa sœur, avait fini par apprendre son rôle. Ses compétitrices avaient été choisies avec la même attention parmi celles qui faisaient à coup sûr tapisserie et les anciennes débutantes de la région, si bien que, quand Gracie l'emporterait, personne ne trouverait ce choix injuste en aucune façon. Les juges furent eux aussi triés sur le volet.

Toutefois, George avait une fois de plus négligé de compter avec Gracie. Quand l'une des participantes au concours lui demanda de lui fixer son numéro sur le dos, Gracie se fit un plaisir de lui rendre ce service. Mais elle retourna le chiffre 6 qui devint par conséquent un 9, et quelques minutes plus tard, la vieille nounou qui amenait le bébé adopté, l'autorisa à jouer avec le dossard de Gracie qui à l'inverse passa de 9 à 6. Des ordres avaient été donnés pour que le 9 gagne.

Et donc George, après le défilé devant les caméras survoltées, claironna devant la presse le triomphe de la charmante Miss Van Grossie, et s'aperçut quelques minutes plus tard que la coupe allait à la jeune femme qui avait par erreur le numéro 9 à la place de Gracie, qui aurait dû le porter, n'eût été l'inversion des chiffes sur leurs dos respectifs.

L'histoire fut aussitôt télégraphiée à New York, et les journaux mondains s'arrangèrent pour lui donner un titre trompeur faisant sournoisement allusion à ce qui s'était passé en réalité. L'épisode était trop juteux pour être laissé de côté par les échotiers, et George se demanda une fois de plus pourquoi il s'était jamais considéré comme un agent publicitaire, étant donné les échecs auxquels aboutissaient toutes ses tentatives. Il lui restait cependant quelques atouts en main.

Il misa tout sur le récital. George et Gracie pénétrèrent dans la salle, elle s'appuyant sur son bras tandis qu'elle traversait non sans majesté l'espace pour gagner l'estrade de fortune installée dans un coin du salon. C'était la dernière trouvaille de George, qui s'apprêtait à porter Gracie au pinacle en la décrivant comme la plus grande harpiste du monde.

Il prononça un discours officiel de présentation que Gracie accueillit avec humilité. Sous les applaudissements, il annonça le premier morceau, et avec l'aide de son accompagnateur, Gracie se lança dans un glissando sur les cordes de la harpe. Tout commença en beauté, mais se termina sur un accord terriblement faux. Sans se laisser émouvoir, George l'aiguillonnant et gardant la mesure, elle continua à jouer son morceau avec entrain. Soudain, le bébé sortit de sa cachette, derrière le piano. Il était assez grand pour avoir compris que George le considérait comme un élément perturbateur, et il essaya en conséquence d'échapper à son regard. Il se glissa de plus en plus près de Gracie, jusqu'au moment où, alors que celle-ci atteignait justement un passage difficile, le bébé s'avança jusqu'à la harpe, trébucha et réussit à tomber en avant, la tête et les épaules entre les cordes.

Cela mit bien sûr fin au récital. Gracie sortit en saluant et, poussant la harpe devant elle, elle s'arrangea pour que personne d'autre que George ne vît le petit. Une fois sortis du salon, il apparut évident à George et à Gracie qu'il allait leur falloir trouver un endroit sûr où cacher l'enfant. Quand elle parvint à le dégager d'entre les cordes, George et elle se précipitèrent vers le hangar à bateaux, et ils couchèrent le bébé pour la nuit dans la remise, sur un foc étendu là pour prendre l'air. Avant qu'il eût fini par fermer les yeux, George et Gracie, adossés au mur, se mirent eux-mêmes à somnoler. Ils furent réveillés en sursaut le lendemain matin quand Mr Van Grossie les découvrit là. En ouvrant les yeux, ils le virent soulever l'enfant d'un air furieux entre ses bras, et traverser la pelouse dans l'intention manifeste de s'en débarrasser à sa façon. Gracie et George prirent un raccourci pour se rendre sur le quai où ils trouvèrent Dick et Gabrielle prêts à s'embarquer sur le yacht. George s'empara du petit canot et le cacha sous le ponton pour s'y installer et prendre des notes à l'aide de sa machine à écrire. Gracie expliqua aux jeunes amants que la situation pourrait être réglée s'ils acceptaient d'expliquer qu'ils étaient mariés et que l'enfant était à eux. Quand Mr Van Grossie déboula, le bébé dans les bras, il dut affronter cette situation mensongère. En apprenant que Dick et Gabrielle semblaient mariés, il fut extrêmement déçu, mais avant qu'il eût réussi à donner libre cours à sa colère, le coup de pistolet signifiant aux concurrents de se tenir prêts fut tiré par le comité organisateur de la régate. Mr Van Grossie adopta alors la position pleine de philosophie selon laquelle il n'est plus besoin de crier au feu quand la maison a déjà brûlé. Il rendit sans ménagement le bébé à Gracie et conduisit Dick et Gabrielle dans une vedette jusqu'au yacht, criant à la fille aînée de les rejoindre avec George quand celui-ci aurait refait surface. Une fois Mr Van Grossie envolé, George réapparut de l'autre côté de la jetée. Gracie et lui montèrent à bord de la seule vedette encore disponible, et se dirigèrent vers la régate.

Gracie et George étaient tous deux très excités par la confusion et la tension qui régnaient une minute ou deux avant le début de cette course qui allait faire date. La jeune femme était assise à l'arrière, tenant le bébé d'une main et le gouvernail de l'autre, tandis que George s'était installé à l'avant, sa machine à écrire en équilibre sur un coussin gonflable posé sur ses genoux. Ils avaient à peine parcouru six mètres depuis le quai quand la vedette chavira et se brisa en deux. La moitié où se trouvait George se mit à couler lentement, sa machine à écrire flottant à la dérive sur son coussin gonflable. Le bébé, qui avait réussi à se hisser sur un autre, flottait avec jubilation, tandis que la moitié à laquelle s'accrochait Gracie – celle avec le moteur et l'hélice – décrivait autour de lui des cercles de plus en plus rapides. L'enfant parut amusé et même ravi quand l'avant de la vedette s'emplit d'eau et coula à pic. George nageait avec frénésie mais faisait du surplace en essayant de rattraper sa machine à écrire qui flottait toujours. Grace ne réussit pas tout de suite à couper le moteur, mais au bout du compte, alors que la coque s'emplissait d'eau, elle le força à s'écraser contre le dock et fut sans cérémonie jetée à la mer. Le naufrage de la vedette les força à prendre la dernière embarcation qui se trouva être le petit canot en piteux état. George et Gracie se précipitèrent à bord et avec la jeune femme à la rame, ils s'élancèrent à la rescousse du bébé et de la machine à écrire – et poursuivirent leur course parmi les nombreux bateaux des spectateurs qui entouraient les yachts en compétition. À grands coups de rames, Gracie réussit à arriver à temps pour arrimer son canot au yacht de son père au moment même où le coup de feu de départ retentissait. Dans la confusion qui s'ensuivit, tandis que George et Gracie s'efforçaient de monter à bord, le bébé fut oublié, et ce ne fut qu'après le début de la course que Gracie se rendit soudain compte avec horreur qu'il était resté dans le canot en remorque. Le yacht Van Grossie avait pris la tête, et Gracie et George bataillaient pour effectuer le sauvetage du bébé, qui riait aux éclats et applaudissait tandis que le canot tanguait et roulait dans le sillage du bateau. Gracie décida soudain qu'il lui fallait une bonne longueur de corde pour y parvenir, et pendant que George gardait l'œil sur l'enfant, elle se précipita sur le pont où elle trouva au pied du grand mât le filin qu'elle cherchait.

Or, cette corde était fixée à un épissoir à la base du grand mât. Sans se laisser décourager ni gagner par l'inquiétude, ni même se rendre compte que cette corde était précisément celle qui tendait la grand-voile, Gracie, déterminée à s'en emparer, se démena jusqu'à réussir à décrocher l'épissoir. Quand elle y parvint enfin, l'immense voile s'affaissa, recouvrant presque tout le bateau. Et le concurrent qui le talonnait vogua fièrement vers la victoire.

Au bout d'un moment, des signes de vie se manifestèrent sous la toile qui bâchait le pont entier comme une couverture. Émergeant d'un des coins, Dick et Gabrielle s'étreignirent avec joie. Non loin du pied du mât, une masse indistincte souleva le tissu et s'écria comme si rien ne s'était passé : « Oh Georgie, où êtes-vous ? » Depuis l'arrière du yacht, parvint la réponse hébétée et découragée de l'intéressé : « Ici, Gracie. » Elle s'extirpa des plis de la voile et courut le rejoindre. George décida qu'il serait sans doute de bonne tactique de faire disparaître Gracie de la scène aussi vite que possible. Tandis qu'il l'aidait à descendre dans le canot où se trouvait toujours le bébé, il déclara : « Je crois, Gracie, que pour le bien de l'humanité, il vaudrait mieux que nous nous unissions pour le meilleur… et pour le pire. » Gracie gloussa de joie en saisissant les rames : « Oh, George, vous avez le don de dire les choses les plus charmantes ! » George, le visage douloureux comme à son habitude, était penché sur sa machine à écrire alors qu'il rédigeait son dernier communiqué de presse et que le canot reprenait le chemin du port. Et tandis que la petite embarcation disparaissait à l'horizon, il écrivait avec fébrilité : « HÉRITIÈRE VAN GROSSIE SUR LE POINT D'ANNONCER ESCAPADE NUPTIALE AVEC… »

FIN.

Voyager ensemble

I.

Quand le wagon s'immobilisa de nouveau, les étoiles brillaient déjà, et elles étaient apparues si vite que Chris en fut ébloui. Le train se trouvait en haut d'une colline. Cinq kilomètres plus loin environ, il aperçut un nuage de lumières, plus pâles et plus jaunes que les étoiles, et il se dit que ce devait être Dallas.

En quatre jours, il en avait assez appris sur les expéditions de marchandises pour savoir qu'à Dallas, il y aurait un certain nombre de réaiguillages des trains affrétés jusqu'à cette gare. S'il décidait de poursuivre son voyage, il pourrait toujours réembarquer avant le lendemain matin. Et après toute cette inactivité – sauf quand il avait dû s'accrocher la nuit entière aux montants métalliques –, marcher deux ou trois kilomètres lui apparaissait comme un luxe. Un luxe digne des *Mille et Une Nuits*.

Il s'étira en respirant à fond. Il se sentait bien, mieux que depuis des années. Ce n'était pas une vie trop désagréable tant qu'on trouvait de quoi manger. À la lumière des étoiles, il vit quelques silhouettes émerger avec prudence d'autres wagons, et comme lui, inhaler l'air sec de la nuit texane.

Cela lui rappela aussitôt cette fille.

Il y avait une fille dans le fourgon de queue. Il s'en était douté ce matin à Springfield, en voyant un visage s'éloigner avec précipitation de la fenêtre; lors d'une halte de plus d'une heure, il l'avait vu plus clairement, à moins de cinq ou six mètres.

Bien sûr, ce pouvait être la femme du chef de train, mais aussi bien une vagabonde. Toutefois, le chef de train en question était un vieux bonhomme tout ratatiné, mûr pour profiter de la retraite plutôt que des charmes d'une jeune fille de dix-huit ans. Quant à la vagabonde – si elle l'était, elle paraissait différente de toutes celles qu'il avait croisées.

Il entreprit de réchauffer sa soupe en conserve avant de se mettre en marche vers la ville. Il s'éloigna de cinquante mètres de la voie, fit un petit feu et versa le bouillon de bœuf dans sa casserole au manche pliant.

Il était à la fois content et désolé d'avoir emporté cet équipement de cuisine; content parce que c'était très pratique, mais désolé, parce que cela avait d'une certaine façon élevé une barrière entre lui et certains autres passagers clandestins. Les quatre types qui venaient d'unir leurs forces un peu plus loin sur la voie ne disposaient d'aucun ustensile semblable. À eux tous, ils possédaient une casserole cabossée, quelques boîtes de conserves vides et assez de restes divers et de sel pour se faire un frichti. Mais enfin, ils connaissaient les ficelles du métier: les plus vieux en tout cas, et les plus jeunes apprenaient vite.

Chris finit sa soupe, heureux de sentir l'horizon de la nuit s'élargir de plus en plus. « Peut-être qu'un jour, j'irai jusqu'aux étoiles », dit-il à haute voix.

La locomotive lâcha un gargouillis, et un bruit sinistre de faux départ monta de ses entrailles. Dans un cliquetis métallique, les attelages se tendirent, et le convoi progressa de quelques centaines de mètres.

Il ne fit même pas mine de se lever. Les vagabonds ne tentèrent pas de remonter à bord. À l'évidence, ils avaient eu comme lui l'idée de rattraper le train à Dallas. Quand le fourgon de queue à l'éclairage incertain l'eut dépassé de cinquante mètres, le train s'arrêta de nouveau brutalement…

Avec lenteur, comme si elle hésitait, la silhouette de la fille s'avança dans la faible lumière de la portière. Elle sortit et marcha jusqu'à l'endroit où le mâchefer du revêtement cédait la place à de l'herbe.

Elle donnait certes l'impression de vouloir être seule, mais les choses ne devaient pas se passer ainsi. À peine les quatre types qui bivouaquaient au bord de la voie l'eurent-ils aperçue que deux d'entre eux se levaient pour aller à sa rencontre. Chris finit de rassembler ses affaires et se dirigea discrètement vers le même endroit. Pour ce qu'il en savait, c'étaient peut-être des copains de cette fille, mais en revanche, ils lui avaient semblé assez peu recommandables. En cas de problème, il se rangerait aussitôt dans le camp où ils ne se trouveraient pas.

Tout se passa plus vite qu'il ne l'avait escompté. Il y eut une brève discussion entre les deux hommes et la jeune fille, qui n'appréciait à l'évidence pas leur compagnie ; l'un d'eux la prit bientôt par le bras et tenta de la forcer à se joindre à eux. Chris s'avança d'un air nonchalant :

« Qu'est-ce qui se passe ici ? » lança-t-il.

Aucune réponse.

La fille se débattait, le souffle un peu court, et Chris se rapprocha encore.

« Hé, je vous demande ce qui se passe ici ! cria-t-il un peu plus fort.

– Dites-leur de me lâcher ! Dites-leur…

– Oh la ferme ! »

Mais quand Chris vint se camper devant celui qui avait parlé, il lâcha le bras de la fille et tomba en arrêt à quelques mètres dans une posture de défi défensive. Chris était bien bâti : dans la force de l'âge, il venait à peine de dépasser les trente ans. Le premier vagabond était jeune et costaud ; la chair flasque de son compagnon disparaissait sous des couches de graisse, si bien qu'il était impossible de déterminer sa valeur au combat.

La fille se tourna vers Chris. Les éclairs argentés qui luisaient dans ses yeux déchiraient le ciel comme un diamant découpe le verre et déversaient la lumière la plus blanche qu'il avait jamais vue. Elle éclairait une belle bouche charnue mais crispée dans une moue figée par la peur.

« Faites-les partir, ils ont déjà essayé avant ! »

Chris observait les deux hommes. Ils avaient échangé un regard et maintenant ils s'avançaient, si bien qu'il en eut bientôt sur chaque flanc. Il recula jusqu'à la fille et murmura : « Vous, vous gardez ce côté ! » Elle comprit ce qu'il voulait, et se posta tout près de lui pour éviter l'encerclement. Du coin de l'œil, Chris s'aperçut que les deux autres avaient quitté leur bivouac et arrivaient au pas de course. Il décida d'agir vite. Quand le plus vieux et le plus robuste des vagabonds fut à moins d'un mètre, Chris s'avança et lui décocha un direct du gauche sur la partie droite du menton. L'homme chancela et se releva, jurant tout ce qu'il savait, mais pour l'instant hors d'état de nuire ; il s'essuya le menton avec un long chiffon qu'il alla chercher dans un recoin obscur de son accoutrement, mais il garda ses distances.

Au même instant, la fille poussa un cri perçant : « Il m'a pris mon sac à main ! » et Chris se retourna pour s'apercevoir que le plus jeune des deux s'était éloigné d'une vingtaine de mètres et riait d'un air moqueur.

« Reprenez-lui mon sac, s'écria la fille. Ils ont déjà essayé de me le prendre hier. Et il me le faut absolument. Il n'y a pas d'argent dedans. »

Tout en se demandant ce qu'il pouvait y avoir dans ce petit sac auquel elle tenait autant, Chris prit sa décision : il plongea la main dans son baluchon brimbalant et, se campant devant la jeune femme, il en sortit un calibre .38 qu'il agita sous la lumière de la lune.

« Lâche ce truc. »

Le jeune type hésita – il fit mine de se détourner, songea à partir en courant, mais ses yeux étaient hypnotisés par le revolver. Il s'arrêta au moment de pivoter sur lui-même, et d'instinct, ses mains commencèrent à s'éloigner de ses flancs.

« Je t'ai dit de rendre ce sac. »

Il ne craignait pas que le gamin eût la moindre arme sur lui, sachant pertinemment que la police ou le mont-de-piété avaient depuis longtemps dû l'en débarrasser.

« Il est en train de l'ouvrir au fond de sa poche. Je le vois !

– Jette-le, je t'ai dit. »

Le sac à main entrouvert atterrit sur le sol. Avant que Chris eût pu l'arrêter, elle s'était éloignée de lui en courant pour le ramasser et vérifier son contenu anxieusement.

Un des deux autres vagabonds prit la parole.

« On lui voulait pas de mal, vieux frère. On avait dit qu'il fallait laisser cette fille tranquille. Pas vrai, Joe, que je l'avais dit ? » Il se tourna pour recevoir confirmation. « J'ai dit, laissez-la tranquille. C'est une fille qui voyage dans le fourgon de queue. »

Chris marqua une hésitation. Il avait atteint son objectif et… il lui restait toujours quatre boîtes de conserves.

Il hésitait tout de même. Ils étaient quatre contre un, et le plus jeune qui ressemblait à un sous-homme de Cro-Magnon, celui qui avait volé le portefeuille, semblait suffisamment vexé pour vouloir se battre.

En signe de bonne volonté, il prit dans son sac à moitié vide désormais une boîte de corned-beef et une autre de haricots blancs, et les leur lança.

« Filez maintenant. Filez, je vous dis. Vous n'avez pas la moindre chance de vous en sortir.

– Qui t'es toi ? Tu bosses pour cette compagnie ?

– T'occupe. Filez, j'ai dit. Et si vous voulez vous partager ces trucs, allez donc manger un kilomètre plus loin.

– T'aurais pas une boîte de méta ?

– Pour que tu la boives ? Non, vous allez devoir faire votre propre feu, j'en ai peur, comme vous l'avez toujours fait. »

L'un des vagabonds se mit à fredonner, « File doux, mon toutou », et bientôt, tous les quatre se dirigeaient en bordure du ballast vers les lumières jaunes de Dallas.

II.

Sous l'éclairage de deux étoiles distinctes, l'image de la fille le saisit.

Il y avait sur son visage un contraste entre une partie d'elle-même qui semblait regarder vers l'avenir par-delà tous les obstacles, et des contours, un profil, qui, vus de l'extérieur, paraissaient avoir atteint leur terme : quelque chose de blanc, de policé et de brut à la fois. Son destin déjà écrit, elle semblait marquée par des luttes récentes, et agitée par les vieilles croyances des Blancs.

Et puis ses yeux, si verts qu'on aurait cru des billes phosphorescentes, si verts que l'argile encore humide du reste du visage d'où ils jaillissaient paraissait d'une pâleur mortelle en comparaison.

« D'autres vagabonds m'ont pris tout ce que j'avais quand je suis descendue à Saint-Louis, dit-elle.

– Qu'est-ce qu'ils vous ont pris ?

– Mon argent. » Il vit de nouveau ses yeux scintiller à la lumière des étoiles. « Qui êtes-vous ?

– Rien qu'un homme ; un vagabond, comme vous. Vous allez où ?

– Jusqu'au terminus. La côte. Hollywood. Et vous ?

– Même endroit. Vous essayez de trouver du boulot dans le cinéma ? »

Le marbre de son visage s'anima, lui retournant l'intérêt qu'il lui portait. « Non, j'y vais… à cause de ce bout de papier. Ce chèque. » Elle le replaça soigneusement dans le portefeuille. « Vous, vous y allez pour le cinéma ?

– Je suis dedans.

– Vous voulez dire que vous travaillez dans le cinéma ?

– Depuis longtemps.

– Mais alors qu'est-ce que vous faites sur la route comme ça ?

– Ah ça ! Je ne comptais pas en parler à qui que ce soit, mais j'écris des scénarios, croyez-le si vous voulez. J'en ai écrit pas mal. »

Cela lui était égal qu'il eût dit vrai ou pas, mais l'invraisemblance de la chose lui parut accablante.

« Vous faites la route, comme moi, dit-elle.

– Pourquoi vous la faites ?

– J'ai mes raisons. »

Il sortit une allumette de son sac à dos, et simultanément, il sentit sa dernière boîte de soupe qui se cognait contre lui.

« Vous voulez manger un morceau avec moi ?

– Non merci, j'ai déjà mangé. »

Pourtant, elle paraissait si faible.

« Vous êtes sûre que vous avez mangé ? insista-t-il.

– Mais oui, puisque je vous le dis. Alors comme ça, vous écrivez des scénarios pour Hollywood ? »

Il avait commencé à ramasser des brindilles pour faire un feu et réchauffer la dernière boîte de soupe quand il aperçut deux traverses de chemin de fer abandonnées. Elles étaient plutôt massives et il lui fallait d'abord du petit bois. Le train était toujours là cependant, et il courut vers le fourgon de queue pour parler au préposé.

« Mais quel petit bois ? grommela le vieil homme. Vous voudriez peut-être qu'on démonte le toit de ma cabine ? Ce que j'aimerais savoir, moi, c'est où est passée la fille. Une vraie dame, ou alors je m'y connais pas.

– Où l'avez-vous trouvée ?

– Elle est venue au dépôt à Saint-Louis sans un sou vaillant. Elle m'a raconté qu'on lui avait volé son billet. Je l'ai fait monter, et ça pourrait me coûter mon boulot. Vous l'avez pas vue ?

– Écoutez, je voudrais du petit bois.

– Vous pouvez en prendre une poignée », dit en hésitant le chef de train, avant de répéter : « Mais où est passée cette fille, elle est partie avec les chemineaux ?

– Elle va bien. » De sa botte, il tira une carte de visite. « Si un de ces jours, vous venez faire un tour à Hollywood, passez me voir. »

Le chef de train se mit à rire, et dit ensuite :

« Je sais pas trop, mais dans tous les cas, vous m'avez l'air d'un garçon sympathique. »

Profitant de cet accès de bonne humeur, Chris prit une bonne brassée de petit bois.

« Ne vous inquiétez pour cette fille. Je veillerai à ce que personne ne lui fasse de mal.

– Oui, veillez-y, dit le chef de train sur le seuil de la portière. Veillez-y. Elle était comme ma fille. Je l'ai fait monter, mais j'aimais pas trop l'allure de cette bande. Vous voyez ? Ils me disaient rien qui vaille. Vous voyez ? Maintenant les vagabonds ont plus l'air aussi méchants que ça.

– Eh bien, au revoir. »

On changeait les attelages. Plongé dans ses pensées, Chris retourna vers l'endroit où il l'avait laissée.

« Regardez ! » s'exclama-t-elle soudain.

D'un vert phosphorescent qui luisait dans la nuit, les dix-neuf yeux d'un car se rapprochaient.

« Est-ce que ça ne serait pas chouette… si seulement on pouvait…

– Mais on peut, lui assura-t-il, je peux vous emmener jusqu'à Los Angeles… »

Elle resta dubitative.

« Vous savez, parfois, je me dis que vous avez vraiment une situation là-bas. »

Dans le car, elle lui demanda :

« Où avez-vous trouvé l'argent pour faire ça ? »

Les passagers assoupis se déplacèrent pour leur laisser deux places.

« Eh bien, je suis en train de préparer un film. »

Elle ne savait toujours pas si elle devait le croire, mais pour un homme aussi jeune, son visage était plutôt fatigué, et il avait sans doute travaillé pendant un certain temps.

« Qu'est-ce que vous écrivez en ce moment ?

– Ça. C'est un film que j'ai en tête… sur des vagabonds.

– Et vous allez essayer de leur vendre l'idée à Hollywood ?

– Leur vendre ? Ils l'ont déjà achetée. J'ai même commencé mes recherches. Je m'appelle Chris Cooper. C'est moi qui ai écrit *Linda Monday.* »

Elle semblait soudain épuisée et sans énergie.

« Je ne vais pas souvent au cinéma, dit-elle. Vous avez vraiment été très gentil avec moi. » Elle lui décocha un sourire en coin, la moitié de son visage s'illumina, un sourire pareil à une petite falaise blanche.

« Bon Dieu, que vous êtes belle ! » ne put-il s'empêcher de s'exclamer. Puis, il ajouta : « Qui êtes-vous ? Je suis sûr que vous êtes quelqu'un. » Il dut de nouveau baisser la voix, parce que deux passagers fatigués s'agitaient sur leurs sièges devant eux.

« Je suis la fille-mystère, répondit-elle.

– Je commence à croire que vous l'êtes. Je dois dire que je suis perplexe. »

Le car marqua l'arrêt Dallas. Minuit flottait dans l'air. Plus de la moitié des passagers débarquèrent, de façon permanente ou temporaire, parmi lesquels Chris ; la jeune femme demeura sur son siège, et comme elle prenait un peu de repos, le rose lui remonta furtivement aux joues.

Au bureau du télégraphe, Chris expédia un message à une femme célèbre qui voyageait sur un beau train aérodynamique filant vers l'ouest.

Il remonta dans le car et réveilla la jeune femme assoupie pour lui demander d'un air désinvolte :

« Avez-vous déjà entendu parler de Velia Tolliver ?

– Comme tout le monde, bien sûr. La découverte de l'année, non ?

– Elle est en chemin vers la côte. Je lui ai télégraphié de descendre à El Paso pour que je puisse l'y rejoindre. »

Mais il était un peu las de faire l'intéressant devant une fille qui de toute évidence ne le croyait pas, et sans doute l'orgueil blessé qu'elle lut dans ses yeux lui donna la force de répondre :

« Qui vous êtes m'importe assez peu. Vous avez été gentil avec moi. Vous avez sauvé mon chèque. » À moitié endormie, elle serra entre ses mains le vieux sac qui contenait le chèque plusieurs fois plié sur lui-même. « C'est ça que je ne voulais pas que ce vagabond me prenne.

– Vous semblez effectivement y attacher une grande valeur.

– Eh bien, est-ce que vous avez déjà entendu parler de Paul Downs ?

– Je crois que oui.

– C'était mon père. Et là, c'est sa signature. » De nouveau, la fatigue s'empara d'elle, et sans explication supplémentaire, elle s'endormit sur-le-champ alors que le car se remettait en route pour traverser la longue nuit texane.

On baissa l'intensité de toutes les ampoules sauf deux, et elles ne répandirent plus qu'une pâle lueur. Les visages des passagers qui s'apprêtaient à dormir paraissaient presque tous jaunes d'épuisement.

« Bonne nuit », murmura-t-elle.

Ce ne fut que le lendemain, lors de la pause-déjeuner à Midland, qu'il reprit la conversation.

« Vous m'avez dit que votre père s'appelait Paul Downs. Est-ce lui qu'on surnommait "Popsy Downs" ? Et n'était-il pas propriétaire d'une flotte de paquebots transatlantiques ?

– C'était bien lui.

– Je me suis rappelé son nom parce qu'il nous avait prêté un brick de 1850 que nous avons utilisé dans *Poussière d'or.* Le jour où je l'ai rencontré, il avait organisé une superbe petite soirée… »

Il se tut en voyant son visage se rembrunir.

« Nous en avons entendu parler.

– Qui ça, nous ?

– Maman et moi. On avait de l'argent à l'époque, quand mon père est mort, enfin, on croyait en avoir. » Elle soupira. « Venez, retournons vers le car… »

C'était de nouveau une belle nuit quand ils atteignirent El Paso.

« Vous avez de l'argent ?

– Oh, beaucoup !

– Menteuse ! Tenez, voici deux dollars. Vous me les rendrez un de ces jours. Allez vous acheter ce dont vous avez besoin, vous savez, des bas, des mouchoirs, ce qui vous tente.

– Vous êtes sûr que ça ne vous fera pas défaut ?

– Vous ne me croyez toujours pas ? Rien que parce que je n'ai pas beaucoup d'argent sur moi… »

Ils s'arrêtèrent devant une vitrine où s'étalaient des cartes routières dépliées.

« Alors, au revoir, dit-elle timidement. Et merci. »

Chris sentit son cœur se pincer. « C'est un petit au revoir*. Je vous retrouve à la gare dans une heure.

– D'accord. »

Elle avait déjà disparu. Il n'apercevait plus que sa nuque et ses cheveux qui bouclaient sous son chapeau.

En marchant, il se demanda ce qu'elle allait faire – comme s'il avait réfléchi à sa place. Il n'était pas sûr, après tout, de la revoir à la gare.

Il était sûr qu'elle irait se balader pour faire du lèche-vitrines. Il connaissait bien El Paso, et en devinant quelles rues elle devait traverser, il fut plus que ravi en la retrouvant à la gare une demi-heure avant l'arrivée du train.

« Donc, vous avez décidé de continuer le voyage. Accompagnez-moi au guichet.

– J'ai changé d'avis. Vous avez dépensé suffisamment d'argent pour moi. »

Ses sentiments se transformèrent en mots.

« Je serais prêt à payer un trajet beaucoup plus long encore pour vous.

– Oublions tout ça. Voici vos deux dollars. Je n'ai rien dépensé. Ah, si, pardon. J'ai dépensé vingt-cinq – non, trente-cinq cents. Voici le reste. Tenez !

– Vous voilà décidée à dire des absurdités ? Juste au moment où j'avais commencé à me dire que vous aviez la tête sur les épaules. Le train de Velia sera là dans une minute et elle en descendra. C'est la plus belle femme que j'aie jamais vue. C'est elle que nous avons choisie pour le rôle féminin dans le film sur les vagabonds.

– Parfois, je suis presque prête à croire que vous êtes ce que vous dites. »

Puis, alors qu'ils se tenaient devant le kiosque à journaux, il se tourna une fois de plus vers elle – pour voir la neige fondre tandis qu'il la regardait. Ses lèvres roses étaient désormais écarlates.

… Le train entra en gare. Velia Tolliver, telle qu'en elle-même, en descendit. Elle semblait très contrariée.

« Eh bien, nous y sommes, dit-elle. Prenons un petit verre rapide au buffet, et ensuite, envoyons un télégramme à Bennie Giskig pour qu'il vienne nous chercher à Yuma avec sa voiture. J'en ai assez des trains. Ensuite, je veux retourner dans mon wagon et me coucher. Même les porteurs m'ont regardée comme si mon visage était tout ridé. »

Elle regarda avec curiosité la jeune fille tandis qu'ils entraient dans sa cabine-lit dix minutes plus tard.

« Ma bonne est tombée malade, et j'ai dû la laisser à Chicago… et me voici complètement démunie. Comment vous appelez-vous, je n'ai pas bien saisi votre nom.

– Judith Downs. »

Pendant un moment, tandis que Velia faisait rutiler sous leurs yeux une énorme pierre précieuse bleue, plus grosse qu'un œil, avant de la glisser dans un sac bleu lui aussi, Judy se demanda si on allait lui proposer de prendre la place de la domestique manquante.

Chris et Judy se dirigèrent vers le wagon panoramique, et bientôt Velia revint pour se joindre à eux, manifestement rafraîchie par quelques verres subrepticement éclusés, une façon comme une autre de se consoler de l'absence de sa domestique, en quelque sorte.

« Tu es vraiment impossible, Chris ! Tu me laisses à New York pour faire ce voyage de cinglé, et moi qu'est-ce que j'y gagne ? Un télégramme qui me fait descendre du train, et alors je te trouve avec cette fille ! »

Elle essuya quelques larmes de détresse et reprit le contrôle d'elle-même.

« D'accord, je vais accepter sa présence, puisque tu ne m'aimes pas. » Elle examina Judy d'un œil plus critique qu'auparavant. « Vous êtes... couverte de poussière. Est-ce que vous voudriez que je vous prête quelques vêtements ? J'ai une malle dans ma cabine. Venez. »

Dix minutes plus tard, Judy Downs la remercia :

« Non, rien d'autre que cette jupe et ce pull-over.

– Mais c'est un vieux pull-over. J'étais pourtant presque sûre de l'avoir donné à ma bonne il y a longtemps, et c'est par hasard qu'il s'est retrouvé là-dedans. Vous ne voulez pas autre chose ? Tant pis. Allez retrouver Chris, et passez un bon moment ensemble. Moi je vais m'étendre un peu. »

Or, Judy n'avait pas choisi ce pull-over parce qu'il était vieux, mais parce que, sur une étiquette, cousue au col, elle avait déchiffré : « Mabel Dychenik ».

Et sur le chèque soigneusement rangé dans son sac, on pouvait lire : « Payez à l'ordre de Mabel Dychenik : 10,00 dollars ».

III.

De retour dans le wagon panoramique, se sentant un peu plus fraîche, Judy déclara :

« C'est gentil de sa part de m'avoir prêté ce pull-over et cette jupe. Qui est cette femme ?

– Oh, elle a commencé comme chercheuse d'or. Elle venait juste de sortir de la mine quand je l'ai découverte dans un théâtre de troisième ordre. C'est même moi qui lui ai trouvé son nom.»

Ils s'attardèrent longtemps sur la plateforme du wagon panoramique, tandis que le Nouveau-Mexique défilait sous les étoiles. Puis ils prirent un petit déjeuner rapide le lendemain matin. Velia ne fit pas son apparition avant Yuma. Ils allèrent tous trois se rafraîchir dans le petit hôtel où ils attendirent Bennie Giskig, qui avait télégraphié qu'il les y retrouverait avec sa voiture pour les conduire ensuite à Hollywood.

«Il y a eu pas mal de choses au cours de ce voyage, dit Chris à Judy. Certaines plus faciles que d'autres, mais jamais rien de monotone. Ça a été vraiment chouette… avec vous.

– Avec vous aussi.»

Et puis soudain, l'humeur changea quand Velia sortit des toilettes en hurlant:

«J'ai perdu le petit sac bleu que je porte toujours accroché à mon poignet. Enfin, j'ai perdu ce qu'il y avait dedans. Ma grosse pierre, la seule belle chose que je possède! Mon diamant bleu!

– Tu as regardé partout? Dans tous tes bagages?

– Mes affaires sont dans le train. Mais je sais qu'il est dans son étui, et je le porte toujours au bras.

– Il a peut-être glissé.

– Impossible, insista-t-elle. L'étui a un fermoir de sûreté. Il n'aurait pas pu s'ouvrir et se refermer.

– Alors il doit être dans tes bagages.

– Oh non!» Soudain soupçonneuse, elle se tourna vers Judy. «Où est-il? J'exige que vous me le rendiez tout de suite!

– Ce n'est certainement pas moi qui l'ai.
– Alors où est-il ? Je vais vous faire fouiller !
– Sois raisonnable, Velia, lui demanda Chris.
– Mais qui est-elle ? Qui est cette fille ? Nous ne savons rien d'elle après tout !
– Suis-moi au moins dans le salon d'à côté », lui enjoignit-il.

Elle était sur le point de s'effondrer.

« Je veux qu'on la fouille.
– Je n'y vois pas d'inconvénient, déclara Judy. Je n'ai rien d'autre que les vêtements que vous m'avez prêtés. J'ai jeté ma vieille robe dans le train, ça ne valait pas la peine de la garder. Et je pourrais difficilement l'avoir avalé.
– Tu vois, Chris. Elle sait que les voleurs avalent les pierres précieuses qu'ils ont prises.
– Ne sois pas ridicule ! » dit Chris.

Tandis que la fouille était entreprise par la standardiste de l'hôtel sous les yeux vigilants de Velia, Bennie Giskig, un des directeurs de Bijou Pictures, se gara devant l'entrée. Il retrouva Chris dans le hall.

« Ah parfait », dit-il de ce ton si assuré que Chris avait fini par associer à cette profession, une conduite foncièrement différente des manières de ceux qui en réalité écrivent les scénarios ou tournent les films. « Ravi de te voir, Chris. Il faut qu'on se parle. C'est pour ça que je suis venu jusqu'ici. J'ai tellement de choses à faire. Où est Velia ? Je suis encore plus pressé de la voir, elle. Est-ce qu'on peut décoller tout de suite ? Des rendez-vous m'attendent à Hollywood.
– On a un petit problème, dit Chris. Bennie, je t'ai trouvé une actrice. Elle est là, avec nous.

– D'accord. Je la verrai dans la voiture. Mais pour l'instant, il faut qu'on y aille.

– Et j'ai aussi le scénario.

– Ah oui… » Il hésita un instant. « Chris, il faut que je te dise en toute franchise que les plans ont un peu changé depuis la dernière fois. L'histoire est tellement triste.

– Au contraire, je pense que ça peut être une histoire très tonique.

– On en parlera dans la voiture. En tout cas, Velia doit d'abord tourner un autre film, tout de suite, elle commence pour ainsi dire aujourd'hui… »

À ce moment précis, l'actrice, bouleversée, en larmes et complètement égarée, sortit du vestiaire accompagnée par Judy.

« Bennie, s'écria-t-elle. J'ai perdu mon gros diamant. Tu le connais, toi !

– Ah oui ? C'est vraiment moche. Il était assuré ?

– Oui, mais pour beaucoup moins que sa vraie valeur. C'était une pierre très rare.

– Il faut qu'on y aille maintenant. On en parlera dans la voiture. »

Elle accepta de monter à bord et ils prirent la route de la côte, en gravissant d'abord une colline, puis en traversant une vallée baignée de la lumière verte du matin, striée par des rangées d'avocats et de laitue tardive.

Chris laissa Bennie expliquer à Velia l'urgence de son nouveau film, mais dans son état d'accablement, elle ne sembla pas prendre du tout la mesure des choses. Ensuite, il se lança :

« Je continue à penser que mon scénario est meilleur que celui-ci, Bennie. Je l'ai remanié. J'ai beaucoup appris depuis que je me suis lancé dans ce voyage. L'histoire s'appelle *Voyager ensemble.* Il ne s'agit plus seulement de vagabonds. C'est aussi une histoire d'amour.

– Je te répète que le sujet est sinistre. Les gens ont envie de s'amuser aujourd'hui. Par exemple, dans ce film avec Velia, on a un... »

Mais Chris, agacé, l'interrompit :

« Tu veux dire que moi j'ai perdu un mois de mon temps, pendant que vous changiez d'avis ?

– Comment voulais-tu que Shulkopf te joigne ? On ne savait même pas où tu étais. D'autre part, tu perçois un salaire, pas vrai ?

– Il n'y a pas que l'argent qui m'intéresse dans ce travail. »

Bennie lui tapota le genou d'un air conciliant.

« Oublie tout ça. Je vais te faire travailler sur un film qui...

– Mais c'est ce film-là que j'ai envie d'écrire : je suis complètement dedans, tu comprends ? De New York à Dallas, j'ai voyagé dans des wagons de marchandises...

– Mais ça intéresse qui, tu crois ? Est-ce que toi-même tu ne préférerais pas rouler sur une route agréable dans une limousine de luxe ?

– C'est ce que je croyais. Avant... »

Bennie se tourna vers Velia, mimant un désespoir comique.

« Velia, il pense qu'il voudrait passer son temps dans des wagons de marchandises et...

– Allons, Judy, lâcha brusquement Chris. Descendons. On peut faire le chemin à pied. » Puis à l'adresse de Bennie : « Mon contrat se terminait la semaine dernière, de toute façon.

– Mais on allait le renouveler...

– Je pense que je peux vendre ce scénario à quelqu'un d'autre. Toute cette histoire de vagabonds, c'est mon idée. Donc, elle me revient, je suppose.

– Bien sûr, bien sûr. Nous n'en voulons pas, de toute façon. Mais Chris, je te dis que… »

Il semblait maintenant se rendre compte qu'il était en train de perdre un de ses meilleurs auteurs, un homme qui ne manquait pas de relations, qui irait loin dans l'industrie du cinéma.

Mais Chris demeura inflexible.

« Allons-y, Judy. Arrêtez-vous là, chauffeur. »

Absorbée par l'affaire de son diamant à l'exclusion de tout le reste, Velia lui cria : « Chris ! Si tu apprends quelque chose à propos de mon diamant… Si cette fille…

– Ce n'est pas elle qui l'a et tu le sais. C'est peut-être moi.

– Je ne te crois pas.

– Et tu as raison. Au revoir, Velia, au revoir, Bennie. Je viendrai vous voir quand ce film aura fait un malheur. Et je vous raconterai. »

Quelques minutes plus tard, la voiture n'était plus qu'un point sur la grande route.

Chris et Judy s'assirent sur le bas-côté.

« Eh bien ?

– Eh bien.

– Je suppose qu'on est bons pour user nos semelles et tendre le pouce.

– Sans doute. »

Il admira le rose nacré de ses joues et le vert cuivré de ses yeux, d'un vert plus intense que le bronze du feuillage qui les entourait.

« C'est vous qui avez ce diamant ? demanda-t-il soudain.

– Non.

– Vous mentez.

– Bon, disons oui et non.

– Qu'en avez-vous fait ?

– Oh, tout est si beau par ici, nous en reparlerons plus tard.

– Plus tard ! » répéta-t-il, abasourdi par son attitude désinvolte, comme si ces choses n'avaient aucune importance. « Je vais rendre cette pierre à Velia. Je me sens responsable. C'est moi qui vous ai présentée à elle, après tout.

– Je ne peux rien faire pour vous, répliqua-t-elle froidement. Je ne l'ai pas.

– Qu'en avez-vous fait ? Vous l'avez confiée à un complice ?

– Vous me prenez pour une voleuse ? Il aurait vraiment fallu que je sois une très habile intrigante. Que je me sois débrouillée pour vous rencontrer et tout le reste.

– Quoi qu'il en soit, c'est fini maintenant. Vous allez rendre son diamant à Velia.

– Il se trouve qu'il est à moi.

– Si l'on considère que le détenteur est le légitime propriétaire dans quatre-vingt-dix pour cent des cas… Eh bien…

– Ce n'est pas ce que je voulais dire, l'interrompit-elle, des larmes de colère dans les yeux. Ce diamant appartient à ma mère et à moi. Je vais vous raconter toute l'histoire, alors que je ne comptais vous la révéler que plus tard. Papa possédait la Compagnie Nyasak, et à quatre-vingt-six ans, alors qu'il allait si mal, nous ne le laissions jamais se rendre en paquebot à son bureau de la côte Ouest sans un médecin et une infirmière pour l'accompagner. Un beau soir cependant, il réussit à tromper leur vigilance, et offrit un diamant d'une valeur de quatre-vingts mille dollars à une fille dans un cabaret. Il le raconta à l'infirmière parce qu'il trouvait ça drôle et malin de sa part. Et si nous savions exactement la valeur de la pierre, c'est parce que nous avions trouvé la facture acquittée auprès d'un marchand de New York. Mon père est mort avant d'avoir rejoint New York, et il ne nous a rien laissé d'autre que des dettes. Il était sénile, c'est-à-dire qu'il avait perdu la tête, vous comprenez ? Il n'aurait jamais dû quitter la maison. »

Chris l'interrompit : « Mais comment savez-vous que c'était le diamant de Velia ?

– Je ne le savais pas. Je me rendais à l'Ouest pour trouver une fille du nom de Mabel Dychenik – parce que nous avions trouvé un chèque de dix dollars à son nom dans ses relevés bancaires. Et sa secrétaire disait qu'il n'avait jamais signé de chèque mis à part le soir où il s'était enfui du bateau.

– Mais à ce stade, vous n'aviez encore aucune certitude... » – il réfléchit – « après avoir vu le diamant. Je suppose que ce sont des pierres plutôt rares.

– Rares ! D'une taille pareille ! Sur la facture du joaillier, il avait un pedigree digne d'un pur-sang. Nous étions sûres que nous allions le retrouver dans son coffre. »

Il devina la suite : « Donc, je suppose que vous aviez l'intention de discuter avec cette fille pour parvenir à un compromis.

– Effectivement. Mais en présence d'une créature aussi dure que Velia, ou Mabel, j'ai compris qu'elle lutterait jusqu'au bout. Et nous n'avons pas d'argent à mettre dans un procès. Alors, hier soir, la chance s'est présentée et j'ai pensé que je réussirais... »

Elle s'interrompit et il finit sa phrase pour elle.

« … à lui faire entendre raison quand elle se serait un peu calmée. »

Chris resta un bon moment à évaluer les tenants et les aboutissants de l'affaire. D'un certain point de vue, la cause était indéfendable, et pourtant, il avait lu plusieurs histoires de couples divorcés qui bataillaient pour un enfant au point de le kidnapper. Cet amour était-il juste ? Mais ici, dans le cas de Judy, son action se justifiait par son dénuement extrême.

On pouvait tenter de faire fléchir Velia.

« Qu'en as-tu fait ? demanda-t-il soudainement.

– Il est en voie d'acheminement. Le porteur l'a posté pour moi, enveloppé dans ma vieille jupe, quand nous nous sommes arrêtés à Phoenix ce matin.

– Mon Dieu, tu as de nouveau sacrément tenté le diable !

– Tout ce voyage était complètement hasardeux. »

Ensuite, ils se relevèrent et marchèrent vers l'ouest sous les rayons déjà obliques du soleil.

« *Voyager ensemble*, murmura distraitement Chris pour lui-même, c'est le titre que j'ai déposé pour mon scénario. » Puis, s'adressant à elle : « De même que j'ai acquis le droit de faire de toi ma compagne.

– Je le sais, répondit-elle.

– Voyager ensemble, répéta-t-il, je suppose que c'est ce qu'on peut faire de mieux pour apprendre à connaître quelqu'un.

– Alors, on voyagera beaucoup, d'accord ?

– Oui, et toujours ensemble.

– Non, parfois tu voyageras seul, mais je serai toujours là quand tu reviendras.

– Tu as intérêt ! »

Je me tuerais pour vous

I.

Dans une cuvette des montagnes de Caroline s'étendait le lac, un reflet rose de soir d'été à la surface. Une presqu'île s'avançait, et là, un hôtel en stuc d'inspiration italienne changeait sans cesse de couleur au fur et à mesure que le soleil se couchait. Dans la salle à manger, quatre personnes du monde du cinéma étaient attablées.

« Puisqu'ils sont capables de reproduire Venise ou le Sahara, disait la jeune femme, alors je ne vois pas pourquoi ils ne pourraient pas copier Chimney Rock sans nous envoyer tous dans ce coin perdu de l'Est.

– On va pas mal réinventer le décor, expliqua Roger Clark, le cameraman. On pourrait faire les chutes du Niagara et Yellowstone, si c'était seulement une question de décor. Mais là, le héros de cette histoire, c'est le Rocher.

– On peut même parfois surpasser la réalité, déclara Wilkie Proust, l'assistant réalisateur. Je n'ai jamais été aussi déçu que quand j'ai vu le vrai Versailles en comparant le château à celui qu'avait bâti Conger en 29.

– Mais la règle d'or, pour nous, c'est la vérité, reprit Roger Clark. C'est là où les autres metteurs en scène ratent leur coup. »

La jeune femme, Atlanta Downs, n'écoutait pas. Ses yeux – des yeux où brillait une étrange poussière d'étoile qui se retrouvait sur la pellicule – avaient quitté la table pour se poser sur un homme qui venait d'entrer. Au bout d'une minute, le regard de Roger suivit le sien. Il parut pour le moins surpris.

« Qui est cet énergumène ? demanda-t-il. Je sais que je l'ai déjà vu quelque part. Il a fait la une des journaux à un moment ou à un autre.

– Il ne m'a pas l'air si sensationnel que ça, commenta Atlanta.

– C'est quelqu'un, je te dis. Bon sang, je sais tout de lui sauf que je ne me rappelle pas son nom. Quelqu'un qu'on avait du mal à prendre en photo. Le genre à casser des appareils et tout le bataclan. Pas un scénariste, pas un acteur…

– Imagine-toi un peu un acteur qui casserait le matériel, ironisa Proust.

– Pas un joueur de tennis, pas un mannequin – attendez une seconde, on se rapproche.

– Ce type est en fuite, suggéra Atlanta. C'est ça. Regardez un peu comment il se cache les yeux derrière la main. C'est un criminel. Qui recherche-t-on en ce moment ? Quelqu'un ? »

Schwartz, le technicien, essayait d'aider Roger à se rappeler. Soudain, il s'exclama sans hausser la voix :

« C'est Delannux, tu te souviens ?

– Exact, dit Roger. C'est lui. Le suicide Carley.

– Mais qu'a-t-il fait ? demanda Atlanta. Il s'est suicidé ?

– Absolument. C'est son fantôme que tu vois là.

– Je veux dire, est-ce qu'il a essayé ? »

Les convives s'étaient légèrement penchés les uns vers les autres, bien que l'homme en question fût trop loin pour les entendre. Roger expliqua toute l'affaire.

« Tout l'inverse. C'étaient ses petites amies qui se suicidaient pour lui. Ou qui étaient censées l'avoir fait.

– Pour ce type-là ? Mais il est presque moche.

– C'est probablement des foutaises. Mais une fille est morte dans un accident d'avion, elle a laissé une lettre, et une autre…

– Deux ou trois en fait, l'interrompit Schwartz. C'était une histoire extraordinaire. »

Atlanta réfléchit.

« Je peux à peine imaginer que je tuerais un homme par amour, mais certainement pas de me tuer pour qui que ce soit. »

Après dîner, elle se promena avec Roger Clark dans la galerie marchande au bord du lac, passant devant les petites boutiques qui présentent en vitrine des tapisseries et des objets sculptés par les gens du cru, ainsi que les pierres semi-précieuses des Smokies, jusqu'à parvenir devant la poste tout au bout, et rester là à admirer le lac, les montagnes et le ciel. La scène était magnifique : la masse des bouleaux, pins, épicéas et autres sapins baumiers réfléchissait une lumière sans cesse changeante. Le lac était une femme, les sens en éveil, vibrante d'une belle rougeur en réaction à la masculine splendeur du pic du Blue Ridge. Roger chercha du regard Chimney Rock, à moins d'un kilomètre de distance.

« Demain matin, je vais essayer de prendre une série de photos depuis l'avion. Je vais tourner autour de ce rocher jusqu'à lui donner la nausée. Alors enfile ta robe de pionnière et grimpe là-haut – je pourrais bien par hasard en réussir quelques-unes. »

C'était presque un ordre, parce que Roger dirigeait cette expédition. Proust n'avait de chef que le nom. Roger avait appris le métier à dix-huit ans quand il était photographe aérien en France. Depuis quatre ans, il était le preneur de vues le plus recherché de Hollywood.

Atlanta l'aimait plus que tous les autres hommes de sa connaissance. Et un instant plus tard, quand il lui demanda autre chose de sa voix grave, quelque chose qu'il lui avait déjà demandé auparavant, elle lui répondit par ces simples mots :

« Mais tu ne m'aimes pas assez pour m'épouser.

– Je me fais vieux, Atlanta, rétorqua-t-il.

– Tu n'as que trente-six ans.

– C'est déjà pas mal. On ne pourrait pas y faire quelque chose ?

– Je ne sais pas. J'ai toujours pensé… » Elle lui fit face en pleine lumière. « Tu ne peux pas comprendre, Roger, mais j'ai travaillé tellement dur. Alors que j'avais toujours pensé que je voulais prendre du bon temps d'abord. »

Au bout d'un moment, sans sourire, il répondit :

« C'est la première et unique fois que je t'ai entendue débiter une aussi mauvaise tirade.

– Je suis désolée, Roger. »

Mais déjà, il avait repris son expression joviale habituelle.

« Voici Mr Delannux qui s'approche, l'air fatigué de lui-même. Rejoignons-le et voyons s'il serait prêt à folâtrer avec toi. »

Atlanta recula d'un pas.

« Je n'aime pas les bourreaux des cœurs professionnels. »

Mais comme s'il voulait se venger de sa dernière remarque, Roger interpella celui qui s'approchait pour lui demander du feu. Quelques minutes plus tard, tous trois marchaient le long de la plage pour regagner l'hôtel.

« Je n'arrivais pas à situer votre groupe tout à l'heure, dit Delannux. Vous n'aviez pas exactement l'air de touristes en vacances.

– Nous, on a cru que vous étiez peut-être Dillinger, répondit Atlanta, ou un autre gangster célèbre du moment.

– De fait, je me cache. Vous avez déjà essayé ? C'est affreux. Je commence à comprendre pourquoi les gens finissent par sortir de leur trou pour se rendre.

– Vous avez fait quelque chose de répréhensible ?

– Je ne sais pas et je préfère ne pas le savoir. Je me planque pour éviter un procès, et tant qu'ils ne peuvent pas me remettre ma convocation en main propre, je ne crains rien. Pendant un certain temps, je me suis caché dans un hôpital, mais je me suis rétabli trop vite pour y rester. Maintenant, dites-moi un peu pourquoi vous voulez photographier ce rocher ?

– Rien de plus simple, répondit Roger. Dans le film, Atlanta joue le rôle d'une maman aigle qui ne sait pas où faire son nid…

– Tais-toi, idiot ! » Et à l'adresse de Delannux, elle ajouta : « C'est un film sur les pionniers, sur les guerres contre les Indiens. L'héroïne doit envoyer des signaux depuis ce rocher et ce genre de choses.

– Vous allez rester combien de temps ?

– Cette question me fait penser qu'il faut que je rentre, dit Roger. Je dois réparer un appareil photo cassé. Tu restes, Atlanta ?

– Tu crois vraiment que j'irais me coucher par une nuit pareille à moins d'y être forcée ?

– Rappelle-toi que Proust et toi devez être au sommet de ce rocher à 8 heures, et je ne vous conseille pas de monter d'une traite. »

Elle s'assit avec Delannux sur le bord d'un radeau qu'on avait tiré sur la plage tandis que le coucher de soleil éclatait en d'innombrables pièces de puzzle roses qui se dissolvaient dans le noir, à l'ouest.

« Étrange de voir comme les choses vont vite aujourd'hui, dit Delannux. On a à peine fait connaissance, et déjà on se retrouve assis au bord d'un lac... »

Il ne perd pas de temps, se dit-elle.

Mais son ton détaché la désarma, et elle le regarda de plus près. Pas vraiment extraordinaire, mais il avait de grands et beaux yeux. Le nez un peu tordu, ce qui lui donnait un air amusé d'un côté, et sardonique de l'autre. Mince, il avait de longs bras et les mains robustes.

« ... un lac sans histoire, continua-t-il. Il doit bien avoir une légende.

– Justement, il y en a une, répondit-elle. Une jeune Indienne s'y serait noyée par amour. » Au vu de son expression, elle s'interrompit brutalement : « Mais je ne suis pas douée pour raconter les histoires. Vous avez bien dit que vous vous étiez retrouvé à l'hôpital ?

– Oui. À Asheville. La coqueluche.

– Ça alors !

– Oh, il m'arrive sans arrêt les choses les plus absurdes. » Il changea de sujet. « Vous vous appelez vraiment Atlanta ?

– Oui, j'y suis née.

– C'est un joli prénom. Ça me rappelle un poème magnifique : "Atlanta à Calydon".

Quand les chiens du printemps traquent l'hiver si sombre
Par plaines et prairies, la mère des saisons
Apaise les grands vents et dissipe les ombres :
D'un murmure de pluie, ébauche de bourgeons[1]. »

Quelques instants plus tard, sans transition, il se mit à parler de la guerre.

« … j'étais toujours resté à plusieurs kilomètres du front, je m'ennuyais beaucoup et je n'avais rien à raconter dans les lettres que j'envoyais au pays. J'ai écrit à ma mère que je venais de sauver la vie de Foch et de Pershing – une bombe leur était tombée dessus et je m'étais précipité pour la ramasser et la lancer au loin. Elle s'est évidemment empressée de téléphoner à tous les journaux de Philadelphie pour leur parler du courage de son fils. »

Elle se sentait soudain en confiance avec cet homme, mais incapable de l'imaginer faisant des ravages dans le cœur des femmes. Il semblait ne pas posséder ce côté qu'on appelait autrefois « sexy », rien qu'une franchise divertissante, et une courtoisie qui rendait sa compagnie agréable.

Quelque temps plus tard, des gens allèrent se baigner, et leurs voix paraissaient étranges dans la nuit tandis qu'ils s'avançaient dans l'eau déjà fraîche. On perçut ensuite les battements du crawl, puis leurs voix à nouveau, plus loin là-bas sur le plongeoir. Quand ils revinrent et se précipitèrent vers l'hôtel en frissonnant, la lune s'était levée entre

1. Poème d'A. C. Swinburne, 1855, notre traduction.

les montagnes – pareille à un dessin d'enfant. Derrière l'hôtel, un chœur répétait dans une église noire, mais cela s'arrêta juste après minuit, et on n'entendit plus que les grenouilles, quelques oiseaux fébriles, et dans le lointain, un ronronnement d'automobiles.

Atlanta s'étira, et du même geste, consulta sa montre.

« Il est plus de 1 heure. Et je travaille demain !

– Je suis désolé. C'est ma faute. Je ne pouvais plus m'arrêter de parler.

– J'aime vous écouter. Mais vraiment, il faut que j'y aille. Pourquoi ne pas venir déjeuner avec nous à Chimney Rock demain ?

– Avec plaisir. »

Quand ils se souhaitèrent bonne nuit dans le hall, parmi les silhouettes fantomatiques des meubles en osier, Atlanta prit conscience d'avoir passé une excellente soirée avec lui ; plus tard, avant de s'endormir, elle se remémora une dizaine de petits compliments qu'il lui avait indirectement adressés – de ceux qu'on pouvait se rappeler avec un petit frisson agréable. Il la faisait rire et se sentir attirante. Pour peu qu'il eût été plus excitant, elle aurait même pu imaginer qu'une fille tombe amoureuse de lui.

« Mais pas moi, songea-t-elle, déjà à moitié endormie. Le suicide ne me dit rien. »

II.

Au sommet de Chimney Rock, un énorme monolithe qui se détache de la chaîne de montagne comme le bec d'une théière, vingt personnes environ peuvent se tenir debout et découvrir en contrebas dix comtés et une douzaine de rivières et de vallées. Ce matin-là, Atlanta put admirer seule des hectares de blé vert et de seigle bleu ciel, ainsi que des champs de coton, des étendues d'argile rouge, et d'impétueux torrents couverts d'écume blanche. À l'approche de midi, elle avait regardé tous les décors possibles tandis que l'avion tournoyait en se rapprochant de plus en plus du rocher, et la faim la tenaillait quand elle descendit les marches en colimaçon menant au restaurant où elle trouva Carley Delannux sur la terrasse en compagnie d'une jeune femme.

« C'était chouette de vous voir là-haut, dit-il. Un peu lointaine et insignifiante, mais c'était chouette. »

Elle soupira. Elle se sentait lasse.

« Roger m'a fait escalader ces marches trois fois au pas de course, dit-elle. Je crois qu'il voulait me punir d'avoir veillé hier soir. »

Il lui présenta la jeune femme.

« Voici Miss Isabelle Panzer, elle voulait faire votre connaissance et étant donné qu'elle m'a sauvé la vie, je ne pouvais pas lui refuser.

– Sauvé la vie ?

– Quand j'ai attrapé la coqueluche. Miss Panzer est infirmière, enfin à peine… J'ai été son premier patient.

– Le second », corrigea la jeune fille.

C'était un joli minois contrarié – si on accepte la contradiction dans les termes. Un visage très américain et assez triste, reflétant l'éternel espoir de devenir quelqu'un comme Atlanta, mais sans le talent ni l'autodiscipline qui font les êtres forts. L'actrice répondit à quelques timides questions sur Hollywood.

« Vous en savez autant que moi, dit-elle, si vous lisez les magazines. Mon expérience du cinéma, c'est que quand on me dit d'escalader un rocher, j'escalade un rocher. »

Ils attendirent pour commander à déjeuner que Roger arrive du terrain d'atterrissage d'Asheville.

« C'est de votre faute si je suis dans cet état, dit Atlanta en décochant un regard de reproche à Delannux. Je n'ai pas pu m'endormir avant 4 heures.

– Vous pensiez à moi ?

– Non, à ma mère en Californie. Maintenant, j'ai besoin de me distraire.

– Eh bien, je vais essayer, offrit-il. Je connais une chanson. Vous voulez l'entendre ? »

Il rentra dans l'hôtel et bientôt sa voix lui parvint accompagnée de quelques accords.

« "Je monterai à la plus haute montagne"…

– Arrêtez, gémit-elle.

– D'accord. Que dites-vous de celle-ci ? "J'adore escalader, et atteindre le plus haut sommet".

– Taisez-vous, je vous en prie. »

Un essaim de touristes affluait de la grand-route ; Roger Clark les rejoignit et ils commandèrent à déjeuner sur la terrasse du restaurant.

« Je veux que Delannux nous dise pourquoi il se cache, déclara Atlanta.

– Moi aussi, dit Roger, qui se détendait de sa matinée en sirotant une bière.

– Nous arrivons ici et il nous aborde.

– C'est vous qui m'abordez. Moi je suis venu pour me cacher…

– Voilà exactement ce que nous voulons comprendre. » Le ton de Roger était joyeux mais Atlanta s'aperçut qu'il regardait Delannux avec suspicion. « Vous avez un grizzly à vos trousses ?

– On pourrait dire que mon passé ressemble à un ours.

– Nous, dans le cinéma, nous n'avons pas de passé, dit Atlanta pour alléger le tour que prenait la conversation.

– Vraiment ? Quelle chance vous avez ! Moi, j'en ai pour trois. Vous voyez, je suis une espèce de vestige de la conquête de l'Ouest. J'ai vécu trop longtemps.

– Un produit de luxe, en somme.

– Exactement. Plus très en vogue, de nos jours. »

Sous la légèreté du ton, Atlanta détecta une certaine lassitude. Pour la première fois de sa vie, elle se demanda quel effet cela produisait d'être découragé. À ce jour, elle n'avait connu qu'espoir et épanouissement. Depuis le temps de ses quatorze ans, il y avait toujours eu des gens du cinéma pour entrer dans le drugstore de son père à Beverly Hills et lui promettre un bout d'essai. Et finalement, l'un d'eux avait tenu parole.

Le découragement, c'était quand on n'avait ni argent ni travail.

Sur la terrasse de l'hôtel, après dîner ce soir-là, elle demanda soudain à Delannux :

« À quoi songiez-vous quand vous avez dit que vous aviez vécu trop longtemps ? »

Il commença par rire, mais en voyant son air grave, il répondit :

« J'avais ma place à une époque où les gens recherchaient avant tout l'excitation du moment et moi, je tentais de la leur donner.

– Que faisiez-vous ?

– Je dépensais beaucoup d'argent. Je finançais des pièces de théâtre, j'essayais de traverser l'Atlantique en avion ou de mettre à sec toutes les caves à vin de Paris – ce genre de choses. Tout cela sans but, et c'est la raison pour laquelle cela paraît si démodé aujourd'hui. Je n'avais rien de précis en tête. »

À 10 heures, Roger vint lui dire d'un air bourru :

« Je pense que tu devrais te coucher de bonne heure, Atlanta. On commence à 8 heures demain.

– J'y vais tout de suite. »

Roger et elle prirent l'escalier ensemble. Devant la porte de la chambre d'Atlanta, il lui dit :

« Tu ne sais rien de ce type, à part qu'il a mauvaise réputation.

– Quelle ânerie ! Parler avec lui, c'est un peu comme bavarder avec une copine. Hier, j'ai failli m'endormir. Il est tout à fait inoffensif.

– On me l'a déjà fait, ce coup-là. C'est un grand classique. »

Ils entendirent des pas dans l'escalier : Carley Delannux regagnait sa chambre. Il fit une courte pause sur le palier.

« Quand Miss Downs va se coucher, toutes les lumières s'éteignent, se plaignit-il.

– Roger avait peur que je me noie hier soir », dit Atlanta.

Le cameraman dit alors quelque chose qui ne lui ressemblait pas :

« Ça m'a effectivement traversé l'esprit. Après tout tu étais en compagnie de Monsieur Carley Suicide. »

Il y eut un moment de silence éprouvant. Puis Delannux fit un geste aussi vif que l'éclair, et la tête et le corps de Roger allèrent cogner contre le mur.

Nouvelle pause : Roger, à moitié étourdi, ne tenait plus sur ses jambes qu'à l'aide de son dos et de ses palmes collés au mur, et Delannux, face à lui, restait bras ballants et poings crispés.

Atlanta lâcha un cri étouffé.

« Arrêtez, arrêtez ! »

Durant une minute encore, aucun des deux hommes ne bougea. Puis Roger se redressa et, comme ébloui, secoua la tête. Il était le plus grand et le plus lourd des deux, et Atlanta l'avait déjà vu balancer un figurant ivre par-dessus une barrière d'un mètre cinquante de hauteur. Elle tenta de se glisser entre les deux adversaires, mais Clark la repoussa d'un revers du bras.

« C'est fini, dit-il. Il a eu tout à fait raison. Je n'avais aucun droit de dire un truc pareil. »

Elle poussa un soupir de soulagement. Elle retrouvait le Roger Clark qu'elle connaissait, généreux et juste. Delannux se détendit.

« Je suis désolé d'avoir réagi aussi vivement. Bonne nuit. »

Il les salua tous deux d'un signe de tête, et se dirigea vers sa chambre.

Une minute plus tard, Clark disait : « Bonne nuit, Atlanta », et elle se retrouva seule dans le couloir.

III.

« Tout est fini entre Roger et moi, se dit-elle le lendemain matin. Je ne l'ai jamais aimé. C'était seulement mon meilleur ami. »

Toutefois, elle se sentit triste qu'il ne lui dise pas d'aller se coucher le lendemain, et le tournage et les repas étaient beaucoup moins drôles.

Il y eut ensuite deux jours de pluie, et elle partit en excursion avec Carley Delannux dans les collines de l'arrière-pays ; ils s'arrêtèrent dans des abris perdus où ils échangèrent des cigarettes contre des informations sur la montagne, et burent de l'eau ferrugineuse qui ressemblait à celle qu'on buvait cinquante ans plus tôt. Avec Carley, tout allait de soi. La vie était tour à tour joyeuse ou mélancolique, mais c'était toujours lui qui donnait le ton. Roger se laissait porter par la vie. Carley la dominait grâce à son raffinement et à son humour.

C'était la saison des fleurs : Carley et elle passèrent une journée de pluie à confectionner un char qui représenterait le lac de Lure au Festival du Rhododendron à Asheville ce soir-là. Ils se décidèrent pour un bateau à voiles sur une mer d'hortensias et une lune illuminée. Des couturières travaillèrent tout l'après-midi à des costumes de bain d'un autre âge ; Atlanta en personne se transforma en vigoureuse belle au bain de 1890, et ils appelèrent la petite infirmière, Isabelle Panzer, pour lui demander de jouer la sirène. Roger devait conduire le camion, et Atlanta insista pour s'asseoir à côté de lui. Ce geste lui fut inspiré par la vague idée, fréquente chez les femmes amoureuses, que sa présence égaierait et consolerait l'éconduit.

La pluie avait cessé et la nuit était belle. À Asheville, leur char prit sa place dans le défilé qui s'organisait. Il y en avait eu un premier dans l'après-midi, et les rues étaient jonchées de pétales de rhododendron rose magenta et d'azalées blanches vaporeuses. Ce soir, ce devait être Carnaval, un moment fou et débridé, mais il apparut vite que ressusciter les saturnales du Vieux Monde sur le sol quasiment vierge de ce lieu de villégiature promettait des difficultés. La gaieté devait venir des participants plutôt que des foules muettes descendues des montagnes qui se pressaient sur les trottoirs pour voir passer les chars, de cette allure tremblante et hésitante qui leur est propre, avec de longs intervalles silencieux, des bouchons et des arrêts soudains.

Ils parcoururent en vacillant les rues ornées de guirlandes et de rubans, entre une galère avec le sempiternel équipage composé de vagues Néron et de sirènes qu'on voit dans tous les défilés, et un bataillon en rangs irréguliers qui représentait des personnages de bandes dessinées et s'attirait les commentaires critiques des jeunes gens sur les trottoirs :

« Eh toi, t'es censé être Andy Gump ?

– Toi, t'es trop grosse pour jouer les Tillie the Toiler.

– Je croyais que Moon Mullins était censé être marrant ! »

Atlanta ne cessait de penser que Carley aurait su lui faire vivre la scène de façon amusante, ne serait-ce qu'en s'en moquant, mais pas Roger.

« Allez, déride-toi un peu, lui enjoignit-elle. On est tous censés être joyeux.

– Parce que tu trouves ça "joyeux" ? Tu as l'impression qu'on s'amuse ? »

Elle reconnut qu'il n'avait pas tort, mais elle lui en voulait de ne pas essayer.

« Tu t'attendais à une superproduction d'un million de dollars ? Il faut savoir rendre les choses amusantes.

– Eh bien, on peut dire que toi, tu t'y emploies. Cette foule va assister à un véritable numéro la prochaine fois que tu bouges : parce qu'alors, c'est le haut entier de ton maillot de bain qui va tomber.

– Mon Dieu ! » Elle se passa la main dans le dos, et ne trouvant pas l'attache, elle se laissa simplement glisser à la renverse sur le plancher du char, roulant parmi les fleurs jusqu'à dénicher un endroit où remettre en place le tissu léger de son vêtement. Au-dessus d'elle, tout proches, se trouvaient Miss Panzer, juchée sur un trône de rocher, et Carley, qui brandissait une fourche en guise de trident. Tandis qu'Atlanta s'efforçait de rafistoler le maillot, elle essayait de saisir ce que Carley disait, mais seules des bribes lui parvenaient. Ensuite, alors qu'elle se redressait pour vérifier la solidité de sa réparation, elle entendit Isabelle Panzer lui déclarer :

« Tu ne m'avais pas dit que tu m'aimais, mais tu me l'as laissé entendre. »

Atlanta se raidit et resta aussi immobile que possible, mais la réponse se noya dans le brouhaha soudain d'un orchestre lointain.

« Tu n'ignorais pas ce que je risquais, si ? poursuivait la jeune fille. Quand j'étais encore élève infirmière, je passais une nuit après l'autre avec toi dans le solarium, et si la surveillante nous avait surpris, j'aurais été fichue. »

Une fois de plus, Atlanta ne perçut qu'un murmure indistinct en réponse.

« Je sais que je ne suis qu'une pauvre fille de province pour toi. Mais ce que je voudrais comprendre, c'est pourquoi tu as tout fait pour que je t'aime autant ? »

Cette fois, Carley tourna la tête, et Atlanta entendit distinctement ses paroles.

« C'est tout de même un sacré plongeon depuis le sommet de Chimney Rock. » Puis celles d'Isabelle, à nouveau :

« Je m'en moque… même si ça fait sept mille kilomètres de haut. Si tu ne m'aimes pas, je ne veux plus vivre. Je vais grimper tout là-haut, et tu vas voir à quelle vitesse je me retrouverai en bas.

– Comme tu veux, concéda Carley. Mais s'il te plaît, ne laisse pas de mot qui me soit adressé. »

IV.

De retour sur le siège à côté de Roger, Atlanta fixait la foule qui s'amenuisait, négligeant maintenant d'agiter la main ou de se montrer joyeuse. Il tombait à nouveau une légère bruine et les gens enfilaient leurs manteaux ou se couvraient la tête avec des journaux ; des automobiles lançaient des coups de klaxon impérieux pour quitter l'endroit où elles stationnaient, et les orchestres se taisaient l'un après l'autre au coin des rues, leurs instruments scintillant une dernière fois avant d'être enfermés dans leurs étuis pour être protégés de la pluie de plus en plus forte.

Le petit groupe du lac de Lure courut du char à la voiture, et Atlanta prit place à l'avant à côté de Roger. Quand ils eurent déposé Isabelle chez elle, Roger demanda : « Tu ne veux pas t'asseoir derrière ?

– Non. »

Le pare-brise désormais battu par la pluie, ils quittèrent la ville sans plus échanger un mot.

« Je voudrais te parler, dit-elle enfin, mais tu es tellement fâché contre moi.

– Plus maintenant, répondit Roger. Je ne pourrais pas me mettre deux fois de suite dans cet état.

– Eh bien, quelque chose s'est passé qui me semble affreux et…

– Je le regrette pour toi, l'interrompit-il, d'un ton apparemment compréhensif. Mais puisque tu seras de retour auprès de ta mère d'ici une semaine, tu pourras sans doute lui en parler. »

Devant cette froideur, Atlanta entreprit machinalement de se pomponner un peu ; elle nettoya le maquillage de clown, retira les coussinets qu'elle portait à la taille, secoua ses cheveux mouillés et les peigna pour les amasser en couronne. Puis, se penchant vers le tableau de bord faiblement éclairé, elle le supplia :

« Laisse-moi te demander une seule chose.

– Pas ce soir, Atlanta. Je ne suis pas encore remis du choc.

– Quel choc ?

– Le choc de découvrir que tu n'es plus la même femme.

– Je vais tout de même te poser une seule question : est-il vraiment déjà arrivé que quelqu'un se tue parce qu'il aimait trop quelqu'un d'autre ? Je veux dire, tu le crois, toi ?

– Non, répondit-il avec emphase. Pourquoi ? Tu as l'intention de te tuer pour Monsieur De Luxe ?

– Ne parle pas si fort. Mais écoute… il y a des gens qui l'ont fait, oui ou non ?

– Je n'en sais rien. Demande donc à un des scénaristes quand on sera rentrés. Ils doivent savoir. Ou bien, demande à Proust. Eh, Proust…

– Ne recommence pas la bagarre !

– OK, alors, on se tait. »

La voiture dépassa Chimney Rock et s'arrêta devant l'hôtel dans un silence ruisselant de pluie. Ils avaient roulé pendant une heure, mais Atlanta eut l'impression qu'il ne s'était écoulé qu'une minute depuis qu'elle avait surpris les paroles d'Isabelle Panzer sur le char. Elle n'était pas en colère – plutôt accablée de tristesse – et en même temps, de façon paradoxale, elle plaignait Delannux.

Mais quand, dans le hall, il demanda si tout le monde était décidé à aller se coucher – une question qui lui était à l'évidence adressée –, elle se hâta de répondre :

« Je veux prendre un bain. Je ne me suis jamais sentie aussi mal dans ma peau. »

Mais elle ne parvint pas à trouver le sommeil. Pour la première fois de sa vie, pour le meilleur ou pour le pire, toute son émotivité était en éveil ; elle essayait tour à tour d'analyser sa passion pour cet homme, de s'interdire de penser à lui, de penser à ce qu'elle devrait faire. Si Roger n'avait pas été aussi impliqué dans l'affaire, elle serait allée lui poser la question, mais là, elle se retrouvait seule face à elle-même. Aux petites heures du jour, elle s'endormit, pour se réveiller en sursaut un peu avant 7 heures. Un coup d'œil à la fenêtre encore sombre la renseigna : ils ne commenceraient pas à travailler avant plusieurs heures, ce que sa domestique lui confirma à son arrivée. Sans énergie, Atlanta enfila son maillot de bain et descendit faire un plongeon dans le lac, nageant sur une surface irréelle entre un monde d'eau qui ressemblait à un brouillard et l'air d'un ciel qui paraissait bruiner. De retour à l'hôtel, elle prit son petit déjeuner et s'habilla : il était déjà presque 9 heures.

Dans le hall, elle lut une lettre de sa mère, puis sortit quelques instants avec Proust sur la terrasse.

« Roger est d'une humeur massacrante, annonça-t-il. Son appareil photo est en pièces détachées sur son lit.

– Il a sans doute de la chance de trouver à s'occuper un jour de pluie. »

Elle retourna bientôt vers la réception et demanda le numéro de chambre de Mr Delannux. Elle frappa à sa porte, et quand il répondit « Oui », elle cria à travers le battant.

« Vous comptez vous lever à un moment ou un autre, ou vous cacher toute la journée ? Êtes-vous une sorte de hibou ?

– Entrez. »

Une fois passée la porte, elle s'arrêta net. La chambre était pleine de bagages en désordre, et Carley était occupé à aider un garçon d'étage à sangler une valise.

« Je croyais que vous vous reposiez, dit-il. Un jour de pluie comme celui-ci...

– Que faites-vous ? s'enquit-elle.

– Ce que je fais ? » Il la regarda d'un air un peu coupable. « En fait, je m'en vais. Le danger est écarté, voyez-vous, Atlanta, et je peux retourner dans le vaste monde.

– Vous aviez parlé d'encore une semaine.

– Vous m'avez sans doute mal compris. » Elle restait pétrifiée au milieu de la pièce tandis qu'il continuait à parler. « Vous savez, quand vous avez frappé, j'ai sauté en l'air. Vous auriez très bien pu être l'huissier de justice.

– Vous aviez dit qu'il vous restait une semaine », s'entêta-t-elle.

Le garçon noir referma le sac avec un clic. Il tourna vers Delannux un regard interrogateur.

« Reviens dans un quart d'heure », dit Carley.

Le groom referma la porte derrière lui.

« Pourquoi partez-vous ? Et sans prévenir personne ! J'entre et je découvre que vos bagages sont déjà faits. » Elle secoua la tête avec impuissance. « Bien sûr, vos décisions ne me regardent pas.

– Asseyez-vous.

– Je ne veux pas m'asseoir. » Elle était au bord des larmes. « On a même l'impression que vous avez tout emballé en dix minutes. Voyez un peu toutes ces chaussures ! Qu'est-ce que vous comptez en faire ? »

Il jeta un coup d'œil aux chaussures oubliées sur le plancher du placard, puis se tourna de nouveau vers Atlanta.

« Vous alliez partir sans dire au revoir, l'accusa-t-elle.

– Je vous aurais dit au revoir.

– Oui, une fois toutes vos valises chargées dans la voiture, quand il n'y aurait plus rien eu à y faire.

– Je craignais de tomber amoureux de vous, dit-il avec légèreté. Ou que vous tombiez amoureuse de moi.

– Ne vous faites pas de souci pour ça. »

Il la regarda d'un air soudain amusé.

« Venez plus près », dit-il.

Une petite voix intérieure lui disait qu'il essayait son pouvoir sur elle, qu'il s'agissait seulement d'un jeu pervers. Puis une autre voix, apparemment plus forte, le lui pardonna, et lui fit interpréter cette demande impérieuse comme un appel désespéré.

Il répéta : « Venez plus près. »

Elle s'approcha au point de le toucher, et bientôt, son visage se tendait vers le sien. Après ce baiser, il la serra contre lui, ses mains pressant l'intérieur de ses bras.

« Vous voyez bien que je ferais mieux de partir.

– C'est absurde ! s'écria Atlanta. Je veux que vous restiez ! Je ne suis pas amoureuse de vous, honnêtement ! Mais si vous partez, je garderai toujours l'impression de vous avoir fait fuir. »

Elle était tellement sincère qu'elle n'avait même pas honte – elle savait qu'il devinerait la vérité sous ses paroles. « Je ne suis pas jalouse de Miss Panzer. Comment pourrais-je l'être ? Ce que vous avez fait ne me regarde pas…

– Je comprends qu'Isabelle croie qu'elle m'aime, parce que sa vie est vide. Mais vous avez tout. Pourquoi vous intéresseriez-vous à une vieille épave comme moi ?

– Je ne m'intéresse pas… enfin, si, je suppose que si. » Elle eut soudain recours à une emphase qui ne lui ressemblait pas : « Je ne sais pas pourquoi… mais soudain vous représentez pour moi tous les hommes du monde. »

Il s'assit. Il avait les traits tirés, le visage fatigué.

« Vous êtes jeune, soupira-t-il, et vous êtes belle. Vous avez votre travail, et tous les hommes à vos pieds : il vous suffit de tendre la main. Vous rappelez-vous ce moment où je vous ai dit que j'appartenais à une autre époque ?

– Ce n'est pas vrai, gémit-elle.

– J'aimerais vous donner raison. Mais parce que c'est vrai, tout ce qui pourrait se passer entre vous et moi serait d'un autre âge… sentirait le moisi en quelque sorte. » Soudain agité, il se releva. « Vous croyez que je pourrais vivre dans votre joli monde d'amour et de travail tout neuf ? Eh bien, non. Nous tiendrions environ un mois et ensuite, vous seriez amère et ébranlée… Et sans doute, cela m'atteindrait. Ce serait même peut-être trop dur pour moi. »

Il leva les yeux pour regarder en face cet amour et ce désespoir.

« Comment pouvez-vous croire qu'un homme qui a connu les plus belles expériences du monde n'en demanderait pas alors davantage ? Qu'il ne voudrait pas que l'amour soit un amour véritable ? Pouvez-vous l'imaginer ? Je vous en veux même de votre beauté parce que je suis vieux aujourd'hui, alors qu'auparavant, j'avais de quoi aimer une jeune femme comme vous... »

On frappa à la porte. C'était Proust et ses yeux passèrent rapidement de l'un à l'autre.

« Le temps se lève, annonça-t-il, Roger m'a dit de venir te chercher tout de suite. »

Atlanta se ressaisit. Sur le seuil de la porte, elle marqua une pause, et dit à Carley : « Je reviens dans une minute. Ne partez pas avant que je vous aie revu. Vous me le promettez ?

– Bien sûr.

– Alors j'arrive tout de suite. Vous pourrez me conduire à Chimney Rock. »

Quelques instants plus tard, dans la chambre de Roger, elle écoutait ses instructions comme une femme égarée dans un rêve. Dès qu'il en eut terminé, elle remonta l'escalier comme une flèche, et après quelques coups rapides à la porte, elle entra dans la chambre de Carley.

Mais elle était vide...

V.

Elle se précipita à la réception, où elle apprit que Delannux avait réglé sa note et pris le chemin du garage. Il était peut-être même déjà parti à l'heure qu'il était. Hors d'haleine, elle courut vers la porte et descendit l'allée sous une légère averse. Elle était indignée, furieuse contre elle-même et contre lui. Elle tourna le coin… et le trouva là, en train de parler avec un mécanicien devant le garage.

Elle s'abrita de la pluie en s'adossant à la porte, le souffle coupé par l'émotion.

« Vous aviez dit que vous ne partiriez pas.

– Il semble que je n'ai pas le choix.

– Vous deviez attendre.

– Je vais y être obligé. Un des laveurs de voitures s'est offert une petite virée, et il m'a cassé une roue. Il va falloir deux jours pour en trouver une de remplacement. »

L'automobile de Roger était en train de sortir du garage ; Atlanta avait encore beaucoup à dire mais le temps pressait. Elle ne réussit qu'à lui lancer :

« Les femmes doivent vous tomber facilement dans les bras si vous êtes capable d'agir comme ça. Je ne pense pas que vous les aimiez au fond. Vous faites semblant, mais vous n'aimez pas les femmes. C'est exactement pour ça que vous pouvez faire d'elles ce que vous voulez. »

Elle entendit Proust appeler devant l'hôtel. À ce signal, elle courut rejoindre l'équipe.

Toute la journée durant, tandis qu'ils travaillaient, elle échafaudait inlassablement des plans. Un peu comme un prisonnier prévoit son évasion, mais est toujours dérangé par le bruit des clés dans les serrures voisines, ou par l'espoir que le salut viendra de l'extérieur, sans effort de sa part. Il est difficile de faire des plans à des moments pareils – Atlanta fut obligée d'attendre son heure. Néanmoins, des ébauches de possibilités lui tournaient dans la tête. Peut-être Carley n'avait-il pas d'argent, peut-être serait-il heureux qu'on lui donne sa chance à Hollywood ? Il avait connu le succès dans des domaines variés – on pourrait sans doute lui dénicher un emploi de conseiller spécial quelque part.

Sinon, elle pourrait partir pour l'Est et tenterait de décrocher un beau rôle dans une pièce, elle prendrait des cours avec un professeur réputé, et là-bas, elle serait au moins en contact avec Carley.

Son raisonnement achoppait sur une seule pierre : il ne l'aimait pas.

Mais cette vérité ne la frappa pas dans toute sa force avant qu'elle ne fût rentrée à l'hôtel ce même soir pour s'apercevoir qu'il n'était pas là. Elle quitta la table avant la fin du dîner et alla pleurer sur son lit. Au bout d'une demi-heure, elle avait la gorge douloureuse et plus aucune larme ne coulait spontanément ; ensuite elle se retourna sur le dos et se dit :

« C'est ce qu'on appelle une passion maladive. J'avais entendu parler de ce genre d'amour sans rime ni raison, que la seule chose à faire, c'était d'attendre que ça passe… Mais qu'ils essaient un peu de s'y frotter… »

Elle se sentait lasse et appela sa bonne pour qu'elle lui masse la tête.

« Vous ne voulez pas prendre un de vos médicaments ? suggéra-t-elle. Ceux qui réussissaient à vous faire dormir quand vous vous étiez cassé le bras. »

Non. Mieux valait souffrir, sentir la douleur lancinante de ce poignard dans son cœur.

« Combien de fois as-tu frappé à la porte de Mr Delannux ? demanda Atlanta, impatiente.

– Trois ou quatre fois, ensuite, j'ai demandé à la réception, et on m'a dit qu'il n'était pas rentré… »

Il est avec Isabelle Panzer, songea-t-elle. Elle lui raconte qu'elle va mourir d'amour pour lui. Alors il aura pitié d'elle, et moi, il se dira que je suis insignifiante. Une petite poupée de Hollywood.

L'idée lui était intolérable. Elle se redressa d'un coup sur son séant.

« Donne-moi donc ces somnifères après tout. J'en veux beaucoup. Tout ce qui reste, en fait.

– Vous étiez censée en prendre un à la fois. »

Elles se mirent d'accord sur deux cachets, et Atlanta s'enfonça dans le sommeil, mais se réveilla plusieurs fois au cours de la nuit, hantée par un rêve – Isabelle était morte ; Delannux l'apprenait et déclarait : « Elle m'aimait tant. Si bien que le monde après ça ne lui semblait tout simplement pas supportable. »

Le lendemain matin, elle se réveilla avec une migraine due aux sédatifs – elle n'eut pas l'énergie de sa baignade quotidienne. Dans un état de léthargie, elle s'habilla, puis elle se rendit machinalement sur le tournage et s'aperçut que les autres la regardaient avec l'inquiétude que l'on réserve à ceux qui sont « bouleversés ».

Elle détestait cette idée, et offrit un front plus joyeux tout le reste de la matinée, riant de chaque chose, même s'il lui semblait qu'en elle, tout était mort sauf son cœur qui lui faisait circuler le sang à deux cents kilomètres par heure.

Aux environs de 4 heures, ils allèrent prendre un sandwich au restaurant. Atlanta s'apprêtait à mordre dans le sien quand Proust fit cette fâcheuse remarque : « Delannux a reçu la roue pour sa voiture. Je l'ai vue arriver en allant chercher le menuisier. »

Elle bondit aussitôt sur ses pieds.

« Dis à Roger que je suis malade ! Que je ne peux pas travailler aujourd'hui et que j'emprunte sa voiture. »

Elle s'élança sur la petite route à lacet qui conduisait à la voie principale comme si elle dévalait des montagnes russes, et s'arrêta devant l'hôtel trois minutes plus tard, presque à côté du bus en provenance d'Asheville. Et là, qui en descendait, elle aperçut Isabelle Panzer, couverte de poussière, en sueur et épuisée. Atlanta la rejoignit sur le perron.

« Je peux vous parler une minute ? »

Miss Panzer semblait contrariée par cette rencontre.

« Bien sûr, Miss Downs, pourquoi pas ? Je suis venue voir Mr Delannux.

– Une minute de plus ou de moins, c'est sans importance, vous ne croyez pas ? »

Les deux femmes se tinrent l'une face à l'autre sur la terrasse.

« Vous l'aimez, n'est-ce pas ? » demanda Atlanta.

Isabelle éclata soudain :

« Mon Dieu, mais comment pouvez-vous poser une question pareille, alors que c'est vous qu'il aime à présent, que c'est pour vous qu'il m'a quittée… »

Atlanta secoua la tête.

« Non, il ne m'aime pas non plus.

– Vous n'avez ni l'un ni l'autre le sens de ce qu'aimer veut dire. »

Qu'une si jeune fille lui parle de cette façon ! Une gamine qui avait eu moins de difficultés à surmonter durant toutes ses années de formation qu'Atlanta en avait parfois enduré en une journée.

« Moi, je ne sais pas ce qu'aimer veut dire ? » demanda-t-elle, incrédule.

Elle eut l'impression d'un son qui explosait sous ses yeux, comme une lampe de mineur qui se brise. Il fallait réagir immédiatement…

Et soudain Atlanta sut que faire : elle devait donner une réalité aux mots, mettre en action ce qu'elle avait toujours pensé, rêvé, prétendu, tous ces moments où on l'avait forcée à agir ou ceux où elle en avait été tentée, compenser tout ce qu'il pouvait y avoir de superficiel ou de trivial dans sa vie, trouver enfin la voie de la consécration suprême et du couronnement. C'était clair comme de l'eau de roche.

Avec détermination, elle s'avança vers l'autre fille et l'embrassa sur le front. Puis elle redescendit les marches, monta dans la voiture de Roger, et démarra.

Le restaurant de Chimney Rock était désert après l'affluence de la journée, et, comme elle l'avait espéré, il n'y avait aucun membre de l'équipe.

Elle laissa la clé sur le contact et entreprit de griffonner un mot, mais elle ne savait plus exactement ce qu'elle voulait dire, et de toute façon, elle avait laissé son sac à l'hôtel avec son stylo à l'intérieur.

Elle avait les pieds et les jambes ankylosés par sa journée de marche – eh bien, elle laisserait ses chaussures derrière elle, comme la méchante sorcière dans *Le Magicien d'Oz* qui part en fumée. Elle s'en débarrassa et posa le pied avec précaution sur la première marche – elle la trouva froide alors que dans l'après-midi la pierre lui avait semblé chaude même à travers ses semelles.

Alors qu'elle entamait la montée, elle prit de plus en plus conscience de la présence menaçante du rocher au-dessus d'elle. Mais ce serait peut-être comme plonger dans un panier de ciels multicolores.

VI.

Roger arriva sous la marquise moins de cinq minutes après le départ d'Atlanta. Isabelle se trouvait là.

« Bonsoir, dit-il. Vous attendez Delannux pour lui dire au revoir ?

– Quelque chose comme ça. »

Pourquoi ne m'en dit-elle pas plus, se demanda-t-il. Pourquoi restait-elle comme ça sur les marches ? Y avait-il un revolver dans son sac ?

Il y eut un affairement de départ dans le hall, et un instant plus tard, Delannux sortait sur le perron suivi du porteur.

« Au revoir, Delannux, dit Roger sans lui tendre la main.

– Au revoir, Clark. » Il ne semblait qu'à peine remarquer la présence d'Isabelle. Une voiture s'arrêta devant la porte et il s'avança pour parler au mécanicien.

« Alors, cette roue ? »

Il s'interrompit. « Excusez-moi. Je vous ai pris pour quelqu'un d'autre.

– C'est lui Delannux », s'écria soudain Isabelle.

Il y eut un moment de confusion. Puis, un homme qui avait remonté les marches se pencha pour enfoncer un papier blanc dans la poche de Carley en déclarant :

« Ce papier est pour Mr Delannux. Ne vous donnez pas la peine de le lire. Je peux vous dire ce dont il s'agit. C'est un mandat de comparution. Cela signifie que j'ai le droit de vous demander de me suivre pour une petite affaire de manquement aux responsabilités de chef d'entreprise. »

Carley tomba assis.

« Ainsi donc, vous m'avez attrapé. Et quatre heures plus tard, vous n'auriez pas pu faire valoir ce mandat.

– C'est vrai. Pas après minuit ce soir. À cause du délai de prescription.

– Comment m'avez-vous repéré ? Comment avez-vous fait pour savoir que j'étais en Caroline du Nord ? »

Mais soudain Carley s'arrêta : il savait très bien comment l'huissier l'avait retrouvé, et Roger le comprit à son tour. Isabelle poussa un petit cri étouffé et se couvrit la bouche de sa main.

Carley lui lança un regard vide, sans même aucun mépris.

« Je voudrais vous parler sans témoin, pouvez-vous me suivre dans ma chambre ?

– Pas de problème, mais je vous préviens, on ne m'achète pas.

– Je veux seulement prendre quelques dispositions avant de partir. »

Après leur départ, Isabelle se mit à pleurer en silence.

« Pourquoi avez-vous fait ça ? lui demanda gentiment Roger. Ça va le mettre sur la paille, pas vrai ?

– Oui, je suppose.

– Pourquoi avez-vous voulu faire une chose pareille ?

– Oh, parce qu'il a été terriblement méchant avec moi et que je le détestais.

– Vous avez des remords ?

– Je n'en sais rien. »

Il réfléchit pendant quelques secondes.

« Vous l'avez sans doute beaucoup aimé pour le haïr autant.

– C'est vrai. »

Il se sentait sincèrement désolé pour elle.

« Vous voulez aller vous reposer un peu dans la chambre d'Atlanta ?

– Merci, je préférerais m'étendre sur la plage. »

Il resta là un moment à la regarder s'éloigner. Elle se retourna pour lui lancer :

« Vous feriez mieux de vous occuper de votre petite amie. Elle n'est pas à l'hôtel. »

VII.

Roger était seul : il réfléchissait en se balançant sur un fauteuil à bascule. Il aimait Atlanta, même si elle lui avait donné peu de raisons de l'aimer ces derniers temps.

Elle n'est pas là, se répétait-il.

Il se creusait la cervelle, habitué qu'il était à ne résoudre que des problèmes techniques.

C'est une bécasse. Eh bien, d'accord. J'aime une bécasse.

Alors je ferais mieux de partir à sa recherche parce que je crois savoir où elle se trouve. Ou bien est-ce que je vais rester là à me balancer sur un fauteuil dans cette véranda ?

Je suis le seul être au monde qui puisse prendre soin d'elle.

Eh bien qu'elle s'en aille !

« Je ne peux pas... » Il avait enfin parlé à voix haute, et dit ce que la plupart des hommes ont dit un jour à propos d'une femme, et la plupart des femmes à propos d'un homme. « Je n'y peux rien, je l'aime. »

Il se releva et demanda une voiture de l'hôtel, se pressant un peu d'y monter car il avait le sentiment qu'il était peut-être trop tard. Il roula vite pour atteindre Chimney Rock et remonta la route de montagne qui menait au restaurant aussi loin que possible. Quand il entreprit le reste de l'escalade à pied, une pensée se mit à le harceler.

On dirait que je grimpe vers le vide, ou peut-être vers un avenir de malheur et de misère, avec d'autres Carley en perspective.

Il s'arrêta à un tournant et regarda les étoiles, avant de reprendre son chemin en comptant les marches : quatre-vingt-un, quatre-vingt-deux, quatre-vingt-trois. Puis il cessa de compter.

Quand il atteignit enfin le sommet, il était fou d'inquiétude. Tout son sang-froid, sa retenue, tout ce qui faisait de lui une personne forte l'avait déserté tandis qu'il escaladait les dernières marches et s'avançait dans cet espace ouvert. Il n'aurait pas su dire ce qu'il s'attendait à trouver là.

Mais ce qu'il trouva en fait, ce fut une jeune femme en train de manger un sandwich.

Elle était assise par terre, adossée à un des piliers en fer de la balustrade.

« C'est toi, Roger ? interrogea-t-elle. Ou un mirage ? »

Hors d'haleine, il agrippa la rambarde.

« Qu'est-ce que tu fais ici ? demanda-t-il.

– Je contemple les étoiles. J'ai décidé de devenir une excentrique, comme Garbo, tu vois ? Sauf que moi, mon truc, ce sera les sommets. Dès qu'on aura fini ce film, je file sur l'Everest et j'escalade…

– Assez de balivernes, l'interrompit-il. Pourquoi es-tu montée jusqu'ici ?

– Pour me jeter dans le vide, bien sûr.

– Pourquoi ?

– Par amour, je suppose. Mais il se trouve que j'avais ce sandwich sur moi et que j'avais faim. Alors j'ai décidé de manger d'abord. »

Il vint s'asseoir face à elle.

« Tu veux savoir ce qui se passe en bas dans le monde ordinaire ? s'enquit-il. Si oui, je peux t'annoncer qu'ils ont épinglé Carley.

– Qui ça ?

– L'huissier de justice. Celui qui le recherchait. Vraiment pas de bol. S'il était resté planqué jusqu'à minuit, on n'aurait pas pu faire valoir ce mandat. Délai de prescription, ou un truc du genre.

– Dommage. Comment c'est arrivé ? Je veux dire, comment l'ont-ils retrouvé ?

– Devine.

– Aucune idée… ce n'était pas toi…

– Bon Dieu non ! C'est cette petite Panzer. »

Elle réfléchit pendant une minute.

« Alors, voilà ce qu'elle attendait. »

Le silence se fit durant quelques instants au sommet du rocher.

« Comment as-tu pu penser une seconde que je pourrais faire une chose pareille ?

– J'ai changé d'avis dès que j'ai réfléchi. Excuse-moi, Roger.

– Mais j'ai quand même fait faire des recherches sur Monsieur de Luxe.

– Et qu'as-tu découvert ? » Elle avait posé la question sur un ton détaché, impersonnel.

« Pas grand-chose. Sauf qu'aucune fille ne s'est jamais suicidée pour lui. Une certaine Josephine Jason à laquelle il était fiancé a découvert qu'elle avait un cancer de la plèvre – ce qui signifie que le tissu qui entoure les poumons disparaît – et elle a foncé dans un mur avec sa voiture. Difficile d'accuser Carley.

– Oh, j'en ai tellement assez de Carley, Roger. Est-ce qu'on ne pourrait pas parler un peu d'autre chose ? »

Il sourit pour lui-même dans le noir.

« Qu'est-ce qui t'a fait changer d'avis ? Ton sandwich ?

– Non, je crois plutôt que c'était le rocher.

– Trop haut pour toi ?

– Non. Il m'est apparu qu'il te ressemblait. Quand je suis montée au sommet, j'ai eu l'impression d'être juchée sur tes épaules. Et j'étais tellement heureuse de me trouver là que je n'avais aucune envie d'en partir.

– Je vois, dit-il, sarcastique.

– Je savais au fond de moi que tu ne me laisserais pas faire. Je n'ai pas été du tout surprise quand tu es apparu en haut de ces marches. »

Il la prit par les mains et la força à se relever.

« C'est bon, dit-il. Allons-y… Rentrons à l'hôtel. Je me fais du souci pour la petite Panzer. Voyons un peu ce qu'elle est devenue. »

Elle le suivit dans l'escalier ; arrivés en bas, il renvoya la voiture de l'hôtel. Ils montèrent dans la sienne et Atlanta déclara :

« Non, il ne semble déjà plus avoir aucune importance.

– Tout le monde a son importance.

– Je veux dire qu'il peut sans doute se débrouiller sans moi. »

Quand ils atteignirent l'hôtel et découvrirent ce qu'il s'était passé – Carley avait réussi à assommer l'huissier de justice et à l'enfermer dans sa chambre –, Atlanta déclara :

« Tu vois ? Tout ira bien pour lui. Ils ne réussiront peut-être même pas à le pincer cette fois.

– Le pincer ? Mais c'est déjà fait. Si on te présente un de ces mandats, et que tu ne comparais pas, on considère que tu as fui la justice. Après tout, que Raspoutine règle ses problèmes. Je m'inquiète seulement de ce qu'il a laissé derrière lui : cette malheureuse. Nous n'avons doublé ni voiture ni personne entre ici et Chimney Rock, et il n'y a pas de bus. »

Atlanta eut une intuition soudaine.

« Elle est sur le lac. J'ai choisi Chimney Rock, donc elle a choisi… »

Mais déjà, Roger se précipitait vers le hangar à bateaux.

Ils la retrouvèrent une heure plus tard, se laissant paisiblement porter sous le clair de lune d'une petite crique. Le visage qu'elle leva vers eux semblait serein et apaisé, presque surpris par leur présence. Dans sa main, telle Sésame des Lys, elle tenait un bouquet de fleurs de montagne – exactement comme Atlanta tenait un sandwich dans la sienne une demi-heure plus tôt.

« Comment m'avez-vous trouvée ? » leur lança-t-elle depuis son canot. Et tandis que la vedette l'abordait, Roger répondit :

« Nous n'aurions pas réussi, si je n'avais pas eu avec moi quelques fusées éclairantes portatives. Vous seriez encore en train de partir à la dérive.

– J'avais décidé de ne pas passer par-dessus bord. Après tout, j'ai mon diplôme maintenant. »

Longtemps après que Roger lui eut appelé un taxi et fait accepter l'argent nécessaire pour retourner pendant un certain temps dans le Tennessee ; longtemps après qu'Atlanta et lui furent devenus une des nombreuses légendes secrètes du lac de Lure – les plus belles – et qu'il l'eut laissée à sa porte, il traversa la galerie commerçante, passa devant les petites boutiques des montagnards et gagna le bureau de poste, au-delà duquel il n'y avait plus rien, que ces bassins d'eau si sombres et insondables qu'on racontait que les noirs secrets de la Reconstruction y étaient engloutis.

Là, il s'arrêta. Dans le hall de l'hôtel, il avait entendu quelque chose qu'il n'avait pas voulu qu'Atlanta apprenne ce soir-là : une heure plus tôt, les restes de Carley Delannux avaient été ramassés au pied de Chimney Rock.

Il était triste que la période la plus heureuse de la vie de Roger ait été précédée par la tragédie d'un autre homme, mais il devait y avoir en Carley Delannux quelque chose qui lui rendait impératif de mourir – quelque chose de funeste, comme s'il avait déjà vécu trop d'années ou au contraire était resté sur ses pieds depuis trop longtemps bien que mort, et qui laissait un sillage de corruption.

Roger éprouvait de la tristesse pour lui ; il n'avait pas l'esprit très vif, mais il savait que ce qui était utile et précieux ne devait pas être sacrifié à cette peine. Il était bon de penser qu'Atlanta, qui illuminait telle une étoile la vie de tant de gens, dormait paisiblement dans sa chambre à cent mètres de là.

La perle et la fourrure

I.

Gwen avait fait des courses tout ce samedi après-midi, et à 6 heures du soir, elle rentra lourdement chargée. Entre autres, elle avait acheté deux douzaines de petits rouleaux en fer-blanc qu'elle attacherait à ses cheveux et laisserait pendre toute la nuit ; un assortiment d'ongles artificiels tout à fait grotesques qui violaient tous les traités de désarmement ; des banderoles de l'Académie de la marine, Princeton, Vassar et Yale, et une série de guides touristiques décrivant des voyages aux Bermudes, à la Jamaïque, à La Havane et en Amérique latine.

Avec lassitude – cette lassitude qu'on connaît à quatorze ans –, elle jeta le tout sur le divan et appela son amie Dizzy Campbell.

« Alors, tu veux que je te dise ?

– Oui, dis-moi ! » La voix de Dizzie était pleine d'excitation. « C'est une vraie ?

– Eh non, répondit Gwen, très contrariée. Je l'ai portée au joaillier de chez Kirk, et il m'a dit que ce n'était qu'un petit morceau de coquille qu'on trouve souvent dans les huîtres. »

Dizzy soupira.

« Et donc, on ne partira pas en voyage pour Pâques !

– Je suis folle de rage. Papa était sûr que c'était une perle quand il s'est presque cassé une dent dessus au restaurant.

– Après tous les plans qu'on avait faits ! gémit Dizzy.

– J'étais tellement convaincue que je suis d'abord allée à l'agence de tourisme et que j'ai acheté tout un tas de livres avec des photos magnifiques de gens qui flânent autour d'une piscine sur le pont ou qui dansent avec les garçons les plus mignons, mais il y en a pour au moins soixante-dix dollars – si seulement Papa voulait entendre raison ! »

Exactement sur la même longueur d'onde, elles lâchèrent un profond soupir de conserve.

« Il y a tout de même une possibilité, dit Dizzie, même si ce n'est pas tout à fait pareil. Mrs Tulliver veut emmener quatre ou cinq filles de l'école à New York pendant quelques jours. Maman est d'accord, mais j'ai répondu que je lui donnerais ma réponse plus tard parce que je voulais d'abord savoir pour la perle. Papa disait que de toute façon, elle n'aurait plus de valeur une fois cuite. Ce serait tout de même mieux que rien.

– Possible, dit Gwen, sans conviction. Mais tu ne t'imagines pas qu'elle nous accompagnerait au Rainbow Room ou dans des endroits pareils. Tu ne crois pas que ça va plutôt être le genre musées et concerts ?

– Elle nous emmènerait au théâtre et on irait faire des courses. »

Les yeux bleus et brillants de Gwen retrouvèrent leur vivacité.

« Bon, je vais demander à Papa, dit-elle. C'est le moins qu'il puisse faire après s'être trompé sur la perle. »

II.

Cinq jeunes filles de quatorze et quinze ans partirent donc pour New York le lundi suivant. Mrs Tulliver avait d'abord pensé descendre dans une pension réservée à la clientèle féminine, mais quand elles protestèrent avec véhémence qu'elles voulaient de la musique pendant les repas, elle opta pour un petit hôtel « tranquille » aux environs de la 50ᵉ Rue. Elles virent deux pièces de théâtre et se rendirent au Rockefeller Center, achetèrent des vêtements d'été avec l'argent alloué par leurs parents, et eurent un aperçu de la vie nocturne en allant l'après-midi dans un hôtel célèbre pour ses thés dansants écouter un orchestre à succès, bien qu'aucune n'eût de cavalier attitré.

Elles avaient toutes essayé de pallier ce manque désastreux en faisant jurer à des garçons de « faire tout leur possible pour venir », écrivant même des lettres exaltées à des flirts de l'été précédent et longtemps négligés en insistant pour qu'ils les retrouvent dans la grande ville à une certaine date. Hélas, même si elles avaient bondi à chaque sonnerie du téléphone, ce n'était jamais que l'une d'elles qui en appelait une autre de sa chambre.

« Des nouvelles ?

– Non. Une seule lettre. Désolé et ce genre de trucs.

– Moi j'ai reçu un télégramme d'un garçon au Nouveau-Mexique.

– Le mien venait de Californie. Il n'y a donc personne à New York ? »

Tout cela était bien sage, se disait Gwen, même si elles s'amusaient. Le problème était d'ailleurs moins l'absence de garçons en soi que l'impossibilité de faire quoi que ce soit de divertissant et d'exaltant sans eux. L'avant-dernier jour, Mrs Tulliver les fit venir dans sa chambre.

« Écoutez, je ne suis ni sourde ni aveugle, et je sais que vous vous êtes moins diverties que vous l'auriez espéré, même si je ne vous avais jamais promis la tournée des grands ducs. Toutefois, je ne veux pas que vous pensiez qu'on vous a chaperonnées jusqu'à l'étouffement, alors j'ai concocté un petit plan. »

Elle marqua une pause, et cinq paires d'yeux se posèrent sur elle avec avidité.

« Il s'agirait de vous donner quelques heures d'indépendance complète, mais il faudrait trouver quelque chose à faire qui soit utile à la réouverture de l'école. »

L'étincelle disparut des yeux des demoiselles, mais elles continuèrent néanmoins à écouter sagement.

« Donc, demain matin, je veux que chacune de vous parte de son côté et aille faire une petite enquête sur un quartier de New York ou un autre et rassemble assez d'informations pour écrire une rédaction, même si je ne songe pas à vous le demander en période de vacances. Je serais en faveur de groupes de deux, mais je sais que vous découvrirez beaucoup plus de choses si vous y allez seules. Vous êtes assez grandes pour mener pareille aventure. Vous ne trouvez pas l'idée amusante ?

– Moi je vais prendre Chinatown, proposa Gwen.

– Oh non, non ! s'exclama Mrs Tulliver. Je ne pensais à rien de semblable. J'avais en tête des endroits comme l'Aquarium, par exemple, même si je souhaite que chacune de vous invente une expérience individuelle. »

Une fois seules, les filles débattirent de la question avec cynisme. « Si elle nous laissait sortir le soir, chacune dans une boîte de nuit différente, et que nous venions au rapport le lendemain matin, cela aurait un sens, gémit Dizzy. Je ne sais vraiment pas quoi faire. On est montées à l'Empire State Building, on a vu l'exposition florale, le planétarium et les puces savantes. Je crois que je vais simplement aller au Ritz et inspecter les lieux. On dit toujours que c'est le symbole même du luxe, et je voudrais comprendre pourquoi. »

Gwen songeait déjà elle aussi à quelque chose mais elle se garda d'en parler. L'idée d'un voyage continuait de la hanter, un voyage avec une destination fixe peut-être, mais néanmoins un vrai périple, loin de la vie sédentaire de l'école.

Je vais monter dans un bus sur la 5e Avenue, songeait-elle, et je verrai bien où ça me mènera. Ensuite, je prendrai un tramway ou le métro aérien, et j'irai aussi loin que possible.

À 9 heures le lendemain, la petite troupe se dissémina et chacune d'elles partit vers son destin. Il faisait beau, les gratte-ciel étincelaient sous le soleil comme de pâles bulles de limonade dans le bleu du ciel. Une femme un peu envahissante s'assit à côté d'elle sur l'impériale et tenta d'engager la conversation, mais Gwen étouffa ses velléités en lui décochant un regard glacial avant de se tourner vers le paysage. Le bus suivit Riverside Drive au long de l'Hudson, pour traverser ensuite des rangées d'immeubles monotones, le véritable cœur de la ville, sombre et mystérieux la nuit, triste l'après-midi et plein d'énergie vitale le matin. Ils atteignirent bientôt le terminus. Gwen posa une question au receveur et il lui indiqua une bouche de métro une centaine de mètres plus loin dans la même rue.

« Mais ce n'est pas le métro aérien ? s'enquit-elle.

– La ligne devient aérienne sur certains tronçons du trajet. »

La rame qui se dirigeait vers Kingsbridge, plus au nord, était presque vide. Kingsbridge, Gwen se l'imaginait déjà : de prestigieuses résidences, avec des donjons normands et des tourelles gothiques. Southampton ne devait pas être loin, et Newport non plus, tous ces endroits à la mode dont elle supposait qu'ils devaient ressembler aux faubourgs de sa propre ville.

À la station 230e Rue, elle suivit les deux derniers passagers et sortit dans Kingsbridge, pour se retrouver dans une vaste étendue désolée, balafrée de quelques îlots d'immeubles solitaires, sans parler d'un drugstore, d'une pompe à essence et d'un snack-bar. Après avoir gravi une petite colline, elle se retourna pour mesurer avec fierté la distance parcourue. Elle se trouvait en fait aux extrêmes confins de New York – même dans l'air cristallin, les gratte-ciel de Manhattan paraissaient minuscules à l'horizon. Elle se demanda si Dizzy était effectivement en train de ramer sur le lac de Central Park ou si Clara avait réussi à se faire auditionner dans une agence de recrutement pour le théâtre – comme Gwen le lui avait suggéré. Elles devaient se trouver quelque part à l'intérieur des remparts de la cité tandis qu'elle était à l'extérieur, comme suspendue en l'air dans un avion.

Gwen consulta sa montre et découvrit que le trajet avait duré longtemps – il fallait qu'elle reparte tout de suite si elle voulait ne pas être en retard pour le déjeuner de 1 heure.

Reprenant le chemin du métro, elle vit le train qui l'avait amenée prendre de la vitesse en s'éloignant de la station. Un Noir qui balayait le quai lui dit qu'il y en aurait un autre d'ici une heure.

Et voilà que je vais manquer la matinée, déplora-t-elle. Et c'était la dernière.

« On peut trouver un taxi par ici ? demanda-t-elle.

– Il y a une borne près du drugstore, mais d'habitude, y a pas de taxis. »

Elle eut de la chance, cependant. Un seul et unique taxi attendait là, et son chauffeur se tenait juste à côté, un très jeune homme à l'air inquiet. Quand Gwen lui demanda s'il était libre, il parut s'apaiser, comme si ses paroles étaient un sésame, et il répondit avec un désir manifeste de bien faire :

« Mais oui, je suis libre. Allez-y. Je veux dire, montez, s'il vous plaît. »

Il referma sa portière et prit place au volant.

« Où vous voulez aller ? »

Elle donna le nom de son hôtel. Il s'empara d'un petit guide rouge, flambant neuf, et se mit à le feuilleter.

« Madison Avenue et 55e Rue, annonça-t-il.

– Ça, j'aurais pu vous le dire, répondit Gwen.

– Oui, je suppose que vous le saviez. Moi, je ne connais pas encore bien la ville. Excusez-moi d'être aussi peu doué. »

Il avait l'air plutôt sympathique.

« Vous n'habitez pas New York ? demanda-t-elle.

– Maintenant oui, mais je viens du Vermont. C'est quoi le numéro de la rue déjà ? Madison Avenue et…

– Madison et 55e. »

Il mit le moteur en marche et aussitôt, le coupa à nouveau. Il se tourna vers sa passagère avec un air contrit.

« Excusez-moi. On va avoir un petit retard. Je me retrouve “au crochet”, là, vous voyez ?

– Un problème avec la voiture ?

– Non, tout va bien de ce côté-là. Dans le jargon des taxis, on dit qu'on est “au crochet” quand on est seul à une tête de station. Alors il faut appeler la centrale dès qu'on charge un client et qu'on s'en va. »

Sur ce, il descendit de voiture, entra dans le snack-bar et elle entendit sa voix dire des choses inexplicables au téléphone. Il fut bientôt de retour et lui demanda :

« C'est pas vous qui avez appelé pour rien ?

– Appelé pour rien ?

– Il y a quelqu'un qui a demandé un taxi et qui ensuite a pris le métro à la place. C'est comme ça que je me retrouve “au crochet”. »

Leurs regards se croisèrent et ils se fixèrent d'un air grave. Gwen fut la première à mesurer ce qu'il se passait.

« Je ne comprends toujours pas ce que veut dire “au crochet”, protesta Gwen, mais dites-moi comment je pourrais avoir demandé un taxi, puis pris le métro et être ici tout de même ?

– C'est juste, reconnut-il. “Au crochet”, ça veut dire que…

– Je sais, c'est quand quelqu'un ne peut plus se passer de sa drogue.

– Non, ça c'est “accroché”, corrigea-t-il. “Au crochet”, c'est quand…

– Je pense que nous devrions y aller maintenant, suggéra-t-elle d'un ton guindé.

– Oh, vous avez raison. »

Docilement, il reprit place au volant. Mais alors qu'ils démarraient, il se sentit obligé de se retourner à nouveau :

« Je ferais mieux de vous le dire franchement : c'est la première fois que je conduis un taxi. Oh, n'ayez pas peur, ajouta-t-il en la voyant alarmée, je n'ai pas dit une voiture, j'ai dit un taxi. Il se trouve seulement que c'est mon premier jour de travail – il faut un début à tout. »

Toujours perturbée, Gwen demanda tandis qu'ils commençaient à rouler :

« Quel âge avez-vous ?

– Dix-sept ans. Je veux dire dix-huit. » Il lui jeta un coup d'œil rapide, évitant un camion de lait. « J'ai seize ans, si ça vous intéresse vraiment. J'ai mon permis, mais la compagnie vous engage seulement à partir de dix-huit ans, et donc, j'ai dit que je les avais pour décrocher le boulot.

Au bout de quelques kilomètres, ils atteignirent les premiers immeubles périphériques, d'abord un ensemble de six, en briques gris vert, puis deux rues isolées qui paraissaient plus luxueuses, sauf qu'à l'endroit où elles auraient dû déboucher sur une place publique et une fontaine, elles disparaissaient piteusement dans un champ de gravats, comme si elles avaient soudain oublié leur rôle. Dans un de ces intervalles ruraux, il lui confia :

« Vous m'avez demandé ce que voulait dire "au crochet". Je viens seulement de tout piger : c'est quand vous signalez que vous roulez sans client, ou quand ils vous envoient à un endroit où il pourrait y avoir quelqu'un à prendre et où il va falloir attendre au cas où. Je me suis même dit que c'était peut-être une blague de m'expédier là-bas ce matin, parce que je suis un bleu. Mon premier jour, je voulais surtout pas perdre une minute.

– Oui », dit Gwen.

Elle n'écoutait pas. Depuis un certain temps, ses yeux restaient fixés droit devant elle, mais elle était loin du rêve de périple infini qui l'habitait plus tôt ce matin.

« En fait, l'expression a l'air de vouloir dire deux choses, poursuivait le jeune chauffeur. D'abord que… »

Gwen plongea la main entre les sièges et la remonta sur ses genoux. D'abord, elle avait cru qu'il s'agissait d'une couverture. Mais cela n'avait pas l'air d'une couverture. Et quand elle découvrit la broche accrochée au niveau de l'épaule et sentit l'incomparable douceur de la fourrure sous ses doigts, elle comprit que ce qu'elle avait entre les mains était une cape en chinchilla d'une valeur de plusieurs milliers de dollars.

III.

Elle fredonna une mesure de « Goody-Goody » pour dissimuler le léger bruissement de la fourrure quand elle la laissa retomber sur le plancher. Deux idées la traversèrent. Ce gentil jeune homme, pour ce qu'elle savait de lui, pourrait bien être un escroc qui ne pensait pas l'avoir oubliée dans la voiture. Il lui avait confié que c'était son premier trajet professionnel. Et la seconde, qu'elle pouvait être fausse après tout.

Elle se rencogna au fond de la banquette, repoussant la cape avec ses pieds pour ne plus la voir, et prêta de nouveau l'oreille à ce que disait le chauffeur :

« … Je bavarde sans doute trop, mais je n'ai adressé la parole à personne depuis une semaine sauf au dur à cuire qui forme les nouveaux chauffeurs. Et vous avez sous les yeux le produit fini.

– Vous avez parlé d'université.

– Oh, je vais me taire.» Il était un peu blessé. Elle le voyait même de dos, au pli sombre qui marquait sa jeune joue. «J'ai seulement dit que je voulais aller à Williams College et que j'avais un prof qui pensait que j'en étais capable. Donc, j'ai passé trois examens d'entrée. Mais zut alors! Il y a tout simplement trop de jeunes gens qui veulent se faire une place au soleil. Je me suis dit que si j'arrivais à tirer quelque chose de mon travail comme taxi, je pourrais peut-être essayer.

– Williams, dit-elle d'un air distrait.

– Oui, c'est une des meilleures universités.»

Il tourna la tête vers elle presque avec défi. «Mon professeur y est allé.

– Arrêtez-vous là, dit-elle brusquement.

– Où ça? Mais pourquoi?

– Ici. Juste devant cette église.»

Il donna un coup de frein énergique tout en continuant à parler:

«Williams College, c'est...

– Je sais ce que c'est, dit Gwen, que son secret rendait nerveuse. Je connais plusieurs filles dont les frères y vont. Mais regardez un peu.

– Quoi donc?»

Elle la brandit dans sa direction.

«Ça!»

Il descendit de voiture et debout devant la portière, il regarda la chose d'un air perplexe tandis que Gwen la retournait dans tous les sens.

« C'est une fourrure, dit-il enfin.

– Pas seulement une fourrure. Du chinchilla, je crois. Je ne savais pas si je devais vous en parler. J'ai cru que vous étiez peut-être un gangster. Mais quand vous avez dit que vous alliez à Williams, j'ai décidé de vous faire confiance.

– Je n'ai pas dit que j'y allais, j'ai dit que je voulais...

– Bon, et cette cape maintenant ? Qu'en pensez-vous ?

– Sûr que ce n'est pas du raton laveur, dit-il, admiratif.

– Mais je vous demande ce qu'elle fait là ! s'impatienta Gwen. Vous croyez que quelqu'un l'a juste jetée là entre ces sièges ? »

Il réfléchit.

« Je n'ai jamais regardé à l'arrière. J'ai repris le taxi à un type qui s'appelle Michaelson et il m'a dit qu'il était "au crochet" à Grand Central depuis 3 heures du matin.

– Oh, arrêtez un peu avec cet "au crochet".

– Mais je vous ai expliqué...

– Je dois rentrer à mon hôtel, et avant, il faut que nous fassions quelque chose de cette cape.

– Ne vous énervez pas.

– Comment ?

– Je veux dire qu'il n'y a pas de quoi se fâcher. Vous croyez vraiment qu'elle a de la valeur ? »

Il la secoua à la lumière du soleil et l'observa avec attention.

« ... Peut-être que oui. On a dû la laisser dans le taxi la nuit dernière. Il va falloir aller au dépôt central et voir si quelqu'un a déclaré l'avoir perdue. Il y a peut-être une récompense à la clé. »

Il rejeta la cape qui atterrit comme un paquet de linge sale sur le plancher du taxi.

« Alors allons-y, dit Gwen. Franchement, je dois rentrer à mon hôtel. On a sans doute commencé à déjeuner sans moi, et on va croire que je me suis fait assassiner.

– Vous voulez que je vous conduise à votre hôtel ? Voyons, c'était… » Il chercha une fois de plus dans son petit guide rouge.

« Non, à votre garage.

– Je vais aller au siège. Le dispatcheur au dépôt de la 110e Rue est plutôt antipathique.

– Quel est votre nom ? demanda Gwen alors qu'ils redémarraient.

– Callahan, ou quelque chose du genre.

– Vous n'êtes pas sûr de votre propre nom ?

– Ah ! Le mien ? Je m'appelle Ethan Allen Kennicott. Vous voyez, c'est écrit là sur ma carte, avec ma photo. »

Ils bavardèrent pendant tout le trajet. Il y avait en lui une sorte d'ironie amère, comme si la vie l'avait traité avec une telle désinvolture qu'il préférait se tenir un peu à l'écart et attendre de voir ce qu'il arriverait ensuite. Sa famille était financièrement à l'aise, comme on peut l'être dans une petite ville, jusqu'à deux ans auparavant. En échange de sa confiance, Gwen lui avoua que son père ne pouvait plus se permettre de vivre sur le même pied qu'autrefois, et lui raconta sa déception au sujet de la perle noire. Elle se rendait compte, cependant, qu'à côté des difficultés de ce garçon, les siennes étaient bien triviales.

« Les filles doivent savoir attendre l'occasion, dit-il soudain, alors que les garçons doivent savoir créer les leurs, nous répétait souvent mon professeur.

– En réalité, les filles aussi, répondit Gwen.

– Tu parles, ironisa-t-il. Vous avez déjà vu une fille faire quelque chose que l'on ne lui avait pas dit de faire ?

– C'est faux, rétorqua Gwen, loyale à son sexe. Les filles prennent souvent l'initiative.

– Quand elles ont un homme pour les guider.

– Non, toutes seules.

– D'accord. Par exemple, elles trouvent un manteau de fourrure. Si vous appelez ça prendre une initiative. »

Elle battit dédaigneusement en retraite. Quand ils arrivèrent au dépôt de la 44e Rue, il se gara devant et entra seul. Il en ressortit cinq minutes plus tard pour annoncer : « Effectivement, la perte a été déclarée. Devinez à qui ce manteau appartient ?

– À qui ?

– Mrs Peddlar TenBroek.

– Fichtre !

– Il vaut sans doute une fortune. J'ai entendu le dispatcheur dire que le terrain sur lequel est construit ce dépôt appartient aux TenBroek. » Il fronça les sourcils. « Michaelson était là aussi.

– Qui est-ce ?

– Le type qui conduisait ce taxi hier soir. L'avis précise à quel endroit le manteau a été perdu, et ça lui a fait penser que c'était peut-être lui qui conduisait la personne qui l'a réclamé. Il m'a demandé si je l'avais trouvé, et j'ai dit que non.

– Pourquoi lui avez-vous dit cela ?

– Parce que c'est vous qui l'avez trouvé, non ? En tout cas, c'est un dur, ce type, et il pourrait bien nous faire des ennuis. Il n'hésiterait pas à réclamer la récompense.

– Eh bien, je peux témoigner que ce n'est pas lui qui l'a trouvé, déclara Gwen. Mais je ne veux pas de récompense. »

Toutefois, tandis qu'il allait au drugstore consulter l'annuaire pour dénicher l'adresse de Mrs TenBroek, elle se rendit compte qu'en fait, une petite récompense ne serait pas de refus.

« En tout cas, la moitié vous revient si on nous en donne une, lui dit-elle à son retour. Cela pourrait vous aider à payer l'inscription à Williams College. »

Dix minutes plus tard, impressionnés, ils attendaient devant la porte d'un hôtel particulier de la 5ᵉ Avenue. Un très vieux majordome se glissa entre les colonnades blanches et après avoir entendu l'histoire de Gwen, dit d'une voix chevrotante :

« Vous pouvez me confier cette fourrure.

– Non. Je veux voir Mrs TenBroek.

– Vous feriez beaucoup mieux de me la donner », dit-il d'une voix rauque. Et il tendit la main et se saisit du manteau. Voyant cela, Ethan Kennicott s'approcha doucement et lui fit desserrer les doigts.

« Où est Mrs TenBroek ? s'enquit Gwen.

– Elle n'est pas chez elle. Je ne suis pas autorisé à renseigner des inconnus. »

Gwen réfléchit. Il était plus de 2 heures. D'ici quelques minutes, Mrs Tulliver et ses protégées regarderaient le rideau se lever sur le premier acte de *Oh Mr Heaven.* En quelques secondes, sa décision fut prise.

« Eh bien nous allons rester dans ce taxi jusqu'à son retour. Mais il faudra qu'elle paie la course, évidemment. »

Tandis qu'ils redescendaient les marches du perron, il y eut un soudain charivari derrière le majordome – le vestibule semblait soudain envahi de garçons, et l'un d'eux passa la tête par-dessus l'épaule du vieux domestique et l'interpella avec un accent résolument anglais :

« Hé, vous là-bas, qu'avez-vous à vendre ? »

Elle se retourna.

« Vous habitez ici ? demanda-t-elle.

– Oui, la plupart du temps. Dites-moi, serait-ce la cape qu'a perdue Alicia Rytina ?

– Elle appartient à Mrs Peddlar TenBroek, dit Gwen.

– C'est juste, mais elle l'a prêtée à Alicia Rytina, la chanteuse d'opéra. Ma mère a invité la plus grande partie de la troupe du Metropolitan ici hier soir, et Alicia Rytina a cru qu'elle avait une angine – pas ma mère, Alicia Rytina. Et elle l'a oubliée dans un taxi. »

Trois autres garçons l'avaient maintenant rejoint sur les marches.

« Où se trouve Mrs TenBroek ?

– Pour vous dire la vérité, elle est sur un bateau.

– Oh !

– Mais il n'a pas encore pris la mer. Elle aime être à bord quatre heures à l'avance pour s'habituer au mouvement. En fait, nous allons partir d'ici quelques minutes pour lui dire au revoir.

– J'aimerais lui rendre cette cape en main propre, dit Gwen.

– Aucun problème. Le bateau s'appelle le *Dacia*, Quai 31, North River. Voulez-vous qu'on vous y conduise ?

– Non, merci, j'ai un taxi. »

Les trois autres garçons, tous âgés de seize à dix-sept ans, avaient commencé à se trémousser au même rythme sur le perron. Ils dansaient à l'américaine, mais avec cet enthousiasme anglais toujours étrangement sautillant.

« Je vous présente les trois danseurs de rumba fous d'Eton, expliqua Peddlar TenBroek. Je les ai invités pour les vacances de printemps. »

Sans cesser de s'agiter, ils la saluèrent tous ensemble et Gwen éclata de rire.

« Vous dansez la rumba ? s'enquit TenBroek.

– Autrefois, oui », répondit-elle avec indulgence.

Les trois danseurs paraissaient un peu vexés. Gwen descendit les marches.

« Dites à Mère que nous arrivons tout de suite », lui demanda TenBroek.

Tandis qu'Ethan Kennicott redémarrait, elle lui dit :

« Ils sont séduisants, mais je demande ce qui leur a fait croire qu'ils dansaient quelque chose de moderne. »

En route vers les quais, il demeura silencieux. Même quand ils furent retenus par une longue file de camions de fraises, il ne dit rien, et elle se demanda s'il enviait ces garçons si insouciants.

Elle devait bientôt découvrir pourquoi. Quand il eut garé la voiture et alors qu'ils se dirigeaient vers l'entrée du quai, il s'arrêta de façon inopinée :

« C'est idiot, déclara-t-il d'une voix étrangement tendue.

– Quoi donc ?

– De rendre cette fourrure. Elle n'avait qu'à pas l'abandonner comme ça. » Il parlait de plus en plus vite comme s'il ne voulait pas vraiment entendre ses propres mots. « Elle a des dizaines de manteaux de fourrure, et celui-là est sans doute assuré en plus. Ça devrait être celui qui l'a trouvé qui le garde. Il est à nous exactement comme la perle que votre père avait trouvée au restaurant.

– Non, pas du tout. Parce que Papa avait payé cette huître.

– On pourrait sans doute en tirer plusieurs milliers de dollars. Je pourrais me renseigner pour savoir où le porter… »

Indignée, elle le fit taire.

« Pas question de faire une chose pareille. Surtout maintenant que nous savons exactement à qui elle appartient.

– Personne ne sait que c'est nous qui l'avons, à part ces garçons, et vous ne vivez pas à New York, ils ne savent même pas votre nom…

– Arrêtez ! s'écria Gwen. Je n'ai jamais entendu une proposition aussi terrible de ma vie. Vous savez très bien que vous en seriez incapable. Allez venez, grimpons là-dessus. »

Le prenant par le bras, elle le tira jusqu'à un tapis roulant qui amenait les bagages sur le quai. Elle se laissa tomber dessus en songeant qu'il allait s'asseoir à côté d'elle, mais à la dernière minute, il se dégagea, et tandis qu'elle était lentement soulevée parmi les sacs et les clubs de golf, il resta campé à la regarder, la cape sur le bras.

« Eh mais qu'est-ce que vous fabriquez ? cria un vigile à l'adresse de Gwen. C'est pour les bagages. »

Mais la voix exaltée de la jeune fille lui vrilla les oreilles :

« Venez ici tout de suite avec cette cape ! »

Ethan secoua lentement la tête et cria en retour :

« Revenez d'abord. Je veux vous parler. »

Soudain, une voix à l'accent anglais résonna derrière lui :

« Quel est le problème ? »

En proie à la confusion, Ethan se retourna pour affronter Peddlar TenBroek et ses trois amis.

« La jeune fille est montée sur le tapis roulant à bagages, dit-il en rougissant.

– Ah oui ? Eh bien, imitons-la. »

Les trois jeunes Anglais avaient déjà bondi dessus à la suite de Gwen, pour la plus grande fureur du vigile qui vociférait.

« Nous ferions mieux de prendre l'escalier », proposa Peddlar en jetant un coup d'œil soupçonneux à Ethan. Mais quand ils eurent rejoint les autres au niveau supérieur, Gwen ne souffla mot. Elle se contenta de détourner son regard du chauffeur de taxi.

Les trois Anglais montrèrent le chemin, s'égaillant sur le quai.

Pendant un certain temps, l'activité débordante autour de la passerelle d'embarquement, les stewards empressés, le grondement des roues métalliques d'une centaine de chariots, l'odeur insidieuse du port – tout concourut à faire momentanément oublier l'épisode à Gwen. Sur le bateau, ils arpentèrent de nombreux couloirs bordés d'une haie d'hôtesses aux bras impeccablement croisés. Un immense bouquet les précédait : enveloppé de jasmin de nuit, et composé d'iris rares, de delphiniums, d'héliotropes, de pieds d'alouette et d'amaryllis fraîchement arrivés de La Nouvelle-Orléans. Ils suivirent sa trace parfumée. Quand on eut réussi à lui faire passer la porte d'une cabine, un steward leur dit : « Voici le salon de Mrs TenBroek. »

Une femme blonde aussi raffinée qu'une fleur, élégante même selon les critères les plus exigeants de Gwen, se leva pour les accueillir, et un des jeunes Anglais déclara :

« Vous ne pouvez pas échapper aux danseurs de rumba fous, Mrs TenBroek, même en partant aux Antilles. »

Ces mots électrisèrent Gwen : c'était la croisière des magazines au papier glacé, avec ses lunes tropicales, ses piscines étincelantes et sa musique douce sur des plages enchantées.

Soudain, Mrs TenBroek découvrit la cape et s'exclama : « Oh, on l'a retrouvée ! » Elle la prit entre ses bras et s'empressa de l'examiner. « Dites-moi, où était-elle ?

– Elle a peut-être un peu pris la poussière, dit Gwen. Elle s'était perdue dans la 216e Rue.

– Mais qu'y faisait-elle ? Je l'avais prêtée à Madame Rytina, la chanteuse, et je suis sûre qu'elle ne vit pas là.

– On l'a trouvée dans le taxi de ce chauffeur, répondit Gwen. Nous l'avons découverte ensemble.

– Mais il faut vous asseoir et tout me raconter. Je suis tellement soulagée, c'est une si jolie petite cape. »

Une minute plus tard, sans l'avoir décidé, Gwen lui racontait ce qui l'avait conduite dans la 216e Rue. Quand elle eut terminé, Mrs Tenbroek prit la parole à son tour :

« Et maintenant vous avez manqué votre matinée, quel dommage ! » Elle regarda Gwen avec hésitation, ne sachant pas très bien comment procéder. « J'ai annoncé une récompense dans le journal de l'après-midi…

– Vraiment, ce chauffeur l'a retrouvée autant que moi », l'interrompit vivement Gwen.

Tous les regards se tournèrent vers Ethan Kennicott, mais c'est Peddlar TenBroak qui intervint soudain :

« Tout cela est très bien. Mais je voudrais savoir ce qu'il faisait avec la cape au pied du tapis roulant quand il disait qu'il refusait de vous l'apporter. »

Ethan rougit violemment.

« Je n'ai pas dit ça.

– Vous avez dit quelque chose comme ça. Mère, cette jeune fille a trouvé la cape. Il n'a vraiment pas grand-chose à y voir.

– Je n'ai jamais affirmé le contraire, dit Ethan.

– Alors, qu'en est-il en fait ? demanda Mrs TenBroek. Qui l'a trouvée ? »

Elle s'interrompit quand la sonnette retentit et que la porte s'ouvrit en laissant entrer une brise âcre venue d'un autre monde. L'archétype du chauffeur de taxi légendaire se tenait là – crasseux, sinistre et aussi coriace que de la couenne de porc.

« Y a quelqu'un ici qu'aurait perdu une cape ? s'enquit-il d'une voix tout sauf mal assurée.

– De quoi s'agit-il, steward ? demanda sévèrement Mrs Tenbroek.

– Cet homme prétend avoir trouvé une cape, Madame.

– Pas exactement, corrigea Michaelson, c'est moi qui conduisais le taxi où quelqu'un l'a oubliée. Après, j'ai repassé la voiture à cette andouille » – Il pointa Ethan du doigt – « il trouve la fourrure et il me dit rien. Je m'suis dit qu'il y avait un truc bizarre quand j'l'ai vu au dépôt ce matin, et le vieux bonhomme chez vous, il m'a filé le tuyau. »

Mrs TenBroek regarda tour à tour les deux chauffeurs avec agacement.

« J'ai droit à ma part de la récompense. J'ai déposé mes clients hier soir, et après, j'suis allé au dépôt central et j'ai dormi trois heures sans bouger le taxi, pour que personne touche à cette cape.

– Mais vous ne saviez pas qu'elle était là.

– Pas exactement. Ce gamin débarque ce matin et il part avec le taxi sans me laisser le temps de regarder ce qui y avait dedans. Ça fait neuf ans que je bosse dans cette compagnie, pendant que lui, c'est sa première course, il la trouve, et il dit rien. Alors que moi, j'ai une femme…

– J'en ai assez, l'interrompit Mrs TenBroek. Il apparaît tout à fait clair que cette jeune fille a trouvé la cape, et ni l'un ni l'autre d'entre vous n'avez le moindre droit à cette récompense.

– Quelle jeune fille ? Ah, celle-là !

– Si vous avez lu les journaux de l'après-midi, poursuivit Mrs TenBroek, vous avez dû voir qu'aucune somme n'a été annoncée, et donc, je vais donner trois dollars à chacun pour vous dédommager du temps perdu. »

Elle ouvrit son sac et retira l'élastique d'une liasse de billets.

« Trois dollars pour un manteau en chinchilla ! Si c'est pas...

– Je vous conseille de faire attention à vos paroles, intervint Peddlar TenBroek.

– Il me reste plus qu'à remercier ce mec, dit Michaelson. Il m'a rien dit, ce salaud ! »

Soudain, il fit un pas en direction d'Ethan Kennicott et lui décocha un direct du gauche sur la mâchoire, qui le fit basculer au-dessus d'une malle basse et le projeta contre le mur avec un bruit sec. « Et gardez votre petite monnaie, ma petite dame, gronda-t-il avant de quitter la pièce.

– Pas question de le laisser s'en tirer à si bon compte ! s'exclama Peddlar TenBroek, et il se lança à sa poursuite.

– Laisse-le partir, ordonna sa mère. Je ne peux pas supporter ce genre de scènes. »

Un des jeunes Anglais avait aidé Ethan à se relever, qui s'appuyait contre le mur en vacillant, la main devant les yeux.

Fouillant dans son sac, Mrs TenBroek trouva un billet :

« Donnez dix dollars à celui-ci et dites-lui qu'il peut disposer lui aussi. »

Ethan fixa le billet et secoua la tête.

« Pas la peine, dit-il.

– Glissez l'argent dans sa poche, insista-t-elle, et faites-le partir.

– Il faut que quelqu'un l'aide, plaida Gwen, très inquiète. Il est blessé.

– Je m'en occupe », dit le jeune Anglais. Il demanda à l'un des deux autres de lui prêter main-forte.

Gwen, ébranlée et perplexe, voulut leur emboîter le pas, mais Mrs TenBroek l'arrêta d'un geste :

« Laissez-moi une minute pour reprendre mon souffle. Je veux vous parler.

– Il n'aurait pas dû le frapper comme ça, dit Gwen.

– C'était affreux. Vous n'auriez jamais dû vous mêler à des individus de ce genre. » Elle se tourna vers son fils : « Commande-moi un verre de sherry, s'il te plaît, Peddlar, et du thé pour cette jeune fille.

– Non, merci, je dois partir, dit Gwen. Il faut que j'appelle notre chaperon à l'hôtel.

– Vous pouvez appeler depuis le bateau. Accompagne-la, Peddlar, et aide-la à trouver un téléphone. »

Gwen espérait que son petit groupe était allé au théâtre comme prévu, mais Mrs Tulliver, trop inquiète pour elle, était peut-être restée à l'hôtel pour l'attendre. Au bout de quelques minutes, elle fut surprise d'entendre la voix de Dizzy sur la ligne.

« Comment se fait-il que tu ne sois pas allée voir la pièce ? demanda Gwen.

– J'étais en retard. Mrs Tulliver a laissé deux billets pour nous et j'allais justement partir pour les rejoindre.

– Dis-lui que tout va bien pour moi.

– Où es-tu ?

– Sur un bateau en partance pour les Antilles, dit Gwen de façon ambiguë.

– Quoi ? s'exclama Dizzy. Tu as trouvé une vraie perle cette fois ?

– C'est le bateau qui est en partance, pas moi. J'aimerais vraiment qu'on largue les amarres en m'oubliant ici à bord. Pourquoi étais-tu en retard ?

– Je me suis retrouvée enfermée dans la volière.

– La quoi ?

– Je suis allée au zoo et le gardien est parti déjeuner. Oh c'était vraiment un manque de chance stupide ! Je ne veux plus jamais voir d'oiseaux. »

Quand Gwen rejoignit la suite de Mrs TenBroek, cette dame avait eu une idée qui lui tenait à cœur :

« Il est difficile d'offrir une récompense à une personne comme vous, mais j'ai songé à quelque chose. Je fais ce voyage pour aller chercher une de mes vieilles tantes et la ramener à New York, et je me suis demandé s'il vous ferait plaisir de me tenir compagnie. Je suis sûre que je pourrais convaincre vos parents par téléphone. »

Cette sublime perspective monta à la tête de Gwen comme un cocktail à base de champagne, mais après une minute de réflexion, elle secoua la tête : « Je ne pense pas que vous y parviendriez. » Et avec franchise, elle ajouta : « Papa connaît votre nom, bien entendu, mais il ne sait rien de vous personnellement.

– Je connais un certain nombre de gens par ici qui pourraient se porter garants pour moi, dit Mrs TenBroek.

– Je vous suis très reconnaissante, mais je crois que je ferais mieux de ne pas accepter.

– Comme vous voulez. » Elle s'était prise de sympathie pour Gwen et se sentait déçue. « En tout cas, je vais insister pour que vous acceptiez deux cents dollars et que vous vous achetiez une belle robe du soir, ou ce qui vous ferait plaisir.

– Deux cents dollars ! s'exclama Gwen. Mais ça représente dix robes de soirée !

– Vraiment ? Faites-en ce que vous voudrez. Vous êtes tout à fait sûre de préférer cette somme à la croisière ? »

Les lèvres pincées, Gwen le lui confirma : « Oui, s'il vous plaît, Madame. »

Mrs TenBroek regrettait que cette enfant fût vénale. Elle avait cru discerner dans ces yeux d'un bleu brillant un goût du romanesque qui avait hanté sa propre jeunesse : elle était sûre qu'elle aurait choisi les Antilles.

Elle compta quatre billets de cinquante dollars flambant neufs.

Sur le pont, les cymbales retentissaient et on entendait annoncer : « Tous ceux qui ne partent pas doivent quitter le navire. » Le *Dacia* commença à glisser sur les eaux du port, les mouchoirs s'agitèrent, et les cinq jeunes gens s'éloignèrent des quais. Une fois dans la rue, Peddlar TenBroek s'adressa à Gwen :

« Nous nous étions dit que vous pourriez peut-être dîner avec nous ce soir. Vous nous avez dit que vous étiez quatre, nous sommes quatre et n'avons encore rien prévu. Nous pourrions aller dîner et ensuite danser au Rainbow Room.

– Ce serait magnifique, répondit Gwen, mais je ne sais pas si notre chaperon, Mrs Tulliver…

– Je lui parlerai moi-même, proposa-t-il, sûr de lui.

– D'accord, dit-elle, un peu hésitante. Mais accepteriez-vous de m'accompagner d'abord quelque part ? Ou plutôt à deux endroits. Il me faut aller au premier pour savoir où se trouve l'autre.

– Dites seulement au chauffeur où vous voulez qu'il vous conduise. »

Une demi-heure plus tard, Gwen frappait doucement au mince battant d'une porte et après un « entrez » peu énergique, elle s'avança à l'intérieur.

C'était une pièce dénudée, meublée seulement d'une table, d'une chaise et d'un lit en fer. Dans un coin, une valise en carton, et des livres entassés à côté. Un costume et un chapeau étaient pendus à un crochet au mur. Ethan Kennicott, la joue bleue et enflée, était assis à sa table, regardant droit devant lui à travers des paupières à moitié closes. Quand il la vit, il tourna brusquement la tête, et d'un mouvement nerveux, il bondit sur ses pieds :

« Qu'est-ce que vous voulez ? demanda-t-il avec dureté.

– Je ne suis là que pour une minute. Mon père dit qu'on ne doit jamais aller se coucher fâché, quoi qu'il se soit passé.

– Allez donc dire ça à un de ces beaux parleurs, rétorqua-t-il avec amertume. Eux peuvent se payer le luxe de rester polis. Moi je viens de perdre mon boulot, si vous voulez savoir.

– Oh, je suis désolée.

– On pouvait s'y attendre, non ? D'ailleurs je suppose que je l'ai mérité.

– J'ai un peu l'impression que c'est de ma faute. »

Il secoua la tête d'un air de défi.

« Non, c'est de la mienne. Et je m'en fiche, maintenant. Ça m'est égal de ne pas faire d'études, tout m'est égal.

– Vous ne devriez pas parler comme cela, dit-elle, scandalisée. Il faut que alliez à l'université.

– Ça m'a l'air mal parti. » Il lâcha un petit rire qui sonnait faux. « Je vous dis que je ne veux pas y aller. Je ne mérite pas d'y aller, mais quand on a pratiquement crevé de faim pendant trois mois, qu'on est trop fier pour accepter la charité et qu'on voit une chance comme ça… Vous me prenez pour un voleur, pas vrai ? Eh bien, laissez-moi vous dire que je n'avais jamais fait un truc pareil. Je n'y avais même jamais pensé, pas plus que vous, d'ailleurs.

– Si, j'y ai pensé, mentit-elle.

– C'est ça !

– Je vous assure. Ma famille n'est plus très riche, et je me suis dit qu'en vendant cette fourrure, je pourrais m'offrir un voyage ou quelque chose du genre. »

Il la regarda avec incrédulité.

« Sérieusement ?

– Je n'y ai pas pensé très longtemps, mais j'y ai pensé. » L'histoire de la perle qui n'en était pas une lui vint à l'esprit pour la tirer de l'embarras. « Je me suis dit " c'est celui qui trouve qui garde ", mais aussi " tant pis pour celui qui a perdu ".

– Mais vous ne l'avez pas pensé très longtemps…

– Vous non plus. »

Tandis qu'elle faisait tout pour lui rendre le respect de soi, la position du jeune homme changea du tout au tout.

« Peut-être que je ne l'aurais pas fait après tout… », dit-il pensivement, mais avec un regain d'amertume, il haussa les épaules : « Il est trop tard de toute façon, je l'ai perdu, ce boulot. Et je me demande bien quand j'en retrouverai un autre. »

Elle s'était approchée de la table, la main si crispée sur les quatre billets de cinquante dollars qu'ils en étaient devenus un petit tas compact.

« Voici de quoi vous aider », dit-elle en jetant l'argent rapidement sur la table.

Puis, avant qu'il eût pu bouger ou dire un mot, elle s'enfuit comme une gamine de la pièce, claqua la porte, et se précipita dans la rue où l'attendait la voiture.

Tout se passa de façon merveilleuse au Rainbow Room. La piste semblait flotter tandis que deux orchestres décomposaient le spectre de la lumière en d'innombrables couleurs sous les yeux insatiables de Gwen. La façon de danser franchement démodée des jeunes Anglais s'améliorait sous les conseils experts, et si les jeunes filles avaient trouvé leur expédition insatisfaisante jusque-là, cette soirée racheta le tout. Elle s'amusa beaucoup à crier « Cui-Cui ! » à l'adresse de Dizzy et à faire semblant de commander à son intention des graines pour oiseaux ; elle trouva aussi agréable de voir que Peddlar TenBroek était aux petits soins pour elle, et de se dire qu'elle recevrait des lettres d'Angleterre pendant tout le reste du printemps. Tout était si divertissant !

« À quoi pensez-vous ? lui demanda Peddlar.

– À quoi je pense… » Elle revint à la réalité. « Eh bien, si vous voulez savoir, je pensais à ce jeune chauffeur de taxi. Il voulait vraiment s'inscrire à Williams College. Et maintenant, il a perdu son emploi, et je me disais qu'il devait sans doute broyer du noir dans sa chambre.

– Appelons-le, s'empressa de proposer Peddlar. Nous lui dirons de venir nous rejoindre. Vous dites que c'est un gentil garçon. »

Gwen réfléchit.

« Non, ce ne serait sans doute pas indiqué, décida-t-elle avec une touche de sagesse inhabituelle chez une fille de son âge. Il traverse sans doute un moment difficile et ça ne l'aiderait pas vraiment. Oublions cette idée.»

Elle était heureuse, et un peu plus mûre. Comme tous les enfants de sa génération, la vie était pour elle une sorte d'accident à accepter, un fourre-tout où vous preniez ce que vous pouviez prendre mais où rien n'était garanti. La perle trouvée par son père n'en était pas une, mais le plaisir de cette soirée était lié au fait qu'elle était tombée par hasard sur la peau d'une quarantaine de rongeurs sud-américains.

Plusieurs mois plus tard, alors que Gwen ne savait plus quels morceaux l'orchestre avait joués, elle n'avait toujours pas oublié l'autre perle, celle qu'elle avait enfilée sur son chapelet personnel – même si bien sûr elle ne se représentait pas les choses de cette façon, mais ressentait plutôt une sorte de joie triomphante et coupable d'avoir réussi à tricher un peu avec la vie. Elle n'en parla pas à Dizzy. Elle ne le confia jamais à personne. Les filles ne prennent jamais l'initiative, n'est-ce pas? La perle et la fourrure étaient des accidents de parcours – mais ce n'était pas un hasard si elle avait renoncé pour lui à son voyage aux îles enchantées, si elle lui avait offert cet argent pour obéir à un mouvement de compassion si profondément ancré en elle qu'elle ne put même pas en parler à Dizzy – qu'elle n'en parla jamais à personne.

Dans l'œil du cyclone

I.

« Pourquoi tu ne lui retires pas ses chaussettes ? Trouve donc une fille de salle pour t'aider. Bon sang, c'est ce que moi je ferais si un patient me réveillait toute la nuit avec des appels imbéciles.

– J'y ai réfléchi, répondit Bill. J'ai essayé de repenser à tout ce que j'ai appris pendant mes études de médecine. Mais ce type est un gros bonnet…

– Tu n'es pas censé prendre ça en compte…

– Pas seulement riche, tu comprends ? Il a l'air de quelqu'un d'important dans sa profession, comme Dandy et Kelly dans la nôtre…

– Tu m'as l'air bien nerveux, dit l'autre interne. Comment penses-tu faire cours à ces filles d'ici deux heures ?

– Aucune idée.

– Allonge-toi et dors un peu. Moi il faut que j'aille au labo de bactériologie, et je voudrais prendre un petit déjeuner avant.

– Dormir ! s'exclama Bill. J'ai essayé sans arrêt cette nuit. Mais dès que je ferme les yeux, je reçois un appel de ce service.

– Bon, est-ce que tu veux un petit déjeuner ? »

Bill Craig était habillé – ou plus exactement il ne s'était pas déshabillé de la nuit. Harris était prêt à sortir, et après avoir ajusté sa cravate, il lui donna un conseil :

« Change de blouse, tu as l'air franchement négligé. »

Bill grommela.

« J'en ai changé cinq fois en deux jours. Tu crois que j'ai une blanchisserie personnelle à disposition ? »

Harris s'approcha d'une commode.

« Essaie celle-ci. Elle devrait t'aller. Je t'en ai emprunté de nombreuses fois l'automne dernier. Allez, vas-y. Enfile-la. C'est l'heure du petit déjeuner. »

Bill se ressaisit et fit confiance à ses nerfs pour assurer la suite – au moins pour continuer à vivre – et il le pouvait, parce qu'il les avait solides, et qu'il bénéficiait d'une robuste constitution physique, avec toute une lignée de médecins derrière lui ; il enfila non sans peine la blouse blanche qu'on lui tendait.

« Allons-y, mais je crois que je devrais laisser en chemin un mot pour ce patient.

– Oh laisse tomber ! Viens donc déjeuner. Tout ça pour un type qui ne veut pas retirer ses chaussettes ! »

Mais Bill continuait à se tracasser quand ils sortirent dans le couloir.

« Je ne me sens pas à l'aise. Après tout, ce pauvre homme n'a que moi sur qui compter.

– Te voilà bien sentimental.

– Peut-être. »

Mais c'est alors que Calamity apparut dans le couloir. Si blanche, si jolie, qu'on ne comprenait pas tout de suite pourquoi on lui donnait ce nom. Une calamité pure et simple. L'essence de ce qu'on appelle « calamité ». Une calamité personnifiée. Un défi.

… Calamity.

Commençant à sourire trente mètres à l'avance, elle s'avançait comme un nuage planant – elle croisa d'abord les internes, s'arrêta, pivota sur elle-même comme un soldat, se rapprocha au point de se presser contre eux, au sens figuré, bien sûr. Elle se contenta de dire :

« Bonjour docteur Craig, bonjour docteur Machen. »

Puis Calamity, sachant qu'elle avait réussi son coup, s'adossa contre le mur, consciente, oh parfaitement consciente, d'avoir imprimé son image sur l'argile masculine.

Elle avait une beauté étrangement américaine ; il est difficile d'en faire sentir le charme parce qu'elle représentait un mélange de plusieurs races. Ni blonde, ni brune. Avec une fierté particulière, un peu comme la page « Automne » des calendriers qu'on accrochait dans les cuisines il y a trente ans, mais avec des yeux bleus plutôt que marron pour le mois d'octobre. Son véritable nom était Benjamina Rosalyn – mais tous ses amis l'appelaient Calamity.

Sinon, à quoi ressemblait-elle ? Aux yeux des internes, elle apparaissait comme une jolie brioche, comme la crème qui se mêlait au café dans la salle du petit déjeuner.

Tout s'était passé en quelques secondes. Ensuite, ils poursuivirent leur chemin, Bill insistant finalement pour s'arrêter à la réception afin d'y laisser un mot précisant où on pouvait le trouver.

« Ce vieux bonhomme va te rendre fou, l'avertit Harris. Pourquoi ne pas te concentrer sur le moment où nous allons lui sectionner les nerfs sympathiques demain ? C'est là qu'il va réellement avoir besoin d'aide. »

Miss Harte, la réceptionniste, disait pendant ce temps :

« Un appel pour vous depuis le service n° 4, docteur Craig. Vous voulez le prendre ? »

Harris le tira vers le réfectoire, mais Bill répondit :

« Oui, je vais le prendre.

– Tu as un cours à donner d'ici une demi-heure. Tu vas rater le petit déjeuner.

– Peu importe. L'appel vient de la chambre 1B, n'est-ce pas ?

– Oui, docteur Craig.

– Dis-moi, j'aimerais vraiment t'entendre faire cours à ces stagiaires tout à l'heure, dit Harris d'un air écœuré. Mais vas-y, on ne se refait pas, j'imagine. »

Bill se rendit directement à la chambre 1B du Service n° 4. Mr Polk Johnston, la cinquantaine robuste, se redressa dans son lit.

« Ainsi, vous vous êtes déplacé, dit-il d'un ton bourru. Ils m'avaient dit que sans doute, vous ne viendriez pas, mais vous êtes la seule personne à qui je peux faire confiance ici, vous et cette petite infirmière qu'on appelle Calamity.

– Elle n'est pas infirmière… seulement stagiaire.

– Pour moi, elle a tout l'air d'une infirmière. Je vous ai demandé de venir parce que, une fois de plus, j'ai oublié le nom de cette opération.

– Sympathectomie. Au fait, Mr Johnston, laissez-moi vous retirer cette chaussette, s'il vous plaît.

– Non, rugit l'homme. Je croyais que vous étiez des médecins, pas des pédicures. J'entends garder ma chaussette. Si vous me croyez fou, comment pensez-vous que j'ai fait fortune ?

– Personne ne vous croit fou, Mr Johnston. Maintenant, j'ai un cours à donner, il faut que j'y aille, mais je reviendrai.

– D'ici combien de temps ?

– Disons une heure.

– Entendu. Envoyez-moi donc la petite jeune fille.

– Elle sera au cours elle aussi. » Bill referma la porte sur le gémissement du vieil homme.

L'hôpital comprenait trois bâtiments reliés par des cours où poussaient platanes et buissons. Quand Bill, en chemin vers ses élèves, sortit à l'air libre, il marqua un temps d'arrêt et s'appuya sur une branche protubérante. D'où lui venait ce sentiment d'intense irritation – peut-être n'avait-il jamais été fait pour être médecin ?

« Mais j'ai la constitution qu'il faut pour ça, pensa-t-il. J'ai le courage, en tout cas j'espère l'avoir. J'ai l'intelligence. Pourquoi suis-je incapable de contrôler mes nerfs ? »

Il poursuivit son chemin, écartant un buisson de son passage.

« Il faut que je ressemble à quelque chose quand j'affronterai ces filles. Ressaisis-toi, Bill, mon garçon. Tu as été trié sur le volet pour donner des cours, et il y aura beaucoup d'autres patients qui te laisseront sur le flanc. »

De là où il se trouvait dans le cloître de verdure, il voyait les stagiaires affluer dans la salle de classe, une vingtaine d'entre elles, et il en profita pour préparer les quelques mots par lesquels il commencerait son cours tandis qu'elles examineraient le lapin. L'animal était anesthésié, son cœur exposé aux regards, prêt à réagir à l'adrénaline, la digitaline et la strychnine. Les jeunes femmes allaient prendre place pour observer le phénomène. C'étaient de gentilles filles, en général ignorantes, mais gentilles. Il connaissait certains médecins qui n'aimaient pas du tout les infirmières diplômées.

… Il y a quarante ans, disaient ces médecins, les filles faisaient ce métier parce qu'elles avaient entendu parler de Florence Nightingale et d'une vie de dévouement. Elles étaient nombreuses à s'y engager encore pour les mêmes raisons, d'autres pour faire des rencontres. Les meilleurs hôpitaux s'efforçaient d'éliminer ces dernières. Il fallait trois ans pour devenir infirmière ; une année de plus, vous pouviez être médecin. Si une femme était sérieuse, pourquoi n'aurait-elle pas tenté d'aller jusqu'au bout ? Mais Bill, lui, pensait :

« Pauvres gamines. La moitié d'entre elles n'ont fait aucunes études, pour commencer, à part les cours que nous leur dispensons… »

Le troupeau de jeunes filles avait fini d'entrer. Ses notes et deux livres sous le bras, il leur emboîta le pas.

« Dieu du ciel ! » s'exclama-t-il, et il décida d'attendre près de la porte que le calme fût revenu. Durant quelques instants, il regarda par-dessus le parapet, vers l'infini du matin, pensant de nouveau à lui-même. Puis, au moment où il était sur le point d'entrer, la jupe verte d'une stagiaire passa en hâte le seuil de la porte.

« Docteur Craig, haleta-t-elle.

– Pourquoi toute cette agitation ?

– Vous devriez voir ça ! C'est à cause du lapin.

– Écoutez, calmez-vous un peu. Que se passe-t-il ? »

Impossible de savoir si la fille pleurait ou riait. Il sentit l'exaspération l'envahir. Métaphoriquement parlant, il la saisit par les épaules et la secoua avec énergie :

« Tout cela est absurde ! Mais que se passe-t-il, bon sang ? »

Il la força à le précéder pour entrer dans la salle. L'écho de rires niais lui emplit les oreilles ; il se fraya un chemin jusqu'au centre en s'écriant : « Je vous demande ce qu'il se passe ! » et se retrouva face à Calamity. Elle était là, dans la splendeur de sa beauté, à côté du lapin découpé pour la dissection, et elle pleurait à chaudes larmes.

Il ne pouvait en croire ses yeux : était-ce bien elle ? Parce que même si elle était un don du Ciel aux hommes, elle était plus prometteuse que toutes les autres stagiaires réunies.

La jeune fille s'évanouit soudain tout près de lui et il la releva. L'hystérie avait envahi la salle et il comprit qu'elle avait perdu connaissance par la seule force de sa volonté – n'était-ce pas elle qui le plongeait dans la perplexité chaque fois qu'ils se croisaient ? En une fraction de seconde, il décida de ne pas laisser exploser sa colère, mais il grommela entre ses dents serrées :

« Vous ne savez vraiment pas ce que vous voulez ! Vraiment pas ! »

Il perdait peu à peu le contrôle de lui-même, il le sentait, mais il poursuivit :

« Vous prétendez aider les gens et vous avez peur d'un lapin mort, vous… »

La jeune femme, toute beauté désertant maintenant son visage, rejetant les épaules en arrière, réussit à lui faire face :

« Je suis désolée, docteur, sanglota-t-elle. Mais j'élevais des lapins quand j'étais enfant, et en voyant cette petite bête… ouverte en deux… »

C'est alors qu'il prononça le mot – un gros mot. Un mot qui ne niait pas qu'elles étaient des femmes, mais qui refusait de les inclure dans la race des *Homo sapiens* pour les ranger dans une tribu de quadrupèdes bien particulière. Au moment même où il entendit l'écho le lui renvoyer, la porte s'ouvrit et la surveillante chef des infirmières fit son entrée.

Il la regarda, toute sa colère subitement retombée.

« Bonjour, Mrs Caldwell.

– Bonjour, docteur. » Il lut sur son visage qu'elle avait entendu, qu'elle était indignée et très surprise.

« Toutes les étudiantes sortent d'ici, s'il vous plaît, dit-il. Allez attendre sur la terrasse, le cours est repoussé de quelques minutes. »

Il y eut un moment de confusion : les filles tentant de s'excuser mais ne sachant pas bien auprès de qui. Elles se rendaient compte que quelque chose qui ferait date venait de se produire, qu'un médecin les avait injuriées, mais elles ne savaient pas comment évaluer cette conduite, ni quelles en seraient les conséquences.

« Eh bien, docteur Craig ! » dit Mrs Caldwell. Et elle marcha sur lui presque comme Calamity dans le couloir.

« Mes oreilles m'abuseraient-elles ou vous ai-je bien entendu employer ce mot à l'adresse de ces jeunes filles… » Elle ne parvenait même pas à le prononcer elle-même. La façon qu'elle avait d'hésiter à le dire renouvela son exaspération, et il joua son avenir professionnel sur l'arrogance de sa réponse.

« Et je vous assure qu'elles aussi l'ont entendu !

– Des jeunes filles aussi innocentes, et vous osez employer un mot pareil devant elles ! Je sais ce que le devoir me dicte de faire.

– Eh bien faites-le alors.

– Sans aucun doute, docteur Craig. Je préfère d'ailleurs que le cours de ce matin soit annulé. »

Bill s'assit dans la salle déserte. Peut-être n'aurait-il pas dû devenir médecin, songea-t-il à nouveau. Il n'avait nulle intention de présenter des excuses ou d'essayer d'arrondir les angles d'une façon ou d'une autre. Ils allaient le mettre à la porte. C'était presque certain. Il ne lui restait plus qu'à prendre congé de Mr Polk Johnston et d'Harris ; il essaierait de les empêcher de renvoyer aussi Calamity.

... C'est à ce moment-là qu'il cessa de réfléchir pour se contenter de regarder par la fenêtre, sa main touchant distraitement le lapin. Il se réjouissait que son père ne fût plus là pour le voir – son père avait été médecin.

II.

Une demi-heure plus tard, Bill faisait face au directeur de l'hôpital.

« Voyons, docteur Craig, que s'est-il passé exactement ?

– Je me suis mis en colère et je les ai insultées. »

Le Dr Haskell se leva de son bureau et fit quelques pas dans la pièce avant de retourner vers sa place. C'était un homme juste que Bill avait toujours apprécié.

« Eh bien, allez-y, Monsieur, renvoyez-moi, je sais que je le mérite.

– Parfait, je vais donc vous renvoyer. Je me réjouis que vous le preniez de cette façon. Je connaissais votre père.

– Oh je vous en prie, épargnez-moi cela. Mais vous n'allez pénaliser personne d'autre, n'est-ce pas ?

– Mais si, naturellement. Mrs Caldwell a fait son enquête et Miss Rosalyn doit partir elle aussi. Non que cela vous disculpe en aucune façon.

– Elle est pourtant déjà aussi compétente que n'importe quelle infirmière diplômée de cet hôpital.

– Oui, rétorqua sèchement le Dr Haskell. C'est dommage, en effet.

– Je souhaite également vous dire quelque chose au sujet de Mr Johnston.

– Qui est-ce ? Qu'a-t-il à voir avec l'affaire qui nous occupe ? Dans quel service travaille-t-il ? S'agit-il d'un garçon de salle ?

– Non, c'est un patient.

– Ah, vous voulez parler de Mr Polk Johnston, le malade qui souffre d'hypertension. Maintenant, je vous comprends. Eh bien ?

– Je voudrais vous parler de lui. »

Le Dr Haskell, qui s'était assis, se releva :

« Nous savons tout de ses chaussettes qu'il ne veut pas retirer. Nous n'ignorons pas non plus qu'il est riche comme Crésus, et que sa famille possède un hôpital américain quelque part. Lui et ses frères vivent à Shanghai ou à Canton. Avez-vous quelque chose à ajouter ?

– Seulement ceci : je sais qu'il a terriblement peur et qu'il essaiera sans doute d'éviter l'opération. S'il quitte cet hôpital sans qu'on l'ait pratiquée, quelque chose me dit que ses jours sont comptés… »

Bill fut interrompu par la porte qui s'ouvrait. C'était la secrétaire personnelle du directeur.

« Docteur Haskell, c'est Mrs Caldwell, et cette infirmière l'accompagne. Je ne me rappelle pas son nom, cette jolie jeune femme qu'on surnomme Calamity.

– Je ne veux pas les voir maintenant. De toute façon, je croyais que Mrs Caldwell se chargeait seule de cette affaire.

– Laissez-les entrer, Monsieur, je vous en prie, supplia soudain Bill.

– Je ne vois pas pourquoi.

– Je vous en prie », répéta Bill.

La secrétaire les regarda tour à tour – le jeune visage désespéré, puis celui du Dr Haskell à qui appartenait la décision.

« Entendu, faites-les entrer.

– Merci », dit Bill.

Mrs Caldwell et Calamity étaient toutes deux plutôt pâles, les belles couleurs ayant déserté le visage de la dernière, désormais aussi blanc que la fourrure du lapin qui avait causé la scène du matin.

La surveillante prit la parole.

« Eh bien, docteur Haskell... »

Elle fut aussitôt interrompue par la voix de Bill.

« Dites-moi, Mrs Caldwell, croyez-vous que ce soit juste de renvoyer une jeune personne pour une simple petite crise de nerfs ? »

Le directeur se tourna vers lui et dit : « Voulez-vous vous taire, Monsieur ?

– Merci, docteur Haskell, dit Mrs Caldwell. Ces derniers temps, il a été le plus difficile... le plus difficile...

– Le plus difficile quoi ?

– Voyez-vous, je ne peux pas supporter que l'on jure. J'ai été élevée dans une ferme des collines de Pennsylvanie et jamais nous n'entendions ces mots grossiers. Comment suis-je censée les supporter aujourd'hui... je... je... »

La jeune infirmière s'était rapprochée d'elle : « Oh, Mrs Caldwell, ne vous faites plus de souci maintenant... »

Le Dr Haskell avait fait un signe de tête en direction de la porte, et Bill, comprenant ce geste, s'était levé pour la fermer.

Mrs Caldwell se ressaisit : « Cette jeune fille est trop jolie, voilà tout.

– *Quoi !* s'exclama le directeur.

– Vous le savez. Tout le monde le sait. Elle est trop jolie pour travailler ici.

– Et depuis quand cela disqualifierait-il qui que ce soit ? demanda le Dr Haskell. Il me semble avoir connu des centaines de jolies infirmières de mon temps.

– Et c'est heureux, dit Bill.

– Ce n'est pas à vous que je m'adressais, docteur Craig. Je croyais que vous veniez de démissionner. »

Ils prirent alors tous la parole en même temps.

« Excusez-moi, dit Bill.

– Je pense que tout ça est entièrement de ma faute, gémit la jeune femme.

– Je ne m'étonne plus qu'on vous ait surnommée "Calamity" ! s'exclama Mrs Caldwell.

– Je pensais que nous étions censés être dans un hôpital ! » tonna le Dr Haskell.

Mais Bill n'était pas décidé à se laisser contenir. La façon délicate dont les cheveux de la jeune femme s'étaient partagés quand elle avait penché son visage au-dessus de Mrs Caldwell l'avait ému de façon insoutenable ; d'autre part, il savait tout des longues journées de travail, des soins quotidiens, des obligations pénibles qui sont le lot des stagiaires quand elles doivent apprendre leurs rudiments d'anatomie et de chimie. La crise passagère de la jeune femme était moins condamnable que la sienne.

« Je vais présenter mes excuses à Miss Rosalyn pour les mots que j'ai employés, si cela peut contribuer à la défendre, dit-il. Elle n'avait en tout cas rien fait qui justifie ce que j'ai dit.

– Mais à moi, vous n'en avez pas présenté, dit Mrs Caldwell.

– Je le ferai volontiers si cela peut lui être utile.

– Et moi qui avais pensé au début que vous étiez un vrai gentleman, regretta la surveillante.

– Moi aussi je le croyais, mais je suppose que j'avais tort.

– Il suffit, docteur Craig, intervint le directeur. Toute cette affaire a été très regrettable. Au revoir, Monsieur, je vous souhaite bonne chance pour l'avenir. »

Bill lança un regard impuissant à Calamity, puis il tourna les talons et quitta la pièce.

Ensuite vint le tour de Calamity. Elle savait très bien qu'elle était punie tant pour sa façon de jouer de sa séduction que pour sa crise de nerfs du matin. Pour ces gens, la médecine était une idole sacrée, et elle avait collé un chewing-gum sur le socle d'albâtre...

« Nous allons vous rembourser vos frais d'inscription », annonça doucement le Dr Haskell.

Elle rentra dans sa chambre et se regarda dans le miroir. Elle se jeta sur son lit et pleura pendant quelque temps. Ensuite, elle se releva, fit son sac, le même sac qu'elle portait autrefois quand elle était danseuse professionnelle dans des spectacles itinérants.

« Et voilà où j'en suis, dit-elle en s'apitoyant terriblement sur son sort. Tout ça parce que je voulais être autre chose qu'une fille jolie à regarder. »

Il restait un paquet à faire avec ce qui ne tenait pas dans le sac et elle venait de nouer solidement la dernière ficelle, quand une fille de salle frappa à la porte :

« On vous réclame à la 1B dans le service n°4.

– Ah oui ? Eh bien, je pars. Je suis virée.

– Moi, on m'a dit de vous prévenir.

– D'accord. »

Elle referma la porte. Ensuite, elle se rendit compte qu'elle portait encore son uniforme d'infirmière.

« C'est entendu, songea-t-elle. Je vais descendre dire à ce vieux Johnston que j'accepte de l'épouser. Il ne pense qu'à ça depuis une semaine. »

En descendant l'escalier, elle doubla une jeune infirmière qui lui saisit le bras au passage.

« Nous sommes toutes tellement désolées, Miss Rosalyn. »

Elle en fut touchée, mais la même veine de mauvaise humeur qui avait pris possession du Dr Craig le matin même lui fit rétorquer :

« Appelez-moi Calamity, je vous en prie.

– Entendu, alors "Calamity", nous sommes toutes désolées. »

Le service était désert. Elle ne vit personne à la réception, mais ne s'en inquiéta pas. Elle n'hésita pas. Elle respira un grand coup, d'un geste instinctif se frotta les hanches comme si elle voulait faire tomber une poussière de sa blouse, puis elle entra dans la chambre.

Elle était vide.

Le lit aussi. On en avait retiré draps et couvertures – la preuve de ce qu'on en avait fait était accrochée par un bout à la commode, couchée sur le flanc afin de retenir la corde improvisée qui passait par la fenêtre pour pendre dans la pénombre de cet après-midi. Mr Johnston s'était enfui.

Elle eut une réaction simple et spontanée.

L'homme avait dû devenir fou de terreur, se dit-elle. Il allait se tuer en essayant de traverser la carrière de cailloux en contrebas. Dans son état !

Elle n'avait plus rien escaladé depuis qu'elle était petite fille, mais une fois franchi le rebord de la fenêtre, les nœuds de la ficelle qui attachait les draps ensemble l'aidèrent, et quand elle tomba face contre terre au bout de sa descente, elle ne se tâta même pas le nez pour savoir si elle se l'était tordu.

« Mon visage ne m'a jamais apporté rien de bon, se dit-elle en se relevant pour s'élancer à travers champs. J'espère l'avoir bousillé. »

Pendant un instant, elle se crut sincère, mais elle était suffisamment femme pour croiser les doigts.

Bill Craig entra dans la chambre moins de deux minutes après Calamity. Il vit exactement la même chose qu'elle, mais son premier réflexe fut de sonner. Quand une infirmière se présenta, il lui dit :

« Vous avez une idée de ce qui se passe ici ?

– Mais, docteur Craig ! Il semblait n'avoir aucun problème ce matin, et quand Miss Rosalyn est venue pour lui dire au revoir, j'en ai profité pour aller boire un petit café…

– Miss Rosalyn est passée par cette chambre ?

– Oui, Monsieur.

– Eh bien, prévenez l'interne de garde de ce qui s'est passé, voulez-vous ?

– Oui, docteur Craig. »

Il attendit qu'elle eût quitté la pièce pour disparaître à son tour par la fenêtre.

La matinée avait été baignée de lueurs rouges, et maintenant, la lumière de l'après-midi déclinait rapidement quand Bill arriva à la gare. L'éclairage fonctionnait déjà, et la blouse blanche qu'il avait empruntée paraissait jaune sous les réverbères à moitié allumés. À moins qu'un train eût déjà emporté le vieil homme, il s'attendait à trouver là les deux fugitifs. Il comprenait le recul de Mr Polk Johnston devant l'opération, et il était presque sûr que Calamity s'était enfuie avec lui ou qu'elle l'avait suivi. La gare était leur destination naturelle – il laissait au personnel le soin de chercher aux abords de l'hôpital ; pour sa part, il avait à peine regardé par la vitre du taxi qu'il avait pris en arrivant près de la petite ville.

Une minute plus tard, il les repérait au fond de la salle d'attente crasseuse, et en entrant dans la cafétéria, il continua à les surveiller à travers la paroi de verre fumé. Elle se tenait immobile à son extrémité du banc, ses beaux yeux baissés ne fixant rien de précis. Comme à chaque rencontre, il lui sembla découvrir en elle quelque chose de nouveau. Calamity avait ce don stupéfiant, Calamité et Beauté à la fois, de toujours montrer de nouvelles facettes sans préparation. Les gens qui la croisaient, représentants, voyageurs occasionnels, s'arrêtaient l'espace d'un instant pour l'admirer et poursuivaient leur chemin…

Bill termina son café et s'éloigna du comptoir, reconnaissant à Harris de lui avoir prêté cette blouse – en acceptant, il n'avait pas la moindre idée de ce que la journée lui réservait. Elle était à peine tachée, à peine froissée. Alors qu'il s'approchait du couple sur son banc, il vit que Mr Polk Johnston, au contraire, paraissait marqué par son expérience de la journée. Ce qui était apparu à Bill comme un essaim d'abeilles inexplicablement posé sur lui se révéla être en fait une énorme accumulation de gratterons. Ils s'accrochaient à lui comme des épaulettes et des protège-tibias superflus. Une grappe entière adhérait à sa taille, et d'autres dessinaient des galons sur ses poignets.

Ils étaient plongés dans leur conversation quand il les aborda.

« Bonsoir, Mr Johnston. Bonsoir, Calamity. »

Le vieil homme le regarda, ébahi. « Mais dites-moi un peu ce que vous faites là ? demanda-t-il. Ils vous ont envoyé à ma recherche ?

– Non, je suis venu de mon propre chef. »

Johnston se détendit.

« Que vous êtes-vous fait au nez ? s'enquit-il.

– Eh bien, voyez-vous, Mr Johnston, cette échelle de fortune que vous avez fabriquée n'était pas assez solide pour trois personnes de suite, et j'en ai fait les frais. Un des nœuds a cédé à mi-hauteur. »

Calamity éclata de rire.

« J'aurais pu en faire une plus résistante, répondit Johnston avec ressentiment, si j'en avais eu le temps. »

Bill s'imagina tout le personnel de l'hôpital passant soudain par la fenêtre de Mr Johnston et descendant le long de l'échelle de corde.

« Vous êtes ici depuis combien de temps ? demanda-t-il.

– Environ vingt minutes », répondit Calamity – elle consulta sa montre. « Ça m'a pris une bonne heure. J'ai trouvé un bus à l'entrée de la ville.

– Moi, j'ai fait de l'autostop, déclara Mr Johnston avec suffisance. Je suis arrivé ici seulement cinq minutes après elle.

– Et moi j'ai pris un taxi, dit Bill, mais je suis arrivé bon troisième. Nous devrions participer aux Jeux olympiques comme Bonthron, Venski et Cunningham.

– Hum ! » grommela Mr Johnston. Il ne semblait pas aussi avenant que lors de leurs rencontres précédentes – en fait, Bill eut même l'impression que sa présence était perçue comme une intrusion.

« Je ne vais pas aux Jeux olympiques, poursuivit Mr Johnston. En réalité, j'ai l'intention de me rendre au Tibet cet été. J'ai appris qu'il existait un médicament capable de faire baisser la tension artérielle sans cette opération démente.

– C'est bien loin, dit Bill.

– Mais je n'irai pas seul. Calamity vient d'accepter de m'accompagner – en qualité d'épouse.

– Je vois, dit Bill, mais il sentit son visage se recomposer d'une façon étrangement douloureuse.

– Je m'aperçois que l'idée ne vous enchante guère, commenta Mr Johnston, bon observateur. La poupée de Papy, et tout le reste. Mais pourquoi ne lui avez-vous pas demandé sa main quand vous en aviez l'opportunité ? »

Et soudain, contre toute attente, Bill la lui demanda. Il ne dit pas un mot, mais il plongea le regard dans les yeux bleus étonnés de la jeune femme.

« Les internes ne sont pas en position de proposer le mariage à qui que ce soit. »

Calamity se raidit pour se protéger.

« Vous, me demander en mariage, docteur Craig ! Vous qui encore ce matin nous traitiez de …

– Est-ce qu'on pourrait laisser ça de côté ? dit Bill. Nous sommes loin de l'hôpital maintenant. De toute façon, je suppose que je vous ai dérangés.

– C'est certain », répondit Calamity, en essayant désespérément d'accorder son regard à l'amertume de sa voix.

Quel choix s'offrait à elle ? Rentrer se balancer sur un fauteuil à côté de sa mère dans la véranda de leur ferme pendant les plus belles années de sa jeunesse, ou bien retourner chez sa sœur pour faire des numéros de danse dans des cinémas de Bangor à Tallahassee ?

Elle était si absorbée dans ses pensées que seul le regard de Bill, qui cessa soudain de la fixer, la fit se tourner vers Mr Johnston. Il était d'une pâleur mortelle, tout le côté gauche de son visage convulsait sur le rythme que donnaient sa main et son bras droits en jouant sur un tambour invisible. Bill le saisit par les épaules juste à temps pour lui éviter de s'affaisser sur le sol.

« Restez avec lui ! ordonna-t-il vivement. Je vais chercher du café. »

III.

Il le lui fit porter en toute hâte par le garçon de la cafétéria, et alla appeler le service d'urgence de la police pour réclamer une ambulance. Quand il revint, une petite foule s'était amassée.

« Reculez ! ordonna-t-il sans lever la voix. Cet homme est très malade, croyez-moi.

– Qu'allez-vous faire ? demanda Calamity.

– Attendre l'ambulance. A-t-il pris le café ? Faites-le-lui boire, Calamity.

– Je n'ai pas réussi. Je suis parvenue à prendre son pouls à son épaule. Il est très très faible.

– Ça ne m'étonne pas. » De nouveau, il fit signe à la foule de s'écarter du banc, et appela le plus costaud des spectateurs à la rescousse.

« Donnez-moi un coup de main, voulez-vous ? Je vais tenter la respiration artificielle. »

Il se mit à califourchon sur le vieil homme et pratiqua les mouvements nécessaires. Au moment même où il se dit que le cas était sans espoir, il surprit le début d'un frisson de réaction. Calamity lui glissa alors à l'oreille :

« Les ambulanciers sont arrivés. Que dois-je faire ?

– Qu'ils se tiennent prêts.

– Oui, docteur.

– Besoin d'aide ? demanda l'un d'eux.

– Non. Empêchez la foule de s'approcher. »

Mr Johnston revenait à la vie – un soupir étouffé, un soubresaut, puis un soudain retour de ses facultés qui lui fit comprendre sa situation, puis essayer sans succès de s'asseoir, et avec son premier souffle, recommencer à cracher des ordres.

« Qui sont tous ces gens ? Faites-les partir. Qu'on les éloigne !

– Allongez-vous. » Bill sourit intérieurement tandis qu'il abandonnait sa position sur le torse du ressuscité, et songea : « Qui croit-il qu'ils sont ? Des serveurs ? »

« Allons-y, dit-il aux ambulanciers. Vous avez apporté un brancard, je présume.

– Oui, Monsieur.

– Eh bien, couchez-le dessus. Nous allons au Battle Hospital. »

Il leur emboîta le pas, comme épuisé par l'effort fourni. Il se sentait seul ; il comprit alors quel était le problème. Calamity restait en arrière.

« Suis-je censée venir ?

– Mais bien sûr, petite sotte. Sans aucun doute. Dépêchez-vous. Ils l'ont déjà fait monter dans l'ambulance.

– Vous croyez vraiment qu'il y aura quelqu'un là-bas pour accepter de nous revoir, vous et moi ?

– Allons, ne faites pas l'enfant. »

Dans l'obscurité du véhicule, Mr Polk Johnston exigea un cigare d'une voix faible.

« Je ne crois pas qu'ils en fournissent, répondit Bill.

– Alors je veux une ambulance qui en donne. Vous devriez le savoir, vous êtes le seul médecin vaguement compétent de toute cette bande.

– Eh bien, je ne crois pas pouvoir vous fournir... »

Le Dr Craig ne finit jamais cette phrase. Il se vit catapulté en l'air pour atterrir sur le siège avant plus ou moins dans la position à califourchon qu'il occupait plus tôt sur le torse de Mr Johnston. Il vit Calamity voler elle aussi, projetée par la même secousse, et il l'entendit pousser un gémissement quand son épaule alla heurter la vitre incassable. Mr Johnston fut soulevé en même temps et retomba comme une poupée de chiffon. Il se passa une bonne minute avant que Bill ne réussît à trouver son chemin dans le noir et à sortir de l'ambulance pour voir ce qu'il s'était passé – et il découvrit alors le spectacle.

Ils s'étaient fait percuter par un car de ramassage scolaire qui, en flammes, gisait à moitié couché sur le flanc contre le haut talus de la route, tandis que les petites filles hurlaient en s'échappant par l'arrière. Il bondit sur l'une d'elles qui était en feu, se cogna contre Calamity qui avait choisi la même, et se laissa rouler jusqu'à une autre, tentant d'étouffer les flammes à mains nues. Les deux ambulanciers qui étaient à l'avant avaient compris plus tôt la situation et ils luttaient déjà contre l'incendie.

« Est-ce qu'il reste quelqu'un à l'intérieur ? » cria Bill, la première stupeur passée.

Au même moment, il vit que oui, et après s'être enroulé le poing dans un mouchoir, il brisa délibérément la vitre. Le conducteur de l'ambulance posa son épaisse gabardine sur le rebord de la fenêtre, et ils firent passer la petite fille au-dessus. Bill sentait la morsure des flammes et il se roula pendant quelques secondes dans un fossé détrempé. Une demi-douzaine d'autres automobilistes s'étaient arrêtés, et leur venaient en aide maintenant. On fit rapidement l'appel des filles et on s'aperçut qu'aucune ne manquait.

« Si quelqu'un vit tout près, qu'il aille chercher de la farine, dit Bill. Vous les filles, entassez-vous dans l'ambulance. Toutes, j'ai dit. Un de vous, messieurs les ambulanciers, va rester près de la portière pour vérifier que plus aucun vêtement ne fume. Si vous avez un doute sur une fillette ou une autre, ne la laissez pas monter dans l'ambulance.

– Oui, docteur.

– Ensuite filez aux urgences aussi vite que possible.

– Et vous, Monsieur ?

– Moi, ça va. Je trouverai quelqu'un pour me conduire. »

Il retourna dans le fossé et se frotta les mains dans la boue humide, avant de découvrir Calamity qui faisait la même chose juste à côté.

« Trouvons une voiture pour aller là-bas, je pense que maintenant, ils nous laisseront entrer, vous ne croyez pas ?

– Et Mr Johnston ?

– Je n'avais pas pensé à lui. Il est en route pour l'hôpital dans l'ambulance. J'espère que ces petites filles ne vont pas l'écraser.

– Mais non. Les ambulanciers l'ont fait sortir pour gagner de la place. Il est étendu de l'autre côté de la route.

– Vivant ?

– Ah ça oui ! Ils ont essayé deux fois de le faire monter dans une voiture.

– Vieux démon ! Je vais réussir à lui retirer sa chaussette maintenant, ou bien il faudra qu'il me dise pourquoi. » Il répéta cette remarque tout en s'agenouillant pour prendre le pouls de Johnston.

« Pas question, répondit le vieillard.

– Et qu'est-ce qui va m'en empêcher ?

– Parce que je l'ai déjà retirée. J'avais un peu honte de tout le travail que nous vous donnons, alors je me suis dit que je pouvais le faire pour vous. »

Bill se pencha pour examiner le pied dénudé.

« Ça alors, mais quelle fripouille ! Ce n'est jamais qu'un orteil supplémentaire.

– Vous dites que ce n'est rien ! Moi, ça m'a inquiété toute ma vie !

– On vous le retirera demain. »

Bill se releva. Il respira.

« Ainsi voilà ce que c'était. Il vous en coûtera le remboursement des soins de toutes ces petites filles.

– Non, insista Mr Johnston, aussi obstiné que toujours. Il m'en coûtera suffisamment pour que vous puissiez bâtir une aile de pédiatrie dans votre satané hôpital. À condition qu'ils vous reprennent. Vous et votre fiancée. »

Chaussons de danse

En 1923, une famille russe (presque tous acteurs) arrive à Ellis Island et est interminablement retenue. La jeune fille, dix-huit ans, a fait partie de la Troupe Impériale de Ballet. Elle danse pour les autres passagers en troisième classe sur une musique d'accordéon. Elle n'a aucune idée de ce qu'est New York, et pour attirer les regards d'un homme dans un petit canot, qui pourrait bien l'amener à destination avant ses parents, elle lui jette un vieux chausson de danse.

C'est un jeune aventurier qui fait de la contrebande de rhum et revient de sa tournée de la flotte ; il lui dit que si elle se laisse glisser le long du navire, il l'amènera à New York.

Ils y parviennent, mais le lendemain, impossible de faire demi-tour. Et donc, elle perd sa famille. Il l'accompagne sans succès aux quais de débarquement, et elle conclut avec tristesse qu'ils ont été renvoyés en Europe.

Le contrebandier l'accompagne aussi chez quelques agents artistiques en lui expliquant comment se comporter à New York. Rien à faire. Pendant une expédition, elle se casse la cheville en sauvant une petite enfant des rues qui avait manqué se faire écraser. Elle se rend aux urgences et le contrebandier prend soin de la fillette. Mais elle apprend qu'elle ne pourra plus jamais danser. Sa cheville ne tient plus le coup.

Entre-temps, on a en fait laissé entrer le père aux États-Unis, mais il a changé son nom de Krypioski en Kress, suivant les conseils donnés lors de la première scène sur le bateau et à Ellis Island par un personnage comique, qui ne sera plus mentionné dans ce synopsis, mais qui traverse le film comme un ami du père. Il pense tout savoir des États-Unis mais n'arrive jamais à rien. Le père arpente les rues à la recherche de sa fille, pensant qu'elle s'est enfuie, arrêtant d'autres filles pour les interroger. Il parle un peu anglais et trouvera plus tard un emploi dans un théâtre comme agent artistique.

Quand elle sort de l'hôpital, l'héroïne décide de faire de la fillette la grande danseuse qu'elle ne sera jamais. Elle repeint elle-même un studio qui ressemble à une grange et commence à donner des cours de danse avec l'aide du contrebandier. Il a hérité d'une petite fabrique de chaussures et s'est refait une respectabilité. Mais elle ne l'épouse pas, sa seule passion est la danse et l'avenir de la fillette, un ersatz du sien.

Six années passent, la petite troupe augmente. L'école de danse lutte pour survivre. La grande Pavlova se produit à New York, mais la jeune femme et la fillette ne peuvent pas s'offrir de places. L'héroïne a aussi changé de nom sur les conseils de son galant. Elle a souvent parlé à son père au téléphone, qui lui réclame une dizaine de danseurs pour tel ou tel ballet sans soupçonner que Madame Serene est sa propre fille.

L'heure des débuts sur scène de la petite a sonné. Au prix d'un immense sacrifice, ils trouvent l'argent nécessaire. La fillette se trouve dans leur appartement de la 125e Rue, et elle envoie sa dernière paire de chaussures chez le cordonnier parce que l'ex-contrebandier doit lui en rapporter d'autres de sa petite fabrique. Elle ne sait pas que, les bras chargés de cartons à chaussures (y compris les chaussons de danse qu'il a confectionnés), il a été arrêté dans la 48e Rue par un inspecteur de police qui veut le faire citer à comparaître pour un délit mineur commis six ans plus tôt quand il faisait de la contrebande de rhum.

Le temps presse. La petite protégée déniche une paire de chaussons de danse usés qui sont les seules chaussures dans cet appartement. Elle les enfile et part vers le théâtre avec cinq cents en poche pour le métro. Elle fait tomber la pièce dans une grille d'aération et doit continuer à pied de la 125e Rue au quartier des théâtres. Elle arrive épuisée, en pleurs et, pour la plus grande horreur de la jeune Russe, les pieds dans un état pitoyable.

Elles tentent le coup cependant. Le rideau se lève sur son numéro, et la jeune Russe (l'héroïne) l'accompagne en mesure dans les coulisses pour lui remonter le moral. Le numéro est bien accueilli.

Soudain, le second numéro est interrompu. Le héros, qui voulait absolument livrer ses chaussures, a échappé au policier mais il a été suivi.

Pendant ce temps, dans le public, le père a été impressionné par la fillette et est passé en coulisses pour l'engager. Il arrive pendant l'altercation, et comprend à cette occasion que sa fille est le professeur. Il est sous-entendu qu'il peut exercer une pression pour libérer le jeune homme des charges, d'ailleurs fausses, qui pesaient contre lui.

Le spectacle est terminé, la scène se vide. La jeune Russe danse seule pour son père qui s'est assis au piano et l'accompagne. Le héros et la fillette regardent depuis les coulisses. La musique du *Cygne* de Saint-Saëns enfle en crescendo et les larmes montent aux yeux du père. Fin du film.

Pouces levés

I.

Le boghei avançait au trot fatigué des chevaux. Ses deux occupants voyageaient depuis le point du jour et étaient aussi épuisés que leurs bêtes quand ils prirent la route à péage de Rockville en direction de Washington. La jeune fille, très jolie, avait la peau mordorée. Malgré la chaleur de juillet, elle portait une robe bleu clair en bombasin, et sur ce point, elle avait poliment écouté les critiques de son frère en chemin. Si elle voulait travailler comme infirmière dans un hôpital de Washington, elle ne devait pas se présenter dans ce joyeux tralala. Josie en était un peu triste. C'étaient les premiers vêtements d'adulte qu'elle eût jamais possédés. Beaucoup de garçons dans leur petite ville avaient souvent remarqué l'éclat impie de ses cheveux depuis ses douze ans, mais Josie appartenait à une famille stricte, venue du Massachusetts pour s'installer dans l'Ohio. Elle s'approchait néanmoins du théâtre de la guerre comme si elle se rendait à une réception.

« Quand allons-nous arriver, mon frère ? » Elle le tapota doucement avec le manche du fouet. « Est-ce que nous sommes encore dans le Maryland, ou déjà dans le District de Columbia ? » Le médecin-capitaine Pilgrim sortit de sa torpeur.

« D.C., je pense. À moins que tu n'aies fait demi-tour sans qu'on s'en soit rendu compte. Arrêtons-nous pour demander de l'eau dans cette ferme là-bas. Et Josie, je t'en prie, pas de débordements avec ces gens. La plupart d'entre eux sont sécessionnistes dans l'âme, et si tu te montres aimable avec eux, ils en profitent. Ne leur donne pas l'occasion de te prendre de haut.

– Entendu. Je vais leur faire sentir notre façon de penser », répondit-elle.

Ils étaient sans doute les seules personnes à ignorer que cette partie du Maryland faisait temporairement partie des États confédérés. Pour alléger la pression pesant sur l'Armée sudiste à Petersburg, et lancer un dernier assaut désespéré sur la capitale, le général Early avait poussé ses troupes à remonter la vallée jusqu'aux portes de la ville de Washington. Après avoir lancé quelques obus sur les faubourgs cependant, il avait fait faire demi-tour à ses colonnes harassées et repris le chemin de la Virginie. Le dernier régiment d'infanterie venait à peine de passer, laissant un nuage de poussière sur la route, et la jeune fille avait été perplexe de découvrir des bandes de pauvres hères armés qui marchaient en tirant la patte à leurs côtés depuis une dizaine de minutes. Il y avait aussi quelque chose de frappant dans l'allure déterminée des deux hommes qui s'avançaient vers elle à cheval, et elle demanda non sans inquiétude à son frère : « Qui sont ces individus, mon frère, des sécessionnistes ? »

Pour Josie, ou pour quiconque n'était pas allé au front, il aurait pu être difficile de deviner la profession des deux cavaliers – et plus difficile encore de deviner quelle cause ils avaient ralliée. Tib Dulany, qui avait un jour publié quelques poèmes dans le *Lynchburg Courier*, portait un chapeau, autrefois blanc sans doute, une tunique jaune citrouille, un pantalon bleu qui avait appartenu à un soldat de l'Union, et pour tout signe d'identité, une cartouchière sur laquelle on lisait C.S.A[1]. Tout ce que les deux hommes avaient en commun, c'étaient leurs belles carabines flambant neuves, arrachées la semaine précédente à la cavalerie de Pleasanton.

Ils s'approchèrent de l'arrière du boghei dans un tourbillon de poussière et Tib lança : « Salut, Yankee ! »

Se rappelant le conseil de son frère sur le risque d'être prise de haut, Josie ramena ses chevaux au pas :

« Nous comptons demander de l'eau, expliqua-t-elle au plus beau des deux jeunes hommes. Nous… » Elle s'interrompit en s'apercevant que le coude du médecin-capitaine Pilgrim pointait vers l'arrière, la main sur l'étui de son revolver, mais qu'il restait immobile. Josie comprit pourquoi : le second cavalier tenait sa carabine à un mètre de son cœur.

Avec lenteur, presque douloureusement, le capitaine Pilgrim leva les mains en l'air.

« De quoi s'agit-il ? Vous comptez nous dévaliser ? » demanda-t-il.

Josie sentit un bras la frôler et tout son corps se raidit ; Tib était en train d'arracher le revolver de son frère à son étui.

« Que faites-vous là ? demanda le Dr Pilgrim. Vous êtes des mercenaires ?

1. Confederate States of America (États confédérés d'Amérique).

– Et vous, qui vous êtes ?» demandèrent d'une même voix Tib et Wash. Sans attendre la réponse, Tib s'adressa à Josie : « Petite demoiselle, faites avancer un peu vos chevaux jusqu'à la ferme là-bas. Ils vous donneront à boire. »

Il se rendit soudain compte qu'elle était jolie, effrayée et courageuse, et il ajouta : « Personne ne va vous faire de mal. On veut seulement vous garder un peu avec nous.

– Allez-vous me dire qui vous êtes ? insista le capitaine Pilgrim. Savez-vous ce que vous êtes en train de faire ?

– Du calme ! lui ordonna Tib. Vous êtes à l'intérieur des lignes de Lee maintenant.

– Les lignes de Lee ! s'écria le capitaine. Vous croyez que chaque fois que les sbires de Mosby descendent de leurs collines pour tuer ou couper le télégraphe... »

L'attelage, qui venait à peine de se remettre en marche, s'arrêta brutalement. Wash avait saisi les rênes et il fixa un œil noir sur le Nordiste.

« Encore un mot sur le major Mosby et je te jette à bas de ce boghei pour frotter ta face de rat dans les pissenlits.

– Il y a une dame parmi nous, Wash, dit Tib. Et l'officier ne connaît sûrement pas les dernières nouvelles. Il est maintenant prisonnier de l'armée de Virginie du Nord. »

Le capitaine Pilgrim les fixa avec incrédulité, tandis que Wash lâchait les rênes et qu'ils reprenaient en silence le chemin de la ferme. Ce fut seulement quand le feuillage des arbres s'écarta et qu'il découvrit soudain deux douzaines de chevaux dont s'occupaient des ordonnances en uniformes gris, qu'il commença à deviner que quelque chose ne tournait pas rond – que ses informations, effectivement, remontaient à plusieurs jours.

« Que s'est-il passé ? demanda-t-il à Wash. L'armée de Lee est-elle arrivée jusqu'ici ?

– Vous ne le saviez pas ? s'étonna Tib. Mais à l'heure qu'il est, on a envoyé ce vieil Abe Lincoln faire la vaisselle à la cuisine, et le général Grant s'occuper des lits à l'étage.

– Ah, ah… gronda le capitaine Pilgrim.

– Tu sais, Wash, je ne sais pas ce que je donnerais pour être à Washington le jour où Jeff Davis va y faire son entrée. Cette révolte des Yankees aura été un feu de paille. »

Et Josie crut chacune de ces paroles. Son monde s'écroulait : Les Garçons à l'Uniforme bleu, et l'Union Invincible, et l'Hymne de la Bataille de la République. Ses yeux s'emplirent de larmes brûlantes.

« Vous ne pouvez pas faire prisonnier mon frère. Il n'est pas seulement officier, il est aussi médecin. Il a été blessé à Cold Harbor…

– Un médecin, hein ? Il ne connaîtrait pas quelque chose aux dents, par hasard ?

– Mais si, c'est même sa spécialité. »

Ils atteignirent la galerie et les éclaireurs mirent pied à terre.

« Ainsi donc, vous êtes dentiste ? demanda Tib. On en a cherché un dans tout le Maryland, mon cher Maryland, depuis une heure. Si vous voulez vous donner la peine d'entrer, vous allez sans doute pouvoir arracher la dent d'un vrai Bonaparte, un cousin de l'empereur Napoléon III. »

Le capitaine Pilgrim mit en garde Josie :

« Ils doivent plaisanter, mais ne dis rien.

– Plaisanter ? Mais pas du tout. Il fait partie de l'état-major du général Early et il braille tout ce qu'il sait depuis une heure, mais tous les docteurs sont partis avec les ambulances et personne ici ne sait arracher une dent. »

Un officier d'état-major sortit sur le perron et écouta non sans inquiétude le crépitement de coups de feu tirés dans le lointain, puis il baissa le regard en direction du boghei.

« Lieutenant, on a trouvé un dentiste, dit Tib. C'est la Providence qui l'a envoyé derrière nos lignes et si Napoléon est encore…

– Dieu du ciel ! s'exclama l'officier. Faites-le entrer. Nous ne savions plus si nous devions l'emmener ou le laisser ici. »

Soudain, Josie se trouva face à sa première représentation de la Confédération, mise en scène pour elle sur cette galerie où courait la vigne vierge. Soudain, il y eut une sortie : d'abord un homme aux cheveux poivre et sel, sanglé dans une élégante redingote grise, suivi par deux jeunes hommes qui fourraient des papiers dans un sac en grosse toile, puis venaient ensuite plusieurs officiers, l'un appuyé sur une seule béquille, un autre qui ne portait qu'une chemise et une étoile dorée de général accrochée au pansement qui lui bandait l'épaule, un autre encore qui riait comme s'il venait de raconter lui-même une histoire drôle ; mais l'atmosphère ambiante paraissait tout sauf joyeuse ; et Josie lut dans leurs yeux fatigués le reflet d'une déception.

Puis, comme un seul homme, ils firent tous le même geste : en découvrant la présence de la jeune fille, ils se tournèrent vers elle, et leurs douze mains droites se portèrent à leurs douze chapeaux qu'ils soulevèrent un peu en inclinant légèrement le buste dans sa direction.

Josie leur rendit ce salut avec raideur, tentant de forcer son visage à exprimer quelque chose comme de la hauteur, du mépris, des reproches, mais elle parvint seulement à leur rendre la politesse.

Un instant plus tard, l'état-major avait sauté en selle ; l'aide de camp qui était le premier sorti de la ferme s'arrêta à la hauteur de l'étrier du général Early.

« Ça ira », dit le général.

Il tourna les yeux un instant vers cette ville qu'il ne pouvait conquérir, ce marais artificiel créé par un autre Virginien. « Plus aucun changement d'ordres, commanda-t-il. Dites à Mosby que je veux qu'on envoie des courriers toutes les heures jusqu'à Charlestown. Un détachement de troupes à cheval pour créer une bonne diversion pendant que les ingénieurs feront sauter le pont du Montgomery Creek, vous comprenez, major Charlesworth ?

– Oui, mon général.

– Alors, je suppose que c'est tout. » Il se retourna. « Ah oui. » Ses yeux, fatigués par l'éclat du soleil, se fixèrent sur le boghei. « On me dit que vous êtes médecin. Le prince Napoléon est à l'intérieur. Il nous accompagne en tant qu'observateur. Arrachez-lui sa dent, ou faites ce qu'il faut pour le soigner. Ces deux soldats resteront auprès de vous. Occupez-vous bien de lui. Ces hommes vous laisseront partir librement quand vous en aurez fini. »

Puis tout se noya dans le martèlement des sabots des chevaux qui s'éloignaient sur le sentier. La petite troupe se tenait toujours près du perron quand la dernière faction de l'armée de Virginie du Nord disparut rapidement dans le lointain.

« On a trouvé un dentiste pour le prince Napoléon, dit Tib à l'aide de camp français.

– Parfait, s'exclama l'autre en les conduisant dans la grande salle de la ferme. Il souffre comme un damné.

– Le docteur est un Yankee, poursuivit Tib. Un de nous va devoir le surveiller pendant l'opération. »

À l'autre bout de la pièce, le robuste malade, grossière reproduction de cet oncle qui avait ébranlé le monde, écarta la main de sa bouche gémissante, et se redressa dans son fauteuil.

« L'opération ? s'écria-t-il. Mon Dieu* ! Il veut opérer ?

– Voilà le docteur, dit Tib, il s'appelle...

– Pilgrim, compléta sèchement le médecin. Qu'allez-vous faire de ma sœur pendant ce temps ?

– Je vais la conduire au salon, docteur. Wash, toi, tu restes là.

– Il va me falloir de l'eau bien chaude, dit le Dr Pilgrim, et la mallette d'instruments que j'ai laissée dans le boghei. »

Le prince Napoléon recommença à geindre.

« Qu'allez-vous faire ? Trancher mon cou ? Comment vous savez quoi faire avant examen ? Ah cette vie barbare* ! »

Tib tenta gentiment de l'apaiser.

« Ce médecin est spécialiste des dents, Prince Napoléon. Il ne vous fera aucun mal.

– Je suis chirurgien-dentiste diplômé, dit le Dr Pilgrim avec raideur. Maintenant, Monsieur, voulez-vous bien retirer votre chapeau. »

Le prince ôta le grand sombrero blanc qui surplombait un mélange hétéroclite comprenant une queue-de-pie grise, une culotte d'uniforme français et des cuissardes noires.

« Comment faire confiance à ce docteur yankee ? Comment être sûr si pas essayer de m'égorger ? Lui sait que moi citoyen français ?

– Prince, s'il ne s'occupe pas bien de vous, on a des pommiers dehors et ce qu'il faut comme longueur de corde. »

Tib alla appeler une servante ; puis il jeta un coup d'œil dans le salon, où, l'air effrayée, Miss Josie se tenait assise sur le bord d'un canapé rembourré de crin de cheval.

« Qu'allez-vous faire à mon frère ? »

Désolé pour ce joli minois contrit, Tib lui répondit : « On n'a aucune intention de lui faire du mal. Ce qui m'inquiète bien plus, c'est ce que lui va faire au prince. »

Un hurlement d'angoisse jaillit de la bibliothèque.

« Vous entendez ça ? demanda Tib. C'est votre frère qui fait du dégât.

– Comptez-vous nous envoyer à la prison de Libby ?

– Un peu de calme, petite demoiselle. Cette fois, on ne veut faire aucun prisonnier. Vous allez rester ici juste le temps que votre frère soigne le prince. Après ça, dès que nos détachements de cavalerie seront passés, vous et votre frère, vous pourrez reprendre votre route. »

Josie se détendit.

« Je croyais que tous les combats avaient lieu en Virginie.

– C'est vrai. C'est là qu'on se dirige. Trois fois de suite, je suis remonté jusque dans le Maryland avec l'armée, et je crois bien que pour la troisième fois, je vais repartir avec.

– Que voulait dire mon frère quand il a demandé si vous étiez des missionnaires ? »

Elle le regarda pour la première fois avec un soupçon d'intérêt humain.

« C'est peut-être parce que je ne me suis pas rasé depuis hier » – il éclata de rire. « En tout cas, il n'a pas dit “ missionnaire ”, il a dit “ mercenaire ”. Quand ils parlent d'un

Yankee en mission, ils disent “éclaireurs”, mais les nôtres, ils les appellent “espions” et ils nous pendent.

– Un soldat qui ne porte pas d’uniforme est un espion, s’obstina Josie.

– Parce que moi, je n’en porte pas peut-être ? Regardez donc la boucle de ma ceinture. La moitié de la cavalerie de Stuart ne devrait pas être considérée comme des soldats s’il fallait qu’ils portent encore l’uniforme qu’ils avaient au départ. Je vous le dis, Miss Pigrim, j’étais un cavalier tout ce qu’il y a de plus fringant en quittant Lynchburg il y a quatre ans. »

Il lui expliqua comment étaient vêtus les jeunes volontaires ce jour-là ; Josie l’écoutait, en songeant que la scène n’était pas si différente de celle où les premiers jeunes engagés étaient montés dans le train à Chillicothe.

« … avec un gros ruban rouge pris dans la malle de ma mère en guise d’écharpe. Une des filles a lu un poème que j’avais écrit devant toute la troupe.

– Oh, récitez-le-moi, s’exclama Josie. J’aimerais tellement l’entendre. »

Tib réfléchit. « Je suppose que je l’ai oublié, tout ce que je me rappelle, c’est “Soldats de Lynchburg, prenez congé de vos vertes collines”.

– Je l’adore. »

Josie répéta lentement « Soldats de Lynchburg, prenez congé de vos vertes collines », et oubliant la mission qui était celle des hommes en armes de Lynchburg, elle ajouta : « J’aimerais tellement que vous vous souveniez de la suite. »

On entendit un cri de l’autre côté du vestibule ainsi que quelques phrases indistinctes en français. Le visage affligé de l’aide de camp apparut sur le seuil.

« Il n'a pas arraché seulement la dent, mais la moitié de la bouche avec. Il l'a tué, c'est la fin ! »

Un visage apparut derrière son épaule.

« Eh Tib, le Yankee a récupéré la dent.

– Ah oui ? » dit Tib, mais d'un air distrait. Son goût de la métaphore s'était soudain réaffirmé, et il songeait : « En l'espace d'une demi-heure, un Yankee avait récupéré une dent, et sa sœur, retrouvé son cœur. »

II.

Une minute plus tard, Wash entrait en trombe dans le salon.

« Tib, il faut qu'on décampe. Une patrouille vient juste de passer à toute allure en se retournant pour nous canarder. Tu crois pas qu'on devrait partir ? Le docteur, il sait qu'on est des hommes de Mosby.

– Vous partez sans nous ? s'enquit l'aide de camp avec méfiance.

– Bien sûr que oui, répondit Tib. Le prince pourra jouer les observateurs du côté yankee pendant quelque temps. Miss Pilgrim, je ne veux pas profiter de la situation, mais je tiens à vous dire que je n'avais jamais vu une fille yankee aussi belle que vous.

– Je n'ai jamais rien entendu d'aussi absurde », répondit-elle, mais elle était heureuse de ce compliment, qui venait de franchir la ligne Mason-Dixon.

Jetant un rapide coup d'œil dans la bibliothèque, Tib s'aperçut que le prince était suffisamment rétabli pour se tenir assis, même s'il haletait et ahanait encore.

« Vous êtes un artiste, s'écria-t-il à l'adresse du Dr Pilgrim. Vous voyez, je suis en vie. Après toute cette frayeur, je vis encore. À Paris, on raconte que si on vous enlève la dent, vous avez l'hémorragie et vous mourez. Vous devriez venir à Paris et je parlerai à l'Empereur de vous. Et aussi du nouvel instrument que vous utilisez.

– Ce n'est rien qu'un forceps », dit le médecin d'un ton bourru.

Wash remit le nez à la porte.

« Allez, viens Tib. »

Tib se tourna vers le prince.

« Eh bien, au revoir, Monsieur. »

La fusillade se rapprochait. Les deux éclaireurs venaient à peine de détacher leurs chevaux quand Wash s'exclama : « Enfer et damnation ! » en montrant l'allée du doigt. Une demi-douzaine de soldats des troupes fédérales venaient d'apparaître derrière le feuillage du portail. D'une main, Wash amena sa carabine contre son épaule droite, et de sa main libre, alla prendre une cartouche dans sa giberne.

« Je prends les deux de gauche », dit-il.

Cachés derrière leurs chevaux, ils attendirent.

« On devrait peut-être tenter de s'enfuir en courant, suggéra Tib.

– J'ai fait des repérages. Il y a sept barrières à sauter.

– Laisse-les s'approcher avant de tirer. »

La file de cavaliers remontait paisiblement l'allée. Même au bout de quatre ans en service commandé dans tous les recoins de la vallée, Tib détestait tirer en embuscade, mais il se concentra et la mire de sa carabine s'aligna sur le cœur de la tunique du caporal yankee.

« Tu as trouvé ta cible, Wash ?

– Je crois.

– Dès qu'ils rompent les rangs, on leur fonce dessus. »

Mais la malchance de l'armée sudiste se concrétisa ce jour-là avant qu'ils eussent tiré la moindre balle. Tib sentit la masse lourde d'un corps se jeter sur lui et le clouer au sol. Tout près de son oreille, une voix retentit :

« Eh les gars, il y a des insurgés par ici ! »

Tib se retourna, se débattant comme un beau diable contre l'attaque du Dr Pilgrim ; la patrouille nordiste s'arrêta et sortit ses pistolets. Wash sautait désespérément d'un côté à l'autre pour tenter de tirer sur Pilgrim, mais le médecin se faisait un bouclier du corps de Tib.

En une fraction de seconde, tout fut terminé. Wash tira un seul coup de feu mais les Fédéraux les avaient encerclés avant qu'il ne bondît en selle. Fous de rage, les deux jeunes hommes firent face à leurs ennemis. D'un ton sec, le Dr Pilgrim s'adressa au caporal nordiste :

« Ce sont des hommes de Mosby. »

L'heure était à la violence entre les deux camps ces années-là. Les Fédéraux abattirent Wash qui tentait à nouveau de s'enfuir après s'être emparé du pistolet du caporal. Tib, qui se débattait toujours, se vit ligoter à la balustrade de la galerie.

« Cet arbre m'a l'air solide, dit l'un des soldats, et il y a une corde sur la balançoire. »

Le regard du caporal passa du Dr Pilgrim à Tib.

« Vous êtes sous les ordres de Mosby ?

– Ça ne vous regarde pas.

– Entendu. Les gars, allez chercher la corde. »

La présence sévère du Dr Pilgrim s'imposa de nouveau.

« Je ne pense pas que vous devriez le pendre, mais il est certain que les irréguliers de ce genre devraient être découragés.

– Quelquefois, on les pend par les pouces, suggéra le caporal.

– Eh bien, faites cela, dit le médecin. Il a lui-même parlé de me pendre. »

… Vers 6 heures ce soir-là, il y avait à nouveau du trafic sur la route. Deux des meilleures brigades de Sheridan se lançaient sur les traces d'Early, le poursuivant et le harcelant dans toute la vallée. Le courrier et des légumes frais étaient acheminés vers la capitale, et l'attaque-surprise était terminée. Il ne restait plus que quelques traînards gisant épuisés sur les bas-côtés de la route de Rockville.

À la ferme, le calme était revenu. Le prince Napoléon attendait une ambulance de Washington. On n'entendait pas le moindre bruit, à l'exception du murmure de Tib qui, alors que la peau s'arrachait peu à peu de ses pouces jusqu'à la jointure de ses doigts, récitait des fragments de son poème patriotique. Quand plus aucun vers ne lui revint en mémoire, il se mit à ruminer sur ce qui était en train de lui arriver.

« Les pouces, c'est comme des gants. Ça se retourne. Quand mes ongles vont s'arracher, je crierai de toutes mes forces… »

Il passa à un autre chant qu'il avait entonné juste avant que sa troupe ne quitte Lynchburg.

Ce soir, les gars, on suit le panach' de Mosby
On veut la viande et l'cuir des chevaux des Yankees
On va suivre Mosby, l'panach' blanc de Mosby
Ils disaient que c'était une plume traîtresse

Il a su lui r'donner une sacrée noblesse
Là où était la honte, il a mis la fierté
Au son de sa musique, nous on veut défiler.

Josie avait attendu qu'il fît complètement nuit, et elle entendait la sentinelle ronfler dans la galerie. Elle savait où se trouvait l'échelle parce qu'elle les avait entendus la faire tomber après avoir hissé Tib en l'air. Quand elle eut à moitié sectionné la corde, elle retourna dans sa chambre pour y prendre des oreillers, elle tira la table sous le supplicié et les posa dessus.

Josie n'avait guère eu besoin d'exemple pour faire ce qu'elle était en train de faire. Quand il se décrocha, il grommela dans un râle : « … servi votre pays, et rien à vous reprocher… », et Josie lui versa une demi-bouteille de xérès sur les mains. Puis, envahie par la honte, elle se précipita vers sa chambre.

III.

Les choses vont toujours vite du côté du vainqueur, et pour le Nord, en 1867, la guerre était déjà oubliée. À dix-neuf ans, Josie était une jeune femme accomplie, fière d'aider son frère dans sa carrière et d'arrondir les angles de son arrogance masculine. Son joli visage faisait la joie des jeunes hauts fonctionnaires de l'État tandis qu'elle dansait sous l'œil mélancolique du président Andrew Johnson qui trônait à l'extrémité de la salle de bal devant un tapis de fleurs cueillies dans la vallée de Shenandoah.

« Que veut dire “ mercenaire ” exactement ? demanda-t-elle un jour à un militaire. Par ailleurs, vous me serrez un peu trop fort, je trouve. »

Mais elle n'en épousait jamais aucun. Comme dans l'hymne célèbre, ses yeux avaient vu l'avènement glorieux de la République, mais ensuite ils avaient vu cette même gloire pendue par les pouces.

Elle rentrait du marché, et cria à l'adresse de la bonne :

« Je vais ouvrir, Candy. »

Mais alors qu'elle se dirigeait vers la porte, le cerceau de sa robe s'échappa de son ourlet, elle trébucha dessus, et ne put que demander à travers le battant :

« Qui est là ?

– Je voudrais voir le docteur Pilgrim. »

Josie hésita. Son frère dormait encore.

« Je crains qu'il ne puisse vous recevoir maintenant. »

Mais alors qu'elle se détournait de la porte, la sonnette retentit de nouveau, rageuse et décidée. Cette fois, Candy avait eu le temps de sortir pesamment de sa cuisine.

« Dis-lui que le docteur Pilgrim ne reçoit personne ce matin. »

Elle entra au salon pour s'y reposer quelques instants. Candy vint la déranger.

« Miss Josie, il est drôlement bizarre, ce type là-dehors. On dirait qu'il s'apprête à vous jouer un sale tour à tous. Il porte des espèces de gants noirs qui tremblent pendant qu'il parle.

– Qu'a-t-il dit exactement ? demanda Josie, soudain effrayée.

– Seulement qu'il voulait voir votre frère. »

Josie regagna le vestibule. C'était un petit rectangle, éclairé par une fenêtre semi-circulaire aux carreaux bleus et vert olive.

Candy avait laissé la porte légèrement entrouverte, et Josie, protégée par la pénombre, jeta un coup d'œil au-dehors. Elle aperçut la moitié d'un chapeau et la moitié d'une veste.

« Que voulez-vous ?

– Voir le docteur Pilgrim. »

Elle s'apprêtait à répondre par un « non » péremptoire, quand un autre visiteur apparut sur le seuil, et elle hésita, ne sachant pas vraiment si elle devait repousser ces deux personnes sans consulter son frère. Rassurée par cette seconde présence, elle ouvrit grand la porte. Une seconde plus tard, elle le regrettait déjà parce que ces deux silhouettes lui ramenèrent aussitôt à la mémoire un autre jour de juillet trois ans plus tôt. L'homme qui venait d'arriver n'était autre que le jeune aide de camp français qui accompagnait le prince Napoléon ; l'autre, celui dans lequel Candy avait flairé un parfum indistinct de danger, était le prisonnier que Josie avait vu pour la dernière fois, recroquevillé en une masse de souffrance sur la table d'une ferme. Le Français prit le premier la parole :

« Vous m'avez probablement oublié, Miss Pilgrim. Je m'appelle Silvé. Je suis maintenant attaché militaire auprès de l'ambassade de France ici, et nous nous sommes rencontrés le jour où votre frère a rendu un si grand service au prince Napoléon pendant la guerre. »

Josie, chancelante, s'appuya au chambranle de la porte pour s'interdire de crier : « Mais que fait là le Sudiste ? »

Tib n'avait pas encore parlé, mais Josie réfléchissait à une telle allure qu'aucun mot n'aurait pu exprimer plus vite le sens de la démarche du jeune homme, même si la façon dont Josie lui était apparue en même temps que l'autre visiteur l'avait un instant déconcerté. Dans ses yeux, brillait la lueur d'un objectif conçu et planifié depuis longtemps ; depuis deux ans, il avait si souvent hanté les rêves de Josie qu'elle s'était imaginé le moment terrible où il avait repris connaissance cette nuit-là, sa fuite avant le lever du soleil et les souffrances désespérées qui avaient dû l'accompagner alors qu'il cherchait un refuge au matin. Après des mois passés à soigner les blessés dans un hôpital militaire, Josie pouvait facilement envisager qu'on l'avait amputé de ses pouces mutilés.

Le Français reprit la parole : « C'est seulement parce que le *Rochambeau* prend la mer après-demain que j'ose me présenter à pareille heure. Miss Pilgrim, le prince n'a jamais oublié le signalé service que lui a rendu votre frère. Ce matin, même des télégrammes urgents ont été laissés de côté pour que je puisse venir le rencontrer. En ce moment, l'Europe souffre des dents et c'est de la plus haute importance internationale… » Pour la première fois, il sembla prendre complètement conscience de la présence de Tib, mais les deux hommes ne se reconnurent pas. « … pourrais-je m'entretenir avec votre frère pendant quelques minutes ? »

Une voix s'éleva soudain par-dessus l'épaule de Josie.

« Je suis le docteur Pilgrim. Qui veut me parler ? »

Instinctivement, Josie s'interposa dans l'espace de lumière qui séparait Tib Dulany, ancien sergent de la cavalerie du général Stuart, et son frère.

« Je suis désolé, Messieurs, mais je ne peux pas vous recevoir maintenant. » À l'adresse de Josie, il ajouta : « Ce matin, j'ai promis de m'occuper de la dent de Candy, c'est la raison pour laquelle je me suis levé aussi effroyablement tôt. » Il se fraya un chemin pour faire face aux deux visiteurs. « Nous avons une fidèle domestique noire à laquelle j'ai promis depuis longtemps que je lui referai une dent, et je crains bien de n'avoir aucune autre disponibilité ce matin. Ma sœur va noter vos adresses et vous prendre rendez-vous. »

Josie s'aperçut qu'il était dans un de ses moments d'humeur glaciale. En descendant l'escalier, il avait appelé Candy qui travaillait à la cuisine. Elle s'affairait derrière lui, un panier sous le bras.

Josie, la seule des cinq présents qui eût une vue d'ensemble de la situation, tenta de gagner du temps.

« Parfait, si ces messieurs veulent bien me donner leurs adresses…

– Je ne réclame qu'une minute au docteur, protesta le capitaine Silvé.

– Eh bien je vous l'accorde, mais pas une de plus, dit le médecin avec agacement. Cette pauvre femme de couleur a davantage besoin de moi que quiconque, et je n'ai pas pour habitude de privilégier les Blancs plutôt que les Noirs quand mes soins sont requis. »

Durant les instants qui suivirent, tandis que le capitaine Silvé s'expliquait, et que le docteur Pilgrim s'adoucissait au point de faire quelques pas avec lui jusqu'à la véranda, Josie demeura seule avec Tib – seule avec lui par l'esprit. Elle ne pouvait pas détacher les vieilles cordes qu'elle avait autrefois sectionnées – mais pour ces minutes qui lui étaient allouées, elle pouvait compter sur son éblouissante beauté pour le séduire.

« Mon frère ne sait pas qui vous êtes, dit-elle vivement. Que venez-vous faire ici ? »

De nouveau, elle lut à livre ouvert au fond de ses yeux le souvenir des heures sombres et les années de ressassement.

Tib détourna le regard.

« Je suis seulement venu prendre un rendez-vous. »

Le Dr Pilgrim revint sur ses pas. « Mon temps est limité, comme je l'ai expliqué. Josie, peux-tu dire à tout patient éventuel que je serai disponible seulement après 16 heures ? »

Après un hochement de tête en direction de Tib, il descendit les marches tout en écoutant la demande de Silvé d'un air distant. Et soudain, tous les cinq se retrouvèrent en train de marcher dans la rue ensoleillée, Josie, sans bonnet, aux côtés de Tib, et Candy fermant le cortège.

« ... mais c'est une commission d'office, plaida Silvé avec le plus grand sérieux. Vous serez l'assistant de l'immense docteur Evans, qui soigne le Tout-Paris. C'est ce que les Anglais appelleraient un " mandat à comparaître ", vous comprenez, docteur ? »

Le Dr Pilgrim s'immobilisa et toute la procession avec lui.

« Je suis avant tout un citoyen américain, et j'en appellerai à mon propre jugement pour savoir si j'accepte ou non sur l'instant une offre aussi soudaine. »

De désespoir, le capitaine agita les bras en l'air. « Chirurgien-dentiste de l'Empire ! Des émoluments somptueux, sans doute la Légion d'honneur*, un bel équipage pour vous promener au bois de Boulogne – et pourtant vous pourriez choisir de rester dans ce bourbier. »

Le Dr Pilgrim avait repris sa marche.

« Ce n'est pas un bourbier à mes yeux, dit-il. Avez-vous vu cet édifice à notre gauche ?

– Certainement. Le Capitole.

– C'est du haut de ces marches que notre Président martyr [1] a prononcé son second discours d'investiture. »

---

1. Abraham Lincoln.

Derrière Josie, une voix s'éleva humblement pour protester : « Je sais pas si vous allez tous là où vous allez à cause de moi, mais j'ai l'impression que je fais qu'être à la traîne pour pas grand-chose. »

Cette remarque de Candie fit mesurer à Josie qu'elle-même n'était qu'une figurante dans ce défilé, et elle s'adressa à son frère de sa voix la plus ferme :

« Où allons-nous, Ernest ?

– Mais chez le joaillier, évidemment, répondit le Dr Pilgrim. Je ne peux faire une dent en or à partir de rien, et je t'ai dit avoir utilisé le dernier morceau de feuille d'or hier après-midi. »

Si le jeune Sudiste avait consenti à ouvrir la bouche, Josie aurait su comment résoudre la situation, mais son silence ne faisait que refléter sa propre perplexité quant à la mesure qu'il lui faudrait prendre ensuite.

Au carrefour suivant, elle se retourna et s'adressa à lui avec une irritation presque trop familière :

« Je vous prie de m'excuser, Monsieur. Pouvez-vous revenir quand mon frère sera à même de vous recevoir ?

– Je crois que je vais l'accompagner au contraire, déclara Tib avec détermination.

– Oh je vous en prie ! murmura-t-elle. Cette abominable guerre ne finira-t-elle donc jamais ?

– J'espère qu'il n'y aura aucune violence en votre présence », dit Tib.

Accélérant l'allure, le Dr Pilgrim jeta un coup d'œil par-dessus son épaule.

« Marcher est encore meilleur pour la santé quand on presse le pas. » Et il poursuivit son discours sur le Capitole jusqu'à la porte de la bijouterie Viner sur Pennsylvania Avenue.

À cet instant, ses deux premiers visiteurs prirent conscience du fait que cette course ne les concernait en rien, et ils battirent provisoirement en retraite tandis que le Dr Pilgrim, Josie et Candie entraient dans le magasin.

« Je ne comprends pas, s'étonna le capitaine Silvé. Aucun plaisir à part le devoir ne me retiendrait à Washington. Deux ou trois immeubles, quelques belles filles comme Miss Pilgrim, et rien d'autre. »

Il tendit la main vers le bouton de la porte en même temps que Tib et retira la main avec précipitation. Son pouce avait pour ainsi dire traversé un autre pouce, manifestement mou dans sa gaine de chevreau noire.

« Je vous ai fait mal ? s'écria-t-il.

– Comment cela ? Ah, je vois. » Tib venait de s'apercevoir que le pouce de son gant bourré de coton avait été complètement aplati par ce choc accidentel. D'un geste machinal, son autre main s'approcha pour lui redonner forme tandis qu'il maintenait la porte ouverte à l'aide de son coude. « Vous ne m'avez fait aucun mal. J'ai perdu mes pouces dans un accident. »

Le capitaine Silvé, élevé dans la plus pure tradition saint-cyrienne, n'aurait jamais posé la moindre question si on n'avait pas par avance accepté de lui répondre. Mais il regarda Tib d'un air étrange en entrant avec lui dans la bijouterie. Ensuite, en bon Français, il se laissa captiver par l'affaire qui se discutait sous ses yeux.

Mr Viner avait sorti de son stock une planche tendue de velours sur laquelle reposaient plusieurs dizaines de pièces d'or, insigne d'une charge, médaille de récompense ou de commémoration, ainsi que quelques monnaies étrangères non identifiées. Certaines étaient ornées de rubans multicolores. Candy se penchait sur la collection, marmonnant pour elle-même qu'elle voulait « juste se calmer », tandis que le Dr Pilgrim soupesait une des pièces dans sa main.

« L'or de celle-ci est le plus précieux », dit-il.

Candy savourait le moment le plus important de son existence, et malgré le respect qu'elle portait au Dr Pilgrim, elle n'allait pas s'en laisser conter.

« Docteur, vous m'avez dit que je pourrais choisir moi-même ma dent. » Elle leva la tête vers le bijoutier. « Vous avez du vrai doré bien brillant ? »

Le Dr Pilgrim soupira. Il aurait pu recevoir une douzaine de patients durant cette matinée. « Candy, je t'ai expliqué que le plaqué or n'avait rien à voir avec le vrai. Je ne peux pas te faire une dent en plaqué or parce que tu ne pourrais jamais mordre avec.

– Ce que je sais, c'est que là où je travaillais avant, on disait que le plaqué, ça valait plus que l'or. Je sais de quoi je parle, docteur Pilgrim, quand j'ai commandé ma première alliance, elle m'a fondu sur le doigt une demi-heure avant le mariage, alors que j'ai nettoyé des cadres dorés pendant des années, et il y est jamais resté qu'un peu de poussière sur le chiffon. »

Après avoir jeté un coup d'œil nerveux en direction de Tib, Josie décida de tenter d'aider son frère à corriger les erreurs de Candy sur les métaux précieux.

« Candy, tu ne pourrais pas fabriquer une dent en pelure d'orange, tu le comprends ?

– Non, mamzelle, mais il me semble que dans le cabinet du docteur Pilgrim, j'ai vu pas mal de métal doré qui ressemblait à la poussière qui tombait des cadres.

– C'était de la feuille d'or, répondit le Dr Pilgrim. On n'en trouve tout simplement pas à Washington. Il va falloir qu'on fasse fondre ces fragments pour te faire une dent. Et si tu veux choisir ta propre incisive, tu ferais mieux de te dépêcher. Là tu as *Pour une Irlande unie*, et ici : *Les Amis de la Liberté.* » Puis il s'adressa au bijoutier d'un ton tranchant : « Quant à cette chose, ce n'est pas de l'or du tout. C'est une capsule de bouteille, ou alors je n'ai jamais vu un plombage de près. »

Mr Viner glissa furtivement la pièce incriminée dans sa poche. « Elle a dû se retrouver là par erreur. »

Le Dr Pilgrim lui jeta un regard réprobateur et se tourna vers Candy.

« Le temps passe, Candy. Il va m'en falloir encore pour donner forme à cette prothèse. Fais ton choix. Ici tu as *Vétérans américains de la guerre du Mexique, Vingt-cinq ans au service de J.P. Wertheimer.*

– J'ai jamais travaillé pour personne qui s'appelait Wertheimer.

– Bon, eh bien Candy, voici la dernière, et si elle ne te plaît pas, je vais tout simplement en choisir une moi-même. Celle-ci dit : *Légion d'honneur, Soldat Aikin, pour son courage extraordinaire, tombé à Gettysburg le 2 juillet 1863.*

– Et vous voudriez faire une dent à une négresse avec cette médaille ? » s'exclama soudain Tib.

Le capitaine Pilgrim se tourna vers lui non sans raideur. « Monsieur, je ne sais pas qui vous êtes, ni ce que vous nous voulez, mais " négresse " est un mot qui n'a pas cours chez nous. »

Josie vit le canon du revolver de Tib s'aligner sur le rebord de la vitrine d'exposition. Son regard glissa jusqu'à la poche-poitrine de son frère comme la carabine qui avait visé la même cible trois ans plus tôt.

« Les mains en l'air, Pilgrim », ordonna Tib.

Les paumes du médecin, occupées à soupeser deux morceaux de métal, se soulevèrent légèrement.

« Qui êtes-vous pour commencer ? s'enquit le médecin. Tout cela n'a aucun sens !

– Tendez bien les doigts. Voilà, comme ça ! »

Le canon de l'arme s'était dressé à quarante-cinq degrés pour suivre les mains du médecin.

« Plus haut, docteur. Pouvez-vous me présenter votre paume pour que la médaille soit dans ma ligne de mire ? Je vais tirer et vous la faire tomber de la main. Plus haut encore.

– Vous êtes complètement fou.

– Un jour, vous avez ordonné qu'on me pende par les pouces. J'étais venu pour vous tuer, mais je crois que je vais me contenter de dégommer ces médailles de vos mains.

– Éloigne-toi, Josie, dit le Dr Pilgrim. Cet homme a perdu la raison. »

Tib attendit ; il ne savait pas quoi lui-même. Il tenta de repenser à toutes ses nuits de cauchemar. Il essaya de puiser son énergie en ramenant de force le souvenir du jour où il avait voulu labourer un arpent avec ses mains mutilées.

« Écartez-vous », menaça-t-il.

Josie tenta de se jeter entre les deux hommes, mais le capitaine Silvé la retint.

« Il est fou », dit-il.

Mr Viner avait disparu du tableau et vivement plongé derrière son comptoir. Le capitaine Silvé se rappela soudain où il avait déjà vu le visage de Tib.

« Attendez une minute, dit-il. Vous vous rendez compte que c'est Miss Pilgrim qui est là ?

– Oui, répondit Tib.

– Savez-vous que c'est elle qui vous a décroché de votre corde cette nuit-là ? D'abord, je ne vous avais pas reconnu, mais j'étais moi aussi dans cette ferme avec le prince Napoléon, et je sais que le lendemain, elle a bien failli être mise aux arrêts. »

Soudain, profitant de la surprise hébétée de Tib, deux personnes s'étaient interposées entre lui et le Dr Pilgrim. Josie se tenait devant son frère, et Candy devant la jeune femme.

« Elle aurait mieux fait de vous laisser pendre, dit le Dr Pilgrim. Éloigne-toi, ma sœur.

– Je ne savais rien de tout ça », dit Tib, la voix blanche, et il ajouta, en sentant que le désir de vengeance qui l'avait porté pendant ces trois ans lui était arraché : « Alors je suppose que je ne peux pas le faire.

– Bien sûr que non, s'exclama Candy, indignée. Parce qu'alors, il faudrait tirer sur nous trois. »

Tib recula vers la porte.

« Je ne savais pas ça, Miss Pilgrim. On ne peut pas faire feu sur un ange. »

Il disparut et les cinq autres se trouvèrent soudain plongés dans le silence. Mr Viner se releva avec précaution de derrière son comptoir à peu près au moment où le Dr Pilgrim laissait lentement retomber ses mains.

« Faut-il que je le fasse rechercher ? demanda Mr Viner. Je pourrais…

– Non », répondit le médecin. Il reposa la médaille de la Légion d'honneur sur le comptoir et répéta brusquement au bijoutier : « C'est de loin la plus belle de vos pièces de métal. »

IV.

Même en France, Josie continua de voir parfois les gants noirs apparaître dans les coins. Son frère entreprit d'aider le génial Dr Evans à arranger les sourires de porcelaine de la famille impériale, et avant la disgrâce du prince Napoléon, ils étaient fermement installés comme des membres importants de la colonie américaine.

Quand elle rentra d'un voyage aux États-Unis en 1869, une traversée agitée la força à rester allongée jusqu'au dernier jour. Elle réussit enfin à monter sur le pont dans le port du Havre, mais le calme soudain revenu lui donna le vertige tout autant que tangage et roulis, et elle ne remarqua qu'à peine l'homme qui l'aida à garder son équilibre et la tint par le coude tandis que le paquebot se glissait dans les eaux peu profondes et tranquilles de la rade. Quand, un instant plus tard, ils se reconnurent, elle ne réussit à trouver aucun des mots froids ou distants qu'elle aurait dû songer à prononcer. Ils s'entretinrent des désastres que connaissait l'armée française à la frontière, et ils se déclarèrent pressés d'avoir des nouvelles fraîches après leur isolement de trois semaines en mer.

Quand ils eurent trouvé un compartiment de première classe dans le train pour Paris, elle lui demanda :

« Vous êtes en voyage d'agrément ?

– Je suis correspondant de guerre, répondit Tib. Je me rends sur le front pour le *Richmond Times-Dispatch*, le *Danville News* et le *Lynchburg Courier*.

– Oh, si vous passez par Paris… » Mais Josie s'interrompit. Elle avait failli l'inviter à leur rendre visite mais elle termina sa phrase autrement : « … vous verrez que le consul est un homme très dévoué. »

Depuis quelques minutes, Tib avait repéré la présence de quatre hommes qui s'attardaient devant la porte ouverte du compartiment, mais il ne s'attendait cependant pas à ce qu'il se passa ensuite. Au moment même où le train sifflait pour donner le signal du départ, les quatre hommes entraient et une seconde plus tard, ils l'entraînaient vers le wagon d'à côté pour lui « poser quelques questions ». Derrière lui, alors qu'ils traversaient le couloir, il entendit la voix de Josie protester avec une surprise et une indignation égales.

« Que se passe-t-il ? demanda-t-il.

– Êtes-vous en route vers l'Alsace ?

– En quoi cela vous concerne-t-il ?

– C'est lui, sans aucun doute », dit l'homme qui lui tenait les bras derrière le dos. « Ils ont sûrement la chose dans le chapeau de la femme. »

Dans l'autre voiture, Josie connaissait elle aussi quelques difficultés.

« Il n'y a rien dans mon chapeau. Je l'ai acheté en Amérique.

– Malheureusement, dit l'un de ceux qui l'avaient appréhendée, l'étiquette est française.

– Mais naturellement, puisque ce chapeau vient de Paris.

– Et bien entendu, vous n'êtes pas Madame Shirmer, ironisa-t-il, et votre ami n'est pas le Signor Mario Villizio, à la solde du gouvernement prussien. »

Un homme en uniforme entra sur ces entrefaites.

« Vous êtes des imbéciles, dit-il. On vient de les arrêter quatre wagons plus loin.

– Mais ces deux-là sont pourtant ceux qu'on cherche. Ils le portent sur leur visage.

– Examinons tout de suite son chapeau. Le train va être coupé en deux. Ces quatre dernières voitures doivent attendre le bateau postal d'Angleterre. »

Trois minutes plus tard, ils lui avaient rendu cette masse de plumes, de rosettes, de rubans qui ornaient la calotte de ce qui avait été un jour un chapeau de Paris.

« Toutes nos excuses, Madame. Voulez-vous rejoindre votre compagnon ?

– Oui, dit Josie, ou plutôt non. Cela m'est égal. Je veux partir dans la rame de tête.

– Alors il faut vous presser, Madame. »

Ils avaient entendu un cahot du moteur et le son d'un attelage qu'on découplait à l'avant. Ce fut au moment où elle traversait le couloir que les deux parties du train commencèrent à se détacher.

« Ah hélas, Madame, votre mari est passé dans les wagons de tête.

– Ce n'est pas mon mari.

– Votre ami alors, dit-il. Mais après tout, l'autre partie du train va être raccordée. »

Mais la rame en question ne faisait qu'hésiter. Entre-temps, Tib avait montré ses papiers d'identité, et dès qu'il fut libéré, il se précipita pour rejoindre Josie. Ils se tenaient sur les deux plateformes, entourés par des Français qui haussaient les épaules en regrettant d'avoir été la cause de la séparation de ceux qu'ils pensaient être sans doute des amants. Mais avant qu'on pût tenter quoi que ce soit pour arranger les choses, la première rame avait résolument décidé de distancer l'autre.

« Vous allez bien ? lui cria Tib.

– Oui, très bien, répondit-elle, mais ils ont détruit mon chapeau. »

Les wagons de tête s'éloignaient poussivement. Elle resta au bout du sien en compagnie du capitaine de la police française.

« Le paysage est joli par ici, dit-il pour la consoler.

– Oui, reconnut-elle assez sèchement.

– Et aux yeux des amoureux, tout est toujours plus beau, poursuivit-il galamment. Ne vous inquiétez pas, vous retrouverez votre ami à Paris.

– Auriez-vous au moins l'obligeance de me laisser seule maintenant ? » demanda Josie. Il s'inclina. « Je comprends ce besoin-là aussi, Mademoiselle. »

Les trains étaient maintenant si distants l'un de l'autre qu'elle ne distinguait plus rien qu'une petite tache dans le lointain, et sa chance de le revoir paraissait tout aussi infime. Accablée, elle continua à fixer les rosettes déchirées sur l'assiette creuse du feutre. Tous ses rendez-vous avec Tib avaient été manqués de la même façon.

V.

Le Dr Pilgrim, Grand Maître de l'Ordre de l'Hygiène Publique*, assistant de l'immense Dr Evans, chirurgien-dentiste à la Cour et de divers Bourbon, Cecil, Churchill, Vanderbilt, Habsbourg, Chambrun et autres Astor, venait de recevoir des fleurs. Elles étaient expédiées par un jardinier des Tuileries qu'il avait soigné gratuitement – mais il n'avait pas été touché. Il pratiquait fidèlement la charité mais avec froideur, et il s'intéressait bien davantage au nouveau fauteuil qu'Evans et lui venaient d'inventer. Il se réjouissait que la guerre fût finie, même si les Français l'avaient perdue. Il travaillerait plus facilement désormais. Il entendit la sonnette retentir une fois, puis une autre. À la troisième, il sortit dans le vestibule afin de voir pourquoi personne n'y répondait, et il croisa Josie qui, tout excitée, remontait l'escalier.

« Pourquoi personne n'ouvre-t-il la porte ? demanda-t-il, mais elle l'interrompit.

– Oh oublie cette sonnette ! Laisse-moi plutôt te dire qui vient d'arriver et attend en bas.

– Cela m'est égal. Il faut que quelqu'un ouvre quand on sonne. »

Or, on était précisément en train de répondre à cette sonnette. Le jeune homme qui attendait sur le seuil fut plutôt surpris par les paroles de la femme qui lui ouvrit la porte.

« Vous venez de la part du docteur Evans ?

– Non, Madame. Je représente le *Richmond Times-Dispatch*, le *Danville News* et le *Lynchburg Courier*.

– Comment avez-vous deviné que vous me trouveriez ici ? demanda-t-elle.

– Je ne comprends pas, dit Tib.

– Oh, répondit la dame avec nervosité. Je suppose que vous pouvez aussi bien entrer. »

Puis, à la lumière de la lampe à gaz de la salle d'attente, elle lui demanda :

« Est-ce que vous souffrez ?

– Non. »

Elle semblait quelque peu agitée, comme si elle pensait devoir s'en excuser.

« Je n'ai pas attendu dans le cabinet d'un médecin depuis mon plus jeune âge. Cela me produit un sentiment très étrange.

– Est-ce que vous souffrez ? » demanda-t-il à son tour.

La dame hocha la tête.

« Oui, je souffre. Je me sens insultée et humiliée. »

Tib la fixa avec curiosité.

« Je comprends ce que vous éprouvez, dit-il.

– Vous êtes américain, observa l'inconnue. Mon père était citoyen des États-Unis, bien que né en Écosse.

– Je ne suis pas américain, protesta Tib. Je suis virginien. Ces deux mots désigneront toujours quelque chose de différent tant que je vivrai. »

Elle soupira.

« Hélas, moi, je ne suis de nulle part. Depuis trente ans, j'essaie de toutes mes forces d'être française, mais je sais que je n'appartiens à aucune race. »

Tim dodelina de la tête. « C'est exactement comme moi. Je suis un citoyen de nulle part, partisan d'une cause perdue, détruit et vaincu avec elle. »

La porte s'ouvrit, Josie Pilgrim entra dans la pièce et se précipita vers la dame.

« Votre Majesté, la voiture du docteur Evans sera là dans cinq minutes.

– Attendre ne m'a pas importunée, dit l'impératrice. J'ai bavardé avec ce jeune Américain. »

Josie jeta sur Tib un regard surpris, inclina la tête, et demanda à l'impératrice : « Voulez-vous monter dans ma chambre ?

– Je préférerais ne pas devoir bouger. Je suis assise sur ma boîte à bijoux. »

Tib avait vu la foule passer en masse devant les Tuileries une demi-heure plus tôt, et s'était fugitivement demandé ce qu'il était advenu de l'impératrice et de la Cour : la belle Espagnole au destin tortueux allait-elle devenir une nouvelle Marie-Antoinette ? Maintenant, il observait la dame à la beauté fanée sous son chapeau noir, et il comprit sans l'ombre d'un doute qu'elle n'était autre que l'impératrice.

« Puis-je vous être utile ? demanda-t-il.

– Non, merci, s'empressa de répondre Josie. Mon frère et le docteur Evans s'occupent de tout.

– Mais si, ce jeune homme peut nous être utile. Protégée par trois Américains, je serai moins en danger encore que si je l'étais par deux. S'il accepte de venir avec nous, je considérerai qu'il me fait une grande faveur.

– Je suis à cheval, dit Tib.

– C'est d'autant mieux, répondit l'impératrice. Vous pourrez nous escorter. »

Dix minutes plus tard, le petit groupe se rassemblait aux écuries. Montant de la rue, ils entendaient des éclats de voix, des fragments de chants de Béranger, des imprécations contre l'empereur, l'impératrice, la Cour, et les constants bruits de pas sur les pavés de la foule qui se précipitait vers le feu et la catastrophe. Le Dr Evans, tendu et déterminé, se tenait entre l'impératrice et le reflet rouge des flambeaux dans la rue, comme s'il voulait écarter toutes ces menaces et cette haine.

« Ainsi, vous avez accepté de voyager avec nous, dit-il à Tib. Rappelez-vous que nous avons décidé de prétendre qu'il s'agissait d'une folle que nous conduisions à Trouville.

– Moi, folle ! s'exclama l'impératrice. Je commence à croire que je le suis. Que ce jeune Virginien monte dans la voiture, nous pourrons parler de nos conditions d'exilés. Le bon docteur Pilgrim acceptera, j'en suis sûre, de prendre son cheval et de jouer les postillons pour un soir. N'est-ce pas, docteur ? »

Le médecin décocha un regard furieux à Tib.

« Bien sûr, votre Majesté.

– Sommes-nous prêts ? » demanda le Dr Evans.

Le cortège s'engagea dans les avenues en proie à la colère de la foule qui conduisaient à la porte Maillot. On leur cria dessus à plusieurs reprises, mais personne ne tenta d'arrêter la voiture ; une fois dans les faubourgs, on les regarda passer avec indifférence au travers de fenêtres blanches comme craie au long de routes endormies. Aux environs de minuit, Josie, épuisée, ferma les yeux, et Tib put enfin l'admirer tout son soûl, tandis que la dernière souveraine du pays quittait l'Ile-de-France.

À l'auberge des Mariniers à Trouville, on tint consultation pour décider de l'étape suivante. Un yacht était à l'ancre dans le port et ils s'assurèrent qu'il battait bien pavillon britannique et appartenait à Sir John Burgoyne. On persuada l'impératrice de prendre du repos sous les soins du Dr Evans, tandis que Tib et le Dr Pilgrim arpentaient les quais en se renseignant discrètement sur la possibilité de louer un petit canot. Ils n'avaient aucune raison de penser que leur fuite de Paris avait été remarquée. Un seul incident survenu à l'instant, le curieux coup d'œil qu'avait jeté un serveur à l'impératrice, les avait inquiétés. Mais alors qu'ils venaient de trouver l'embarcation, quand Josie hors d'haleine apparut à leurs côtés, les deux hommes eurent un instant de panique.

« Que se passe-t-il ?

– Le docteur Evans veut que vous reveniez à l'auberge pour parler à ce serveur. Il traîne dans le couloir devant la porte de l'impératrice, et quand je lui ai adressé la parole, il s'est contenté de rire et il a fait mine de ne pas comprendre mon français.

– J'y retourne, proposa Tib.

– Non, il vaut mieux que j'y aille, décida le Dr Pilgrim. Je ne suis monté qu'une fois dans une barque, et je n'ai guère envie de tenter seul la manœuvre. »

Il entreprit aussitôt de rentrer, mais s'apercevant que Josie ne l'avait pas suivi, il se retourna et vit qu'elle montait dans le canot avec Tib.

« Ne t'inquiète pas, lui lança-t-elle. J'ai souvent ramé, et nous y arriverons mieux à deux. »

Le Dr Pilgrim reprit son chemin vers l'auberge.

Le temps était magnifique, et le port étincelant dans la lumière du matin fit oublier à Josie les lugubres événements de la nuit précédente et l'inquiétante mission dont ils étaient chargés. Ils traversèrent ensuite une ligne d'eau plus sombre et se retrouvèrent soudain dans une mer agitée sous un vent soufflant du large. Le petit canot progressait plus lentement. Les rames avaient de grosses poignées, et remarquant soudain que Tib peinait à les manier dans les hautes vagues à cause de son absence de pouces, elle proposa :

« Je vais prendre ces rames et vous aider pour que nous gagnions du temps.

– Non, protesta-t-il. Je préférerais que vous n'en fassiez rien. »

Mais elle avait déjà pris place sur le banc arrière et glissait les rames dans les dames de nage.

« Entendu. Maintenant il vous faut donner la cadence. »

Un instant plus tard, elle partit en arrière, se retrouva entre ses bras, une des rames flottant à la surface de l'eau.

« Oh, je suis désolée, hoqueta-t-elle, je sais pourtant ramer.

– Je ne vous en veux pas.

– Laissez-moi essayer à nouveau, s'entêta Josie. Avec les mains que vous avez... » Elle s'interrompit.

« Mes mains vont très bien, rétorqua Tib. Je pense que je peux ramer pour deux.

– Je sais bien que vous en êtes capable », réagit Josie de manière impulsive. Elle se tint humblement immobile à l'arrière jusqu'à ce qu'ils aient abordé le yacht rutilant et qu'un marin anglais à l'air digne et impressionnant s'adresse à eux du haut du bastingage lustré.

« Qui demande à voir Sir John Burgoyne ? s'enquit-il.

– Mon nom ne lui dirait rien, répondit Tib.

– Je suis navré, Monsieur, mais Sir John est en train de prendre ses harengs fumés et on ne saurait le déranger avant le milieu de la matinée.

– Ne vous en faites pas, je suis sa nièce », dit Josie.

Le marin l'observa d'un œil soupçonneux. À cet instant, Sir John Burgoyne parut sur le pont.

« Cette demoiselle affirme qu'elle est votre nièce, mon commandant », dit le marin.

Le vieux capitaine s'approcha du bastingage.

« Je ne pense pas avoir de nièce », fit-il observer.

Josie lui adressa quelques mots rapides en français. « L'impératrice Eugénie est à Trouville. Elle essaie de gagner l'Angleterre. »

En quelques minutes, ils l'eurent convaincu de la véracité de leur histoire. Il laissa refroidir ses harengs fumés et son pain grillé pour discuter avec eux de la suite des événements. Quand ils eurent décidé qu'il valait mieux que l'impératrice ne vînt pas à bord avant la tombée du jour, il fit signe à son maître d'équipage.

« Tout le monde sur le pont. »

Au coup de sifflet, deux douzaines d'hommes se mirent au garde-à-vous en formant les trois côtés d'un carré, et après un rauque : « Équipage au complet, mon commandant ! », on aurait entendu une mouche voler sur le pont.

« Personne ne met pied à terre aujourd'hui. L'impératrice des Français sera parmi nous ce soir. Je compte sur chacun de vous pour ne rien laisser deviner des raisons qui l'ont fait consigner à bord. Rompez. »

... Il faisait nuit quand des rames agitèrent de nouveau la surface de l'eau à côté du yacht, et le Dr Evans aida l'impératrice à monter à l'échelle de coupée.

« Vous n'avez aucune dame de compagnie ? demanda Sir John. Je suppose que cette jeune personne va se faire un plaisir.

– Je viendrai volontiers.

– Le docteur Evans aussi ?

– Si l'impératrice le souhaite, j'en serai heureux. Le docteur Pilgrim peut prendre soin de mes affaires à Paris.

– Je crains que nous n'ayons pas davantage de place à bord, dit-il courtoisement à Tib.

– Je dois rentrer de toute façon », dit le jeune homme, mais aucun des présents ne put s'empêcher de remarquer la légère déception qui se peignait sur son visage et celui de Josie.

« Quand serez-vous de retour à Paris ? lui demanda vivement Tib. Je pense y rester comme correspondant du *Richmond Times-Dispatch*, du *Danville News* et du *Lynchburg Courier* pendant quelques mois.

– Je reviendrai bientôt si vous maintenez la paix», répondit Josie.

Quand ils quittèrent les docks, une foule de curieux remuants s'était formée.

«Nous prenons la mer tout de suite, mais je crains une traversée agitée», annonça Sir John.

L'impératrice Eugénie, égarée et accablée de chagrin, distribuait des louis d'or aux matelots.

«Et ces deux jeunes Américains doivent aussi conserver un souvenir.»

Elle détacha deux bracelets identiques de ses poignets, et en tendit un à Tib, l'autre au Dr Pilgrim. «Vous vous êtes parfois regardés comme si vous aviez querelle. En souvenir de l'aide immense que vous m'avez apportée, et pour le bien de la jolie Josie, ne voulez-vous pas oublier toute rancune? J'aimerais tant penser que j'ai fait une bonne action durant ces jours où vous vous êtes montrés si généreux à mon égard.

– Pour ma part, la querelle est oubliée», dit Tib.

Les deux jeunes hommes repartirent vers le rivage à bord du canot et les mains qui s'agitaient dans leur direction depuis le yacht disparaissant peu à peu à leur vue dans l'obscurité croissante se firent le symbole de ce que la cruauté de temps révolus reculait à chaque coup de rame pour s'enfoncer dans un passé de plus en plus lointain.

Rendez-vous chez le dentiste

I.

Le boghei progressait au trot fatigué de l'attelage et ses deux occupants, levés dès l'aube, étaient aussi las que leurs chevaux quand ils prirent la route à péage qui conduisait à Washington. La jeune fille avait le teint mordoré, elle était ravissante. En dépit de la chaleur de juillet, elle portait une robe bleu clair en bombasin qui lui avait valu d'écouter poliment les reproches de son frère durant le trajet : dans les hôpitaux de Washington, les infirmières ne s'habillaient pas comme les femmes du commun. Josie en était triste, parce que c'étaient les premiers vêtements d'adulte qu'elle eût jamais possédés. Elle venait d'une famille austère, mais dans leur petite ville, nombreux étaient les jeunes gens qui avaient remarqué l'éclat et le charme de sa personne depuis ses douze ans, et elle s'était préparée pour ce voyage comme si elle se rendait à une réception.

« Sommes-nous toujours dans le Maryland, mon frère ? » Elle l'aiguillonna doucement avec le manche du fouet et le médecin-capitaine Pilgrim s'arracha à sa torpeur.

« En vérité, nous approchons du District de Columbia, à moins que tu n'aies involontairement rebroussé chemin. Nous allons nous arrêter pour demander de l'eau dans cette ferme, là tout près. Et Josie, ne sois pas trop aimable avec ces gens. Ce sont presque tous des sécessionnistes, et quand on se montre gentil avec eux, ils en profitent et vous regardent de haut. »

Dans les parages, les Pilgrim étaient peut-être les seuls à ne pas savoir que cette partie du Maryland était aux mains des Confédérés. Pour alléger la pression qui pesait sur l'armée de Lee à Petersburg, le général Early avait fait remonter la vallée de Shenandoah à ses troupes pour lancer l'attaque de la dernière chance contre Washington. Après quelques tirs de mortier sur les faubourgs, il apprit que les Fédéraux allaient faire pleuvoir sur eux leurs obus : il donna à ses colonnes épuisées le signal du repli vers la Virginie. Son dernier régiment d'infanterie venait à peine d'arpenter péniblement cette route, soulevant une poussière persistante, et Josie était plutôt surprise par le nombre de ce qui lui apparaissait comme des va-nu-pieds en armes qu'ils croisaient. Il y avait aussi quelque chose d'insolite dans la façon dont deux individus galopaient vers leur voiture, qui lui fit demander non sans inquiétude : « Qui sont ces hommes, mon frère ? Des sécessionnistes ? »

Pour Josie cependant, comme d'ailleurs pour toute personne étrangère au front, il eût été bien difficile de comprendre qu'il s'agissait de soldats – de vrais soldats : Tib Dulany, l'auteur d'un poème improvisé et publié dans le *Lynchburg Courier*, portait un chapeau qui avait dû être blanc un jour, une tunique couleur citrouille, un pantalon bleu autrefois fourni à un soldat de l'Union, et une cartouchière sur laquelle on lisait les lettres C.S.A.[1] Tout ce que les deux cavaliers avaient de commun, c'étaient les superbes carabines flambant neuves prises la semaine précédente à des soldats de la cavalerie de Pleasanton. Ils s'approchèrent du boghei dans un tourbillon de poussière et Tib salua le médecin.

« Salut, Yankee !

– Nous voulons de l'eau », dit Josie avec hauteur au plus beau des deux jeunes gens. Puis soudain, elle s'aperçut que la main du médecin-capitaine s'était posée, immobile, sur l'étui de son revolver, et que le second cavalier brandissait une carabine à un mètre de son cœur.

Presque avec douleur, le capitaine Pilgrim leva les bras en l'air.

« Que comptez-vous faire ? Nous dépouiller ? » demanda-t-il.

Josie sentit une main s'avancer et tout son corps de raidit. Tib s'emparait de l'arme de son frère.

« Que comptez-vous faire ? répéta le Dr Pilgrim. Êtes-vous des mercenaires ?

– Et vous, qui êtes-vous ? » demandèrent les cavaliers. Sans attendre de réponse, Tib ajouta : « Petite dame, allez donc jusqu'à cette ferme. On vous y donnera de l'eau. »

Il se rendit soudain compte qu'elle était ravissante, effrayée et courageuse, et il dit encore : « Personne ne va vous faire de mal. On veut seulement vous garder un peu en notre compagnie.

– Me direz-vous enfin qui vous êtes ? s'impatienta le capitaine Pilgrim.

---

1. Voir note p. 226.

– Gardez votre sang-froid, lui conseilla Tib. Vous êtes à l'intérieur des lignes de Lee désormais.

– Les lignes de Lee! s'écria le capitaine Pilgrim. Vous croyez que chaque fois que les sbires de Mosby que vous êtes descendez de vos collines pour tuer ou couper le télégraphe… »

L'attelage qui venait de reprendre sa route s'arrêta net – le second soldat avait saisi les rênes et roulait des yeux noirs en direction du Nordiste.

« Encore un mot sur Mosby et je frotte ta face de rat contre ces pissenlits.

– L'officier n'est sans doute pas au courant des dernières nouvelles, Wash, dit Tib. Il ne sait pas qu'il est maintenant prisonnier de l'armée de Virginie du Nord. »

Le capitaine les fixa avec incrédulité; Wash lâcha les rênes et ils repartirent vers la ferme. Ce fut seulement quand le feuillage des arbres s'écarta et qu'il découvrit soudain deux douzaines de chevaux dont s'occupaient des ordonnances en uniformes gris, qu'il commença à deviner que ses informations, effectivement, remontaient à plusieurs jours.

« Lee est arrivé jusqu'ici ?

– Vous ne le saviez pas? Mais à l'heure qu'il est Abe Lincoln fait la vaisselle à la cuisine et le général Grant les lits à l'étage.

– Ah ah… gronda le capitaine Pilgrim.

– Tu sais, Wash, je ne sais pas ce que je donnerais pour être à Washington le jour où Jeff Davis va y faire son entrée. Cette révolte des Yankees aura été un vrai feu de paille, pas vrai ? »

Et Josie crut soudain chacune de ces paroles. Son monde s'écroulait: Les Garçons à l'Uniforme bleu, et l'Union

Invincible, et l'Hymne de la Bataille de la République. Ses yeux s'emplirent de larmes brûlantes.

« Vous ne pouvez pas faire prisonnier mon frère. Il n'est pas seulement un officier, il est aussi médecin. Il a été blessé à Cold Harbor…

– Un médecin, hein ? Il ne connaîtrait pas quelque chose aux dents, par hasard ? demanda Tib en mettant pied à terre devant la galerie.

– Mais si, c'est même sa spécialité.

– Ainsi donc, vous êtes dentiste ? demanda Tib. On en a cherché un dans tout le Maryland, mon cher Maryland, depuis une heure. Si vous voulez vous donner la peine d'entrer, vous allez sans doute pouvoir arracher la dent d'un vrai Bonaparte, un cousin de l'empereur Napoléon III. Je ne plaisante pas… Il fait partie de l'état-major du général Early et il braille tout ce qu'il sait depuis une heure, mais tous les docteurs sont partis avec les ambulances et personne ici ne sait arracher une dent. »

Un officier d'état-major sortit sur le perron et écouta non sans inquiétude le crépitement de coups de feu tirés dans le lointain, puis il baissa le regard en direction du boghei.

« Lieutenant, on a trouvé un dentiste, dit Tib. C'est la Providence qui l'a envoyé derrière nos lignes et si Napoléon est encore…

– Dieu du ciel ! s'exclama l'officier. Faites-le entrer. Nous ne savions plus si nous devions l'emmener ou le laisser ici. »

Soudain, Josie se trouva face à sa première représentation de la Confédération, mise en scène pour elle sur cette galerie où courait la vigne vierge. Brusquement, il y eut une sortie : d'abord un homme maigre et anguleux, sanglé dans une redingote miteuse décorée d'étoiles presque effacées, suivi par deux jeunes hommes qui fourraient des papiers dans un sac en grosse toile. Venaient ensuite plusieurs officiers, l'un appuyé sur une seule béquille, un autre qui ne portait qu'une chemise et une étoile dorée de général accrochée au pansement qui lui bandait l'épaule ; l'atmosphère ambiante paraissait à la fois tendue et joyeuse mais Josie lut dans leurs yeux fatigués le reflet d'une déception. Quand ils l'aperçurent, comme un seul homme, ils firent tous le même geste : ils se tournèrent vers elle, et leurs douze mains droites se portèrent à leurs douze chapeaux qu'ils soulevèrent un peu en inclinant légèrement le buste dans sa direction.

Josie leur rendit ce salut avec raideur, tentant de forcer son visage à exprimer quelque chose comme de la hauteur et une pieuse réprobation. Un instant plus tard, ils avaient tous sauté en selle. Le général Early tourna les yeux un instant vers cette ville qu'il ne pouvait conquérir, qu'un autre Virginien avait fait artificiellement jaillir d'un marais artificiel quatre-vingts ans plus tôt.

« Plus aucun changement d'ordres, dit-il à l'aide de camp qui se tenait tout près de son cheval. Dites à Mosby que je veux qu'on envoie des courriers toutes les heures jusqu'à Harper's Ferry.

– Oui, mon général. »

L'aide de camp lui dit quelque chose à voix basse, et soudain, ses yeux, fatigués par l'éclat du soleil, se fixèrent sur le Dr Pilgrim dans le boghei.

« On me dit que vous êtes dentiste. Le prince Napoléon nous accompagne en tant qu'observateur. Arrachez-lui sa dent, ou faites ce qu'il faut pour le soigner. Ces deux soldats resteront auprès de vous. Occupez-vous bien de lui et ils vous laisseront partir librement quand vous en aurez fini. »

Puis tout se noya dans le martèlement des sabots des chevaux qui s'éloignaient sur le sentier et une minute plus tard, la dernière expédition de l'armée de Virginie du Nord disparut rapidement dans le lointain.

« On a trouvé un dentiste pour le prince Napoléon, dit Tib à un aide de camp français qui sortait de la ferme.

– Quelle excellente nouvelle, s'exclama l'autre en les conduisant à l'intérieur. Le prince souffre comme un damné.

– Le docteur est un Yankee, poursuivit Tib. Un de nous va devoir le surveiller pendant l'opération. »

À l'autre bout de la pièce, le robuste malade, grossière reproduction de cet oncle qui avait ébranlé le monde, écarta la main de sa bouche gémissante, et se redressa dans son fauteuil.

« L'opération ? s'écria-t-il. Mon Dieu ! Il veut opérer ? »

Le Dr Pilgrim jeta à Tib un regard soupçonneux.

« Qu'allez-vous faire de ma sœur pendant ce temps ?

– Je l'ai installée au salon, docteur. Wash, toi, tu restes ici.

– Il va me falloir de l'eau bien chaude, dit le Dr Pilgrim, et la mallette d'instruments que j'ai laissée dans le boghei. »

Le prince Napoléon recommença à geindre.

« Qu'allez-vous faire ? Me trancher le cou ? Ah cette vie barbare* ! »

Tib tenta poliment de l'apaiser.

« Ce médecin est l'as des dentistes, Prince Napoléon.

– Je suis chirurgien-dentiste diplômé, dit le Dr Pilgrim avec raideur. Maintenant, Monsieur, voulez-vous bien retirer votre chapeau. »

Le prince ôta le grand sombrero blanc qui surplombait un mélange hétéroclite comprenant une queue-de-pie rouge, une culotte d'uniforme français et des cuissardes noires.

« Comment faire confiance à ce docteur yankee ? Comment être sûr qu'il ne va pas essayer de m'égorger ? Sait-il que je suis un citoyen français ?

– Prince, s'il ne s'occupe pas bien de vous, on a des pommiers dehors et ce qu'il faut comme longueur de corde. »

Tib alla jeter un coup d'œil dans le salon, où Miss Josie se tenait assise sur le bord d'un canapé rembourré de crin de cheval.

« Qu'allez-vous faire à mon frère ? »

Désolé pour ce joli minois contrit, Tib lui répondit : « On n'a aucune intention de lui faire du mal. Ce qui m'inquiète bien plus, c'est ce que lui va faire au prince. »

Un hurlement d'angoisse jaillit de la bibliothèque.

« Vous entendez ça ? demanda Tib. C'est du prince qu'il faut s'inquiéter.

– Comptez-vous nous envoyer à la prison de Libby ?

– Certainement pas, Mademoiselle. Vous allez rester ici juste le temps que votre frère soigne le prince. Après ça, dès que nos détachements de cavalerie seront passés, vous et votre frère, vous pourrez reprendre votre route. »

Josie se détendit.

« Je croyais que tous les combats avaient lieu en Virginie.

– C'est vrai. C'est vers là qu'on se dirige, je crois. Trois fois de suite, je suis remonté jusque dans le Maryland avec l'armée, et je crois bien que pour la troisième fois, je vais repartir avec. »

Elle le regarda pour la première fois avec un soupçon d'intérêt humain.

« Que voulait dire mon frère quand il a demandé si vous étiez des missionnaires ?

– C'est peut-être parce que je ne me suis pas rasé depuis hier. » Il éclata de rire. « En tout cas, il n'a pas dit “missionnaire”, il a dit “mercenaire”. Quand ils parlent d'un Yankee en mission, ils disent “éclaireurs”, mais les nôtres, ils les appellent “espions” et ils nous pendent.

– Un soldat qui ne porte pas d'uniforme est un espion, n'est-ce pas ?

– Moi, j'en porte un. Regardez donc la boucle de ma ceinture. Croyez-le si vous voulez, Miss Pilgrim, mais j'étais un cavalier tout ce qu'il y a de plus fringant en quittant Lynchburg il y a quatre ans. »

Il lui expliqua comment étaient vêtus les jeunes volontaires ce jour-là ; Josie l'écoutait, en songeant que la scène n'était pas si différente de celle où les premiers jeunes engagés étaient montés dans le train à Chillicothe, dans l'Ohio.

« … avec un gros ruban rouge pris dans la malle de ma mère en guise d'écharpe. Une des filles a lu un poème que j'avais écrit devant toute la troupe.

– Oh, récitez-le-moi, s'exclama Josie. J'aimerais tellement l'entendre. »

Tib réfléchit. « Je suppose que je l'ai oublié, tout ce que je me rappelle, c'est “Soldats de Lynchburg, prenez congé de vos vertes collines”.

– Je l'adore. » Oubliant la mission qui était celle des hommes en armes de Lynchburg, elle ajouta : « J'aimerais tellement que vous vous souveniez de la suite. »

On entendit un cri de l'autre côté du vestibule ainsi que quelques phrases indistinctes en français. Le visage affligé de l'aide de camp apparut sur le seuil.

« Il n'a pas arraché seulement la dent, mais la moitié de l'estomac* avec. Il l'a tué, c'est la fin ! »

Un visage apparut derrière son épaule.

« Eh Tib, le Yankee a récupéré la dent.

– Ah oui ? » fit Tib d'un air distrait. Tandis que Wash se retirait, il se retourna vers Josie. « Je voudrais bien écrire quelques vers pour vous dire mon admiration.

– Tout cela va trop vite pour moi », dit-elle avec légèreté. Mais de son côté aussi les choses allaient très vite. Quoi de plus soudain qu'un coup de foudre ?

II.

Une minute plus tard, Wash passait à nouveau la tête par la porte.

« Tib, il faut qu'on décampe. Une patrouille vient juste de passer à toute allure en se retournant pour nous canarder. Tu crois pas qu'on devrait partir ? Le docteur, il sait qu'on est des hommes de Mosby.

– Vous partez sans nous ? s'enquit l'aide de camp avec méfiance.

– Bien sûr que oui, répondit Tib. Le prince pourra jouer les observateurs du côté yankee pendant quelque temps. Miss Pilgrim, je prends congé de vous avec tristesse, et bien contre ma volonté. »

Jetant un rapide coup d'œil dans la bibliothèque, Tib s'aperçut que le prince était suffisamment rétabli pour se tenir assis, même s'il haletait et ahanait encore.

« Vous êtes un artiste*, assurait-il au Dr Pilgrim. Après toute cette frayeur, je vis encore. À Paris, on raconte que si on vous enlève la dent, vous avez l'hémorragie et vous mourez. »

Wash remit le nez à la porte.

« Allez, viens Tib. »

La fusillade se rapprochait. Les deux éclaireurs venaient à peine de détacher leurs chevaux quand Wash s'exclama : « Enfer et damnation ! » en montrant l'allée du doigt. Une demi-douzaine de soldats des troupes fédérales venaient d'apparaître derrière le feuillage du portail. D'une main, Wash amena sa carabine contre son épaule droite, et de sa main libre, alla prendre une cartouche dans sa giberne.

« Je prends les deux de gauche », dit-il.

Cachés derrière leurs chevaux, ils attendirent.

« On devrait peut-être tenter de s'enfuir en courant, suggéra Tib.

– J'ai fait des repérages. Il y a sept barrières à sauter.

– Laisse-les s'approcher avant de tirer. »

La file de cavaliers remontait paisiblement l'allée. Même au bout de quatre ans en service commandé dans tous les recoins de la vallée, Tib détestait tirer en embuscade, mais il se concentra et la mire de sa carabine s'aligna sur le cœur de la tunique du caporal yankee.

« Tu as trouvé ta cible, Wash ?

– Je crois.

– Dès qu'ils rompent les rangs, on leur fonce dessus. »

Mais la malchance de l'armée sudiste se concrétisa ce jour-là avant qu'ils eussent tiré la moindre balle. Tib sentit la masse lourde d'un corps se jeter sur lui et le clouer au sol. Tout près de son oreille, une voix retentit :

« Eh les gars, il y a des insurgés par ici ! »

Tib se retourna, se débattant comme un beau diable contre l'attaque du Dr Pilgrim ; la patrouille nordiste s'arrêta et sortit ses pistolets. Wash sautait désespérément d'un côté à l'autre pour tenter de tirer sur Pilgrim, mais le médecin se faisait un bouclier du corps de Tib.

En une fraction de seconde, tout fut terminé. Wash tira un seul coup de feu mais les Fédéraux les avaient encerclés avant qu'il ne bondît en selle. Fous de rage, les deux jeunes hommes firent face à leurs ravisseurs. D'un ton sec, le Dr Pilgrim s'adressa au caporal nordiste :

« Ce sont des hommes de Mosby. »

L'heure était à la violence entre les deux camps ces années-là. Les Fédéraux abattirent Wash qui tentait à nouveau de s'enfuir après s'être emparé du pistolet du caporal. Tib, qui se débattait toujours, se vit ligoter à la balustrade de la galerie.

« Cet arbre m'a l'air solide, dit l'un des soldats, et il y a une corde sur la balançoire. »

Le regard du caporal passa du Dr Pilgrim à Tib.

« Vous dites qu'il est sous les ordres de Mosby ?

– J'appartiens au 7e Régiment de cavalerie de Virginie, dit Tib.

– Vous êtes sous les ordres de Mosby ?

– Ça ne vous regarde pas.

– Entendu. Les gars, allez chercher la corde. »

La présence sévère du Dr Pilgrim s'imposa de nouveau.

« Je ne pense pas que vous devriez le pendre, mais il est certain que les irréguliers de ce genre devraient être découragés.

– Quelquefois, on les pend par les pouces, suggéra le caporal.

– Eh bien, faites cela, dit le médecin. Il a lui-même parlé de me pendre. »

… Vers 6 heures ce soir-là, il y avait à nouveau du trafic sur la route. Deux des meilleures brigades de Sheridan se lançaient sur les traces d'Early, le poursuivant et le harcelant dans toute la vallée. Le courrier et des légumes frais étaient acheminés vers la capitale, et l'attaque-surprise était terminée. Il ne restait plus que quelques traînards gisant épuisés sur les bas-côtés de Rockville Pike.

À la ferme, le calme était revenu. Le prince Napoléon attendait une ambulance de Washington. On n'entendait pas le moindre bruit, à l'exception du murmure de Tib qui, alors que la peau s'arrachait peu à peu de ses pouces, récitait des fragments de son poème patriotique. Quand plus aucun vers ne lui revint en mémoire, il essaya d'entonner un chant qu'ils avaient beaucoup chanté cette année-là :

Ce soir, les gars, on suit le panach' de Mosby
On veut la viande et l'cuir des chevaux des Yankees
On va suivre Mosby, l'panach' gris de Mosby.

Dès qu'il fit nuit noire, et qu'on entendit la sentinelle ronfler dans la galerie, une silhouette s'approcha qui savait où se trouvait l'échelle parce qu'elle les avait entendus la faire tomber après avoir hissé Tib en l'air. Quand elle eut à moitié sectionné la corde, elle retourna dans sa chambre pour y prendre des oreillers, elle tira la table sous le supplicié et les posa dessus.

Josie n'avait guère eu besoin d'exemple pour faire ce qu'elle était en train de faire. Quand il se décrocha, il grommela dans un râle : « … servi votre pays, et rien à vous reprocher… », et elle lui versa une demi-bouteille de xérès sur les mains. Puis, envahie par la honte, elle se précipita vers sa chambre.

III.

Après une guerre, il y a ceux pour qui elle est terminée, et beaucoup qui refusent la paix. Le Dr Pilgrim, irrité par l'incapacité du gouvernement à mettre le Sud à genoux, quitta Washington et partit pour le Minnesota par train et par bateau. Josie et lui arrivèrent à St. Paul à l'automne 1866.

« Nous avons échappé à la zone d'infection, dit-il. Figure-toi qu'à Washington, les rebelles se promènent déjà au grand jour sans être inquiétés. Ici, l'esclavage n'a jamais pollué l'air. »

Cette rude cité ressemblait à un gros poisson frais tiré du Mississippi qui bondissait et se tortillait encore sur la berge. Autour des quais, s'étendait une ville en carton-pâte de douze mille habitants, avec ses églises, ses boutiques, ses écuries et ses saloons. Parcourant les rues jonchées de détritus, les visiteurs évitaient de justesse diligences et chariots, attelages de taureaux et poules en goguette – mais ils pouvaient aussi voir des chapeaux hauts de forme, et les langues allaient bon train parce que le chemin de fer allait bientôt traverser la ville. L'heure était à l'excitation générale et à la confiance grisée en l'avenir.

« Il va falloir que tu t'achètes des bottes en cuir de vache », fit observer Josie, mais le Dr Pilgrim était perdu dans ses pensées.

« Il y aura sûrement des Sudistes dans les parages, ruminait le médecin. Josie, il y a quelque chose que je ne t'ai pas dit parce que je ne voulais pas t'inquiéter. À Chicago, j'ai aperçu l'homme de Mosby, tu sais, celui qu'on avait fait prisonnier. »

Les tambours roulèrent dans sa tête – les tambours d'une douleur enfouie. Comme le dit l'hymne, ses yeux avaient vu l'avènement glorieux de la République, mais ensuite ils avaient vu cette même gloire pendue par les pouces…

« J'ai dans l'idée qu'il m'a rcconnu lui aussi, poursuivit le Dr Pilgrim. Je me trompe peut-être.

– On peut se réjouir qu'il en soit sorti vivant, dit Josie d'une voix étrange.

– Se réjouir ? Franchement, je suis loin de penser comme toi. Un mercenaire de Mosby est capable de rancune et de vengeance, et quand pareil individu part vers l'Ouest, il a pour but de trouver d'autres desperados de son espèce, ceux qui pillent la malle-poste ou attaquent les trains.

– Absurde, protesta-t-elle. C'est toi qui te montres rancunier. Tu ne sais rien du caractère personnel de cet homme. De fait – elle hésita un instant –, moi j'avais pensé qu'il semblait doté d'une assez noble nature. »

Pareille déclaration équivalait à l'enthousiasme d'une écervelée et le Dr Pilgrim la considéra avec ressentiment. Il n'approuvait pas toujours la conduite de sa sœur : à Washington, on lui avait proposé le mariage trois fois, en fait dix fois, mais pour ne pas paraître légère, elle ne comptait pas les déclarations qu'elle avait interrompues avant la fin. Toutefois, à peine son frère lui eût-il parlé de Tib Dulany qu'elle se mit à le chercher plutôt fébrilement dans la foule des nouveaux venus qui se pressaient devant l'hôtel.

Tib arriva à St. Louis sans rien savoir de tout cela. Il n'avait pas reconnu le Dr Pilgrim à Chicago, et il n'entretenait aucune rancune ni aucun désespoir. Il allait rejoindre d'anciens compagnons d'armes plus à l'ouest, et Josie entra dans son champ de vision comme une belle inconnue prenant son petit déjeuner au buffet de l'hôtel. Puis, soudain, il la reconnut ou plutôt, il retrouva un souvenir et une émotion profondément enfouis en lui, car l'espace d'un instant, il fut incapable de se rappeler son nom.

Et Josie, dès l'instant où elle l'aperçut, regarda ses mains, là où auraient dû se trouver ses pouces, et la salle enfumée se mit à tournoyer autour d'elle.

« Je suis désolé, je vous ai fait peur, dit-il. Vous voyez qui je suis, n'est-ce pas ?

– Oui.

– Je m'appelle Dulany. Dans le Maryland…

– Je sais. »

Il y eut un instant de gêne. Au prix d'un effort, elle lui demanda :

« Vous venez d'arriver ?

– Oui. Je ne m'attendais pas à vous trouver ici. Je ne sais pas quoi dire. J'ai souvent pensé… »

Le frère de Josie était parti à la recherche d'un cabinet. D'une minute à l'autre, il pouvait passer la porte. Obéissant à son instinct, Josie renonça à toute réserve.

« Mon frère est ici avec moi, dit-elle. Il vous a vu à Chicago. Il pense que vous songez peut-être à… vous venger.

– Il se trompe, répliqua Tib. Je peux dire en toute honnêteté que l'idée ne m'en est jamais venue.

– La guerre n'est pas finie pour mon frère. Et quand j'ai vu… vos pauvres mains…

– C'est du passé, dit-il. Je voudrais pouvoir vous parler comme si rien de tout cela ne s'était jamais produit.

– Lui n'aimerait pas cela du tout, dit-elle avant d'ajouter : Mais moi oui. S'il savait que vous étiez à cet hôtel…

– Je peux en trouver un autre. »

Ils furent soudain interrompus. Trois jeunes hommes hélèrent bruyamment Tib depuis l'autre côté de la salle puis se rapprochèrent.

« Je veux vous revoir, se hâta-t-il de murmurer. Pourrions-nous nous retrouver cet après-midi à la poste ?

– Ce soir serait plus facile. 7 heures. »

Josie paya son addition et sortit, suivie des yeux par trois nouveaux arrivants, un jeune homme brun aux yeux de Sudiste invaincu dont le feu couvait sous un panama et deux frères jumeaux aux cheveux roux.

« On peut dire que tu n'as pas tardé, Tib », dit le premier, Mr Ben Cary, ancien membre de l'état-major du général Stuart. « On est ici depuis trois jours et on n'a encore rien trouvé de semblable.

– Partons d'ici, dit Tib, j'ai mes raisons. »

Une fois installés dans un autre restaurant, ils lui demandèrent : « Raconte-nous, Tib ! Est-ce qu'il y a mari sous roche ?

– Non, pas de mari, répondit Tib. Un frère yankee. Un dentiste. »

Les trois hommes échangèrent un regard.

« Un dentiste ? Mais tu piques notre curiosité, ami ! Pourquoi t'enfuis-tu devant un dentiste ?

– Une histoire pendant la guerre. Et si vous me disiez ce que vous faites à St. Paul ? J'allais partir pour vous retrouver à Leesburg demain.

– On est ici pour affaires, Tib, ou plutôt, il s'agit d'une question de vie ou de mort. Nous avons des problèmes avec les Indiens là-haut. On a environ deux mille Sioux qui campent à nos portes et menacent d'abattre nos clôtures.

– Vous êtes venus demander de l'aide ?

– Tu parles ! Tu crois que le gouvernement soutiendrait une colonie de rebelles contre un Indien privilégié ? Non, on doit se débrouiller tout seuls. Nous pensons persuader le chef que nous sommes ses amis, que nous pouvons lui rendre un grand service. Dis-nous-en plus sur ce dentiste.

– Laisse tomber le dentiste, s'impatienta Tib. Il vient d'arriver. Je ne l'aime pas beaucoup et il n'y a pas grand-chose à en dire.

– Il vient d'arriver, répéta Cary d'un air pensif. C'est très intéressant. Il y en a déjà trois ici, et on leur a rendu visite, et on peut dire qu'ils sont les Blancs les plus lâches qui ont jamais vu le jour… » Il s'interrompit et demanda : « Il s'appelle comment, ce type ?

– Pilgrim, répondit Tib, mais je ne compte pas faire les présentations. »

Ils échangèrent de nouveau un rapide coup d'œil, et ils ne trouvèrent soudain plus rien à se dire. Le lendemain, ils partiraient ensemble pour Leesburg. Tib était soulagé d'avoir encore la soirée devant lui. Mais son soulagement aurait été de courte durée s'il avait entendu la conversation qui suivit son départ.

« Si ce dentiste vient juste d'arriver, on peut dire qu'il est encore en voyage, pour ainsi dire. Un peu plus près, un peu plus loin, ça ne va pas lui faire grand mal.

– Pas la peine de lui demander son avis. La consultation aura lieu là où se trouve le patient.

– C'est pas fait pour déplaire à ce bon vieux Tib. Exactement dans la lignée de Mosby. Enfin, il pourrait quand même élever des objections. En tout cas, j'avais pas vu une fille comme ça depuis un sacré bout de temps. »

IV.

Le Dr Pilgrim commença l'installation de son cabinet le soir même. Josie lui donna unc cxcusc pour rester coudre à l'hôtel. Elle sortit discrètement à 7 heures pour se rendre à la poste où Tib l'attendait avec un cabriolet de location, et ils montèrent jusqu'en haut d'un promontoire rocheux surplombant la rivière. La ville scintillait en contrebas, un mirage de métropole qui se découpait sur la prairie de plus en plus sombre.

« Voici l'avenir, dit-il, on ne dirait pas qu'il y a de quoi vouloir quitter la Virginie, mais je ne regrette rien.

– Moi non plus, dit Josie. Quand nous sommes arrivés hier, je me suis sentie un peu triste et perdue. Mais aujourd'hui, tout est différent.

– Le problème, c'est que maintenant, je ne veux plus aller plus loin, dit-il. Savez-vous ce qui m'a fait changer d'avis ? »

Josie ne voulait pas qu'il le lui dise pour l'instant.

« Ce doit être à cause des petits signes venus de l'Est. Quelqu'un a planté des lilas et j'ai vu un grand piano à queue traverser la rue.

– Là où je vais, il n'y aura pas de pianos, mais bien sûr, on n'a plus entendu beaucoup de musique en Virginie ces dernières années. » Il marqua une hésitation. « Parfois, j'aimerais vous montrer la Virginie. La vallée au printemps.

– “ Soldats de Lynchburg, prenez congé de vos vertes collines ”, cita-t-elle.

– Vous vous souvenez de ce chant ? » Il sourit. « Mais je ne voulais pas rester là-bas. Mon père et mes frères ont été tués, et quand ma mère est morte à son tour ce printemps, il n'y avait plus personne. Pourtant, la vie m'a semblé repartir à zéro quand j'ai aperçu votre joli visage dans cet hôtel. »

Cette fois, elle ne changea pas de conversation.

« Je me rappelle m'être réveillé ce matin-là il y a deux ans et avoir rampé à travers bois en essayant de me demander si une fille m'avait décroché de là ou si tout cela était un cauchemar. Ensuite, j'ai aimé penser que c'était vous.

– C'était moi. » Elle frissonna. « Nous devrions vraiment songer à rentrer. Il faut que je sois là quand mon frère va rentrer.

– Laissez-moi y penser une minute, la supplia-t-il, c'est une si belle image. Évidemment, je serais tombé amoureux de vous de toute façon.

– Vous ne me connaissez qu'à peine. Je suis la seule fille que vous avez rencontrée ici, rien d'autre. » Elle se parlait avant tout à elle-même et ne se montrait pas très convaincante. Puis, au bout d'une minute, aucun des deux ne parlait plus. En si peu de temps, ce lieu, ce moment, l'ombre projetée par le cheval et la voiture étaient soudain devenus le centre du monde.

Au bout d'un certain temps, elle s'éloigna et Tib laissa sans le vouloir les rênes claquer sur le dos du cheval. Ils auraient dû faire des projets tout de suite, mais ils étaient sous un charme plus puissant que le souffle de l'automne dans cette nuit du nord. Ils savaient que d'une façon ou d'une autre, ils se retrouveraient le lendemain – même heure, même endroit. Ils étaient tellement persuadés qu'ils allaient se revoir…

Le Dr Pilgrim n'était pas rentré et Josie, qui ne trouvait pas le sommeil, marcha jusqu'à son cabinet, un édifice en bois où on louait des pièces à des professionnels. Elle découvrit alors une scène de confusion totale. Un groupe s'était rassemblé autour d'une domestique de couleur pour tenter d'apprendre ce qu'il s'était passé exactement. Une chose était certaine : avant même que le Dr Pilgrim eût réussi à accrocher son enseigne, il avait été enlevé par la force.

« C'étaient pas des Indiens, criait la femme noire, c'était des Blancs déguisés en Indiens. Ils ont dit que le chef était malade. Quand je leur ai dit qu'ils étaient pas des vrais Indiens, ils ont poussé des cris de guerre, ils s'arrêtaient plus, et puis ils ont dit qu'ils allaient me scalper à coup sûr. Mais y en avait deux qui étaient roux et ils avaient un accent de Virginie. »

La vie déserta Josie et la terreur s'empara d'elle. Pas de rancune, pas de désir de vengeance, et voilà ce que ses amis avaient fait tandis qu'il retenait galamment son attention. Œil pour œil – aussi malfaisant que l'étaient les hommes mille ans plus tôt.

On trouva des traces des coupables. Un certain nombre de citoyens avaient vu les « Indiens » quand ils étaient entrés dans cette bâtisse, et cru qu'il s'agissait d'un jeu un peu bruyant. Plus tard, cette même nuit, un chariot escorté par des cavaliers qui correspondaient à la description donnée par la femme noire, s'était enfui de la ville.

Josie se rappela le nom de Leesburg, un comptoir commercial, à deux jours à l'ouest de St. Paul. Elle avait des lettres de recommandation qu'elle n'avait pas encore utilisées, et le lendemain, des marchands compatissants l'aidèrent à être reçue par le commandant de Fort Snelling. À midi, accompagnée par un détachement de six soldats, elle partit pour Leesburg par la diligence de Fargo.

V.

Le Dr Pilgrim avait déjà été enlevé pour des raisons professionnelles, si bien que l'expérience n'avait même pas le charme de la nouveauté. Se faire kidnapper par de faux Indiens avait commencé par paralyser ses facultés, mais quand il apprit la raison de ce rapt, il ne se priva pas de livrer son sentiment :

« Tout cela pour un sauvage ! s'emporta-t-il. Mais les Indiens ignorent tout de la dentisterie. Ils ont leurs sorciers, ou bien la nature prend soin d'eux. »

Ils se trouvaient dans une construction en bois, un des six édifices de Leesburg. Une assemblée de citoyens, tous originaires du sud de la ligne Mason-Dixon, écoutait la conversation avec intérêt.

« La nature n'a pas pris soin du chef Red Weed, dit Ben Cary. Et donc, vous devez vous en charger. Vous voyez, avant cette rage de dents, aucune clôture ne l'arrêtait, et maintenant il fait appel à ses braves de l'autre côté de la frontière du Dakota. Vous voulez aller faire un tour dans leur village pour les voir de plus près ?

– Je ne veux m'approcher d'aucun Indien, ni ici ni ailleurs.

– On vous demande pas de vous approcher mais de lui soigner les dents.

– Au diable ses dents ! Elles peuvent toutes pourrir sur place pour ce que cela m'importe.

– Allons, docteur, c'est pas très humain de votre part ! Le chef est un sauvage, vous avez pas tort, mais le gouvernement dit que c'est un noble sauvage. Si c'était un nègre, vous vous occuperiez pas de sa dent ?

– C'est différent.

– Pas tant que ça. Notre Indien est plutôt foncé, pas vrai, les gars ? Surtout dans son wigwam. Pendant que vous l'opérerez, vous aurez qu'à faire comme si c'était un Noir. Et alors, ça vous dérangera moins. »

L'ironie amère du ton ne fit que renforcer la résolution du médecin.

« Vous insultez ma profession. Est-ce que vous enlèveriez un chirurgien pour recoudre un chat sauvage blessé ?

– Red Weed est pas si sauvage que ça. Il vous acceptera peut-être même dans sa tribu. Alors vous serez le seul dentiste peau-rouge au monde.

– Je préfère décliner cet honneur. »

Cary changea de tactique.

« D'une certaine façon, on est à votre merci, doc. On peut pas vous forcer. Mais nous, on croit que si vous soignez un Indien malade, vous pouvez éviter à des femmes et des enfants de subir le même sort que ce qui s'est passé ici en 62.

– Cette responsabilité incombait à l'armée, c'est elle qui s'est chargée de mater la rébellion. »

Il marchait maintenant sur un terrain glissant, mais il y eut un long silence pour toute réponse.

« Les gars, on va laisser le docteur réfléchir. » Cary se tourna vers l'interprète indien. « Dis à Red Weed que le sorcier blanc veut pas venir au village aujourd'hui parce qu'il doit d'abord se purifier après son voyage. »

Une heure après cette rencontre, Tib Dulany et son guide arrivèrent à Leesburg sur des poneys couverts d'écume. Il avait lu le journal du matin à St. Paul et s'était mis en route bien avant la diligence. Il était en proie à une rage folle quand il descendit de sa monture pour affronter Ben Cary.

« Espèce de crétin ! Ils vont envoyer des troupes de St. Paul.

– C'était une urgence, Tib, on pouvait pas faire autrement. » Il exposa toute la situation, mais Tib ne se montra pas compréhensif.

« Si quelqu'un m'embarquait de force sur un navire, je me ferais tuer plutôt que lui obéir.

– Mais de ton temps, tu crachais pas sur un enlèvement quand c'était pour Mosby ?

– Cela n'a rien à voir. Que crois-tu que cette fille doit penser de moi maintenant ?

– C'est dommage, Tib, mais… »

Graduellement, tandis qu'il parlait du danger imminent, l'image de Josie s'éloigna pour un temps de son esprit.

« Pilgrim est un type obstiné, dit Tib. Sait-il que je suis un des vôtres ?

– Je me suis dit que tu préférerais qu'on lui en parle pas.

– On dirait que je suis mêlé à tout ça, que je le veuille ou non. Je peux sans doute tenter quelque chose. Explique-lui qu'un deuxième patient demande à le voir. Ne lui dis rien d'autre. »

Le Dr Pilgrim avait rassemblé toutes ses forces pour ne pas se laisser convaincre, et quand Tib se présenta à la porte, il avait préparé toute une tirade. Mais les mots ne furent jamais prononcés. Il resta bouche bée et fixa son visiteur quand celui-ci lui annonça paisiblement : « Je suis venu vous voir pour mes pouces. »

C'est alors que les yeux du Dr Pilgrim découvrirent ce qu'une paire de gants lui avait caché à Chicago.

« Pas très beau à voir, dit Tib. D'abord, je trouvais cela gênant. Mais j'ai découvert ensuite que je pouvais voir ça de deux façons, une blessure de guerre, ou bien autre chose. »

Le médecin tenta de faire appel au sentiment de sa supériorité morale, si essentielle au respect de lui-même.

« En d'autres temps, poursuivit Tib, tout aurait été simple. Ces Indiens-là le comprendraient parfaitement. Ils ont d'ailleurs une torture qui n'est pas si différente. Ils ligotent le torse d'un homme avec des sangles, et ils le suspendent jusqu'à ce qu'il s'effondre. » Il marqua une pause. « Docteur Pilgrim, jusqu'à aujourd'hui, je me suis efforcé de considérer mes pouces comme une blessure de guerre, mais ici, plus près de la nature, je commence à penser que j'ai eu tort. Il est peut-être temps de réclamer mon dû.

– Qu'allez-vous me faire ?

– Ça dépend. Vous avez commis un acte cruel. Et vous ne semblez pas éprouver le moindre remords.

– C'était sans doute une mesure extrême à prendre, reconnut le médecin, gêné. De cela, je suis désolé.

– C'est déjà beaucoup, venant de vous. Mais encore insuffisant. Tout ce que je vous avais demandé ce jour-là dans le Maryland, c'était d'arracher la dent de ce Français. Rien de bien méchant, n'est-ce pas ?

– J'en conviens. Je vous ai dit que je regrettais cet incident. »

Tib se releva.

« Je vous crois. Et pour me le prouver, je vais vous demander de m'accompagner et d'arracher une autre dent. Ensuite, nous considérerons que les comptes sont réglés. »

Le médecin était pris au piège, mais il se sentit si soulagé qu'il n'eut même pas l'idée de protester. De mauvaise grâce, il saisit son sac, et quelques minutes plus tard, un petit groupe prenait la direction du village indien au crépuscule.

La sentinelle les retint tandis qu'on dépêchait un message à Red Weed mais on finit par les laisser passer. Parvenu au wigwam du chef, le Dr Pilgrim, accompagné d'un interprète, fit un pas à l'intérieur.

Cinq minutes plus tard, un cri de triomphe s'élevait parmi les squaws et les enfants qui faisaient la haie dans la rue : la diligence de Fargo, entourée de braves couverts de peintures de guerre, fit son entrée au village avec quatre soldats désarmés et une demi-douzaine de citoyens dans l'habitacle.

VI.

Tib courut instinctivement vers le côté de la diligence, mais en voyant l'expression de Josie, la gorge se serra et aucun mot n'en sortit. Il s'adressa alors au caporal de cavalerie :

« Le docteur Pilgrim ne court aucun danger. En ce moment, il est dans le wigwam du chef et il le soigne. Si tout le monde se tient tranquille, tout finira pour le mieux.

– Mais que veut dire tout ça ? »

Ben Cary lui répondit :

« Ça veut dire que les choses sont au bord d'exploser ici mais que votre colonel voulait pas nous écouter parce qu'on vient de Virginie.

– Je suis mêlé à toute cette affaire maintenant, dit Tib à Josie, mais je n'en savais rien ce soir-là. »

Du wigwam, s'échappa un flot de grognements suivis par un long gémissement, et les guerriers se rassemblèrent autour du tipi.

« J'espère vraiment qu'il va mieux », dit Cary d'un ton sinistre.

Dix minutes s'écoulèrent. Les gémissements plaintifs montaient et retombaient. Le visage de l'interprète apparut sous un pan de la tente, et il prononça quelques mots rapides en sioux, puis les traduisant au bénéfice des Blancs :

« Lui avoir enlevé deux dents. »

Pour la plus grande surprise de Tib, Josie s'adressa à lui dans l'obscurité.

« Il n'y a pas de problème, n'est-ce pas ? demanda-t-elle.

– On ne sait pas encore.

– Je veux dire que tout va bien. Cela ne me paraît même pas étrange de se retrouver ici.

– Donc, vous me croyez ?

– Je vous crois, Tib, rien de tout cela ne semble plus avoir d'importance. »

Ses yeux avaient ce regard à la fois clair et voilé, pareil au scintillement des étoiles, qui, par-delà les Indiens gémissants, les Blancs anxieux, la pyramide menaçante du tipi, alla se perdre dans un mirage qu'elle projetait sur l'écran du ciel.

« Chaque fois que nous sommes réunis, dit-elle, tous les lieux se valent. Vous voyez, ils le savent ; ils nous regardent. Nous ne sommes pas des étrangers ici, ils ne nous feront aucun mal. Ils comprennent que nous sommes des leurs. »

Main dans la main, Tib et Josie attendirent et une brise fraîche vint soulever les boucles qui tombaient sur le front de la jeune femme. De temps à autre, une lumière se déplaçait à l'intérieur du wigwam, et ils distinguèrent la voix du médecin et les accents gutturaux de l'interprète. L'un après l'autre, les Indiens s'étaient accroupis par terre, et un soldat était allé chercher un panier de nourriture dans le chariot. Le village était paisible et il y eut soudain une oriflamme d'étoiles dans le ciel clair. Josie était la seule à savoir qu'il n'y avait désormais plus rien à craindre, parce qu'elle et Tib étaient maîtres de tout l'espace qui les entourait à perte de vue. La main du jeune homme posée sur son épaule, elle se sentait en sécurité, elle n'avait plus froid, tandis que par-delà les ténèbres immobiles, le Dr Pilgrim honorait son rendez-vous.

Merci pour le feu

Mrs Hanson était une jolie femme de quarante ans quelque peu fanée qui vendait des corsets et des gaines en procédant par cercles concentriques à partir de Chicago. Pendant de nombreuses années, son territoire avait oscillé entre Toledo, Lima, Springfield, Columbus, Indianapolis et Fort Wayne, et son transfert vers la zone comprenant l'Iowa, le Kansas et le Missouri avait représenté une promotion, parce que son entreprise était plus fermement établie à l'ouest de l'Ohio.

Plus à l'est cependant, elle s'était fait un nom en bavardant avec sa clientèle, et on lui offrait souvent un verre ou une cigarette dans le bureau de l'acheteur quand le contrat était signé. Mais elle découvrit rapidement que les choses étaient différentes dans son nouveau secteur. Non seulement on ne lui proposait jamais plus de cigarette mais plusieurs fois, alors qu'elle avait demandé si cela dérangerait quelqu'un qu'elle fume, on lui avait répondu en s'excusant à demi :

« Moi, cela me serait égal, mais c'est un mauvais exemple pour les employés.

– Bien sûr, je comprends. »

Fumer était parfois très important pour elle. Elle travaillait dur, et elle y puisait la capacité de se reposer et de se détendre psychologiquement. Elle était veuve et elle n'avait aucun parent proche à qui écrire le soir, alors qu'aller plus d'une fois par semaine au cinéma lui faisait mal aux yeux, si bien que fumer était devenu une marque de ponctuation essentielle dans la longue phrase d'une journée passée sur les chemins.

La dernière semaine du premier voyage de sa nouvelle tournée la trouva à Kansas City. C'était la mi-août, elle se sentait un peu seule parmi tous les nouveaux contacts de la dernière quinzaine, et elle fut ravie de trouver à la réception d'une entreprise une femme qu'elle avait connue à Chicago. Elle bavarda avec elle quelques instants avant de se faire annoncer et, dans le courant de la conversation, apprit plusieurs choses sur l'homme avec qui elle avait rendez-vous.

« Tu penses que ça le dérangera si je fume ?

– Quoi ? Mon Dieu, oui ! s'exclama son amie. Il a donné de l'argent pour soutenir une loi contre le tabac.

– Oh ! Eh bien, je te remercie du tuyau. Je te suis vraiment reconnaissante.

– Tu ferais mieux de faire attention par ici, dit encore son amie. Surtout aux hommes de plus de cinquante ans. Ceux qui n'ont pas fait la guerre. Un type m'a dit un jour qu'aucun de ceux qui avaient fait la guerre n'empêcherait jamais qui que ce soit de fumer. »

Mais à sa prochaine étape, Mrs Hanson rencontra l'exception. En apparence un jeune homme très agréable, mais ses yeux se fixèrent avec une telle fascination sur la cigarette qu'elle tapotait contre l'ongle de son pouce qu'elle la remisa aussitôt. Elle se vit récompensée quand il l'invita à déjeuner, et en une heure, elle décrocha une commande importante.

Il insista ensuite pour la conduire à son prochain rendez-vous, alors qu'elle avait eu l'intention de repérer un hôtel dans les environs pour aller tirer quelques bouffées dans les toilettes.

C'était un de ces jours d'attentes interminables, tout le monde était occupé, en retard, et apparemment, quand ils finissaient par arriver, ses clients étaient des hommes au visage en lame de couteau qui n'aimaient pas qu'on se fasse plaisir, ou des femmes qui bon gré mal gré s'étaient conformées aux idées de ces derniers.

Elle n'avait pas fumé depuis le petit déjeuner, et elle comprit soudain que c'était pour cette raison qu'elle ressentait une certaine insatisfaction à la fin de chaque visite, quel qu'en fût le bénéfice financier. À haute voix, elle expliquait : « Nous pensons avoir inventé là quelque chose de nouveau. Bien sûr, il s'agit toujours de caoutchouc et de toile, mais nous les assemblons de façon radicalement différente. Trente pour cent de publicité en plus à l'échelle nationale, cela en dit long. »

Mais au fond d'elle-même, elle pensait : « Si seulement je pouvais tirer trois bouffées, je serais capable de vendre des fanons de baleines à l'ancienne. »

Il ne lui restait plus qu'une boutique à aller voir mais elle avait une demi-heure devant elle. Elle avait juste le temps de rentrer à son hôtel, mais comme il n'y avait aucun taxi en vue, elle fit un tour dans les rues, en pensant : « Je ferais mieux sans doute de cesser de fumer. Je suis en train de devenir une vraie droguée. »

Face à elle s'élevait la cathédrale catholique. Elle lui sembla très haute et Mrs Hanson eut une inspiration soudaine : si tellement d'encens était monté vers Dieu depuis les flèches, un peu de fumée dans le vestibule ne ferait aucune différence. Le bon Dieu ne verrait sûrement aucun inconvénient à ce qu'une femme épuisée tirât quelques bouffées dans Son église.

Néanmoins, bien qu'elle ne fût pas catholique, l'idée lui répugna. Elle trouvait désormais moins urgent de fumer sa cigarette, parce que beaucoup pourraient s'en trouver offensés.

Tout de même… Lui n'y verrait aucun inconvénient, s'obstinait-elle. À Son époque, ils n'avaient même pas encore inventé le tabac.

Elle pénétra dans la cathédrale, le vestibule était sombre, et elle chercha une allumette dans son sac mais n'en trouva aucune.

« Je vais allumer ma cigarette à un de leurs cierges », se dit-elle.

L'obscurité de la nef n'était interrompue que par une flaque de lumière dans un recoin. Elle remonta l'allée centrale jusqu'à cette tache blanche, et s'aperçut qu'elle ne provenait pas de cierges et qu'en tout cas, elle était en train de disparaître : un vieil homme s'apprêtait à éteindre la dernière veilleuse.

« Ce sont des bougies votives, expliqua-t-il. Le soir venu, nous les éteignons. Elles flottent dans l'huile, et nous pensons que cela a plus de sens aux yeux de ceux qui les ont offertes de les garder pour le lendemain que de les laisser se consumer toute la nuit.

– Je vois. »

Il éteignit la dernière. Il ne restait plus aucune lumière dans la cathédrale maintenant, mis à part un lustre électrique dans les airs, et la veilleuse qui brûlait éternellement devant le tabernacle.

« Bonne nuit, dit le bedeau.

– Bonne nuit.

– Je suppose que vous étiez venue pour prier.

– Oui. »

Il disparut dans la sacristie. Mrs Hanson s'agenouilla. Elle n'avait pas prié depuis longtemps. Elle ne savait pas vraiment quoi demander, et donc elle pria pour son employeur, pour ses clients de Des Moines et de Kansas City. Ensuite, elle se redressa. Elle n'avait pas l'habitude de prier. Du fond d'une niche, l'image de la Madone la fixait, deux mètres au-dessus d'elle.

Distraitement, elle la regarda. Ensuite elle se releva et se laissa tomber avec lassitude au coin d'un banc. Elle s'imagina que la Vierge descendait vers elle, comme dans la pièce *Le Miracle*, reprenait son emploi et vendait des corsets et des gaines à sa place, et était aussi fatiguée qu'elle. Puis, Mrs Hanson s'endormit pendant quelques minutes…

… Elle se réveilla en prenant conscience que quelque chose avait changé, et graduellement, elle perçut une odeur familière qui n'était pas celle de l'encens flottant dans l'air, et ressentit une douleur aux doigts. Ensuite elle se rendit compte que la cigarette qu'elle tenait était allumée, qu'elle se consumait.

Encore trop ensommeillée pour penser, elle tira une bouffée afin qu'elle ne s'éteigne pas. Puis elle releva les yeux vers la niche indistincte de la Madone dans la pénombre.

« Merci pour le feu », dit-elle.

Cela ne semblait pas tout à fait suffisant, et elle s'agenouilla, les volutes de fumée montant de la cigarette serrée entre ses doigts.

« Merci beaucoup pour le feu », reprit-elle.

Hors-jeu

I.

Un vif soleil de novembre dardait ses rayons sur Kiki, comme un halo bleu dans la fumée évanescente des cigarettes, au milieu de la foule. Pareille lumière lui rendait justice : c'était une belle jeune femme, rayonnante de bonheur, mais qui faisait tout pour se convaincre que cela ne durerait pas. « … parce que, pour l'instant, je fais partie de ces gens détestables qui ont tout pour être heureux. »

Elle exagérait, bien sûr. D'autres têtes se couvraient du même chaume doré pour égayer les hivers du Nord, d'autres yeux avaient été plongés dans la même fumée bleue féerique, et sa bouche était loin d'être la seule à paraître coquine ce jour-là au Yale Bowl. Il y avait aussi alentour d'autres cœurs qui avaient cessé d'être ouverts à tous vents. Mais représentez-vous lors de ce tableau d'ouverture Kiki comme la plus heureuse des filles du monde.

Et tandis que l'instant scintillant perdurait avant de se noyer dans l'éternité, l'homme qui se trouvait à son côté, l'objet de tous les désirs, l'infiniment admirable Considine, prononça quelques mots qui la firent chanceler sur son piédestal de bonheur.

« Je veux te parler très sérieusement après ce match », dit-il seulement. Mais il ne lui prit pas la main, ne la regarda pas en les prononçant. Il continua de fixer les équipes sur le terrain, sans rien observer de particulier, le regard simplement détourné.

« De quoi s'agit-il ? Dis-le-moi tout de suite.

– Pas maintenant. » Une mêlée se forma et il consulta le programme. « Encore ce numéro 16. Un bloqueur incroyable, ce petit Van Kamp. Il ne pèse que soixante et onze kilos, mais il arrête toutes les attaques à lui tout seul.

– Il est dans notre équipe ? demanda-t-elle d'un air distrait.

– Non, il joue pour Yale et c'est franchement dommage, s'indigna-t-il. Ils l'ont acheté, par le diable ! Ils l'ont acheté corps et âme !

– Quel dommage ! s'exclama-t-elle poliment. Pourquoi Harvard n'a-t-elle pas fait une offre rien que pour le corps ?

– Ce n'est pas notre genre, mais ces gens n'ont aucune conscience. Les voilà repartis, regarde ! Regarde-le bondir au-dessus de l'action, il fonce, il ne se laisse jamais engluer ! »

Kiki n'était pas vraiment attentive – elle avait deviné que les choses ne tournaient pas rond sous ce beau soleil. Mais dans ce cas, elle était prête à tout pour les arranger. Élu « Étudiant le plus prometteur » l'année précédente à Cambridge, Alex Considine « avait tout ». Et en outre, elle l'adorait.

À la mi-temps, dans le roulement des grosses caisses, alors que le soleil brillait toujours, les gens les bousculèrent au passage en s'interpellant d'une rangée à l'autre.

« Je n'ai jamais vu un première ligne dominer un match comme ce Van Kamp, commenta Considine. Sous notre maillot rouge, il serait superbe ! »

Au troisième quart-temps, le champion bloqua un dégagement et récupéra lui-même le ballon – après quelques actions, son équipe marqua, et le reste du match fut une succession haletante de longues passes dans une stratosphère de hourras déchaînés. Soudain, ce fut la fin : Kiki et Alex sortirent du stade dans le flot silencieux des perdants, passèrent une petite demi-heure en compagnie d'amis avant de se précipiter vers leur train. Ils auraient dû se retrouver seuls, mais ils ne dénichèrent qu'une place libre, et Considine dut s'asseoir à moitié sur l'accoudoir, à moitié dans l'allée bondée.

« Je dois savoir ce qui te trotte dans la tête, dit-elle.

– Attends que nous soyons à New York.

– De quoi s'agit-il ? Il faut que tu me le dises. C'est à propos de nous.

– Eh bien… oui.

– Quel est le problème ? Ne sommes-nous pas bien ensemble ? Tout nous réussit, non ? Je refuse d'attendre deux heures que tu te décides. » D'un ton léger, elle ajouta : « J'ai deviné, tu veux rompre, et tu n'oses pas le faire en public.

– Kiki, je t'en prie.

– D'accord, alors laisse-moi t'interroger. Première question : Est-ce que tu m'aimes ? Non, je ne te le demande pas. J'ai un peu peur de la réponse. Je vais te dire un secret à la place : moi, je t'aime, même si tu as l'intention de me dire une chose affreuse. »

Elle le vit soupirer en silence.

« Donc, c'est bien une chose affreuse. Peut-être ce que j'ai pressenti. » Elle s'interrompit. Ce suspens n'avait plus rien de joyeux. Au bord des larmes, il lui fallait changer de sujet.

« Regarde cet homme de l'autre côté de l'allée, murmura-t-elle. Les gens derrière moi disent que c'est Van Kamp, le joueur de Yale. »

Il se retourna pour jeter un coup d'œil.

« Je ne crois pas. Jamais il ne rentrerait aussi vite à New York. Pourtant, il lui ressemble.

– Ce doit être lui, avec toutes ces hideuses égratignures. Sans cela, il serait très beau.

– C'est à cause des plaquages de face.

– Il est beau, en tout cas. Un des plus beaux garçons que j'aie jamais vus. Tu pourrais me présenter.

– Je ne le connais pas. De toute façon, le langage ne doit pas être son fort, il doit fonctionner par signes. »

C'était la première remarque légère qu'il avait faite de l'après-midi et elle se reprit un instant à espérer, mais aussitôt, son visage redevint grave, comme s'il venait de rire à un enterrement.

« C'est peut-être un grand mathématicien, et il pense peut-être par chiffres, poursuivit-elle d'un air malheureux pour ne rien dire. Imagine qu'il ait Einstein pour professeur… ah non, c'est à Princeton qu'il enseigne.

– Je suis prêt à parier qu'il a eu un répétiteur à plein temps pour réussir ses études.

– J'en avais un moi aussi quand j'étais plus jeune. Tu n'arriveras pas à me convaincre qu'il est stupide. »

Il posa sur elle un regard interrogateur.

« Tu n'es pas très difficile, au fond… »

Elle renonça à poursuivre la conversation, et lui emprunta son programme, ouvert à la page de la composition de l'équipe.

Garde offensif gauche : Eubert G. Van Kamp, Lycée de Newton, 1 mètre 80, 71 kilos, 21 ans.

Il avait l'âge de Considine mais n'était qu'en deuxième année de faculté. À vingt et un ans, certains avaient déjà composé des chefs-d'œuvre ou commandé des armées.

À dix-huit ans, des filles s'étaient déjà suicidées pour des amours non partagées, ou bien s'en étaient remises, ou même avaient affirmé que ce n'était de toute façon pas de l'amour depuis le début.

À la gare suivante, des passagers descendirent du train, et Considine put enfin se glisser sur le siège à côté d'elle.

« Maintenant, tu peux parler ? demanda-t-elle.

– Oui, et je vais être très franc. Kiki, je te préfère à toutes les filles que je connais. L'été dernier quand nous…

– Tu l'as vu jouer l'été dernier ?

– Vu qui jouer ?

– Ce garçon… Van Kamp. Je veux dire, si tu l'avais vu jouer l'été dernier, pourquoi ne lui as-tu pas offert plus d'argent que les autres ? »

Il la fixa sans sourire.

« Sérieusement, il faut que nous regardions la situation en face et…

– Oh tais-toi !

– Que veux-tu dire, Kiki ?

– Regarde-la donc toi-même en face, cette situation. Cela fait deux heures que je sais exactement ce que tu vas m'annoncer.

– Je…

– Et je suis assez exigeante sur la façon dont on me laisse tomber. Voici ta bague. Range-la dans ta collection archéologique. Mets-la dans ta poche. Cet homme là-bas nous regarde, le tableau que nous formons raconte une histoire à lui tout seul.

– Kiki, je…

– Tais-toi, tais-toi, tais-toi…

– D'accord, dit-il d'un air sombre.

– Écris-moi une lettre à la place et je la donnerai à mon mari. J'épouserai peut-être Van Kamp. De fait, je suis heureuse que tu aies parlé – ou pas – au moment où tu l'as fait – ou pas. Je vais faire la fête ce soir avec quelqu'un, et je veux être libre. D'ailleurs, nous voici arrivés. »

Dès qu'ils eurent quitté leurs sièges, elle le laissa sur place, et se hâta avec l'énergie du désespoir de remonter l'allée centrale, luttant contre le flot des passagers parce qu'elle voulait farouchement lui échapper. Elle accrocha ce faisant le bras d'un passager qui se déplaçait rapidement et semblait avoir la priorité, et se retrouva entraînée par son élan à franchir la porte avant d'atterrir sur le quai.

« Je suis désolée, dit-elle, à bout de souffle. Je vous prie… »

C'était Van Kamp. Embarrassée, elle lui emboîta le pas en lui rendant son sourire.

« Vraiment, vous avez fait un match magnifique, et je suis harcelée par quelqu'un, une personne absolument effrayante. Accepteriez-vous de m'accompagner jusqu'à un taxi ? Je vous assure que je n'ai pas bu, mais il vient de me briser le cœur à tout le moins, et les symptômes sont les mêmes.

Ils se dépêchèrent de remonter la passerelle qui conduisait dans le silencieux mausolée de marbre de Grand Central.

« Ne pouvez-vous pas le reconquérir ? » Sa question n'était qu'à moitié sérieuse, mais Kiki fit comme si elle ne s'en apercevait pas.

« Votre pauvre visage ! s'exclama-t-elle. Vraiment, vous avez été merveilleux. J'ai assisté au match avec un farouche soutien de Harvard et il était tout simplement abasourdi. Non, je ne vais pas essayer de le reconquérir. D'abord, j'y avais songé, mais en dernière instance, j'ai décidé de ne pas le faire. »

Ils arrivèrent à la tête de taxi. Il remontait vers le nord de la ville, pouvait-il la déposer ?

« Oh, je vous en prie. »

Dans la voiture, ils se regardèrent à la lumière des premiers néons qui commençaient à scintiller de l'autre côté de la vitre. Van Kamp avait les yeux bleus, un corps en fer forgé et les cheveux blond cendré. Il était timide, et dans ce sens malhabile, mais il n'avait jamais de sa vie fait le moindre geste maladroit.

Voyant cela, Kiki, qui s'était soudain trouvée plongée dans un vide affectif, se transforma sur l'instant en ce type de fille qu'on attendait qu'elle fût. Elle était seule avec lui, elle n'avait aucun plan mis à part ceux qu'elle était prête à échafauder avec lui. Il avait un rendez-vous galant, mais au bout de quelques minutes, il ne sembla plus avoir la moindre urgence à s'y rendre – elle l'appelait déjà Rip avant qu'ils aient commandé à dîner.

« J'ai failli aller à Harvard, lui expliqua-t-il. Pendant un moment j'avais pensé devenir footballeur professionnel, mais j'ai décidé de faire des études à la place.

– Combien te payent-ils ?

– Me payer ? Mais pas un sou.

– Je croyais que c'était ça, l'idée.

– Je voudrais bien. Il y a des gars qui touchent cent dollars par mois de leur université là-bas dans l'Ouest. Moi, je n'ai obtenu qu'une bourse. Et bien sûr, les repas font partie de l'entraînement, mais il faut aussi que je travaille. J'ai une demi-douzaine de petits boulots sur le campus.

– Ça n'est vraiment pas juste, dit-elle. Ils devraient te payer, le public vient assister aux matchs pour te voir. Tu as quelque chose de valeur à vendre, quelque chose d'aussi important que… d'aussi important que…

– … qu'un cerveau. Allez, dis-le. Parfois je me demande pourquoi j'ai tenu à aller à l'université.

– En tout cas, ils devraient te payer pour rester.

– Tu accepterais de le leur dire ? »

Toutes les cinq minutes, Kiki pensait avec un sursaut à Alex Considine : elle se demandait s'il regrettait maintenant, elle aurait voulu savoir ce qui l'avait empêché de l'aimer, quelque chose qu'elle avait fait, ou sa façon d'être, à moins que ce ne fût à cause d'une autre fille. Mais ensuite, son regard se reportait sur Eubert G. (« Rip ») Van Kamp, soixante et onze kilos, un mètre quatre-vingts, et elle se disait qu'elle n'avait jamais vu un homme aussi beau.

Ils allèrent danser, et quand l'orchestre joua « Gone » ou « Lost », elle se sentit vide et effrayée au fond d'elle-même, car le mois dernier, elle avait dansé sur ces mêmes airs avec Considine. Mais quand ils jouèrent « Goody-Goody », tout s'arrangea, parce que danser avec Van Kamp était à la fois très étrange et très agréable d'une tout autre façon. Ensuite, dans le taxi, elle l'embrassa, complètement, presque avec abandon, autant qu'il le voulut. Elle joua son rôle jusqu'au bout, si bien que quelques heures plus tard il était devenu cette image insolite d'un homme dont on a été très proche et qui n'est ni un inconnu ni tout à fait un familier.

II.

À 16 heures le lendemain, il se présenta chez Kiki, intimidé par le luxe de sa maison.

« Que crois-tu que j'ai fait toute la journée ? demanda-t-elle. J'ai lu les journaux, bien sûr. La rubrique sportive, bien entendu. Tu as vu ça ? »

David était un garde offensif, et il n'y avait pas un Goliath, mais sept. Voilà ce qui se dit aujourd'hui à New Haven après un des matchs les plus âprement disputés des championnats qui depuis soixante ans ont opposé Yale et Harvard. Avec ses soixante-douze kilos, il a volé la vedette à tous les arrières.

« Ça ne doit pas être moi, dit-il avec humour, j'en pèse soixante et onze. Mais ne jouons pas à ce petit jeu. C'est toi que je suis venu voir – j'ai passé toute la matinée à expliquer à quelqu'un où j'étais hier soir. »

Il doit avoir beaucoup de conquêtes, se dit-elle. Et à voix haute, elle répondit : « J'ai repensé à notre conversation durant le dîner. C'est ridicule qu'ils ne te paient pas pour ce que tu apportes.

– Le championnat fait le plein de spectateurs que je sois là ou non. Cela va faire soixante ans qu'ils se débrouillent très bien sans moi.

– Le plein pour les grands matchs, d'accord, mais pas pour chaque rencontre. Je suis prête à parier que tu leur fais gagner des milliers de dollars de supplément.

– Oh non, je ne suis qu'un joueur parmi onze.

– Les journaux disent que tu étais l'équipe à toi seul.

– Mais non, c'est ce qu'on croit, parce qu'après les premiers échanges, je sais en général prédire la tactique de l'adversaire. »

Mais soudain, pour Kiki, la personne physique de Rip se mit à devenir floue, à s'effacer littéralement de son champ de vision ; et elle se retrouva seule avec Considine qui venait d'entrer dans la pièce.

L'espace d'un instant, elle demeura médusée, tellement en proie à ses instincts les plus intimes que s'il s'était approché, elle se serait levée pour se laisser tomber dans ses bras comme un catcheur groggy. Mais les conséquences indirectes de la veille décidèrent de la suite : il était à bout de nerfs, désespéré et moins à même encore que Kiki de faire face à cette situation. Il ne perçut pas le soulagement éperdu qui monta d'un seul coup aux yeux de la jeune femme tandis qu'il parlait, qu'il prononçait des mots qui, comme autant de briques, élevaient un mur entre eux deux.

« Il faut que je te voie une minute... Tout s'est passé de façon si confuse... avant que je parte pour la Grèce... que je t'explique pourquoi je me suis comporté de façon si absurde... »

Et tandis qu'il restait là, aveugle et balbutiant, cette lueur particulière disparut des yeux de Kiki, et la blessure et l'humiliation revinrent en force. Quand il la regarda enfin, elle lui parut aussi inflexible et redoutable que sa voix :

« Je te présente Mr Van Kamp... Je suis désolée mais je ne peux pas te parler maintenant. Il n'y a de toute façon rien à discuter. Je te prie de m'excuser. »

Incrédule, il tourna les yeux vers Van Kamp, découvrant soudain sa présence. Puis, se rendant compte trop tard que ce n'était pas une question de mots, mais de lutte pour effacer ce qui avait été dit, il se dirigea vers elle – et tout aussi précipitamment, elle s'éloigna, comme si l'idée même de cette proximité la révulsait. Même Rip se hérissa un peu, et Alex s'arrêta, ses bras à demi tendus retombèrent.

« Je t'écrirai, murmura-t-il. J'ai commis une affreuse erreur.

– Je te l'accorde, rétorqua-t-elle. Maintenant, je t'en prie, va-t'en. »

Il s'éclipsa, et durant une minute, dans le terrible écho du tonnerre de son absence, elle regarda vers la porte, pensant qu'il était revenu, qu'il ne pouvait cesser de l'aimer, qu'elle aurait pu tout oublier entre ses bras. Un grand frisson la parcourut. Puis elle se tourna vers Rip pour répondre à la question qu'il venait de poser.

« Oui, c'était lui.

– Il a l'air terriblement désolé.

– Ne parlons pas de lui. Je ne le connais plus. Approche, Rip.

– Ici ?

– Ne me prends pas dans tes bras. Reste là où je peux te voir. » On aurait dit quelqu'un qui étouffe et se met à la fenêtre pour respirer. Songeant avec une joie mauvaise combien Alex aurait détesté l'entendre prononcer cette phrase, elle lui dit : « Rip, sais-tu qu'à Hollywood, il y a des dizaines de gens de ton âge beaucoup moins beaux que toi qui gagnent des fortunes ?

– Tu crois que je devrais faire du cinéma ?

– Non, je pense qu'il faut que tu restes à l'université. Mais il faut que tu obtiennes beaucoup d'argent pour cette chose que tu fais mieux que tout le monde, et que tu économises en prévision du moment où d'autres le feront mieux que toi.

– Tu te dis que je vais finir comme gardien de nuit, ou quelque chose du genre ? » Il fronça les sourcils. « Je ne suis pas si stupide ; j'y ai déjà pensé. C'est un peu triste, tu ne trouves pas ?

– Oui, c'est un peu triste, Rip.

– Mais évidemment, on ne peut jamais être sûr de rien. Il doit bien y avoir dans le monde une place pour les gens comme moi.

– Il y en a une, j'en suis persuadée. Mais il t'appartient dès maintenant de te la faire. Je vais t'aider. N'aie crainte, je ne vais pas tomber amoureuse de toi.

– Tu en es sûre ?

– Absolument. Je me suis fait plaquer une fois, et je ne suis pas encore tout à fait remise. Si jamais je m'en remets. Tu ne comprends pas que la nuit dernière, Rip, je n'étais pas moi. Tu ne me connais même pas, Rip, et tu ne me connaîtras peut-être jamais. »

III.

Cet hiver-là, Kiki eut de nombreux prétendants, mais son cœur était vide et elle les paya de leur intérêt en monnaie de singe. Comme une somnambule, elle fit une visite d'inspection des universités en février, mais à New Haven, elle garda les yeux ouverts assez longtemps pour chercher Rip Van Kamp dans les tourbillons de la foule, et ne le trouvant pas, fit déposer un message dans sa chambre. Le lendemain, ils déambulèrent ensemble sous une neige légère mais aveuglante, et le visage du jeune homme, tel un profil de statue antique se découpant sur le ciel d'hiver, lui apporta un soudain renouveau de plaisir.

« Où étais-tu hier soir ? s'enquit-elle.

– Je ne possède ni queue-de-pie ni cravate blanche.

– Ridicule, s'exclama-t-elle avec irritation. Mais j'ai des projets pour toi. De vulgaires projets matériels. Je crois que je t'ai trouvé un bon ange. Laisse-moi te raconter. »

Ils s'installèrent devant un feu de bois dans le bureau de Rip, et elle lui donna les détails :

« Il s'agit d'un nommé Gittings, diplômé en 1903, ami de la famille. Le mois dernier, il séjournait chez nous, et un jour, je l'ai trouvé occupé à écrire quelque chose de mystérieux qu'il a aussitôt caché quand je suis entrée. Je brûlais de savoir ce que c'était, et j'ai réussi à le savoir. Il s'agissait d'une liste de noms : Ketcham, Kelley, Kilpatrick, etc., et il a fini par m'avouer que c'était une équipe de football américain composée d'anciens joueurs de Yale dont le nom commençait par K. Il m'a confié que chaque fois qu'il avait un peu de temps à tuer, il choisissait une lettre de l'alphabet et formait une équipe. J'ai tout de suite compris que nous tenions notre homme.

– Mais même s'il en arrivait à la lettre V, dit Rip, je ne vois pas comment…

– Ne fais pas l'idiot ; le football est sa passion, tu comprends ? Une vraie obsession pour lui.

– Sans doute.

– Et il est bien sûr capable de payer pour sa lubie. Je veux dire, te payer toi.

– Je te suis très reconnaissant de ton intérêt.

– Tu mens. En fait, tu trouves déjà que je suis culottée. Mais attends de savoir la suite. J'ai mis les choses en marche. J'ai planté la graine dans son esprit. Je lui ai dit qu'on t'avait proposé beaucoup d'argent pour aller poursuivre tes études sur la côte Ouest… »

Il bondit de son siège.

« Reste calme, Rip. Même si je dois t'avouer que Mr Gittings, lui, ne l'était pas du tout. Il s'est mis à courir dans tous les sens en criant que c'était un crime. Finalement, il m'a demandé d'où venait cette offre, mais j'ai pensé qu'il valait mieux ne pas aller plus loin pour l'instant. Tu es fâché ?

– Non, pas du tout, mais voudrais-tu me dire pourquoi tu fais tout ça ?

– Je ne sais pas, Rip. Peut-être par esprit de vengeance. »

Ils traversèrent le vénérable campus dans le crépuscule, et elle tomba en arrêt à un endroit où une applique murale dessinait un carré jaune sur la neige bleue.

« Il faut que tu fasses preuve d'ambition au bon sens du terme. » Et elle ajouta, comme pour elle-même : « Ce qui déjà t'aidera quand tu voudras vraiment séduire une femme, enfin quand tu décideras que c'est ce que tu souhaites.

– Je n'ai jamais connu aucune fille comme toi, dit-il, et après t'avoir quittée à l'automne dernier, je n'ai pas pu m'empêcher de penser à toi, même quand tu m'as dit que ça n'avait aucun sens.

– J'ai dit ça ? »

Elle était ravissante, et il lui parla de ses joues.

« Tellement belles. Si blanches.

– Les tiennes aussi. »

Ils s'écartèrent ensemble du carré de lumière, et leurs visages se touchèrent dans l'obscurité glacée.

« Quelqu'un m'attend au Taft, Rip, dit-elle. Passe donc chez nous samedi prochain dans l'après-midi. Mr Gittings sera là. »

IV.

En dépit de ses compositions d'équipes par ordre alphabétique, Mr Cedric Gittings était loin d'avoir le cerveau ramolli. Comme celles de nombreux Américains, sa mère avait aimé le Petit Lord Fauntleroy, et son obsession pour le sport à l'âge de cinquante ans était une réaction simple et naturelle. Chaque automne, les onze jeunes gens qui s'élançaient sur la pelouse du terrain de football par un samedi matin au froid déjà vif représentaient une image de la beauté qu'il n'avait pas connue dans la vie.

Il se réjouissait de rencontrer Rip : à la fois honoré et impressionné.

« Quel beau match, dit-il. Il paraît que j'ai attrapé les plumes du chapeau d'une dame et que je les ai lancées en l'air. J'ai dû me précipiter pour les récupérer, parce que quand vous avez marqué, je me suis senti léger comme un oiseau. Quand on perd, je me sens physiquement malade. Dites-moi, jeune homme, qu'est-ce qu'on me raconte à propos de votre intention de quitter l'université ? »

Kiki prit la parole.

« Rip ne souhaite pas s'en aller. Ça lui fendrait vraiment le cœur. Mais il n'a pas d'argent. Et de toute façon, on ne peut pas dire que l'équipe de Yale l'an prochain sera très fameuse.

– Mais bien sûr que si ! » s'exclama Mr Gittings.

Kiki jeta un regard impérieux à Rip qui déclara docilement :

« On n'a pas grand monde en attaque.

– Vous, vous êtes là, jeune homme. Vous êtes une ligne d'attaquants à vous tout seul. Je vous vois très bien sortir des rangs et prendre la tête d'une offensive.

– Mais si l'équipe ne gagne pas, l'interrompit Kiki, aucun sélectionneur ne cherchera à engager Rip. Moi, je crois qu'il devrait accepter l'offre de cette université de la côte Ouest.

– Quelle université ? » s'enquit farouchement Gittings.

Rip regarda Kiki et réussit à articuler :

« Je n'ai pas le droit de le dire.

– Cette façon de venir débaucher des joueurs est inqualifiable. Je préférerais nous voir perdre tous les matchs plutôt que penser que l'équipe s'est vendue et a été achetée.

– Mais Rip doit songer à son avenir, dit Kiki avec douceur. On entend parler de tellement de joueurs qui sont devenus veilleurs de nuit, videurs, ou qui ont même fini en prison.

– En prison ! Je n'ai jamais entendu parler d'aucun bon joueur de football qui se serait retrouvé en prison. Tout le monde se souvient d'eux, enfin ! Si j'étais juge et qu'une gloire du foot comparaissait devant moi, je dirais aussitôt "Il doit s'agir d'une erreur" – tout homme jouissant d'une coordination musculaire aussi parfaite doit avoir le bénéfice du doute.

– Si jamais je tombe aussi bas, dit Rip, j'espère que le juge sera d'accord avec vous.

– Mais bien sûr qu'il le sera. Les juges sont humains, comme nous tous. »

Kiki trouvait que la conversation prenait un tour assez sinistre.

« Rip veut seulement aller là où les anciens élèves sont plus généreux pour qu'il puisse gagner sa vie.

– Combien vous ont-ils offert dans l'Ouest ? demanda Mr Gittings.

– Un vrai magot, s'empressa de répondre Kiki.

– Eh bien, vous seriez bien sot d'accepter, jeune homme.

– Je détesterais devoir quitter l'université, dit Rip. Mais enfin, tout vaut mieux que la prison. »

Gittings gémit.

« Vous recommencez avec cette idée de prison. Je ferai en sorte de vous éviter d'y aller. Je vais créer un fonds de placement pour vous en cas de problème.

– Voilà une bonne idée, approuva Kiki. Un fonds de placement est un investissement sur lequel il pourrait compter.

– Je vais aussi lui trouver une bonne place dans une entreprise pour le moment où il finira ses études.

– Le fonds de placement me paraît être une meilleure idée.

– Vous me semblez bien mercenaire sur cette question, jeune fille. » Il soupira. « Quand faudrait-il qu'il parte ?

– Tout de suite, je suppose. Il doit partir immédiatement pour être sélectionné l'automne prochain. Ils sont très exigeants.

– Exigeants ! s'écria Mr Gittings, écœuré. Exigeants ! Dites-moi seulement combien ils proposent ? »

À ce moment-là, ce fut un grand désavantage pour lui de n'avoir jamais acheté un sportif. Il n'avait pas la moindre idée de combien ils étaient payés, et ce processus lui semblait si immoral et si détestable que la question de l'argent paraissait relativement sans importance. Kiki conclut finalement l'affaire pour cinq mille dollars.

V.

Kiki voyagea ensuite pendant six mois et des choses lui arrivèrent qui prennent trop de place pour les rapporter ici. Certains idéalistes prendraient mal d'apprendre qu'elle avait souffert du clair de lune à Honolulu et sur les rives des Grands Lacs italiens, qu'elle avait failli épouser un homme qui n'apparaît même pas dans cette histoire. Il avait la voix joliment cassée ou s'habillait avec humour – mais ensuite, il fit quelque chose ou ne fit pas quelque chose et après cela, il n'eut plus pour elle aucun rapport avec l'aube, le vent ou les étoiles du soir. Fin octobre, elle rompit et se hâta de rentrer en Amérique.

À son arrivée, Kiki regarda timidement alentour, ne sachant pas bien elle-même ce qu'elle s'attendait à trouver – certainement pas Considine, parti en expédition archéologique en Crète. Mais elle se sentait néanmoins un peu perdue et elle se réjouit de découvrir un télégramme de Rip Van Kamp. Il voulait la voir de façon urgente et lui proposait de venir assister au match contre Dartmouth. Elle y alla avec l'impression qu'elle allait retrouver quelque chose qu'elle avait laissé là : sa prime jeunesse et les illusions perdues au championnat de l'année précédente.

Si un étudiant footballeur valut jamais cinq mille dollars, ce fut à coup sûr Rip durant cette saison-là. C'était une mauvaise équipe, des arrières légers derrière une ligne d'attaquants non aguerris, et tout cela mit franchement en valeur le jeu de Rip. Il avait un style personnel qu'aucun entraîneur n'avait jamais essayé de modifier : il s'agissait d'une façon de retenir l'adversaire sans se retrouver hors-jeu, et nombreux furent les arbitres qui essayèrent en vain de le prendre en faute. Il chargeait à grande vitesse, en levant assez haut les genoux et les hanches, les coudes relâchés, si bien qu'au moment crucial il semblait entourer complètement le défenseur, et pourtant avec si peu de contact réel il restait libre pendant l'action elle-même. Et quand un homme de quinze à trente kilos moins lourd que les autres faisait pareille démonstration un samedi après l'autre, même Mr Gittings n'aurait pu en demander davantage.

Frémissante d'espoir, Kiki vint l'attendre à la fin du match.

« Quand je te regarde jouer, je ne suis plus qu'une lycéenne folle d'admiration.

– Comme j'aimerais que tu dises vrai !

– Moi aussi. Au moins je pourrais faire la pom-pom girl ! Pour l'heure, je ne te sers absolument à rien. J'en arriverais à souhaiter que tu aies de réels problèmes.

– J'en ai, répondit-il en fronçant le sourcil. Je suis dans un sale pétrin. C'est pour ça que je t'ai télégraphiée.

– Mais Rip, que se passe-t-il ? »

Ils étaient au Sachem, un salon de thé empli de garçons et de filles qui paraissait étrangement tranquille après le match. Après un coup d'œil circulaire, Rip sortit une coupure de journal de sa poche et la lui tendit.

« Lis ça, et je t'expliquerai. Il ne s'agit pas de moi. »

ÉTUDIANT VOLEUR DE BIJOUX REND BUTIN : DOYEN DE YALE REÇOIT PAQUET ANONYME.

Effrayé par un campus en alerte regorgeant de Philo Vance et autres Hercule Poirot, le cambrioleur qui opérait dans les résidences étudiantes de Yale a fait parvenir des objets précieux pour une valeur de trois cents dollars au Doyen Marsh par la poste. Il s'agissait de montres, d'épingles de cravate, de portefeuilles, et de bijoux divers. La connaissance précise qu'avait le voleur entre autres des heures de cours semble indiquer qu'il s'agissait d'un étudiant de premier cycle.

« Eh bien ? demanda Kiki.

– Je t'ai déjà dit que mon frère Harry était étudiant en 2e année. Il a connu un sale coup du sort : il s'est cassé un genou au football en 1re année, et il ne peut plus jouer. Et donc, il s'est mis à voler. Je ne le comprends pas. Un type de sa classe l'a pris sur le fait, et j'ai donné jusqu'à mon dernier cent pour racheter ce qu'il avait pris. Aujourd'hui, il me faut davantage d'argent.

– Tu as puisé dans les cinq mille dollars ? Oh Rip, il était entendu que c'est moi qui devais gérer cet argent et que tu n'y toucherais pas avant la fin de ton premier cycle.

– Je n'y peux rien. Harry est mon frère. Pas question qu'il aille en prison.

– Mais tu as renvoyé les objets volés.

– Je ne t'ai pas tout dit. Le type qui a tout découvert est une affreuse canaille, et il faut le faire taire. »

Ils semblaient soudain être tombés dans un autre monde. Pour Kiki, Rip n'avait pas de passé, il était le chef-d'œuvre d'un sculpteur anonyme. Et voilà que l'ombre d'un frère lui tombait sur les épaules.

« Tout cela ne s'arrangerait-il pas s'il quittait l'université ? De toute façon, il n'a pas sa place ici s'il est… » Elle reculait devant le mot.

« Ça ne satisferait jamais ce type. Bien sûr, si je pouvais lui tordre le cou…

– Tu ne peux pas t'en mêler, Rip. » Elle lâcha un soupir de désespoir. « Combien réclame-t-il ?

– Il a parlé d'un millier de dollars.

– Oh Rip, je regretterais presque que tu ne lui aies pas tordu le cou.

– Je le ferai si tu crois que c'est la meilleure solution.

– Non, il va falloir qu'on le paye. Mais il faut que tu fasses partir ton frère d'ici avant qu'il ne se crée davantage de problèmes.

– S'il quittait l'université, ce serait suspect. » Il fronça les sourcils. « Je ne supporte pas l'idée de le forcer à partir. Je ne te l'ai jamais dit, mais lui et moi avons grandi dans un orphelinat, et je l'ai toujours protégé. »

Maintenant elle savait tout de lui : elle n'avait jamais éprouvé autant de tendresse pour Rip qu'en ce moment précis.

« Mais tôt ou tard, il te mettra dans un pétrin pire encore, et tout ça juste au moment où tu as cette opportunité et où j'ai fait des plans pour que tu aies davantage d'argent. Rip, il faut que tu le fasses partir.

– En tout cas, tu vois que j'ai des ennuis, dit-il.

– Nous allons nous en occuper », répondit-elle, l'humeur déjà plus légère.

Après le dîner, alors qu'ils se promenaient à l'ombre des arbres de Hillhouse Avenue, elle se tourna brusquement vers lui :

« Rip, je t'aime vraiment beaucoup.

– Tu m'aimes beaucoup ? Que veux-tu dire par là ? Les spectateurs du championnat m'aiment beaucoup. »

Elle s'entendit lui mentir.

« J'ai pensé à toi tout l'été. Tellement... »

Il passa le bras sur ses épaules et l'attira à lui. La lune, d'un rose doré et entourée d'un halo, s'était levée et des cloches résonnaient dans l'obscurité de l'été indien. Elle s'était tenue dans la même position avec son amour d'adolescence, puis avec Alex Considine l'an dernier, avec un autre homme encore sur le pont d'un bateau sous les étoiles l'été précédent. Elle se sentait heureuse et perplexe – quand on n'est pas éprise, un homme séduisant ou un autre, cela revient au même. Pourtant, elle se sentait très proche de Rip : ce qu'il avait dit de son frère lui rappelait tout ce qu'il manquait à ce garçon dans sa vie, et l'espace d'un instant, elle eut l'impression qu'elle pouvait le lui donner. Ce ne serait pas difficile de tomber amoureuse de lui. Elle souffrait en fait de sa beauté éclatante et inchangée.

« Tu ne pourrais jamais m'aimer, dit-il soudain. Il te faut quelqu'un avec la tête sur les épaules. »

Elle était néanmoins pleine de pensées nouvelles à son sujet quand ils se quittèrent à la gare et qu'elle prit place dans le wagon-pullman. Le train démarra, devant elle le siège pivota sur lui-même, et elle se trouva face à Alex Considine.

Sa première réaction fut de se dire qu'il n'était plus l'homme qu'elle avait vu dix mois plus tôt, mais plutôt celui-là même qu'elle avait rencontré autrefois : l'inconnu aux yeux doux et vifs à la fois, et ce visage sur lequel se lisaient la compréhension et l'intelligence, qui l'avait d'emblée attirée. Puis la mémoire lui revint, et elle lui décocha un sourire qui commença de façon d'autant plus charmante qu'il se fit brusquement glacial au moment où il disparut.

« Tu es en beauté, Kiki, dit-il paisiblement.

– Tu t'attendais à me trouver toute fanée ?
– J'ai beaucoup pensé à toi durant cet été. »
C'était exactement ce qu'elle avait dit à Rip, et elle supposa que cette affirmation était tout aussi exagérée.
« J'allais te téléphoner demain, dit-il, puis je t'ai vue après le match.
– Il y a un siège vacant un peu plus loin dans cette voiture. Cela te dérangerait-il d'aller t'y asseoir ?
– Je préférerais rester ici. Notre équipe repart pour la Crète au mois de décembre, et je me réjouirais que tu nous accompagnes. Et pour éviter tout commérage, nous pourrions nous marier.
– Je ferais peut-être mieux de me déplacer. Mon siège est juste au-dessus des roues.
– Tu ne t'attendrais pas par hasard à ce que je te présente des excuses ? Ce serait tout simplement révoltant.
– Dis-moi seulement pourquoi tu m'as laissé tomber ? Je me soucie de toi comme d'une guigne aujourd'hui mais je serais tout de même curieuse de le savoir.
– Je voulais un peu de temps seul pour voir le monde. Un jour, je te l'expliquerai, mais en ce moment, tout ce que j'arrive à penser, c'est que j'ai perdu dix mois de toi. »
Le cœur de Kiki battit une mesure étrangement nostalgique dans sa poitrine.
« Tu as aimé le match ? demanda-t-elle. Pour un garçon de Harvard, tu témoignes d'un grand intérêt pour Yale.
– Je voulais revoir un peu les lieux. J'ai joué au football américain en 2e année.
– Je ne te connaissais pas à l'époque.
– Tu n'as rien perdu. Je n'arrivais pas à la cheville d'un Van Kamp. »

Elle éclata de rire.

« Je pense que c'est toi qui m'as fait connaître son nom. Tu m'avais dit que Yale l'avait acheté.

– C'était vrai. Mais je ne suis pas sûr qu'ils n'aient pas à le regretter. »

Aussitôt en alerte, elle demanda : « Que veux-tu dire par là ?

– Je n'aurais pas dû dire ça. On n'a encore aucune preuve. »

L'imagination de Kiki fit à vive allure le tour de toutes les possibilités. Mr Gittings, ayant bu un verre de trop, s'était-il vanté du marché qu'il avait conclu ? Cela avait-il quelque chose à voir avec le frère de Rip ?

« Il s'agit peut-être d'une rumeur sans fondement, et ce n'est pas très élégant de ma part parce que je suppose que je devrais le considérer comme un rival.

– Sans problème, Alex, j'ai appris à ne pas attendre trop de toi. »

Elle se leva brusquement et se dirigea vers l'autre siège, mais il la suivit, et se pencha vers elle, puis reprit :

« Je ne te jette pas la pierre, Kiki, mais ton bonheur m'importe.

– Faut-il que j'aille me réfugier dans la voiture de seconde classe ?

– Je t'y suivrai de toute façon. »

Elle le détestait et pendant un instant, regretta que Rip ne fût pas là pour lui rompre le cou avec grâce et en toute sérénité. Mais après tout, ils n'étaient pas sur un terrain de football et Rip ne serait pas à son avantage. Pauvre Rip qui n'avait rien fait d'autre que s'élever dans ce monde à la force de son corps magnifique.

Depuis la gare, elle essaya sans succès de lui téléphoner, et finit par le joindre à la table réservée aux joueurs de l'équipe. À mots couverts, elle lui répéta ce qu'avait dit Considine. Une longue pause s'ensuivit au bout du fil, puis il reprit la parole, l'air désespéré :

« Je peux toujours quitter l'université.

– Rip, ne dis pas des choses pareilles. Mais tu dois être prudent. As-tu jamais parlé de Gittings à qui que ce soit ?

– Non.

– Alors surtout, nie en bloc. Et Rip, n'oublie pas, quoi qu'il arrive, que je suis avec toi.

– Merci, Kiki.

– Je suis sérieuse : quoi qu'il arrive ! Et j'accepte volontiers que tout le monde le sache. »

Rouge d'excitation, elle raccrocha. Son instinct protecteur la faisait se rallier à la cause de Rip et leur histoire y gagnait en réalité. Elle fut heureuse et fière quand il joua brillamment contre Princeton. Là, trois jours plus tard, elle ouvrit la rubrique Sports du journal pour découvrir un titre qui la bouleversa :

RUMEUR DE REFUS DE SÉLECTION À YALE

STAR DU FOOTBALL PEUT-ÊTRE IMPLIQUÉE

New Haven, Connecticut : Le président de l'Association sportive de Yale a nié la rumeur selon laquelle un joueur-phare de l'équipe de première division ne jouerait pas contre Harvard samedi. « La même équipe qui a affronté Princeton sera sur le terrain samedi, a-t-il déclaré, nous n'avons pas reçu la moindre protestation officielle concernant la sélection d'aucun joueur. »

La rumeur en question venait de Cambridge et elle émanerait apparemment de l'Harvard Club de New York. L'ensemble de l'équipe de New Haven a été décevant cette année, et la perte d'un de ses joueurs clés pourrait considérablement affecter...

Kiki sentit son cœur s'arrêter. De nouveau, elle réfléchit à toutes les possibilités de fuite. Mr Gittings avait nié toute indiscrétion de sa part, mais le chèque, émis par une banque de New York, était peut-être passé entre les mains d'un supporter de Harvard qui aurait alors reconnu le nom. Il serait toutefois difficile de fournir des preuves. À part cela, Kiki était convaincue que Rip avait su se montrer prudent, il avait même refusé de jouer au base-ball pour un hôtel l'été dernier.

Soudain saisie de panique, elle rechercha le numéro d'Alex Considine, surprise par les chiffres familiers. Il se trouvait à Cambridge mais on attendait son retour le jour même, et plusieurs fois dans les heures qui suivirent elle rappela, mais sans laisser son nom. Elle le manqua de peu à 18 heures et apprit qu'il dînerait à l'Harvard Club. Elle enfila une robe de soirée et rejoignit aussitôt la 44e Rue, où elle demanda à un portier soupçonneux de lui porter un billet. Il sortit l'air surpris, tête nue, et ils allèrent s'installer dans une rôtisserie toute proche ; elle alla droit au but :

« J'ai lu le journal de ce matin. C'est de Rip Van Kamp qu'ils parlent, n'est-ce pas ?

– Je n'ai pas le droit de t'en parler, Kiki.

– Tu as commencé, dans le train. Je veux savoir quels éléments vous avez contre lui. »

Alex hésita.

« Je peux te confier ceci au moins : si nous avions des preuves irréfutables contre lui, nous aurions agi dès maintenant.

– Donc, vous n'en avez pas ?

– À l'heure qu'il est, personnellement, je n'en ai pas connaissance. »

Sa formulation lui fit deviner la vérité.

« Vous êtes dans l'attente d'en recevoir en ce moment même.

– Es-tu amoureuse de cet homme, Kiki ?

– Oui.

– D'une certainc façon, je n'arrive pas à y croire.

– Vraiment ? Eh bien, sache que si vous faites quoi que ce soit pour l'exclure, je l'épouse demain soir. S'il veut bien de moi. »

Il hocha la tête.

« Ça, je veux bien le croire. Tu es une fille obstinée, Kiki, et une des meilleures qui soient. Mais je ne crois pas que tu sois amoureuse de Van Kamp. »

Elle ne put retenir quelques larmes de rage, parce qu'elle savait qu'il avait raison. Elle commençait à peine à tomber amoureuse. Tout irait bien, c'était pour bientôt, et tout s'arrangerait. Mais pour l'heure, jusqu'à ce moment-là, elle restait très vulnérable. Comment s'empêcher de comparer Rip, si gamin encore et désorienté, inconscient de tant de choses, et Alex Considine, un adulte sûr de lui et perspicace, animé par une volonté personnelle et libre de commettre ses propres erreurs.

« Écoute, dit-elle, s'étouffant presque. Tu as toujours tout eu, alors qu'il vient de nulle part, et donc tu essaies de l'enfoncer. C'est si cruel, si méchant.

– Kiki, ce n'est pas moi qui ai lancé cette affaire. Les renseignements… » Il s'interrompit. « On dirait que tu sais quelque chose.

– Pas du tout, répondit-elle vivement. Mais même s'il y avait quelque chose, je resterais de son côté. »

Elle se leva et le laissa face aux cocktails auxquels ils n'avaient pas touché. Totalement désorientée, elle s'arrêta dans un bureau du télégraphe pour envoyer à Rip un message de tendresse et d'espoir.

VI.

Rip lui avait offert quatre billets, et elle se rendit à Cambridge avec des amis. Ils arrivèrent au stade sous une neige fine et glacée. Se souvenant de l'année précédente, de la joie qui flottait dans l'air et du soleil, elle se sentit triste – même si les journaux du matin l'avaient libérée de ses pires appréhensions. Aucune des deux associations sportives n'avait fait paraître de communiqué, et l'équipe officielle incluait bien Rip. Elle ouvrit un programme.

Garde offensif gauche : Van Kamp, Lycée de Newton, 1 mètre 80, 71 kilos, 22 ans.

La brève histoire de sa vie – un orphelin auquel son système nerveux tenait lieu de cerveau. Il était campé là, au milieu du terrain, face à un adversaire en maillot rouge et casque blanc, tandis qu'on jetait en l'air une pièce d'un demi-dollar qui retomba dans la neige. Les joueurs de Yale se déployèrent sur le gazon à la suite du ballon qui rebondissait. Rip prit la tête de l'escouade, évitant un défenseur et se glissant derrière un autre pour le premier tacle de la rencontre.

« Il devrait jouer ailier rapproché, dit quelqu'un derrière elle. Il pourrait vraiment occuper n'importe quelle position.

– Mais qui serait un aussi bon garde offensif? Regarde n'importe quel demi, et tout ce que tu vois, c'est le ballon. Suis Rip Van Kamp, et tu vois le match entier. »

La neige tombait plus dru – quand un homme chutait de tout son long dans la boue glacée, cela fournissait une phrase toute prête pour les journaux ou la radio, donnant au match un piment de hasard et de danger : on aurait dit une course d'obstacles et un sport d'hiver à la fois. Les passes en avant ou latérales qui avaient pourtant de quoi vous couper le souffle paraissaient se dérouler au ralenti dans un nuage blanc surnaturel.

Elle regarda Rip s'accroupir tandis que l'autre équipe formait la mêlée. Dès que le ballon fut remis en jeu, il bondit sur ses pieds, l'espace d'un instant soulevé par une épaule, puis libéré et courant déjà vers l'autre côté de la ligne pour foncer dans le tas. C'était pour cela que la foule ne voyait que lui, précisément parce qu'il se jetait de cette façon dans la mêlée, et c'est pour cette raison que son visage était couvert de cicatrices durant toute la saison.

À la mi-temps, Yale menait 10 à 3. Il faisait de plus en plus froid, les voisins de Kiki prenaient des mesures pour se réchauffer et ils parlaient de plus en plus fort. La fille juste à côté d'elle dit à son compagnon :

« Lui, je ne le connais pas, mais le type au chapeau noir deux rangées plus bas, c'est son frère Harry. »

Kiki suivit son regard. Harry était un de ces hommes au visage bleu qui se rasent en pure perte deux fois par jour et dont le malheur alimente le cliché du scélérat. Il n'avait rien pour lui : ses yeux étaient si écartés qu'on les aurait dits repoussés par un nez épaté et plat. Pourtant, Kiki se sentit déloyale parce qu'elle constata une indéniable ressemblance.

À l'ouverture de la seconde mi-temps, Harvard sembla se réveiller – en dix minutes, des rugissements de triomphe résonnaient sur le terrain du côté des rouges, et les visages des voisins de Kiki se renfrognèrent et s'assombrirent. Elle observa Rip à travers ses jumelles ; comme toujours, il restait calme, pâle et impassible, et il arriva un moment dans le dernier quart-temps, alors que le score se resserrait, où il sembla le seul homme encore vaillant de cette équipe à bout de souffle. C'est à ce moment-là qu'il plaqua un joueur de Yale hébété qui essayait de faire sortir le ballon qu'il venait d'intercepter de sa zone d'en-but. Il restait dix minutes à jouer. Yale, amenant le ballon jusqu'à sa ligne des vingt yards, sortit de la mêlée en positionnant ses deux bloqueurs du côté droit de la ligne. Soudain, le demi inséré gauche fit mine de courir vers la ligne de touche, mais deux secondes avant que le ballon ne soit remis en jeu, il repartait en direction de ses poteaux, tandis qu'un demi offensif allait se placer dans l'escouade de droite. Cela rendit possible de faire une passe en direction du garde offensif, et Rip s'empara du ballon détrempé, pratiquement sans personne pour le menacer, et il avança de quarante yards pour un premier down.

La tribune de Yale sentit son espoir renaître, mais presque aussitôt, le match était brusquement interrompu, et un murmure perplexe s'éleva de la foule. Une délégation de trois hommes s'avançait vers le banc de Yale, et les entraîneurs se levèrent pour leur parler, tandis que les remplaçants, enveloppés dans leurs couvertures, s'approchaient de la discussion. Un instant plus tard, l'un d'eux rejeta sa couverture et s'éloigna du groupe à pas rapides pour s'échauffer, puis il saisit son casque et courut se présenter à l'arbitre. Les murmures s'intensifièrent quand il s'adressa à Rip Van

Kamp, et autour de Kiki, les spectateurs se mirent à poser des questions :

« Que se passe-t-il ?

– Ils font sortir Van Kamp ?

– Mais ils sont fous. Il n'est même pas blessé.

– Incroyable ! Alors que le score est tellement serré ! »

Kiki vit Van Kamp arracher son casque et courir en direction de la lignc dc touche. Toujours sans comprendre ce qu'il venait de se passer, la foule se leva pour lancer un tonnerre de hourras, qui s'apaisa dans la surprise quand on le vit échanger quelques mots avec l'entraîneur, puis tourner les talons et filer vers les vestiaires. Les murmures reprirent, et cette fois, les suppositions s'approchèrent de la vérité.

« Est-ce qu'il a été exclu ? Est-ce qu'il a commis une faute sur un autre joueur ?

– Ce n'est pas eux qui ont choisi de le faire sortir.

– Ça doit être Van Kamp dont on parlait dans les journaux… »

La rumeur parcourut les gradins en une minute – chacun fit le rapprochement, et la confirmation des soupçons monta des fauteuils situés le plus près du terrain. Rip Van Kamp avait été exclu du match suite à une plainte déposée par l'Association sportive de Harvard.

Kiki se recroquevilla sur son siège et se cacha le visage, comme si elle risquait d'être la prochaine victime de la foule. C'était arrivé ! À la toute fin de ce match, ils avaient tout pris à Rip, et l'avaient renvoyé comme un écolier déshonoré. Une seconde plus tard, elle bousculait ses amis pour passer, se précipitait le long de l'allée, traversait le tunnel sombre de l'entrée, puis se glissait sous les tribunes dans la direction qu'il avait prise.

« Où sont les vestiaires ? » s'écria-t-elle. Un ivrogne à l'air hébété la regarda sans comprendre, et les cris retentirent de nouveau au-dessus de leurs têtes tandis que le match reprenait. Elle marcha de porte en porte le long de l'allée tapissée de cendres blanches jusqu'à ce que le gardien lui indique par où passer, avant d'ajouter :

« Mais vous n'avez aucune chance d'entrer dans les vestiaires. Ils n'acceptent même pas les anciens joueurs.

– Et quand vont-ils sortir ? »

Il le lui expliqua, et elle s'approcha d'une grille de fer pour attendre. Au bout d'un long moment, elle entendit le match se terminer sous les cris de déception convenus qui suivent un match nul, et vit ensuite les premiers ruisseaux de spectateurs descendre les allées, puis les vagues enfler, la dépasser comme si elles déferlaient, indifférentes et insensibles, pour les engloutir elle et Rip.

Le temps passa. Le flot redevint rivière, puis ruisseau, et finalement il n'y eut plus que quelques retardataires, comme les dernières gouttes de cette crue. Un camion sur lequel on lisait *Harvard Crimson* remonta précipitamment la rue et un garçon en bondit avec un paquet de journaux.

« Score final du match. Harvard récuse Van Kamp. Le garde offensif de Yale aurait joué pour l'Ouest. »

Kiki acheta un journal et le déplia, les mains tremblantes. L'affaire s'étalait en gros caractères succincts sous le score.

Van Kamp a été contraint de quitter le match suite à une plainte de Harvard affirmant qu'il aurait joué pour Almara College dans l'Oklahoma en 1934. Il a été reconnu par sa femme qui étudiait alors avec lui.

Rien de plus, mais Kiki n'aurait pu en lire davantage. Après qu'elle eut vociféré avec rage : « C'est un mensonge ! », elle comprit soudain et sans l'ombre d'un doute que c'était la pure vérité.

VII.

Beaucoup plus tard, elle se demanda comment Alex Considine avait su où la chercher, parce quc cc fut lui qui la trouva assise adossée à un pilier de ciment, le journal sur les genoux, le regard perdu dans le vague.

« Je suis en voiture, dit-il. Nous pouvons aller la chercher ensemble si tu me laisses t'aider.

– Je vais bien. Je voulais seulement réfléchir un peu à tout ça.

– Je t'ai cherchée partout, Kiki. Jusqu'à la fin, j'ai espéré que ça ne se produirait pas. La fille a d'abord refusé de parler jusqu'à ce que…

– Ne me raconte pas, dit vivement Kiki. Que vont-ils faire à Rip ?

– J'imagine qu'il va devoir quitter l'université. Il devait connaître les règles.

– Oh pauvre Rip, pauvre Rip ! »

Soudain, elle lui avoua tout sur l'argent de Mr Gittings, elle lui dit tout.

« Et j'aurais voulu que ce soit plus encore, dit-elle avec passion. Il le méritait. Je ne voulais pas qu'il meure comme Ted Coy avec pour toute fortune son ballon d'or.

– C'était un grand joueur, ils ne pourront jamais le lui enlever, et un jour, sans doute, il deviendra professionnel.

– Mais tout est gâché maintenant… pourtant, il était si beau ! »

Ils roulèrent vers Boston dans le crépuscule.

« La route est longue jusqu'à New York, pourquoi n'irions-nous pas faire un tour à la campagne, chez des amis ? Je sais que tu ne veux pas te fiancer avec moi à nouveau, mais pourquoi ne pas nous marier directement ? Je peux te promettre qu'il fera beau sur le Nil. »

Devant son silence, il reprit :

« Tu penses à Van Kamp ?

– Oui. Je voudrais faire quelque chose pour lui. Si seulement je pouvais me dire qu'il n'est pas seul.

– Tu l'aimes ?

– Non. Je t'ai menti ce soir-là. Mais je ne cesse de penser à la façon dont ils vont tous se retourner contre lui alors qu'il leur a offert tant de matchs sublimes. »

Il arrêta soudain sa voiture.

« Veux-tu que je te conduise auprès de lui ? Je sais où est descendue l'équipe. »

Kiki hésita.

« Je ne ressens plus rien pour lui maintenant. Ce n'était qu'une erreur. Nous avions des orientations différentes. Je vais te suivre, Alex.

– Je m'en réjouis. »

La voiture traversa la ville à vive allure, tournant où il le fallait, s'arrêtant quand il le fallait, puis s'enfonça dans la campagne, toujours plus vite, enfin sur la route qu'il leur fallait.

Salut à Lucy et Elsie

Chaque fois que George Lawson Dubarry venait voir son père à Cuba, la même chose se produisait. Le courrier de George arrivait avant lui, et son père, dont le nom était Lawson Dubarry (sans le « George »), ouvrait la première lettre avec un coupe-papier, et lisait « Cher George » (ou parfois « George chéri ») avant de se rendre compte qu'elle ne lui était pas adressée. Invariablement alors, il fermait les yeux, au sens propre, la glissait de nouveau dans l'enveloppe, et affichait le même air coupable quand il la rendait à son fils en expliquant ce qu'il s'était passé.

Celle que Lawson appela plus tard « La Lettre » arriva dans ses bureaux de la Compagnie de raffinage Pan-American par un brûlant matin de juillet. Ce fut peut-être à cause de la transpiration sur ses lunettes, peut-être à cause de la formulation ambiguë du début, « Salut, Vieille branche », mais Lawson en lut les premières pages avant de reconnaître qu'il s'agissait du prélude de la correspondance de son fils.

Mais ensuite, comment ne pas lire jusqu'au bout ?

George avait dix-huit ans, étudiant en 2e année à New Haven, où Lawson avait lui aussi obtenu ses diplômes. La mère de George était morte, et Lawson avait fait tout ce qu'il pouvait, parfois non sans maladresse, pour jouer les deux rôles de parents jusqu'à ce que George, en un ultime sursaut, réussît à entrer à Yale, un peu à la manière d'un poisson à l'agonie qui bondit sur un bateau – et Lawson pensa que le pire était derrière eux.

La lettre, postée de Paris, était rédigée par le compagnon de chambre de George, Wardman Evans; après l'avoir parcourue une fois, Lawson alla jusqu'au seuil de sa porte et dit à sa secrétaire: « Aucun appel pendant une heure. »

De retour à son bureau, il la lut une deuxième fois. Laissant de côté, les commentaires cinglants du jeune homme sur les manières insolites ayant cours à l'étranger, son attention se concentra sur les lignes suivantes:

30 juin 1939

... Eh bien, elle a cédé sur le bateau, et je n'hésite pas à te dire que l'idée d'être le premier m'a effrayé. Enfin, effrayé l'espace d'une minute, parce que je me disais qu'elle pourrait bien perdre la tête alors que nous étions encore à deux jours de Cherbourg. Mais le pire de tout a été qu'elle a soudain pris les choses très sérieusement et que j'ai eu un mal fou à me débarrasser d'elle à Paris. Elle a dix-sept ans, elle est déjà étudiante, et si ça n'avait pas été moi, ç'aurait été un autre... Comment ça s'est passé avec Elsie? Est-ce que tu as réussi à la s..., ou bien continue-t-elle à te la jouer "je suis catholique" et je suis contre la contraception? Ma théorie, c'est qu'il faut les avoir jeunes, pour éviter le genre de problèmes que j'ai eus en avril dernier... Si tu as des nouvelles... Si tu apprends qu'on a réussi à obtenir la chambre double à Harkness, envoie-moi un télégramme de nuit. Et quand tu m'écriras, parle-moi de la Petite Poupée. On pourra comparer les détails les plus croustillants si elle a enfin été jusqu'au bout. (Je voulais aussi te

dire qu'avant que je quitte notre havre de paix que le médecin m'a trouvé en pleine forme, mais après une semaine passée dans cette ville de fous… en fait, je m'inquiète plus pour moi que pour Lucy).

Bien à toi, Wardman (ton compagnon de chambre préféré)

Lawson avait réservé des chambres au Valedero Beach Club, où il pourrait pêcher à loisir avec son fils, tout en essayant de se tenir au courant de sa vie. Mais en tapotant la lettre sur son bureau, il se demanda : « Se tenir au courant de quoi ? », et il aurait juré qu'il s'était écoulé moins d'une heure quand sa secrétaire ouvrit le loquet de sa porte et l'assura du contraire.

« Pourriez-vous m'apporter une machine à écrire ? Je voudrais rédiger une lettre moi-même.

– Vous savez taper à la machine, Mr Dubarry ?

– Je crois que oui.

– Si c'est pour votre fils, dit-elle, n'oubliez pas qu'il arrive par l'hydravion de Miami demain. Il ne l'aura pas avant d'embarquer. »

Elle lut sur son visage que ce rappel était déplacé et masqua son embarras en lui posant une question sur la réservation au club nautique.

« Mettez tout en suspens, dit Lawson. Ou plutôt non. Faites comme si… »

Il s'interrompit. Il se sentait soudain très seul. Personne à qui il aurait pu parler de tout cela – certainement pas à George, en tout cas. Il se rappela avec dégoût un chef scout dans sa jeunesse qui les avait mis en garde contre les dangers du « vice secret », mais aussi un ami gaillard qui avait délibérément conduit son fils dans une « maison » à dix-sept ans.

Lawson n'était pas très moderne, George le savait, et cette situation serait à tout le moins une terrible source d'embarras pour tous les deux. Il avait une autre idée.

Sur la machine à écrire, avec lenteur et application, il rédigea une lettre pour Wardman Evans.

Il commença par expliquer comment il avait ouvert la lettre par inadvertance, avant de se laisser rapidement aller au chantage :

Si vous vous souvenez des détails, vous comprendrez que je ne peux pas la faire lire à mon fils. Je pense par ailleurs qu'il vaut mieux que vous deux ne partagiez pas de chambre l'an prochain. Je ne signifie par là aucune critique de votre conduite, ni ne sous-entends que vous auriez sur lui une mauvaise influence. Peut-être même est-ce l'inverse. Mais le genre de préoccupations que vous décrivez ne peut être que nuisible pour vous deux dans votre travail.

Je compte sur vous en tant qu'aîné pour avertir immédiatement le service des inscriptions à Yale et mon fils du changement de plan concernant cette chambre, vous laissant libre d'inventer l'excuse que vous jugerez bonne.

Vous préférerez sans doute que je vous retourne une lettre de nature aussi intime et révélatrice, si bien qu'en m'envoyant la copie du courrier que vous adresserez au bureau des inscriptions, indiquez-moi où vous souhaitez que je vous la réexpédie.

Bien à vous, non sans sympathie, mais avec beaucoup d'embarras et une détermination inflexible.

Lawson Dubarry.

Il affranchit ensuite son enveloppe pour que la lettre parvienne à Wardman Evans à Paris : il s'attendait à recevoir une réponse d'ici trois semaines.

Restait la question de savoir si Wardman allait tenter de lutter. Lawson se souvenait de lui comme d'un beau garçon à l'air dur, au regard franc et naïf, avec un vernis de manières raffinées de Park Avenue.

Lawson n'avait jamais rencontré son père, et les relations frivoles faisaient peut-être partie des traditions familiales, remontant à deux générations jusque sur le bateau de l'émigration, ou à vingt jusqu'au temps des Croisades.

Tandis qu'il attendait l'hydravion sur le quai de la douane, il ne cessait de penser qu'il n'y avait rien dans cette lettre qui condamnât explicitement George et « Petite Poupée » – il grinça des dents rien qu'en évoquant ce surnom. Son fils avait peut-être seulement caressé l'idée de relations coupables. Lawson devait se montrer patient et faire preuve de maîtrise pour « gagner la confiance de George » et l'encourager à déballer ses principes moraux – s'il en avait. Quand la lettre de Wardman lui parviendrait, il comptait bien être devenu le meilleur ami de son fils à la place de son compagnon de chambre.

« Papa, vous avez l'air en pleine forme ! »

Lawson se sentit aussitôt soulagé. Ce jeune individu, sain, généreux et jovial ne pouvait pas avoir les pensées que lui prêtait cette lettre. C'est avec fierté qu'il quitta les docks à son côté.

« Je voulais travailler avec vous cet été, dit George. Vous n'auriez pas dû faire tous ces projets de vacances.

– Ce sont les miennes aussi.

– Mais moi, je veux transpirer, comme vous y êtes contraint. Gardons la baignade et la pêche pour les week-ends. J'ai déjà quelques parties de campagne prévues en septembre. »

À la fin de la première semaine, George lâcha le nom de Wardman Evans alors qu'ils déjeunaient au Patio. Cela fit à Lawson l'effet d'une grenade qui aurait explosé dans son assiette.

« Lui et moi avons le même sens de l'humour, dit George. C'est une des raisons pour lesquelles j'aime partager sa chambre. Il est un peu limité, mais quand j'ai besoin de réfléchir, j'ai d'autres copains.

– Il m'est apparu comme plutôt... ordinaire, dit Lawson d'un ton neutre.

– Ordinaire ! protesta George. Mais il peut entrer comme il veut dans les clubs d'étudiants les plus prestigieux. »

Lawson choisit de garder pour lui l'idée que cela ne prouvait rien.

Il y avait fréquemment des lettres pour George portant l'écriture de Wardman et postées d'ici ou là en Europe – des lettres que Lawson remettait à son fils sans hésitation. Et il y avait aussi des lettres écrites par de nombreuses filles différentes que Lawson s'imaginait en train de lire ; il les voyait signées par Elsie, et toutes disaient : « George – aide-moi ! Qu'avons-nous fait ? »

Mais le matin, Lawson pouvait être assez moderne pour penser : « Nous ne sommes plus en 1890. Et puis, il faut être deux pour qu'opère une séduction. »

Pas si loin de partager cette opinion, George commença par décrire sa position éthique :

« À mon retour, je crois que je vais soigneusement éviter Philadelphie. Mon Dieu ! Quand une fille s'entiche d'un garçon là-bas, elle est capable de faire absolument n'importe quoi.

– Vraiment ?

– Je vous assure. Le vieux coup de la souricière.

– Pourquoi ne s'intéressent-elles pas à des hommes en capacité de se marier ?

– Ça, c'est plus tard. Je parle de sexe, ce qui, j'espère, ne vous choque pas. Ces choses ont toujours cours, vous le savez ? »

Faisons le dos rond, songea Lawson, en se disant que l'essentiel était d'éloigner son fils de ce Wardman, et que si George se comportait en prédateur brutal, il fallait l'arrêter avant qu'il n'attire un désastre sur sa propre tête et celle de « Petite Poupée ». Et c'est ainsi que les semaines passèrent, George le faisant se sentir tout à la fois jeune et vieux. Ensuite, des lettres arrivèrent.

L'enveloppe de Lawson, postée de Londres, contenait une copie carbone d'une lettre adressée au Bureau des inscriptions. Elle annonçait que lui, Wardman Evans, ne partagerait finalement pas sa chambre avec George Dubarry au semestre suivant, mais la raison qu'il donnait était la suivante : « Parce que je quitte l'Université et en ai informé le Doyen. »

Au bas de la lettre, il avait ajouté à la plume :

J'espère vous avoir ainsi donné satisfaction. Je n'inclus pas de copie de la lettre que j'adresse à George parce qu'un homme ne reçoit pas d'ordre à part de son père ou de son employeur, mais je peux vous assurer (au cas où vous auriez l'intention de l'ouvrir par inadvertance) qu'elle ne fait aucune mention de votre courrier, ni dans sa forme ni dans son contenu.

Sincères salutations,

G. Wardman Evans.

Il y avait aussi une lettre pour George de la même main, mais son fils était parti pour deux jours en voyage d'affaires à Pinar del Rio, et Lawson fut condamné à passer un mauvais week-end à relire la première lettre de Wardman à George, et sa propre lettre à Wardman, en se demandant s'il était responsable d'avoir forcé le jeune homme à pareille extrémité. Il se rassura en pensant que, les centres d'intérêt de Wardman ne se trouvant manifestement pas à New Haven, son départ ne serait pas une grosse perte pour le corps étudiant.

George, en arrivant au bureau le lundi matin, récupéra la lettre qui lui était adressée, parla de Pinar del Rio et de son désir de renoncer aux parties de campagne pour travailler à Cuba jusqu'à la rentrée universitaire. Mais plus tard dans l'après-midi, quand ils se retrouvèrent au club de Lawson, George paraissait profondément affligé.

« Quel idiot ce Wardman ! Ce n'est pas seulement le problème de devoir trouver un autre compagnon de chambre, même si rien ne sera pareil, mais quel idiot !

– Qu'a-t-il fait ?

– Il abandonne l'université, dit George, abasourdi. A-t-on déjà vu pareille folie ? »

Lawson restait silencieux, les nerfs à vif.

« Pourquoi quitte-t-il l'école ? Ou bien, est-ce un secret ?

– Impossible de garder un secret pareil.

– Alors, puis-je savoir ? Qu'a-t-il fait ?

– Apparemment il a épousé une petite traînée du nom de Lucy Bickmaster. »

Lawson héla un serveur au passage et il commanda un double whisky. George choisit une bière. Il y eut un moment de silence tandis que George sortait la lettre de sa poche pour la relire avec attention.

« Pourquoi l'a-t-il épousée ? demanda Lawson.

– C'est bien là tout le mystère.

– Peut-être… peut-être y a-t-il été contraint.

– Laissez-moi rire. Je connais Lucy depuis trois ans. » Puis, il s'empressa d'ajouter : « Mais ne vous faites pas de fausses idées, Père. Je n'ai jamais eu de vues sur elle. Je connais simplement son caractère, et je me dis que Wardman devait être ivre.

– Mais ne tires-tu pas des conclusions un peu hâtives sur cette fille ? demanda Lawson avec froideur. À défaut de preuves du contraire, ne peux-tu pas supposer qu'une fille de dix-sept ans… »

Il s'interrompit en voyant la mine déconcertée de George. « Comment savez-vous qu'elle a dix-sept ans ?

– Je crois que c'est toi qui me l'as dit.

– Je ne me rappelle pas avoir parlé d'elle. »

Lawson vida son verre et en commanda un autre.

« Il parle de vous dans sa lettre », dit George.

Le cœur de Lawson bondit.

« Il vous adresse ses respects et espère que vous aurez une bonne influence sur moi.

– Oublions tout cela, dit Lawson, je suis désolé parce que tu l'es, mais il s'est montré idiot, comme tu le dis toi-même, d'abandonner ses études pour une fille.

– Il s'est fait piéger.

– Sans doute. »

Ils se levèrent.

« Je ne connais pas cette fille, dit Lawson, mais sans prendre parti, j'espère seulement qu'elle ne s'est pas fait piéger elle aussi. »

Il était tenté de prendre un autre verre en sortant, mais cela aurait contrevenu aux règles. Néanmoins, à cause de cette légère frustration, il commit une nouvelle bévue.

« Physiquement, peut-être Wardman n'est-il pas non plus ce qu'on peut rêver de mieux. »

En sortant du club dans la lumière aveuglante du soleil, Lawson se sentait triomphant et d'humeur bavarde. Il se réjouissait que George et lui n'aient pas prévu de passer la soirée ensemble, cela lui permettait de rester discret.

… Un peu plus tard, il s'arrêta pour prendre un dernier verre dans un bar où des jeunes filles servaient les clients. En partant, il porta la main à son chapeau à la manière latino-américaine.

« Multa gratia, Lucia », dit-il, jovial, et s'adressant à une autre barmaid, « Adios Elsie. »

Il toucha de nouveau son chapeau et s'inclina, et sortit en laissant les deux filles éberluées, sans comprendre qu'en les saluant ainsi, il avait traversé deux générations pour remonter le cours de l'histoire américaine.

Son sentiment de triomphe ne l'avait toujours pas quitté le lendemain matin quand il arriva en retard à son bureau, plein d'espoirs nouveaux pour son fils et pour lui-même. George n'était pas encore là, mais sur son bureau, il trouva une enveloppe portant l'écriture de son fils qui disait : « Personnel ». Lawson l'ouvrit et la lut. Puis, comme en une occasion précédente, il appela sa secrétaire et dit : « Aucun coup de téléphone, s'il vous plaît. » Et il la relut.

J'ai deviné à votre dernière remarque qu'il se passait quelque chose de louche. Cela m'a tourmenté toute la nuit et quand je suis arrivé tôt ce matin, votre secrétaire m'a tendu une lettre en me disant qu'elle s'était retrouvée par erreur dans vos classeurs. Elle était accompagnée de votre réponse et je n'essaierais même pas de prétendre que c'est par inadvertance que je l'ai lue également.

Quand vous lirez ces lignes, je serai à bord de l'hydravion. Le caissier m'a avancé le salaire qui m'est dû. Au moment de prendre congé, je tiens à affirmer que j'ai essayé d'être un bon fils et de toujours me conduire en gentleman, pour autant que je comprenne le sens de ce mot.

Quelques semaines plus tard seulement, en voyant dans le journal un entrefilet annonçant le mariage de George (« la cérémonie s'est tenue à Elkton, Maryland, Miss Elsie Johnson, la mariée, a seize ans »), Lawson comprit que, dans ce fatras de bonnes intentions, Elsie, cette jeune personne discutable, avait été sauvée, mais que c'était son fils qui s'était sacrifié.

Il ne réussit jamais à comprendre comment il aurait pu agir autrement, mais à certains moments par la suite, il lui arrivait de faire des remarques bien senties sur les jeunes femmes d'aujourd'hui et leurs manières. Ce qu'il trouvait à dire de plus gentil était qu'elles se comportaient comme des chasseresses, suffisamment désespérées pour appâter un piège avec des fragments et des miettes d'elles-mêmes. Et il nuançait même ce propos en ajoutant : « Ce n'est même pas qu'elles soient courageuses. C'est la nature qui l'est. »

Il se surprit lui-même à dire d'autres choses encore qu'on ne saurait transcrire. Wardman Evans, entre autres, aurait pu en toute honnêteté être choqué de les entendre.

Les femmes de la maison

I.

C'est une de ces histoires pour lesquelles il faudrait commencer par donner le nom du héros, « X » ou « H… B… », parce que tant de gens y étaient impliqués que l'un d'eux au moins finira par la lire et par prétendre qu'il en était un des protagonistes. Quant à cette esquive convenue « Toute allusion à des personnes existantes ou ayant existé est purement fortuite », cela ne vaut même pas la peine d'essayer.

À la place, avançons au grand jour et disons tout net que l'homme concerné s'appelait Emmet Monsen, parce que c'est son vrai nom (ou presque). Il y a trois mois, en consultant les illustrés et les magazines d'information, on apprenait qu'il rentrait à peine des îles Omigis à bord du *Fumataki Nagursha* et qu'il arrivait dans le port de Los Angeles avec des données importantes sur les marées et les champignons des Tropiques. Il apparaissait dans les magazines parce qu'il était éminemment photogénique : un beau brun de trente et un ans, mince, et le genre d'expression qui faisait dire aux photographes : « M. Monsen, pourriez-vous sourire encore une fois ? »

Toutefois je vais user de la licence donnée aujourd'hui aux auteurs de raconter la même histoire deux fois pour recommencer depuis le début, en partant d'un laboratoire médical du centre de Los Angeles, quarante-huit heures après que Emmet Monsen eut accosté.

Une jeune fille, jolie (mais pas non plus d'une beauté frappante), s'entretenait avec un jeune homme dont le travail consistait à développer les électrocardiographes ou tracés cardiaques – les enregistrements automatiques d'un organe qui n'a jamais été véritablement connu pour sa précision.

« Eddie n'a pas téléphoné aujourd'hui, dit-elle.

– Pardonne mes larmes, expliqua-t-il, j'ai un vieux problème de sinus. Et voici les tracés pour ton album de photos prises sur le vif.

– Merci. Mais tu ne crois pas que quand on s'apprête à épouser une fille dans un mois, ou au moins d'ici Noël, on pourrait l'appeler tous les matins ?

– Écoute, s'il perd son travail chez Wadford Dunn Sons, vous ne pourrez jamais vous payer un mariage mexicain. »

La laborantine nota soigneusement « Wadford Dunn Sons » en haut du premier tracé, lâcha un rapide mais virulent juron californien, effaça et écrivit à la place le nom du patient.

« Tu ferais peut-être mieux de te concentrer sur ton travail, dit le laborantin. Ces électrocardiographes sont censés partir avant... »

Il fut interrompu par deux sonneries du téléphone, qui n'amenèrent aucun message d'Eddie. Il s'agissait de deux médecins, tous deux on ne peut plus fâchés. La jeune femme fut aussitôt frénétiquement poussée à l'action, et quelques minutes plus tard, elle était au volant d'une automobile modèle 1931, en route pour une de ces banlieues éloignées qui font de Los Angeles une des villes les plus étendues du monde.

Sa première destination était excitante parce qu'il s'agissait de la propriété du jeune Carlos Davis, qu'elle n'avait jamais vu que très fugitivement et une fois en Technicolor. Non qu'il eût le moindre problème de cœur – c'était plutôt lui qui en causait –, mais elle devait livrer l'électrocardiographe au locataire d'une petite maison située sur le domaine, construite à l'origine pour sa mère, et si Davis n'était pas aux studios, elle pourrait peut-être l'entrevoir au passage.

Cela ne se produisit pas, et pour l'instant – une fois déposé l'électrocardiographe à la porte –, elle disparaît de l'histoire.

À ce moment-là, comme on dit dans le monde du cinéma, la Caméra Entre dans la Maison, et nous la suivons.

L'occupant en était Emmet Monsen. Il se trouvait alors installé dans un confortable fauteuil et admirait le jardin ensoleillé du mois de mai, tandis que le Dr Henry Cardiff ouvrait la grande enveloppe de ses énormes mains pour examiner le tracé et lire le rapport qui l'accompagnait.

« Je suis resté là-bas un an de trop, dit Emmet, et j'ai fait la bêtise de boire de l'eau. Le type avec qui je travaillais avait dans l'idée… il n'avait pas touché d'eau depuis vingt ans, rien que du whisky. Il était un peu desséché, la peau toute parcheminée, mais pas plus que l'Anglais moyen. »

La bonne passa comme un éclair noir sur le seuil de la salle à manger, et Emmet l'appela :

« Marguerite ? C'est bien ça votre nom ?

– Margerilla, Mr Monsen.

– Margerilla, si Miss Elsa Halliday se présente, pour elle, je suis là. Mais pour personne d'autre. Pas pour âme qui vive. Souvenez-vous du nom : Miss Elsa Halliday.

– Oui, M'sieur, aucune chance que je l'oublie. Je l'ai vue au cinéma. Frank et moi…

– Parfait, Margerilla, l'interrompit-il poliment. Rappelez-vous seulement que je ne suis là pour personne d'autre. »

Le Dr Cardiff, ayant terminé sa lecture, déplia les six parties de son corps de géant et se mit à arpenter la pièce d'un air méditatif, le menton soit incliné vers sa cravate, soit suivant son regard posé sur le lustre, comme s'il avait cru que ses huit ans d'études étaient perchés là-haut tels des anges gardiens, prêts à voler à son aide. Quand Margerilla se fut retirée, il reprit place sur son siège, croisant les mains d'une façon qui amena confusément dans l'esprit d'Emmet l'image de deux arcs du barrage de Grand Coulée.

« Alors ? demanda Emmet. C'est peut-être une excroissance. Un jour, j'ai avalé un champignon. Je croyais que c'était une crevette. Peut-être est-il resté accroché à moi. Comme les femmes, vous voyez ? Je veux dire comme les femmes sont censées le faire.

– Ces tracés, expliqua le Dr Cardiff d'une voix douce – trop douce, se dit Emmet –, ne sont pas des radiographies. C'est un électrocardiographe. Vous vous rappelez, quand je vous ai fait allonger hier et que j'ai connecté des fils ?

– Oui, vous aviez même oublié de découper mon pantalon et de recueillir ma dernière confession.

– Ha ha ! » s'esclaffa le médecin mais son rire sonnait si faux qu'Emmet se leva de son fauteuil et suggéra : « Ouvrons un peu la fenêtre. » Toutefois, le médecin pencha illico l'énorme masse de son corps au-dessus de lui et le força gentiment à se rasseoir.

« Mr Monsen, je veux absolument que vous restiez en place. Ensuite, nous allons trouver un moyen de vous transporter. »

Il donna un rapide coup d'œil alentour, comme s'il cherchait une bouche de métro, ou au moins une petite grue personnelle dans un coin de la pièce. Emmet l'observa – une foule de pensées se pressant en lui. Beaucoup trop jeune pour avoir connu la Grande Guerre, il avait grandi en en entendant sans cesse les récits, et il avait passé la plus grande partie de ses trente et un an à la lisière du danger. C'était un de ces Américains qui apparaissent comme une survivance du temps de la Frontière, et il avait choisi de marcher, de caracoler ou de voler sur cette ligne étroite qui sépare l'inexploré et le menaçant du monde sûr et confortable. Si tant est que pareil monde existe…

Emmet Monsen attendit sans bouger que le médecin reprît la parole, mais ses beaux yeux gardaient une expression alerte et éveillée.

« Sur le bateau, j'ai senti que j'avais une grosse fièvre – c'est la raison pour laquelle je reste cloué en Californie, mais si on voit quelque chose de sérieux sur ce tracé, je veux qu'on m'en parle. Ne vous inquiétez pas, je ne vais pas m'effondrer. »

Le Dr Cardiff décida de tout lui révéler.

« Apparemment, votre cœur a atteint des proportions… »

Il marqua une hésitation.

« Dangereuses ? suggéra Emmet.

– Mais pas fatales, se hâta de répondre le Dr Cardiff.

– Manifestement, puisque j'entends encore ma voix. Dites-moi, docteur, que se passe-t-il ? Le cœur lâche ?

– Allons, allons ! protesta le médecin. Ce n'est pas de cette façon qu'il faut voir les choses. J'ai déjà vu des cas où je n'aurais pas donné deux heures à vivre au patient…

– Bon sang, allez aux faits, s'il vous plaît, s'exclama Emmet. Et puis je vous annonce que je vais fumer, ajouta-t-il en voyant que le médecin suivait du regard sa main qui cherchait son paquet. Désolé, docteur, mais quel est le pronostic ? Je ne suis pas un enfant. J'ai moi-même assisté des malades de la typhoïde et de la dysenterie. Quelles sont mes chances ? Dix pour cent ? Un pour cent ? Quand et dans quelles circonstances vais-je quitter ce magnifique décor ?

– Cela dépend largement de vous, Mr Monsen.

– Entendu. Je ferai tout ce que vous me direz. Pas trop d'exercice, je suppose, plus de whisky, rester à la maison jusqu'à ce que nous voyions ce que la nature… »

La domestique de couleur réapparut sur le seuil.

« Mr Monsen, Miss Halliday vous demande au téléphone et ça m'a remuée jusqu'à la moelle de l'entendre… »

Emmet avait déjà bondi sur ses pieds avant que le médecin ne se fût hissé hors de son fauteuil, et il se dirigeait vers le combiné à l'office.

« Ah finalement, tu as réussi à te libérer une minute, dit-il.

– J'ai pensé à toi toute la matinée, Emmet, et je viens cet après-midi. Qu'a dit le médecin ?

– Que je vais bien. Il me trouve fatigué, il veut que je me repose un peu pendant quelques jours. À quelle heure seras-tu là ? »

Une pause.

« Est-ce que je peux parler au médecin ? demanda Elsa.

– Bien sûr. *Comment ?* Mais de quoi veux-tu lui parler ? »

Il ajouta : « Excusez-moi », en se rendant compte que quelqu'un venait de lui frôler le dos au passage en se dirigeant vers le salon. Il entrevit l'image d'une blouse blanche amidonnée tandis qu'il reprenait sa conversation téléphonique :

« Bien sûr, mais il n'est pas là pour l'instant. Elsa, tu te rends compte qu'à part ces quelques minutes sur le quai je ne t'ai pas vue depuis deux ans ?

– Deux ans, c'est long, Emmet.

– Ne le dis pas sur ce ton, protesta-t-il. En tout cas, viens dès que tu pourras. »

En raccrochant, il se rendit compte une fois de plus qu'il n'était pas seul à l'office. Il découvrit le visage de Margerilla, et juste à côté, un autre, complètement différent, qu'il regarda d'un air absent et distrait pendant quelques secondes, comme s'il n'avait pas davantage de réalité qu'une couverture de magazine. Il appartenait à une jeune femme qui portait une robe bleu pastel. Une figure plutôt ronde, et des yeux comme des billes – rien d'extraordinaire après tout –, mais l'expression avec laquelle elle le considérait était si belle dans son attention, une sorte de fascination à la fois amusée et surprise, qu'il ressentit aussitôt l'envie de lui répondre. Elle ne semblait pas lui poser la question : « C'est vraiment vous ? » comme le visage de certaines filles ont l'air de le demander, mais plutôt de vouloir savoir si tout cela l'amusait. À moins qu'il ait exprimé quelque chose comme : « On dirait que vous êtes mon cavalier pour la prochaine danse », et ajouté : « et j'ai attendu ce moment toute ma vie. »

À toutes ces questions et déclarations sous-entendues dans le sourire de la jeune fille, Emmet fit une réponse que plus tard il jugerait lui-même assez peu brillante.

« Que puis-je faire pour vous ?

– C'est plutôt l'inverse, Mr Monsen. » Elle manquait un peu de souffle. « Que puis-je faire, moi, pour vous ? C'est l'Agence de secrétariat Rusty qui m'envoie. »

Il est bien connu que nos irritations s'expriment rarement à l'encontre de leur véritable objet. Emmet répéta les mots : « Agence de secrétariat ! », d'un ton qui en faisait une espèce de centre d'accueil pour les femmes de gangsters, la cible d'une enquête immédiate de la part de Messieurs Dewey et Hoover.

« Je suis Miss Trainor et je réponds à l'appel que vous avez passé ce matin. J'ai une lettre de recommandation de Mr Rachoff, le musicien. J'ai travaillé pour lui jusqu'à ce qu'il parte pour l'Europe la semaine dernière… »

Elle lui tendit une enveloppe, mais Emmet était toujours d'humeur massacrante.

« Jamais entendu parler de lui », déclara-t-il, pontifiant, avant de se corriger : « En fait, si. Mais je ne crois pas aux lettres de références. Tout le monde peut en fabriquer de fausses. »

Il l'examina avec attention, de façon presque accusatrice, mais le sourire de la jeune femme était revenu – et elle semblait d'accord avec lui pour penser que toutes les références étaient absurdes et qu'elle en était convaincue depuis des années, mais elle se réjouissait d'entendre enfin quelqu'un le lui dire.

Ils étaient sans doute restés assez longtemps à l'office, et Emmet se leva.

« C'est dans cette pièce du rez-de-chaussée que vous taperez à la machine. Margerilla va vous montrer. »

Il hocha la tête et repartit vers le salon, où il avait de plus en plus vivement conscience que le médecin l'attendait.

Mais pas seul. Il était plongé dans une conversation secrète et grave avec la personne en blouse blanche qui avait frôlé Emmet à l'office. Leur conciliabule paraissait si intense qu'il n'osa pas l'interrompre – il se poursuivit en une sorte de murmure soutenu pendant un long moment après qu'il se fut réinstallé dans son fauteuil.

« Pardonnez-moi d'avoir tant tardé. Les gens n'ont pas cessé de me déranger. On m'avait pourtant dit que ce serait calme ici, que ce Davis avait même des gardes du corps pour maintenir ses admirateurs à distance.

– Je vous présente Miss Hapgood, votre infirmière de jour », dit le Dr Cardiff.

Une dame au corps en forme de poire lui décocha un sourire mal assuré, puis jaugea Emmet avec l'air d'un marchand de fourrure qui évalue une peau de marte.

« Je lui ai tout expliqué », dit le médecin.

L'infirmière le confirma en brandissant un bloc couvert de notes.

« Et je lui ai demandé de m'appeler plusieurs fois par jour, quatre fois, n'est-ce pas ?

– Oui, quatre, docteur.

– Et donc vous pouvez être rassuré : on prend bien soin de vous, ha ha… »

L'infirmière fit écho à ce rire. Emmet se demanda si une plaisanterie lui avait échappé.

Le médecin dut ensuite « s'enfuir en courant » – un mouvement qui consista à prendre trois fois son sac, le reposer, écrire une ordonnance de dernière minute, envoyer l'infirmière pour rien à la recherche de son stéthoscope, et finalement bloquer le seuil de la porte du salon avec son imposante silhouette. Mais à ce stade, Emmet, qui n'avait pas de chronomètre, avait déjà conclu que « s'enfuir en courant » était simplement une façon de parler habituelle en présence d'un malade. En tout cas, il fut distrait de ses réflexions en découvrant Miss Hapgood étalée de tout son long sur le plancher parce qu'elle venait de buter contre la barre de seuil. Avant qu'il ait pu se lever cependant, elle était déjà à son côté, lui agrippant fermement le poignet :

« Mr Moppet, je suppose que nous devrions commencer par faire connaissance. »

Emmet s'apprêtait à rectifier son nom quand elle ajouta :

« Une chose qu'il vaut mieux que vous sachiez tout de suite : il se trouve que je suis terriblement maladroite. Vous voyez ce que je veux dire ? »

Au cours de ses nombreux voyages, on avait souvent posé à Emmet des questions dans des langues qu'il ne comprenait pas et il y avait souvent répondu par signes – mais cette fois, il était tout à fait perplexe. « Je suis désolé » semblait par avance sonner faux, ainsi d'ailleurs que « Quel dommage ! ». En fait, il allait rétorquer de façon cruelle quelque chose comme : « Et vous ne pouvez absolument rien y faire ? » quand l'infirmière répondit à cette question en lâchant son poignet avant de se relever brusquement et de renverser du même coup une table avec un plateau en cuivre sur lequel était disposé un service à thé de douze pièces en argent, qu'Emmet avait cru bien loin de l'autre côté de la pièce.

Puis, comme si le tintement de plusieurs gongs avait soudain retenti au cours d'un film pour annoncer son entrée, le frais visage de Carlos Davis apparut sur le seuil, et à côté de lui, la jeune Miss Trainor. Carlos Davis était originaire d'une petite bourgade du Dakota, et était totalement dépourvu des affectations qu'on lui prêtait – ce n'était pas sa faute s'il était né avec un petit don d'imitation et un physique d'Apollon.

Emmet se leva, en essayant de ne pas écraser un petit pot de crème qui gisait sous son pied.

« Salut à vous, Mr Davis.

– Bonjour, répondit Davis, avant d'ajouter, d'un air rassurant : Et n'allez pas penser que je suis le genre de propriétaire à venir constamment s'imposer. Il se trouve que j'ai croisé le docteur, et je me suis demandé si je pouvais vous être utile.

– C'est très aimable à vous. »

Le regard de Davis se détourna pour partir en direction de l'endroit où Miss Hapgood se livrait à une étrange activité autour du service à thé – qu'on n'aurait pas vraiment pu décrire comme une entreprise de « ramassage », parce que le même bruit de gong continua à résonner pendant toute la conversation.

« Je veux seulement que vous sachiez que je suis à votre disposition, et que je vais laisser mon numéro de téléphone personnel à votre... votre... » Ses yeux se posèrent sur la jeune Miss Trainor avec une admiration évidente. « ... votre secrétaire. Il n'est pas dans l'annuaire, mais comme ça, en cas de besoin. » Il marqua une pause. « Je veux dire qu'en cas de besoin, elle aura mon numéro. Maintenant, il faut que j'y aille. Une de ces satanées émissions de radio ! »

Il secoua vite la tête d'un air mélancolique, prit congé avec un geste oscillant de la main qui rappelait vaguement le salut de la reine Élisabeth à son arrivée au Canada en 1939, puis quitta la pièce à grands pas qui se transformèrent, quand il atteignit le vestibule, en une série de longues foulées athlétiques.

Emmet se rassit pour s'entretenir avec Miss Trainor.

« Vous ne remuez même pas les lèvres, dit-il, mais alors, qu'en est-il de la prière de la jeune fille ?

– J'ai essayé de l'empêcher d'entrer, répondit-elle avec froideur. C'était physiquement impossible. Avez-vous quelque chose de précis à me demander ?

– Oui. Prenez place et je vais vous donner un aperçu de ce en quoi va consister votre travail. »

Elle lui rappelait une fille qui l'avait fait beaucoup souffrir à l'âge de sept ans – sauf qu'au lieu de porter des couettes, elle laissait tomber ses cheveux brun roux semés de quelques mèches blondes sur ses épaules, et que le sourire qui accompagnait ses questions très spéciales était riche de promesses et ne ressemblait à aucun autre sourire rencontré auparavant.

« J'ai écrit une espèce d'ouvrage scientifique. Le livreur a laissé le paquet expédié par l'éditeur dans la cuisine. Il sort demain et personne ne va le lire. » Il riva soudain ses yeux sur elle. « Est-ce que les mouvements de l'océan et la genèse des raz-de-marée vous excitent ? »

Elle le regarda en retour, comme si elle devait y réfléchir. « Pourquoi pas ?

– Je veux dire : achèteriez-vous un livre sur ces questions ?

– Eh bien… » Une pause. « … dans certaines circonstances, oui.

– Diplomate, eh ?

– Honnêtement, je ne le ferais pas si j'avais la possibilité de me faire offrir un exemplaire signé.

– Diplomate décidément, grommela-t-il. J'aurais même dû dire "Ambassadrice". En tout cas, ce livre va atterrir dans la section "géographie" des bibliothèques et attirera les termites jusqu'à ce que quelqu'un de nouveau se pointe avec le même genre de lubie que moi. En attendant, j'ai une idée pour un livre d'aventures – ça pourrait intéresser les garçons. Ce serait chouette de voir quelqu'un lire vraiment ce qu'on a écrit. J'ai pris des milliers de notes. Voulez-vous regarder s'il y a une mallette dans l'entrée ?

– Mr Mop... » commença son infirmière pour manifester sa désapprobation, mais Emmet rétorqua :

« Rien qu'une minute, Miss Hapgood. » Quand la jeune Miss Trainor revint avec la mallette, il reprit : « Tout ce qui est pointé au crayon rouge doit être passé à la machine pour que je puisse y jeter un coup d'œil. Ce sera suffisamment clair. Reste la question des heures. Je ne pense pas que le médecin me laisse beaucoup travailler, disons de cinq à six heures par jour. »

Elle hocha la tête.

« Pour que vous puissiez retrouver vos admirateurs à temps pour dîner », continua-t-il.

Elle ne sourit pas et Emmet eut l'impression de s'être montré un peu trop familier, et il se demanda si elle était fiancée ou mariée.

« Vous venez de la région de Boston ? s'enquit-il sans attendre.

– Eh bien oui. Je suppose que ça s'entend encore.

– Moi, je suis né dans le New Hampshire. »

Ils se regardèrent, soudain à l'aise l'un avec l'autre, leur esprit s'envolant de l'autre côté du continent.

Peut-être Miss Hapgood interpréta-t-elle mal leurs expressions, ou bien se souvint-elle que c'était un cas grave, parce qu'elle leur rappela sa présence en relevant soudain une lampe de bridge.

« Mr Moppet, j'ai des instructions à respecter et nous voulons commencer le traitement avant *autre chose.* »

Elle jeta un coup d'œil vers la porte, et la jeune Miss Trainor, comprenant que cet « autre chose » la désignait, ramassa la mallette et se retira.

« Tout d'abord, nous allons nous mettre au lit », ordonna Miss Hapgood.

Malgré la formulation de cette phrase, les pensées d'Emmet auraient pu figurer dans un magazine pour enfants quand il se leva et la suivit dans l'escalier.

« Je ne vais pas essayer de vous aider Mr Mom..., Monsieur, à cause de ma maladresse, mais le docteur voudrait que vous montiez lentement les marches, en vous aidant de la rampe comme ceci. »

Une fois dans l'escalier, Emmet ne se retourna pas, mais il eut conscience d'un grincement de bois suivi par un petit rire moqueur.

« On dirait du carton-pâte, ces escaliers en Californie, vous ne trouvez pas ?

– Vous venez de l'Est ? demanda-t-il du haut des marches.

– Oh oui, née et élevée dans l'Idaho. »

Il s'assit au bord du lit et dénoua un de ses lacets, déçu que sa maladie ne le fît pas se sentir plus malade.

« Toutes les maladies devraient être soudaines, dit-il à haute voix, comme la peste bubonique.

– Je ne me suis jamais occupée de cas de peste bubonique », dit Miss Hapgood d'un air supérieur.

Emmet releva les yeux.

« Jamais occupée de... »

Il décida de continuer à se déchausser mais déjà, elle était à genoux, transformant avec son habileté coutumière ses lacets en jeu des figures. Avec la même adresse, elle s'appliqua à retirer sa veste, transformée sur l'instant en un souvenir de la camisole de force qu'il avait vue un jour sur un docker devenu fou.

« Je vais me débrouiller tout seul pour le pantalon », suggéra-t-il, et Miss Hapgood en profita pour se glisser avec souplesse de l'autre côté du lit, où elle délogea un pare-feu en cuivre qui atterrit sur le plancher en trois déflagrations distinctes.

« Sans problème, s'empressa-t-il de dire. Les pyjamas sont dans la valise, je n'ai pas encore fini de défaire les bagages. »

Après quelque temps de recherche, Miss Hapgood lui tendit une chemise à jabot et une paire de pantalons en velours côtelé. Heureusement, Ernest découvrit l'éclat métallique des boutons de manchettes avant qu'elle la lui eût complètement fait enfiler.

Quand il fut finalement couché, deux comprimés dans l'estomac et un thermomètre dans la bouche, Miss Hapgood, assise devant la coiffeuse et passant le peigne d'Emmet dans ses propres cheveux soigneusement nattés, lui lança :

« Vous avez de jolies choses. J'ai travaillé récemment dans des maisons où je ne cracherais pas sur ce qu'ils possèdent. Mais j'ai demandé au docteur Cardiff de me trouver un patient qui soit un vrai gentleman, parce que moi, je suis une vraie dame. »

Elle se dirigea vers la fenêtre et jeta un œil aux moissons de la vallée de San Fernando, en avance cette année-là.

« Est-ce que vous croyez que Carlos Davis va épouser Marya Thomas ? N'essayez pas de répondre avant que j'aie repris le thermomètre. »

Mais il l'avait déjà retiré, et il s'était assis sur son séant.

« Vous me rappelez tout d'un coup quelque chose : je n'avais pas l'intention de me coucher avant la visite de Miss Halliday.

– Je viens de vous donner deux somnifères, Mr Mom. »

D'un mouvement de balancier, il sortit les jambes du lit.

« Vous ne pouvez pas me donner un émétique ou quelque chose du genre ? Je pourrais me débarrasser de ces comprimés. Du sel et de l'eau, peut-être.

– Pour provoquer des convulsions ? s'exclama Miss Hapgood. Alors que vous avez une maladie cardiaque ?

– Entendu. Commandez un café bien chaud et allez chercher mon peignoir en soie. Sinon, d'ici une seconde, j'aurai déjà oublié mon nom. »

Il n'avait pas l'intention de le lui reprocher, et Miss Hapgood n'en fut guère offensée : elle se contenta de secouer la tête, s'assit au piano où elle se mit à faire des gammes à une main.

« Bon, je vais dormir un petit moment, décida Emmet, désespéré. Miss Halliday n'arrivera sans doute pas avant deux heures environ. Vous me réveillerez, n'est-ce pas ?

– Vous ne pouvez pas dormir dans cette position.

– Je m'endors toujours appuyé sur le coude. »

Elle le força à s'allonger complètement du mouvement le plus adroit qu'elle avait exécuté depuis leur rencontre.

II.

Quand il se réveilla, il faisait nuit, et le noir était total, mis à part une petite lampe recouverte d'une serviette. Il ne repéra pas toute suite Miss Hapgood, mais ses yeux s'habituèrent à l'obscurité et il découvrit qu'une autre femme en blanc était assise sur un fauteuil trop rembourré de l'autre côté de la chambre – une femme de la même tribu de géants que le Dr Cardiff. Quand il consulta sa montre pour s'apercevoir qu'il était 10 heures et demie, la dame se réveilla en sursaut et lui expliqua qu'elle était son infirmière de nuit, Miss Ewing.

« Ai-je reçu de la visite ?

– Miss Halliday. Elle a dit qu'elle essaierait de repasser demain. Je lui ai fait valoir qu'on ne pouvait absolument pas vous déranger. »

Il gémit sur son sort en silence tandis que Mrs Ewing se relevait et se dirigeait comme un gros ballon vers le couloir. Il eut conscience d'une conversation sur le pas de sa porte.

« Qui est là ? » s'enquit-il. Une voix qui manquait de souffle mais non dépourvue de charme lui répondit :

« Votre secrétaire, Mr Monsen.

– Mais que faites-vous ici à cette heure ? »

Les deux femmes – la première monstrueuse, la seconde tout simplement une femme, presque fragile à côté de l'autre – bloquaient le seuil. La faible lumière de l'ampoule jaune du couloir révélait encore le sourire de Miss Trainor – elle paraissait contrite maintenant, presque espiègle, mais elle semblait presque sûre qu'il ne se montrerait pas trop sévère.

« Franchement, Mr Monsen, dit Mrs Ewing sans hésiter, franchement, je ne savais pas quelle sorte d'homme j'allais trouver à votre réveil. Et quand je me suis aperçue que la bonne était partie, franchement, j'ai demandé à cette… cette… » Elle glissa un regard en direction de Miss Trainor comme pour lui demander une ultime confirmation. « … cette secrétaire de rester jusqu'à ce que vous vous réveilliez. »

Les yeux d'Emmet se s'étaient pas encore accoutumés à la pénombre, ni dans la chambre ni dans le couloir, mais il aurait pu jurer qu'à un moment ou un autre, la jeune Miss Trainor lui avait adressé un clin d'œil.

« Eh bien, peut-être allez-vous la laisser partir maintenant ? suggéra-t-il.

– Bonne nuit, Mrs Ewing, dit Miss Trainor. Je vous souhaite aussi unc bonnc nuit, Mr Monsen. »

Tandis que ses pas s'estompaient dans l'escalier, Emmet demanda :

« Quel genre de personne vous attendiez-vous à trouver à mon réveil ?

– Je ne savais pas trop.

– Vous n'avez pas parlé avec le docteur Cardiff ?

– Non, je n'avais que la feuille de liaison laissée par l'infirmière de jour pour me guider. Et il y avait des passages que je n'arrivais même pas à lire, mais j'ai une grande expérience des alcooliques et des intoxiqués irrécupérables. »

Emmet était aussi réveillé que possible, mais cette dernière phrase ne résonna pour lui que comme une allusion à quelques nouvelles de Booth Tarkington ayant pour protagoniste un marchand de tableaux.

« Pour vous profanes, de simples drogués », ajouta paisiblement Mrs Ewing.

Ils se toisèrent du regard, et Emmet s'imagina aussitôt toute l'histoire de cette femme, et il sentit monter en lui une vague de sympathie pour les malheureuses victimes de l'alcool ou de la drogue qu'elle avait dû anéantir jusqu'à les rendre aussi impuissants que des moustiques écrasés.

Puis il eut envie de rire, mais il se rappela que le Dr Cardiff le lui avait déconseillé, ainsi d'ailleurs que tout ce qui pouvait lui soulever le diaphragme, et il se défoula en affirmant :

« J'ai l'habitude de faire cuire mon opium dans le lait qui accompagne mes toasts. Quant à l'alcool, eh bien, la seule chose que je regrette, c'est de ne pas m'y être mis pour de bon quand il nous a fallu ajouter des comprimés dans l'eau afin de la rendre potable. Mais si vous n'arrivez pas à lire la feuille de liaison, appelez s'il vous plaît le docteur Cardiff. »

Radouci, il ajouta :

« Voyez-vous, Miss Trainor a du travail durant la journée. Vous ne voudriez pas être contrainte de l'aider à dactylographier mes textes, n'est-ce pas ? »

Avec détermination, Mrs Ewing changea de sujet.

« Voulez-vous que nous prenions un bain ?

– J'en ai déjà pris un aujourd'hui. Est-ce que j'ai de la fièvre depuis ce matin ? Je crois que Miss Hapgood l'a noté.

– Vous allez devoir poser ce genre de questions au docteur Cardiff, Mr Monsen. »

Il ne pouvait pas y faire grand-chose, mais considérant que sa mauvaise humeur n'était due qu'à lui-même, il décida que c'était maintenant à son tour de changer de sujet.

« Mrs Ewing, j'ai ici un produit que j'ai trouvé à Melbourne qui d'ordinaire vient à bout de ces fièvres, dit-il. J'ai oublié d'en parler au docteur Cardiff. Il est fait à partir d'herbes subtropicales. Vous le trouverez dans cette trousse médicale que Margerilla a rangée dans le placard de l'autre côté du vestibule.

– Elle a pris sa soirée, Mr Monsen. Je vais vous donner vos médicaments.

– Non, allez chercher cette trousse – en cuir marron –, ce sont des capsules vertes.

– Je ne vois pas comment je pourrais vous donner un quelconque remède sans l'autorisation du docteur Cardiff.

– Allez chercher ce produit, ensuite téléphonez-lui, et lisez-lui la composition qui figure sur le flacon. Ou alors, passez-le-moi. »

Elle enfla de colère et leurs regards se croisèrent. Puis, s'éloignant de lui à pas lourds, en proie au doute, elle traversa le couloir et bientôt, il l'entendit fourrager dans l'armoire à pharmacie improvisée, et ouvrir une valise. Une minute plus tard, elle lui cria :

« Je ne trouve pas. Il y a de la quinine, du sérum anti-typhoïde et de quoi prodiguer des soins d'urgence, mais aucune capsule verte.

– Apportez-la ici.

– J'ai ma lampe électrique, Mr Monsen, et j'ai tout sorti du sac. »

Il se leva du lit en se dirigeant vers la remise, et au passage il saisit nerveusement une courtepointe en s'apercevant qu'il était moite de transpiration.

« Mr Monsen ! Je vous ai dit…

– Je suis sûr que ce flacon est là. Une des poches de côté. »

Ils entendirent un petit clic derrière eux dont ni l'un ni l'autre ne comprirent l'importance tandis qu'Emmet fouillait dans le sac.

« S'il vous plaît, éclairez par ici… » Au milieu de sa phrase, il se rendit compte de ce qu'il venait de se passer : un courant d'air accidentel avait fait se refermer la porte presque sans bruit. De plus, dans le faisceau cru de la torche, il apparut clairement qu'il n'y avait ni écrou, ni poignée sur le battant intérieur correspondant à la serrure extérieure. Au même instant, comme sous le choc, la batterie de la torche de l'infirmière expira sans un bruit.

III.

La cervelle d'Emmet, qui fonctionnait plus vite que celle de Mrs Ewing, fut la première à comprendre dans quelle situation ils se trouvaient. Sa deuxième pensée fut égoïste : il faisait froid dans ce placard, et il s'enveloppa dans la courtepointe comme dans une djellaba, conscient que l'infirmière peinait à respirer ; il songea à des hommes prisonniers de sous-marins et se demanda combien de temps encore durerait l'oxygène inspiré et recraché par ce mini-moulin à eau de poitrine.

« Moulin à eau » était d'ailleurs une image tout à fait appropriée, parce que, moins d'une minute plus tard, Mrs Ewing déployait une telle énergie de mouvement que le placard lui parut moins vaste qu'il ne l'avait d'abord cru. Dans l'obscurité, il ne parvint pas à déterminer si elle soupçonnait qu'il s'agissait d'un complot, ou si elle avait commencé à se battre pour l'oxygène restant : il se contenta donc d'esquiver ses mouvements pendant une minute dans son burnous de plus en plus humide, en s'efforçant de ne pas se faire aplatir contre un mur. Jusqu'à ce que le salut vînt avec le cri explosif qu'elle poussa soudain :

« Il y a une fenêtre ! »

De fait, il y en avait une, et seule l'obscurité totale de la nuit les avait empêchés de la voir plus tôt. Restait la question de savoir si elle ouvrait sur un toit ou sur l'à-pic d'un mur. Une seconde plus tard, la partie supérieure du corps de Mrs Ewing était déjà dehors pour tenter d'y répondre en scrutant le ciel aveugle. C'est alors qu'elle fit une découverte jubilatoire.

« Ça y est, j'y vois. Il y a un toit juste en dessous et je peux l'atteindre. »

L'esprit de la girl-scout coulait dans la géographie de ses veines comme du feu : avant même qu'Emmet ait pu lui recommander la prudence, elle était déjà passée entièrement de l'autre côté, et il entendit un toit en zinc grincer avec accablement. L'ouverture laissait désormais passer un souffle d'air frais, et tandis qu'Emmet se recroquevillait sur le plancher, la voix de Mrs Ewing pénétra à nouveau dans la remise.

« Je n'y vois rien.

– Le médecin doit repasser demain matin, dit Emmet avec entrain, mais décidant aussitôt que tout humour était déplacé, il ajouta : Appelez à l'aide. Non, ne criez pas "Au secours !" ; dites plutôt "Un problème chez Mr Monsen", ou quelque chose du genre. Et précisez : "Pas de cambrioleurs", sinon quelqu'un serait capable d'accourir avec un revolver et vous arroser de balles.

– Un problème chez Mr Monsen, cria-t-elle docilement. Pas de cambrioleurs ! »

Elle continua mais n'obtint aucune réponse. Pendant ce temps, Emmet les imaginait échoués là pendant une semaine, se nourrissant de capsules vertes et buvant l'alcool iodé de la trousse à pharmacie.

Entre deux frissons, il se rendit compte que Mrs Ewing était en conversation avec quelqu'un en contrebas, mais il n'en saisissait que la moitié. Quelques instants plus tard, elle lui expliquait :

« C'est un homme en manteau blanc. »

Il tendit l'oreille.

« Comment ça va, ma petite ? » La voix venait de l'extérieur, loin en contrebas.

Puis celle de l'infirmière :

« La porte de la cuisine n'est peut-être pas verrouillée. Si elle ne l'est pas, vous montez l'escalier et je vous indiquerai par où passer.

– Tu nous offres quelque chose à boire, ma belle ?

– La situation est sérieuse, répondit Mrs Ewing, indignée. Je suis infirmière diplômée et je me trouve enfermée dans un placard à médicaments.

– Et y aurait pas mon genre de médocs, par hasard, dans ce placard ? »

Là, Emmet manqua quelques phrases, mais bientôt, Mrs Ewing passait de nouveau la tête à l'intérieur.

« On dirait qu'il a compris, dit-elle. Mais il était complètement soûl. Il va essayer de passer par la porte de la cuisine. »

Une fois de plus, un personnage disparaît de cette histoire. Aucun des deux ne revit jamais cet inconnu. Mais environ vingt minutes plus tard, Emmet reprit la parole.

« Revenez et fermez la fenêtre, il fait de plus en plus froid.

– Je préfère rester dehors.

– Alors fermez la fenêtre. »

Une pause.

« Je rentrerais volontiers, Mr Monsen, mais vous comprenez, je vous connais à peine.

– Je comprends. Mais je ne vous connais pas très bien non plus. »

Elle hésita encore quelques instants, puis elle se décida à rentrer, fermant à demi la fenêtre derrière elle.

« Il va simplement nous falloir attendre, dit-il en bâillant. J'ai pris de l'aspirine. »

Il y eut une nouvelle pause qu'Emmet ne parvint pas à s'expliquer avec précision, même s'il était sûr que Mrs Ewing, délicatement accroupie face à lui, n'avait pas fermé les yeux. Il fut ensuite réveillé en sursaut par le bruit de ses poings qui martelaient la porte, et sa voix qui criait : « Margerilla ! Margerilla ! »

« Que se passe-t-il ? demanda Emmet.

– C'est Margerilla, répondit-elle. J'ai entendu sa voiture.

– Solution… » marmonna Emmet, mais les cris de Mrs Ewing n'avaient pas vraiment rassuré Margerilla au rez-de-chaussée ; il se passa un certain temps avant que la clé ne tournât dans la serrure.

Margerilla tenta de se faire pardonner sa lenteur en lâchant un petit rire faussement effarouché.

« Ça par exemple, mais qu'est-ce que vous faites là-dedans tous les deux ? »

Emmet se releva, en se drapant dans son burnous. Il fit mentalement appel à ses lectures de romans de chevalerie, mais rien ne lui vint à l'esprit.

« Nous nous sommes laissé enfermer dans ce placard, expliqua Mrs Ewing d'un air digne.

– Oui, confirma Emmet avec hauteur. C'est exactement cela. »

Tel César drapé dans sa toge criblée de coups de poignard, il ne put, à la suite de l'infirmière, que passer devant Margerilla qui gloussait, avant de s'effondrer sur le lit, une fois refermée la porte de sa chambre de malade.

Il se réveilla dans un monde qui, même après qu'il eut ouvert les yeux, continua de lui paraître menaçant. C'était toujours le mois de mai ; en une nuit ou presque, les jardins du domaine Davis s'étaient couverts d'une abondante éruption de roses, et par contagion, les effluves de senteurs sucrées venaient envahir sa véranda et traversaient les fenêtres à moustiquaires. Néanmoins, il se sentait dans une disposition très différente du désespoir amusé qui l'habitait encore la veille. Lui avait-on révélé toute la vérité sur son état ? Elsa Halliday viendrait-elle aujourd'hui, et serait-elle la même jeune femme qu'il avait laissée deux ans plus tôt ? Lui-même paraîtrait-il différent, avec cette fièvre qui le consumait en secret et lui brûlait le cœur ?

Quand il fut assez indiscret pour ouvrir les yeux, il vit Miss Hapgood, à nouveau « de service », qui se précipitait vers lui en brandissant tel un stylet un thermomètre dans sa main tremblante.

Il allait falloir faire quelque chose au sujet de cette femme, il le savait – alors qu'elle arrêtait sa course pour secouer le thermomètre. Elle le secoua même avec une telle énergie qu'il se retrouva par terre et que ses fragments allèrent rouler sous le tiroir de la commode.

Avec lassitude, il sonna deux fois : le signal convenu la veille pour appeler la secrétaire. Quand elle apparut, il se redressa contre son oreiller, puis il suivit son regard contagieux qui se dirigeait vers la fenêtre. « Il y en a beaucoup, n'est-ce pas ?

– Si j'étais vous, je les laisserais pousser à l'intérieur de cette chambre, suggéra la jeune Miss Trainor. De plus, Miss Halliday a fait envoyer des fleurs ce matin.

– Vraiment? Lesquelles? demanda-t-il avec enthousiasme.

– Des roses.» Puis, une ou deux secondes plus tard: «Des *American Beauty*.

– Allez les chercher, s'il vous plaît, Miss Hapgood.» Ensuite, s'adressant à Miss Trainor: «Et celles de la véranda, ce sont des...?

– Des *Talisman*, et quelques *Cécile Brünner*.» Quand la porte se fut refermée sur Miss Hapgood, elle proposa: «Je vais descendre en voiture jusqu'au drugstore vous acheter un autre thermomètre. Je m'aperçois qu'il y a eu un petit accident.

– Je vous remercie. Le plus important, c'est de vérifier que je suis réveillé quand et si Miss Halliday vient me voir. Apparemment, j'ai adopté la psychologie d'un homme malade en un rien de temps: j'ai l'impression d'une conspiration entre le médecin et les infirmières pour me maintenir dans un état de congélation, comme cette femme dont on parle dans les magazines.»

Elle ouvrit la fenêtre à moustiquaire, cueillit une rose et la jeta sur l'oreiller à côté de lui.

«Voici une chose en laquelle vous pouvez avoir confiance», dit-elle, puis très vite, elle ajouta: «Vous avez du courrier au rez-de-chaussée. Certains hommes aiment commencer la matinée en lisant leur courrier, mais Mr Rachoff préférait toujours faire le planning de la journée avant même d'ouvrir son journal.»

Emmet, qui sentait poindre en lui une certaine hostilité à l'égard de Mr Rachoff, réfléchit aux différentes possibilités:

«Eh bien, la priorité absolue, ce sont les coups de téléphone de Miss Halliday, et je voudrais que vous essayiez de savoir quand elle compte venir sans paraître trop impatiente. Quant au travail, hier j'étais pressé de m'y mettre, aujourd'hui je n'aurai envie de rien tant que je ne saurai pas ce que le médecin mijote. Passez-moi le bloc de l'infirmière, s'il vous plaît.

– Je vais sonner Miss Hapgood.

– Certainement pas. »

Il avait déjà mis un pied hors du lit quand Miss Trainor céda brusquement. Une fois sa feuille de soins en main, Emmet se réinstalla et lut sans discontinuer pendant plusieurs minutes, puis se leva pour de bon, tendant une main pour prendre son peignoir, et sonnant trois fois de l'autre pour appeler l'infirmière. Il prononça aussi quelques mots – des mots dont il espérait vraiment que Miss Trainor ne les saisirait pas, déformés qu'ils étaient par la bronchite de plus en plus forte qui s'était déclenchée dans le placard.

« Appelez-moi le docteur Cardiff ! Et ensuite, lisez, lisez vous-même ! Je suis censé rester couché sur le côté droit pendant trois heures, ensuite, je demande à l'infirmière de me faire doucement tourner sur l'autre ! Ce n'est pas une feuille de soins, ce sont des instructions à usage des pompes funèbres, sauf qu'il a oublié le bain de natron ! »

Une partie de la faute qui retomba ensuite sur Miss Trainor doit en toute équité lui être attribuée, car la situation du patient changea du moment où elle lui laissa lire le dossier. Par la suite, elle reconnut qu'elle aurait pu s'en saisir et se précipiter hors de la chambre, mais étant donné l'état d'esprit d'Emmet, elle pensa qu'il allait la poursuivre, et c'eût été encore pire.

Emmet descendit au salon, et alla broyer du noir dans son fauteuil. Il demanda à la jeune Miss Trainor de rester avec lui dans la pièce, parce qu'il y avait en elle quelque chose qui lui faisait honte quand il parlait avec colère ou dureté. Parce qu'elle souffrait d'un léger astigmatisme extraterrestre, ses yeux semblaient contempler à l'oblique un monde plus riche et plus amusant, et il ne fallait à aucun prix corriger sa vision pour lui faire partager celle, si terne, que lui avait du monde en ce moment. Emmet ne voulait surtout pas qu'elle voie les choses comme il les voyait. Quand le Dr Cardiff arriva, il avait en partie recouvré son calme.

« Laissez-moi parler le premier, suggéra-t-il, parce que vous aurez bien sûr le dernier mot. »

Le Dr Cardiff hocha la tête avec patience.

« J'ai lu cette feuille de soins, dit Emmet, et, docteur, je ne peux pas vivre comme ça pendant quatre mois.

– J'ai déjà entendu ça quelque part, rétorqua le médecin d'un ton sans réplique. Des dizaines de malades en hypertension qui disaient : si vous croyez que je vais rester dans ce … de lit, vous êtes complètement cinglé. Mais quelques jours plus tard, face à une alerte, ils devenaient aussi doux que des…

– Mais comment voulez-vous que je passe mes journées à fixer le plafond ? Sans parler du bassin, et du régime de bouillies : vous allez vous retrouver avec un fou sur les bras.

– Mr Monsen, puisque vous avez tenu à lire la feuille de soins, vous auriez dû *tout* lire. Il est précisé qu'une infirmière peut vous faire la lecture, et que pendant une demi-heure chaque matin, on peut vous lire votre courrier, vous avez le droit de signer des chèques et ce genre de choses. Personnellement, j'ai tendance à penser que vous avez de la chance d'être malade ici, dans cette région magnifique…

– Moi aussi, l'interrompit Emmet. Je ne refuse pas d'avoir une vie de légume. Je vous demande seulement de la modifier. J'en suis incapable. Je suis parti de chez mes parents à douze ans et j'ai fugué jusqu'au Texas... »

Le médecin se leva.

« Vous n'avez plus douze ans aujourd'hui. Vous êtes un adulte. Écoutez-moi bien, Monsieur... »

Il fit glisser la robe de chambre du patient et mit en place un tensiomètre.

« Vous devriez déjà être au lit. »

L'appareil se dégonfla, le Dr Cardiff consulta le cadran et desserra la courroie ; l'instant d'après, Miss Hapgood s'approchait de lui et il sentit qu'on lui piquait le bras.

Le Dr Cardiff se tourna vers elle : « Nous allons aider Mr Monsen à remonter dans sa chambre.

– Je suis tout à fait capable d'y remonter tout seul... »

Miss Trainor, qui par hasard se trouvait dans le vestibule, le vit emprunter l'escalier, dûment encadré par les deux soignants. C'était une jeune personne grave et réfléchie, malgré son air si particulier d'enthousiasme naïf, elle agissait rarement sur la seule foi d'une intuition. Mais elle ne put s'empêcher en l'occurrence de se demander de façon insistante si le Dr Cardiff avait bien pris le pouls de la situation.

Elle en douta davantage encore le lendemain à 13 heures, alors qu'assise à sa machine à écrire, elle regardait par la fenêtre et, par-delà un massif de roses, en direction de la cuisine. Mr Monsen en personne était aux fourneaux, accompagné par une Miss Hapgood qui lui résistait de moins en moins.

Apparemment, Margerilla n'avait pas encore fait son apparition alors que son heure était largement dépassée.

Elle avait téléphoné depuis un village perdu vers 11 heures et Miss Trainor avait cru comprendre qu'il s'agissait d'une grand-mère qui s'était cassé la jambe. Margerilla avait promis d'arriver plus tard, mais le patient se montrait de plus en plus nerveux et impatient.

Miss Trainor tendit l'oreille.

« Mr Monsen, vous ne pouvez faire la cuisine avec 39°4 de température !

– Et pourquoi pas ? Pensez aux Huns. Ils utilisaient des steaks de viande crue comme selles toute la journée pour les faire cuire exactement comme une cuisinière, et au passage attendrir la viande.

– Mr Monsen ! »

Miss Trainor l'entendit donner de violents coups de hachoir sur une pièce de viande et elle décida de se concentrer sur sa transcription. Il lui avait pourtant semblé si courtois, si séduisant.

« Vous êtes trop faible, gémit Mrs Hapgood, désespérée.

– Vous trouvez ? Eh bien, il y a une bonne bouteille de cognac dans ce placard. Croyez-vous vraiment que prendre tous ces calmants qui me laissent dans le brouillard pendant vingt-quatre heures d'affilée me rende plus fort ? »

La cafetière à pression brevetée émit un claquement sec et les coups de hachoir s'interrompirent.

« Je crois que je ne veux rien manger de toute façon, déclara Emmet. Et surtout, ne vous excusez pas. Nous allons envoyer Miss Trainor chercher des sandwichs. La seule chose qui me dise, ce serait de faire revenir cette feuille de soins dans de l'huile de ricin et de la faire avaler au docteur Cardiff. »

La jeune Miss Trainor aurait aimé pouvoir lui annoncer de meilleures nouvelles que celles qu'il avait reçues par téléphone une demi-heure plus tôt – Elsa Halliday n'allait pas pouvoir venir aujourd'hui, mais elle essaierait sans doute le lendemain. Elle l'entendait arpenter le salon mais fut bientôt distraite par le ronronnement d'une automobile qui s'approchait de la porte de derrière.

Cinq minutes plus tard, suivie de Miss Hapgood, elle se précipitait vers le salon.

« Que se passe-t-il ? demanda-t-il du fond de son fauteuil, les yeux ensommeillés.

– C'est Margerilla, rapporta l'infirmière. Vous voyez, elle a fini par arriver, mais elle a une odeur très bizarre. En fait... »

Il l'interrompit, se tourna vers Miss Trainor : « De quoi s'agit-il ?

– La bonne boit, répondit-elle. Nous avons déjà eu des soupçons hier. Elle vient juste d'arriver. Elle a ramené un grand type qui a l'air tout aussi ivre qu'elle. Il s'est endormi en travers de son lit.

– Quand je lui ai demandé si elle pouvait nous préparer à déjeuner, se morfondit Miss Hapgood, elle m'a seulement répondu : "J'ai pas faim, moi !"

– Je peux appeler la police, reprit Miss Trainor, ou bien les jardiniers de Mr Davis, mais je ne voulais rien faire sans vous en parler. L'homme en question est trop costaud pour que Miss Hapgood et moi puissions nous en charger. »

Emmet se leva. La situation était plutôt stimulante dans ce calme oppressant, mais en se rendant compte qu'il n'était pas assez en forme pour affronter une bagarre, il se composa un masque d'indignation imposant. Le pas menaçant, il entra dans la cuisine et s'approcha de la scène.

Margerilla, le regard flou, la bouche entrouverte, tanguait sur place de façon inquiétante devant la cuisinière, vaguement occupée à faire quelque chose avec une casserole. Sur le seuil de sa chambre adjacente, se tenait un géant noir bien bâti. Il éloigna d'un air guilleret la bouteille de sa bouche et sourit à Emmet :

« Bonjour, Monsieur. Je me suis permis de venir, Mr Monsen. Je me suis occupé de beaucoup de gens du cinéma et je me suis dit…

– Eh oui, Mr Monsen, s'écria Margerilla avec entrain. Comme je l'ai dit à votre infirmière, j'aurais pas pu rentrer s'il m'avait pas ramenée. Et vu que je sais que vous êtes un homme bien gentil, je savais que ça vous dérangerait pas. Et puis vous avez déjà toutes ces autres femmes qui s'occupent de vous. »

Emmet contourna Margerilla pour s'approcher du Noir.

« C'est votre voiture dans la cour ?

– Pour sûr. Tenez, buvez un coup, Mr Monsen.

– Faites faire demi-tour à cette voiture ! dit-il en montrant la route. Puis, allez accompagner Margerilla dans sa chambre pour l'aider à faire ses bagages.

– Mr Monsen, vous allez quand même pas renvoyer Margerilla pour si peu. Et si vraiment c'est ce que vous voulez, vous diriez quoi de m'engager pour que je m'occupe de vous ?

– Sortez ! »

Toute jovialité disparut du visage de l'homme. Il reboucha sa bouteille et toisa Emmet.

« Je pense pas que Margerilla devrait travailler dans une maison pareille. Y a un compositeur un jour qui a voulu faire le malin avec moi et j'ai… »

Emmet s'avança vers lui et son expression changea du tout au tout. L'homme partit d'un rire nerveux, tourna les talons et se dirigea vers la porte. Encouragé par ce succès, Emmet prit Margerilla par les deux bras et la poussa vers sa chambre.

« D'ici cinq minutes, vous avez quitté les lieux. Alors faites vite vos valises. »

Elle fit mine de s'évanouir mais il ouvrit le tiroir d'une commode et l'aida à s'y appuyer. En retraversant la cuisine, il vit Miss Trainor s'adosser à la porte de l'office et tenter, mais trop tard, de dissimuler l'éclat marron d'un revolver dans les plis de sa jupe. Alors seulement, il comprit le changement d'expression sur le visage du Noir, et il se sentit un peu moins redoutable.

« À qui est ce revolver ?

– À vous.

– Je vous remercie. Voulez-vous bien faire son chèque à Margerilla ? »

De la chambre de la domestique, montèrent sanglots et protestations adressées à son petit ami qui l'assistait. Emmet s'assit sur une chaise de cuisine en attendant de trouver l'énergie de repartir, et la tête posée sur sa main, il essayait de réfléchir à tout ce qui s'était passé quand il entendit prononcer le nom de Miss Halliday à l'office. Il se sentait à nouveau tendu quand la jeune Miss Trainor lui apporta le message.

« C'était la secrétaire de Miss Halliday. Miss Halliday est en route. Elle sera ici d'une minute à l'autre.

– Où est l'infirmière ? s'écria-t-il en bondissant sur ses pieds.

– Elle prépare sa feuille de soins. Je peux vous être utile ?

– Faites attendre Miss Halliway au rez-de-chaussée », lui cria-t-il en gravissant déjà les escaliers.

Dans sa chambre, il demanda à Miss Hapgood de lui passer rapidement un coup d'éponge mouillée, et en s'accrochant à elle comme un poisson pilote à un requin, il ramassa quelques vêtements épars pour s'habiller à la hâte.

C'était peut-être le moment clé de sa vie. En voyant le visage d'Elsa Halliday sur un écran à Ceylan, il avait compris quel idiot il était de l'avoir quittée. Et ce même visage d'Elsa sur le quai trois jours plus tôt le lui avait confirmé. Aujourd'hui il devait lui faire face mais seulement pour esquiver, dissimuler, éluder, parce qu'il ne savait pas lui-même ce que l'avenir lui réservait.

« J'ai déjà affronté des situations plus difficiles », songea-t-il, déterminé.

« Voici plusieurs heures que nous n'avons pas eu de fièvre », se réjouit Miss Hapgood, et comme pour prolonger cette situation, le thermomètre se brisa en deux entre ses doigts. Le léger craquement du verre retentit comme un signal de départ : Emmet et ses vêtements immaculés furent aussitôt trempés de sueur.

« Débrouillez-vous pour que tout ce que je porte soit assorti, ordonna-t-il avec une nervosité extrême. Elle va arriver d'une minute à l'autre. »

Miss Hapgood contemplait encore les deux moitiés du thermomètre avec l'espoir de les rassembler quand Miss Trainor frappa à la porte. Quand elle eut annoncé que la visiteuse attendait au rez-de-chaussée, Emmet l'enrôla de force pour qu'elle l'aide à rassembler une autre tenue, et il alla se rhabiller avec précaution dans la salle de bains. Ensuite, il descendit l'escalier.

Elsa Halliday était brune, avec un superbe teint cuivré, terriblement photogénique, et de grands yeux langoureux pleins de mystère et de promesse. Si l'on excepte Priscilla Lane, elle avait connu l'ascension la plus fulgurante dans le monde du cinéma au cours des deux dernières années. Emmet ne l'embrassa pas, il s'approcha seulement de son fauteuil et lui prit la main en la regardant, avant d'aller s'installer face à elle sur un autre siège, pensant sur l'instant moins à la jeune femme qu'à sa propre capacité à contrôler la moiteur qu'il ressentait sur son front et sa poitrine.

« Comment vas-tu ? demanda Elsa.

– Beaucoup mieux. N'en parlons pas, n'y pensons même pas. D'ici très peu de temps, je serai sur pied.

– Ce n'est pas ce que m'a dit le docteur Cardiff. »

À ces mots, son maillot de corps se retrouva trempé.

« Cet imbécile t'a-t-il parlé de moi ?

– Il n'a pas dit grand-chose. Seulement qu'il fallait que tu prennes soin de toi. »

Emmet était irrité par l'un autant que l'autre, mais il réussit à changer de sujet.

« Tu as fait des choses magnifiques ces derniers temps, Elsa. Je le sais, même si j'ai quelques films de retard. Je t'ai vue dans des cinémas où seuls quelques spectateurs étaient capables de lire les sous-titres – c'était sans doute encore moins clair qu'un film muet pour eux. Mais en voyant leurs yeux et leurs lèvres suivre les tiens, j'ai mesuré combien tu les fascinais. »

Le regard d'Elsa se perdit imperceptiblement dans le lointain.

« Ça, c'est la partie romantique des choses, répondit-elle. Tout ce bien qu'on peut réellement faire à des gens qu'on ne connaîtra jamais.

– Oui », répondit-il.

Bien sûr, Elsa doit avoir appris à faire des remarques de ce genre, songea Emmet, en repensant aux scénarios de *La Femme de Port-Saïd* et de *La Fêtarde*.

« Le don de la vivacité, reprit-il au bout d'une minute. Une beauté vive, comme ces peintres qui ont inventé le mouvement là où il n'y en avait pas – même si la perspective est arrivée au même moment et a fait oublier… »

Il se rendit compte que ce genre de considérations devait la dépasser et il fit aussitôt machine arrière :

« À l'époque où nous étions très proches, ta beauté m'effrayait, d'une certaine façon…

– Surtout quand j'ai commencé à parler de mariage », précisa Elsa, soudain réveillée.

Il opina du chef sans détour.

« J'avais l'impression d'être un marchand de tableaux, ou un de ces banquiers qui se montrent avec des chanteuses d'opéra, comme s'ils avaient acheté leur voix à la manière d'un disque de phonographe.

– Tu as fait beaucoup pour ma voix, dit Elsa. J'ai encore le phonographe et tous les disques, et il est possible que je chante dans mon prochain film. Et puis, les lithographies de Juan Gris et Picasso, je raconte encore aujourd'hui que ce sont des originaux, même si mon goût s'est formé et qu'on me donne des tuyaux professionnels sur les tableaux qui vont prendre de la valeur. Je me rappelle que tu m'avais dit qu'une toile pouvait être un meilleur investissement qu'un bracelet… »

Elle s'interrompit brusquement.

« Écoute, Emmet, ce n'est pas vraiment pour ça que je suis venue aujourd'hui, pour parler de toutes ces vieilles choses. Mon réalisateur est malade, mais le tournage va peut-être reprendre demain et je voulais profiter de ce moment libre pour te voir. Pour rattraper le temps perdu, tu vois ? Parler de tout. Me laisser aller, tu comprends ? »

Cette fois, c'était Emmet qui n'écoutait plus vraiment. Sa chemise était désormais trempée, et se demandant si cela laisserait des traces sur le col, il boutonna sa veste jusqu'en haut. Ensuite, il put de nouveau se concentrer sur ses paroles.

« Deux ans, c'est deux ans, Emmet, et nous ferions peut-être mieux de regarder les choses en face. Je sais que tu m'as beaucoup aidée et que je me suis réellement appuyée sur toi et tes conseils, mais deux ans…

– Tu t'es mariée ?

– Non. Je ne suis pas mariée. »

Emmet se détendit.

« C'est tout ce que je voulais savoir. Je ne suis pas un enfant. Tu es sans doute tombée amoureuse de tous les hommes qui comptent à Hollywood depuis que j'ai disparu.

– Précisément pas, rétorqua-t-elle non sans aigreur. Voilà qui prouve combien tu me connais mal, vraiment. Cela montre combien les gens peuvent s'éloigner l'un de l'autre. »

Emmet avait un peu le vertige quand il répondit :

« Cela pourrait vouloir dire qu'il n'y a eu personne. Ou au contraire, qu'il y a eu quelqu'un de particulier.

– Oui, de *très* particulier, répondit-elle, le ton déjà moins brusque. Dieu sait que c'est horrible de te le dire alors que tu es malade et que tu vas peut-être… Je veux dire que c'est une position très difficile pour une femme. Mais j'ai été tellement occupée ces trois derniers jours. Dans l'industrie du cinéma, tu sais, une actrice n'est qu'une ottomane, elle ne contrôle pas plus son emploi du temps qu'une vendeuse ou un métier du même genre…

– Tu vas épouser cet homme ? l'interrompit Emmet.

– Oui, dit-elle avec défi. Mais je ne sais pas exactement quand, et ne me demande pas son nom, parce que ton médecin a dit..., parce qu'il se pourrait que tu tiennes des discours délirants à un moment ou un autre et ces échotiers seraient capables de me rendre folle.

– Tu n'as tout de même pas pris cette décision la semaine dernière ?

– Non, je l'ai prise il y a un an, lui assura-t-elle avec une certaine impatience. Plusieurs fois, nous avons failli partir dans le Nevada. Ici il faut attendre quatre jours, et chaque fois...

– C'est un type solide ? Tu peux au moins me dire cela ?

– La solidité est sa marque de fabrique, dit Elsa. Tu m'imagines choisir un escroc ou un ivrogne ? À partir de janvier prochain, je vais moi-même me mettre à gagner beaucoup d'argent. »

Emmet se leva : il pouvait exactement prédire le moment où la vague de transpiration allait atteindre la doublure de sa veste.

« Excuse-moi. »

À l'office, il se remit d'aplomb en s'appuyant contre l'évier. Puis il alla frapper à la porte de la secrétaire.

« Raccompagnez Miss Halliday ! » ordonna-t-il, apercevant un instant dans un miroir son propre reflet : livide, dur, hagard. « Dites-lui que je me suis senti mal, n'importe quoi, faites-la décamper. »

Parce que toute compassion lui faisait horreur, il détesta le visage de la jeune Miss Trainor quand elle se leva de son bureau.

« Agissez vite. Ça fait partie de votre travail.

– Je comprends, Mr Monsen.

– Je ne demande pas beaucoup de choses, ajouta-t-il inutilement. Mais j'entends qu'elles soient bien faites. »

Il repartit en sens inverse, s'appuyant au bord de l'évier, se dirigea ensuite vers la porte battante, puis le dos d'une chaise de cuisine. Une réplique méprisante lui revenait en tête avec insistance sur un rythme effréné : « Je n'ai pas beaucoup de respect pour un homme qui boit un whisky au moindre problème. »

Il se tourna vers le placard où était rangée la bouteille de cognac.

IV.

Quand un jeune homme irréfléchi boit ses premières gouttes d'alcool, cela ne le pousse pas à se suicider, ni à battre sa compagne, mais il connaît un soudain tapage intérieur qui s'exprime dans toutes les fibres de son cœur et de son âme. Un Anglais fait de l'escalade, un Irlandais se bat, un Français danse, un Américain « tapage » (le mot n'est pas dans le dictionnaire).

C'est ce qui arriva à l'abstinent Emmet – il « tapagea ». C'était inévitable dès l'instant où le cognac entra en collision avec sa fièvre brûlante, et les choses se précipitèrent alors que, assis au bord de son lit, il laissait Miss Hapgood lui retirer à grand-peine ses vêtements trempés de sueur. Il disparut soudain dans le placard, et en revint presque aussi vite, vêtu d'une sorte de sarong et affublé d'un gibus.

« Je suis un roi cannibale, s'écria-t-il. Je descends chercher Margerilla dans la cuisine et je vais la manger.

– Margerilla est partie, Mr Monsen.

– Alors je vais manger Carlos Davis. »

Une seconde plus tard, il s'emparait du téléphone dans le vestibule et parlait au majordome de Mr Davis. Si Mr Davis était chez lui, pouvait-il passer le voir tout de suite ?

Tout en raccrochant, Emmet fit un bond agile de côté pour éviter la seringue que brandissait Miss Hapgood.

« Ne vous y risquez pas, lui conseilla-t-il. Je vais passer à l'action maintenant, et j'ai besoin de toutes mes facultés et de toutes mes forces. »

Pour vérifier que ces dernières ne l'avaient pas déserté, il se pencha brusquement en avant et arracha un barreau de la rampe d'escalier.

La facilité avec laquelle il y parvint le fascina. Il se pencha de nouveau et en arracha un autre, puis un autre encore. On aurait dit un de ces affreux cauchemars où l'on déloge ses propres dents avec une peur mêlée de malaise.

Au cours de cette opération, il se retrouva au rez-de-chaussée. Il gardait en main un barreau avec lequel il comptait assommer Mr Davis au moment où il passerait la porte, juste avant de l'assaisonner et de le manger.

Cependant, il fit une erreur de calcul. En passant à proximité de la cuisine, il se rappela la bouteille de cognac à laquelle il rendit une visite rapide, avant de se retrouver – ou plutôt d'aller se perdre – sur un sac de pommes de terre remisé sous l'évier, son gourdin à portée de main, son couvre-chef de soie noire de guingois.

Par bonheur, il ne fut pas conscient des événements qui se bousculèrent au cours des minutes suivantes : Miss Trainor jeta un coup d'œil dans la pénombre du jardin, aperçut Mr

Davis qui s'apprêtait – en prenant un raccourci – à entrer chez son locataire par la porte de derrière, et Miss Trainor se précipita pour l'intercepter devant la moustiquaire de la cuisine avant de refermer la porte.

« Salut tout le monde ! Bonjour à tous. Monsen voulait me voir et je suis du style à rendre visite aux malades et ce genre de choses.

– Mr Davis, juste après que Mr Mom – l'anxiété la faisait parler comme Miss Hapgood – vous a téléphoné, son frère l'a appelé de New York. Mr Mom demande s'il peut vous joindre un peu plus tard, ou demain. »

Tandis que la jeune Miss Trainor priait pour qu'aucun son ne s'échappe de sous l'évier, elle perçut le lent rebond d'une pomme de terre sur le carrelage.

« Crédieu, oui, dit Davis avec enthousiasme. Le film est encore retardé de deux jours. Mon scénariste doit être en train de cuver quelque part, ce salaud ! »

Il siffla puis lança à Miss Trainor un regard admiratif – le contraire de ce qui se produisait d'ordinaire.

« Vous voudriez que je vous montre la piscine un de ces jours ? Je veux dire, il doit bien y avoir des moments où vous ne travaillez pas. Enfin…

– Ça me ferait très plaisir, répondit-elle, avant de couvrir un gémissement bizarre qui s'échappait de la maison en déclarant avec un aplomb remarquable : Il m'appelle sur l'interphone. »

Davis parut un instant déconcerté, mais le nuage se dissipa aussitôt. Elle soupira de soulagement.

« Eh bien, salut, bon courage, et tout et tout », lui lança-t-il.

Dès qu'il se fut éloigné de quelques mètres, elle rentra dans la cuisine. Emmet Monsen n'était plus là, mais elle savait exactement où il se trouvait, parce qu'elle percevait des bruits de barreaux arrachés à la rampe et de verre brisé. Enfin elle entendit sa voix.

« Non ! C'est vous qui allez le boire. Je sais ce que c'est : de l'hydrate de chloral. Un Mickey Finn, je le sens. »

Miss Hapgood se tenait sur les marches et souriait avec impuissance en lui tendant le verre.

« Buvez ! » ordonna encore Emmet, sans même interrompre la tâche qui consistait à jeter les barreaux qu'il venait d'arracher par une fenêtre brisée et à les faire atterrir dans le jardin. « Quand Cardiff viendra, je veux que vous soyez toutes tombées dans les pommes à la suite avant qu'il y passe à son tour. Mon Dieu ! Un homme n'a-t-il pas le droit de mourir en paix ? »

Le jour tombait et Miss Trainor alluma la lumière du vestibule ; Emmet la fixa sans gratitude.

« Et vous, avec ce sourire que vous croyez joli ! Californie ! » Le nom de l'État fut accompagné par l'arrachage méthodique du barreau le plus haut de la rampe.

« Je viens de Nouvelle-Angleterre, Mr Monsen.

– C'est égal. Faites-vous un chèque de toute façon. Et faites-en un aussi à Miss Hapgood, sur sa feuille de soins ! »

Miss Hapgood sauta sur l'occasion. Une vision, peut-être, pareille à celle de Jeanne d'Arc, lui était venue, le soupir spectral de Florence Nightingale.

« Mr Monsen, si je vide ce verre, est-ce que vous irez vous coucher ? »

Pleine d'espoir, elle souleva le verre d'hydrate de chloral.

« Oui », accepta Emmet.

Mais comme elle l'approchait de ses lèvres, la jeune Miss Trainor se rua dans l'escalier et lui souleva le bras pour renverser le contenu.

« Quelqu'un doit continuer à le surveiller ! » protesta-t-elle.

Soudain, le vestibule sembla s'emplir de visiteurs. Le Dr Cardiff, d'abord, à la silhouette massive, puis Mrs Ewing qui venait prendre son service, et aussi un jardinier du domaine Davis, une lettre à la main.

« Sortez tous, beugla Emmet. Et cela vaut pour le docteur Hippocrate. »

Un tas de petit bois entre les bras, il recula de quelques pas et s'arc-bouta contre ce qu'il restait de la rampe édentée.

« Je vais le faire débarquer dès la prochaine escale. Faites-lui un chèque, Miss Hapgood. Je vous retire ce patient. Je me soignerai tout seul. Allons, faites-moi ces chèques ! Décampez ! »

Le Dr Cardiff gravit une marche et Emmet brandit un morceau de bois, en grondant joyeusement : « En plein dans ces lunettes. Pas de balle à effet. Un bon coup droit. J'espère que vos orbites sont bien assurées ! »

Alors que le médecin hésitait, Emmet montra sa détermination en lançant un petit fragment de bois sur l'ampoule de la cage d'escalier.

Puis le jardinier, un homme de soixante-dix ans, remonta lentement les marches, en tendant une enveloppe. La main d'Emmet se crispa sur le gros morceau de bois, mais le visage intrépide du vieil homme lui rappela son propre père.

« De la part de Mr Davis, dit le jardinier d'un ton neutre. Il glissa l'enveloppe dans le trou du balcon et entreprit de redescendre.

« Maintenant, fichez tous le camp, vociféra Emmet, tant que vous êtes encore entiers. Avant que je... »

Le monde tournoyait autour de lui comme un cyclorama, et soudain il se rendit compte que le vestibule était vide. Plus aucun bruit dans la maison. Pendant quelques minutes, il resta là, toute son énergie employée à se concentrer. Dans un dernier sursaut de tension, il claudiqua jusqu'au bas des marches et tendit l'oreille. Il perçut le claquement d'une porte dans le lointain, des moteurs démarrer.

En se penchant tellement en avant que ses mains touchaient les marches, il entreprit de remonter l'escalier ; parvenu au sommet, ses doigts rencontrèrent une enveloppe. Il s'allongea sur le dos à même le plancher et l'ouvrit :

Mon cher Mr Monsen,

Je n'avais aucune idée de l'état dans lequel vous vous trouviez. J'ai vu les barreaux passer par la fenêtre, l'un d'eux m'a heurté. Je suis contraint de vous demander de quitter les lieux avant 9 heures demain matin.

Sincères salutations,

Carlos Davis.

Emmet s'assit sur son séant, et passa sans le vouloir les jambes par le trou béant où se trouvaient autrefois les barreaux. Un silence absolu régnait désormais. Il entendit l'écho d'un dernier barreau qu'il lâcha de façon expérimentale dans la cage d'escalier. Bientôt, se dit-il, il irait se coucher. Tout était si agréable et si paisible. Plus personne dans cette maison. Il avait réussi.

V.

Quand Emmet se réveilla, il paraissait n'y avoir d'autre lumière que celle provenant du vestibule ; il gardait le souvenir à demi conscient d'un bruit provenant des tréfonds de la maison plongée dans l'obscurité. Il demeura silencieux, devinant au croissant de lune qui brillait à l'une des fenêtres qu'il devait être tard, sans doute entre minuit et 2 heures du matin.

Le bruit indistinct se fit de nouveau entendre, suggérant une sorte de danger, et Emmet se redressa avec précaution. Sur la pointe des pieds, il marcha jusqu'à sa chambre, enfila sa robe de chambre et alla prendre son revolver dans le tiroir de sa commode. Le plus vraisemblable était que si quelqu'un essayait d'entrer, il devait s'agir d'un vagabond épuisé, mais il fourra néanmoins le revolver vide dans la poche de sa robe de chambre avant de descendre à pas feutrés vers le rez-de-chaussée.

Sur le seuil du salon plongé dans l'obscurité, il tendit de nouveau l'oreille, puis il marqua une pause devant la cuisine et le bureau de la secrétaire quand il entendit une fois de plus le bruit, comme s'il provenait de derrière lui.

Le revolver au poing, il retourna silencieusement vers la porte du salon. Une voix s'éleva soudain d'un coin de la pièce.

« C'est Miss Trainor, Mr Monsen.

– Quoi ?

– Miss Trainor. L'interrupteur est juste à côté de votre main. »

Clignant des yeux dans la lumière, il la trouva recroquevillée dans le grand fauteuil, comme si elle venait elle aussi de se réveiller.

« Personne pour assurer la relève la nuit, expliqua-t-elle. Alors je suis restée.

– J'ai entendu quelque chose, dit Emmet. Et puisque vous dormiez, ça ne peut pas avoir été vous. Vous savez où sont passées les balles de mon revolver ?

– Mrs Ewing les a retirées, le premier soir.

– Vous voulez dire que ce revolver n'était pas chargé quand vous êtes entrée avec dans la cuisine ? »

Miss Trainor hocha la tête.

« Chut ! » ordonna-t-il soudain, et il éteignit la lumière. Au bout d'un moment, il chuchota :

« Il y a quelqu'un ici. Savez-vous où elle a mis ces balles ?

– Non, je l'ignore. Et j'ai moi-même cherché dans toute la maison il n'y a pas si longtemps. »

Peu convaincu, Emmet retourna rôder du côté de la cuisine. Soit ses nerfs étaient encore en piteux état, soit il y avait effectivement des craquements intermittents qui pourraient être un bruit de pas. Envahi de soupçons, il chuchota de nouveau à l'adresse de Miss Trainor :

« Ne serait-ce pas par hasard ces pseudo-soignants ? Ce docteur ou ces infirmières ? Dites-le-moi franchement. »

Aucune réponse – l'espace d'un instant, il pensa même avoir vu juste –, puis il se rendit compte que Miss Trainor n'était plus à son côté. Un instant plus tard, alors qu'elle s'approchait sans un mot en revenant du petit salon, il reposa sa question.

« Ils sont partis, Mr Monsen. » Elle hésita une seconde. « Un menuisier est passé, mais il est parti lui aussi. Il revient à 6 heures et demie avec de nouveaux barreaux pour la rampe et un cadre neuf pour la fenêtre. »

Emmet en oublia le rôdeur présumé et, très surpris, il demanda :

« Pourquoi ?

– Eh bien… » Elle paraissait gênée. « Je n'avais rien à faire, alors j'ai ramassé les barreaux.

– Mr Davis m'a écrit que l'un d'eux l'avait heurté, l'interrompit-il. Il m'a demandé de quitter les lieux. »

Elle marqua une pause, puis sa voix s'éclaircit :

« En fait, ça ne l'a pas vraiment blessé parce que les barreaux étaient déjà sur le sol dans le jardin, et s'ils sont déjà remplacés, il aura beaucoup de mal à déposer plainte contre vous.

– Comment avez-vous déniché un menuisier à pareille heure de la nuit ?

– Mon père, répondit-elle. Autrefois il était charpentier de chantier naval.

– Vraiment très chic de votre part. » Et il ajouta soudain : « Chut ! »

Ils tendirent l'oreille, mais quand Emmet la regarda, elle fit non de la tête. Elle eut un sourire triste : elle aurait voulu penser comme lui qu'il y avait eu un bruit, mais en conscience, elle ne pouvait pas lui donner raison.

« C'est cette maison, décida-t-il soudain. Elle est complètement hantée. Je vais aller faire quelques pas dehors. Je me dis que si je pouvais sentir l'herbe pousser dans un champ… »

Il était déjà dans le vestibule, enfilant un pardessus léger sur sa robe de chambre quand Miss Trainor suggéra :

« Vous accepteriez que je vous accompagne ? »

La voix d'Emmet se fit de nouveau soupçonneuse.

« Vous ne comptez pas me donner d'ordres ? »

Puis, honteux de lui-même, il changea de ton :

« Au fond, ça m'est égal. »

En passant devant le garage, Emmet crut à nouveau avoir entendu un bruit particulier, mais comme il ne se renouvelait pas, en compagnie de la jeune Miss Trainor, il s'engagea sur un chemin de terre pour s'éloigner du domaine de Carlos Davis.

Le sentier en question descendait à flanc de colline et bientôt, sans ressentir de fatigue particulière, il s'assit sur une des meules de foin fraîchement moissonné qui constellaient le champ.

« Installez-vous sur la meule suivante, suggéra Emmet par respect. Après tout, vous avez encore une réputation à défendre – ce qui n'est déjà plus mon cas. »

Quelques minutes plus tard, il entendit une sorte de bruissement à quelques mètres de lui, et elle lui dit :

« Il y a peut-être des bêtes dans ce foin, mais c'est quelque chose que j'ai toujours voulu faire.

– Moi aussi. Comment faites-vous ? Vous vous couvrez avec le foin ou bien vous vous enfouissez dans la meule ? Vous ne craignez pas que je me retrouve nez à nez avec Miss Hapgood ? »

Aucune réponse. Il contempla pendant un temps la lune décroissante, puis murmura, presque assoupi : « Tout ça sent si bon ! »

Ce ne serait pas un trop mauvais endroit où finir, se dit-il, à moitié gagné par le sommeil. Même Elsa n'avait plus vraiment d'importance. Depuis un certain temps néanmoins, il n'entendait plus rien en provenance de la meule voisine, et la curiosité lui fit demander : « Vous rêvez de Nouvelle-Angleterre ?

– Je ne rêve pas du tout. J'ai pris un café avec mon père. Je suis tout à fait réveillée.

– Moi-même je me sens mieux à chaque minute.

– Vous n'avez jamais été si mal que ça. »

Emmet s'assit sur son séant et retira les brins de paille brillants de ses oreilles : il se sentait presque insulté par cette remarque.

« Que voulez-vous dire ? J'ai été on ne peut plus agressif. On m'a même demandé de quitter les lieux. »

La jeune Miss Trainor s'était relevée et approchée de lui.

« Il nous faut regarder les choses en face, dit-elle. Il y a beaucoup de rosée et ce foin est humide. Je vous quitte.

– Que voulez-vous dire ? Ce foin est parfait. »

Pas de réponse.

« Me quitter ! s'exclama-t-il. C'est pourtant vous qui avez demandé à m'accompagner. »

Elle lui répondit d'une distance de déjà dix mètres.

« Le foin est humide. Et vous m'avez dit de ne vous donner aucun conseil.

– Vous pourriez tout de même attendre une seconde. »

Il soupira, se releva et lui emboîta le pas. Le sentier montait dans ce sens, et quand il l'eut rejointe, ils durent marquer des pauses toutes les trois quatre minutes. Dès la troisième, ils étaient en quelque sorte convenus qu'à chaque arrêt, ils échangeraient un clin d'œil.

« Nous allons avoir un peu de mal à expliquer ça au cambrioleur, dit-il en arrivant en vue de la maison. Nous ferions peut-être mieux de nous épousseter l'un l'autre.

– La vertu est à elle-même sa propre récompense. »

Mais elle brossa avec soin la veste d'Emmet pour en faire disparaître chaque brindille, puis elle épousseta ses propres vêtements, tandis qu'il recommençait à contempler la lune, et le champ constellé d'argent à leurs pieds. Puis ils entrèrent dans la cuisine et elle actionna l'interrupteur. Le sourire de la jeune femme paraissait plus éclatant que tout ce qui les entourait, à l'extérieur comme à l'intérieur. Plus éclatant que tout ce qu'Emmet avait jamais vu.

V.

Nous changeons d'angle de vue. La caméra se tourne vers Carlos Davis qui se lève dans une chambre de grand luxe. Il est 8 heures du matin, mais il se réveille très contrarié par les événements de la veille au soir.

Carlos Davis venait à peine de commencer ses exercices matinaux quand son domestique philippin entra :

« Le docteur s'occupe Mr Monsen, il veut parler vous au téléphone. Très important. »

Carlos Davis retira l'encyclopédie de son abdomen tandis que Manuel branchait le téléphone. Quelques propos graves échangés entre lui et le Dr Cardiff établirent la vérité sur la conduite d'Emmet Monsen la veille au soir.

La voix du médecin baissa ensuite jusqu'à n'être plus qu'un murmure :

« Vous est-il déjà venu à l'esprit, Mr Davis, qu'il peut exister une autre raison à ce caillot – cette thrombose coronaire ?

– Est-ce la façon dont vous l'appelez ? Je croyais qu'il s'agissait tout simplement de delirium tremens. Crédieu ! Quand on vous jette sur la tête des barreaux de rampe d'escalier…

– Précisément, Mr Davis. » Le médecin s'exprimait avec circonspection. « Mais nous savons qu'il n'y avait qu'une seule bouteille de cognac dans la maison et qu'il n'en a bu que la moitié... »

Il y eut un silence à l'autre bout de la ligne.

« Disons les choses autrement : quand un médecin abandonne un patient sur le caprice de ce dernier...

– Un caprice ! protesta Davis. Si c'est ce qu'il appelle un caprice.

– Quand ce patient n'a que vingt-cinq pour cent de chance de s'en tirer, le médecin veut naturellement posséder toutes les données pour les transmettre à son successeur. »

Carlos Davis était tout à fait perplexe mais le Dr Cardiff poursuivit : « Que savez-vous de Monsen, Mr Davis ?

– Rien, si ce n'est qu'il est... assez célèbre... et tout ce genre de...

– Je parle de sa vie privée. Avez-vous jamais songé que certaines choses peuvent être dissimulées dans des récipients beaucoup plus petits qu'une bouteille d'alcool ? »

Davis trouvait qu'on lui demandait beaucoup de réflexion à cette heure du matin : le scénario était difficile.

« Vous parlez de poignards et de bâtons de dynamite ? suggéra-t-il, avant d'ajouter : Pourquoi ne passez-vous pas me voir cet après-midi ? »

Très agité, Davis s'habilla, et décida pendant son petit déjeuner de rassembler une meute de jardiniers et d'aller voir si son locataire avait décampé. Il était dans son droit. Il était plus de 9 heures. L'heure qu'il avait fixée. Cependant, il voulait avant tout éviter le scandale, et comme il n'était pas d'un naturel craintif, il laissa dehors sa petite troupe et franchit seul la porte de la cuisine.

La maison était silencieuse. Il jeta un coup d'œil dans le bureau de la secrétaire, s'approcha du salon mais s'arrêta net sur le seuil. Là, allongée sur le canapé, apparemment en vie mais plongée dans le plus doux des sommeils, se trouvait Miss Trainor. Il la regarda quelques instants, fronça les sourcils, poussa un soupir, fut à moitié tenté de la réveiller et de lui demander son adresse, mais avec le même respect qu'éprouvait Macbeth pour le sommeil, il se força à tourner les talons. Il gravit l'escalier.

Dans la grande chambre, il aperçut Emmet Monsen, lui aussi perdu dans une rêverie sereine. Quelque peu déconcerté, il entreprit de faire demi-tour mais se rappela soudain le barreau jeté par la fenêtre, et il resta médusé en fixant la rampe. Les barreaux étaient tous là. Il sautilla sur place pour se calmer, puis, pris d'une légère nausée, il tenta de regarder d'autres objets avant de se replier finalement dans la cuisine.

Là il retrouva son aplomb – de fait, une demi-bouteille de cognac était posée bien en vue sur une étagère ; il se sentit soulagé et des bribes de la conversation qu'il avait eue avec le Dr Cardiff lui revinrent en mémoire. Et cette fois, elles prirent sens pour lui.

« … certaines choses peuvent être dissimulées dans des récipients beaucoup plus petits qu'une bouteille d'alcool. »

Carlos Davis se rua au-dehors et devant le garage, il respira plusieurs profondes goulées d'air pur californien.

Crédieu ! Mais bien sûr ! Il avait trouvé ! De la drogue. Emmet Monsen était en secret un toxicomane ! La drogue. Le sujet se mélangeait dans son esprit avec les personnages joués par Boris Karloff, mais il semblait bien être la clé de tout le mystère. Seul un toxicomane aurait eu l'intelligence diabolique d'arracher les barreaux d'une rampe et ensuite de les remplacer à l'identique avant le lendemain matin !

Et cette fille endormie sur le canapé, gémit-il, avait sans doute mené une vie tout ce qu'il y a de plus décent avant de rencontrer ce Monsen, plein de maléfices tropicaux, qui l'avait poussée par la ruse à tirer pour la première fois sur une pipe d'opium quelques jours auparavant.

Accompagné de son chef jardinier, il reprit le chemin de chez lui. Comme il n'était pas très doué pour faire de grandes phrases, il se contenta de citer le médecin.

« Certaines choses peuvent être dissimulées dans des récipients beaucoup plus petits qu'une bouteille d'alcool », dit-il d'un ton sentencieux.

Le jardinier comprit aussitôt, et il tourna vers son employeur un regard décontenancé.

« Oh mon Dieu ! Encore un de ces détraqués !

– Et la femme américaine dans tout ça ! » s'exclama mystérieusement Davis.

Le jardinier ne comprit pas le rapport, mais il passa aussitôt à un autre sujet : « Mr Davis, j'aurais dû vous le dire plus tôt... vous savez peut-être que vers les anciennes écuries... »

Davis ne l'écoutait que d'une oreille, il pensait au coup de téléphone du Dr Cardiff..

« ... les herbes qui poussent là-bas, c'est du chanvre en fait, et il faudrait les couper et les brûler...

– D'accord, d'accord.

– J'ai lu dans le journal que les agents de l'État les rasent, parce qu'il y a des types qui en revendent aux gosses dans les écoles et que ça les rend complètement dingues. Même qu'une fois ou deux, j'ai dû en chasser quelques-uns qui rôdaient dans les parages... »

Davis s'arrêta.

« De quoi parlez-vous ?

– De cette marijuana, Mr Davis. Y a des colporteurs qui en font une espèce de truc qui se fume et ça rend les jeunes fous. Et si on se mettait à dire dans le journal que c'est sur votre domaine qu'elle pousse, cette marijuana… »

Pétrifié sur place, Carlos Davis poussa un long cri de désespoir.

VI.

La jeune Miss Trainor, qui dut subir par la suite la commisération de Carlos Davis, se réveilla vers midi avec l'impression qu'il y avait des intrus dans la pièce et qu'ils la regardaient. Elle se leva, avec ces gestes machinaux pour remettre de l'ordre dans ses cheveux qui donnent à une femme l'impression, quel qu'en soit l'effet en réalité, qu'elle est désormais « présentable ».

Étaient de fait entrés le Dr Cardiff et deux robustes jeunes hommes d'allure vive et alerte, et dans leur ombre, la silhouette célèbre et hésitante de Carlos Davis.

Le Dr Cardiff lui souhaita le bonjour d'un ton assez sévère avant de poursuivre sa conversation avec les deux jeunes hommes.

« L'Hôpital du Comté vous a indiqué comment procéder, je suis ici seulement à la demande de Mr Davis. Vous savez combien ces gens sont rusés, et vous n'ignorez pas qu'une seringue peut être minuscule. »

Les deux autres opinèrent du chef. L'un d'eux dit : « Nous comprenons, docteur. Nous allons chercher sous les matelas, dans les tuyaux, entre les pages des livres et dans les poudriers.

– Et derrière leurs oreilles, ajouta l'autre. Parfois ils en cachent même là.

– Soyez sûrs aussi d'examiner les barreaux de cette rampe, recommanda le Dr Cardiff. Il est possible que Monsen ait essayé d'en chercher là. » Il resta un moment muet. « Je regrette qu'on n'ait pas conservé un des barreaux cassés. »

Carlos Davis prit timidement la parole.

« Je ne veux pas la moindre violence. Vous regarderez derrière ses oreilles quand il sera sous votre garde. »

Une nouvelle voix s'éleva depuis le seuil de la porte.

« Mais quelle est donc cette histoire à propos de mes oreilles ? »

Emmet, épuisé par l'effort que lui avait demandé le simple fait de se raser, s'avança jusqu'à un fauteuil et fixa le médecin en attente d'une explication, mais il n'en reçut aucune, non plus que sur le visage de personne d'autre, jusqu'à croiser le regard de Miss Trainor qui lui adressa un clin d'œil solennel. Cette fois, sous le clin d'œil, il devina un avertissement.

D'autres signes se multipliaient. Les deux jeunes hommes échangèrent des regards mystérieux, à la suite de quoi l'un d'eux quitta la pièce tandis que l'autre approchait une chaise près du fauteuil d'Emmet et s'y installait.

« Je m'appelle Pettigrew, Mr Monsen.

– Enchanté, dit Emmet sèchement, puis : Asseyez-vous, Davis. Vous devez être fatigué. Je vous ai vu par ma fenêtre il y a une heure, occupé à désherber ce carré derrière votre étable. Vous sembliez piquer du nez ! »

Le Dr Cardiff avait sans doute remarqué la sueur qui perlait au front du jeune acteur, car il lui adressa ce signe de tête qui dans le monde entier veut dire : « Ne vous en faites pas. »

Pettigrew tendit la main et tapota gentiment le genou d'Emmet :

« Mr Monsen, si je comprends bien, vous avez été malade, et les malades ne sont pas toujours responsables des médicaments qu'on leur fait prendre. N'est-ce pas, docteur ? » Il consulta du regard le Dr Cardiff qui l'encouragea à poursuivre. « Je suis ici en tant qu'adjoint au shérif du comté, et je suis également infirmier… »

À cet instant, on sonna à la porte, et comme tous les présents dans la pièce semblaient concentrés sur le fauteuil dans lequel était assis Emmet, la jeune Miss Trainor se dirigea vers le vestibule.

Sur le perron se tenait une jolie jeune femme dans un état de grande agitation. Elle tenait un paquet à la main et regarda Miss Trainor d'un air hésitant.

« Vous êtes la dame de la maison ? demanda-t-elle.

– Je suis la secrétaire de Mr Monsen. »

Cette nouvelle arrivée causa un certain soulagement.

« Si vous travaillez vous aussi, vous allez me comprendre. Je suis envoyée par les Laboratoires Johanes, et il y a eu une confusion, un appel pressant et je… et ils ont expédié ici le mauvais électrocardiographe. » Pendant quelques instants, elle essaya d'afficher un masque d'assurance, mais il retomba devant l'infinie mansuétude du sourire. « Vous comprenez ? Les mauvais tracés ? »

Miss Trainor hocha la tête. Elle était si concentrée sur ce qu'il se passait à l'intérieur de la maison qu'elle n'accordait que la moitié de son attention à la visiteuse.

« Les choses ont failli très mal se passer. Le patient qui a reçu les tracés de Mr Monsen a pensé qu'il allait si bien qu'il pouvait aussitôt reprendre le polo, et son électrocardiographe, qu'a reçu Mr Monsen… »

Hors d'haleine, elle s'interrompit. Mais à ce moment-là, le sourire de Miss Trainor était devenu éclatant, une lumière qui aurait seulement pu se mesurer en ohms. Elle prit le relais :

« Cette enveloppe contient bien les tracés de Mr Monsen ?

– Oui.

– Parfait. Je m'en occupe. Ne vous inquiétez pas. Le docteur Cardiff a été dessaisi de ce dossier. »

Une fois la jeune fille reconnaissante repartie, Miss Trainor demeura sur le perron pour ouvrir l'enveloppe. Elle ne comprenait pas grand-chose aux électrocardiographes, mais elle eut l'audace de lire la lettre d'explication qui accompagnait celui-ci avant de regagner le salon.

Rien n'avait changé physiquement dans la situation précédente, elle s'était seulement un peu animée. Le second jeune homme était revenu après avoir fouillé la maison et il était campé devant Emmet en brandissant une douzaine de capsules dans sa main. Emmet ne goûtait pas la plaisanterie. Elle ne lui avait jamais vu pareille expression : c'était comme le calme qu'il avait décrit dans son livre, avant le déferlement d'un immense raz-de-marée.

« Ce sont des médicaments que le docteur Cardiff m'a prescrits, articula-t-il avec lenteur. » Puis il se tourna vers l'autre homme et baissa la voix pour lui confier dans un murmure :

« Si vous voulez que je vous dise qui m'a donné cette substance… – il se tourna vers Davis – … il pousse par ici une plante dans certains coins du domaine… »

Il fut de nouveau interrompu : la voix traînante d'un jeune homme qui venait d'apparaître sur le seuil.

« Salut Charlie. »

Pettigrew leva les yeux en reconnaissant un autre collègue. « Salut, Jim ! s'exclama-t-il. Mais qu'est-ce que tu fais là ?

– On m'a appelé, répondit-il en désignant Miss Trainor avec une nuance de reproche. Cette jeune dame m'a fait venir ici hier soir, mais je suppose qu'elle m'a complètement oublié. J'ai dormi sur la banquette arrière d'une voiture. »

Miss Trainor s'adressa directement à Carlos Davis :

« Cet homme est infirmier lui aussi. Je l'ai appelé après que Mr Monsen a renvoyé les deux autres.

– Elle m'a demandé de me tenir à l'écart, se plaignit Jim. Elle m'a fait passer d'une pièce à l'autre jusqu'à ce qu'ils aillent se promener ! Je n'ai pas fermé l'œil avant 7 heures du matin !

– Et tu as trouvé des vieux tas de quelque chose ? s'empressa de demander Pettigrew.

– Si j'ai trouvé des vieux tas ? Ben déjà, celui où j'ai dormi. Un modèle de 1932…

– C'est ma voiture, protesta Miss Trainor. Et elle roule encore très bien. »

Ce fut peut-être cette dernière remarque qui la poussa à s'avancer pour tendre au Dr Cardiff le bon dossier, avec quelques mots rapides, ceux qu'on appelle parfois « bien sentis ».

Une semaine plus tard, il y avait toujours des roses autour de la porte – des *Angele Pernet*, des *Cherokee* et des *Cécile Brünner* dans le jardin, des *Talisman* et des *Black Boy* qui partaient à l'assaut de la véranda en une vague multicolore et qui approchaient le coin des portes à moustiquaires. Elles semblaient avoir un curieux effet médicinal que l'on n'attribue pas d'ordinaire aux roses, parce qu'Emmet n'eut même pas besoin de la dernière des capsules vertes pour achever de soigner sa malaria.

Au contraire, il reprit la dictée – et comme ce mot en est venu à paraître un peu autoritaire, atténuons-le en précisant que durant de longues périodes, aucun mot n'était nécessaire, tous deux communiquaient tout simplement. Et même si les roses allaient bientôt disparaître de façon éphémère, il semblait bien que pour ces deux-là, les choses dureraient pour l'éternité.

Les peines de l'amour

Une très jolie jeune fille de dix-huit ans, Ann Dawes, rentre d'Europe : c'est une des dernières voyageuses à quitter la zone de conflit. Deux jeunes hommes sont venus l'attendre sur le quai. Ils ont du mal à la trouver parce qu'elle ne figure pas sur la liste des passagers. Cela est dû au fait que son richissime grand-père déteste l'idée qu'elle puisse devenir une pin-up. Que son nom paraisse dans les journaux trois fois avant qu'elle ait vingt ans, et il devra la déshériter.

S'est-elle approchée du front ?

Non, mais elle a parlé à plusieurs personnes qui en revenaient, et à coup sûr, elle se réjouit d'être de retour.

Après qu'ils ont passé la douane pour prendre la route de la propriété de son grand-père près de Princeton, nous nous rendons compte qu'ils sont suivis. Elle n'a pas échappé à la zone de conflit. Elle croit seulement y avoir échappé.

Tom, l'un des deux jeunes hommes, est observateur, et il s'aperçoit de la présence de l'inconnu. Il en fait la remarque, mais Ann se contente de rire, et son ami Dick l'accuse d'avoir des visions. Tom reconnaît qu'il s'est peut-être trompé.

Mais une fois qu'ils ont laissé Ann chez son grand-père, Dick lui aussi repère le type en question, ils le poursuivent, le rattrapent et le capturent. Toutefois, leur prisonnier, un homme extrêmement séduisant, montre une carte des services secrets américains et leur assure qu'il a filé Ann pour une raison qu'il n'est pas en droit de divulguer.

Les deux jeunes gens sont très surpris. Ils le laissent repartir.

Le lendemain matin, ils se rendent chez Ann et essaient de lui faire admettre qu'elle a fait quelque chose d'illégal. D'abord, elle croit que c'est une plaisanterie, puis elle prend ombrage de leur attitude hyper-patriotique et moralisatrice. Elle les congédie et monte dans sa chambre. Cette querelle lui a mis les nerfs à vif et elle éprouve un sentiment d'injustice. Elle entreprend quelque chose qu'elle aurait dû faire la veille : vider sa malle. Tout au fond, elle trouve une sacoche en cuir qu'elle ne connaît pas, et à l'intérieur, un obus d'artillerie de 156 mm qui pèse plus de vingt kilos.

Première réaction : l'effroi. Deuxième réaction : elle cache l'engin sous un tas de vêtements et referme la malle. Troisième réaction : elle fait le lien avec l'homme qui l'avait à l'évidence suivie. S'il s'agit d'un agent secret, la police doit déjà la soupçonner, et elle pourrait s'attirer une publicité désastreuse.

Elle se sent perplexe et hésitante. À ce stade, je souhaite insister sur le fait que ce rôle devrait être tenu par une très jeune fille – Brenda Joyce, par exemple –, une adolescente au bord de la maturité qui n'est prête à manquer aucune fête. Une fille complètement mûre, de dix-neuf ans, disons, n'aurait pas hésité à se rendre au commissariat.

Ann décide de parler à son grand-père, et lui demande, sans lui dire la vérité, ce que lui ferait en pareil cas. Son grand-père, qui ne se doute de rien, lui répond que bien sûr il faut être du côté de la loi, et Ann se résout donc à appeler la police. Mais le téléphone est en dérangement.

Elle redescend au rez-de-chaussée et quitte la maison ; sur le perron, elle rencontre un électricien qui lui dit être venu pour remettre en service la ligne téléphonique. Nous reconnaissons – mais elle, non – l'homme qui la filait la veille.

À l'évidence, sa mission est liée à l'obus, peut-être doit-il en prendre possession. Mais il avait en fait espéré rencontrer n'importe quel membre de la famille, à l'exception d'Ann. Ils sont donc tous les deux arrêtés dans leur élan. Il lui demande s'il peut voir le téléphone de sa chambre, alors que, bien sûr, il a coupé les fils à l'extérieur. Ann, craignant qu'il ne soit pas honnête et qu'il ouvre la malle, le suit à l'étage et reste assise dessus tandis qu'il travaille.

Ils entament une conversation. Il est à l'évidence instruit ; il lui raconte qu'il a fait des études d'ingénieur et qu'il a été obligé très récemment d'accepter un travail d'électricien. On remarque un léger accent étranger, peut-être français, dans sa façon de parler.

Il passe aussitôt entre eux un courant de sympathie et même une attirance, mais ils sont tous deux absorbés par leurs problèmes. Ann est impatiente de résoudre l'énigme de l'obus, l'électricien, d'être laissé seul dans cette chambre. Il lui réclame un marteau en espérant qu'elle sortira pour aller le lui chercher, mais Ann sonne la domestique. Il lui demande de l'eau ; sans lui faire confiance, elle va en chercher un verre dans la salle de bains. Mais finalement, il profite d'un moment d'inattention, et quand elle a le dos tourné, il jette par la fenêtre un déchet en flammes qui atterrit sur un tas de paille. Il fait alors semblant de découvrir le feu. La ruse fonctionne. Ann se précipite dans l'escalier, et pendant ce temps, il ouvre la malle en toute tranquillité et en tire très vite la sacoche contenant l'obus.

Au rez-de-chaussée, nous voyons que l'incendie a été repéré presque aussitôt depuis la cuisine et éteint par les domestiques. Ann se hâte donc de remonter dans sa chambre, et elle arrive juste à temps pour surprendre le bruit du couvercle de la malle qui se referme. Passant rapidement à l'intérieur de la pièce, nous voyons que l'électricien l'a entendue arriver et a pour l'instant renoncé à son projet de reprendre l'obus. Elle déclare avoir compris qu'il fait partie des services secrets, elle lui parle de l'obus en toute franchise, et explique qu'elle ne sait ni quand ni comment il s'est retrouvé dans cette malle. L'électricien reconnaît qu'il est agent de renseignements et lui annonce qu'il va procéder à l'enlèvement de l'obus.

Il faut qu'elle oublie tout ce qu'il s'est passé. Il s'apprête à disparaître pour toujours de sa vie. Mais Ann a commencé à avoir un petit béguin pour l'agent secret et ne veut pas en entendre parler. Elle lui demande où il compte porter l'obus. À Washington, répond-il, et elle veut savoir s'il peut l'accompagner jusqu'à Princeton. L'agent secret accepte.

Ann choisit de le faire passer auprès de son grand-père – auquel, de toute évidence, elle ne peut le présenter ni comme électricien ni comme agent secret – pour un ami intéressé par l'aviation qui vient d'atterrir dans un terrain tout proche. Le grand-père semble croire que cette tenue d'électricien pourrait être celle d'un aviateur. Ann explique qu'elle va rendre visite à une amie à Princeton.

Avant leur départ, une lettre arrive dans laquelle Dick annule son invitation au bal des étudiants de Princeton. Il l'aime encore, il l'aimera toujours, mais le premier devoir de chacun en ce moment, c'est l'Amérique, et il entend n'avoir aucune relation avec elle tant qu'elle n'aura pas dissipé tous les soupçons. Cette lettre, bien sûr, est une menace voilée : si elle vient à Princeton malgré tout, il révélera qu'elle a des soucis avec la police.

Cela ne contredit en rien les projets d'Ann. À Princeton, elle montrera franchement à Tom et à Dick qui l'a amenée, afin que tout soit clair dès cette minute. Le bal l'indiffère au plus haut point désormais, mais en revanche, son mystérieux compagnon l'intéresse. Elle ne lui parle pas de ce plan, mais quand ils arrivent à Princeton, elle lui fait arrêter sa décapotable devant la résidence étudiante où habitent les deux garçons. Elle accoste un passant qui accepte gentiment de crier sous les fenêtres de Dick. Quand Dick et Tom descendent de leur chambre, elle exécute sa manœuvre, et surprend du même coup les deux garçons et l'agent secret, en annonçant qu'il va la disculper. Il obtempère, mais seulement en termes très généraux. Il ne dit pas un mot de l'obus.

Dick, tout à sa jubilation, propose qu'elle passe la nuit à Princeton, et entend ne pas lui laisser la possibilité de dire non. Pour sceller cet accord, il tend la main vers l'arrière de la voiture et en retire la sacoche qui contient l'obus.

« Qu'est-ce que tu as là-dedans ? Du plomb ?

– Cette sacoche est à moi, dit l'agent. Reposez-la. »

À cet instant, un professeur de langues vivantes qui remonte l'allée aperçoit l'agent secret et le hèle dans une langue étrangère. Son ton indique qu'il est surpris de la présence de l'individu dans ce pays.

Ann, Dick et Tom soupçonnent aussitôt que l'homme n'est pas citoyen américain, et qu'il ne peut donc pas appartenir à la police nationale. L'agent secret impassible répond : « Vous devez vous tromper. » Il passe la première et démarre – emmenant Ann avec lui.

Dans les faubourgs de Princeton, ils tournent pour emprunter une route juste au moment où un ouvrier s'apprête à mettre en place un panneau indiquant : « Déviation. Route nationale en cours de réparation. Déviation. » Ils s'y engagent avant que le panneau ne l'interdise. Puis, quelques kilomètres plus loin, ils crèvent un pneu.

Jusqu'à cet enlèvement, l'agent secret avait toutes les faveurs d'Ann : il était l'homme le plus séduisant qu'elle ait rencontré. Maintenant, bien sûr, elle se retourne avec passion contre lui. C'est à l'évidence un espion et il est, précisément, en train de la kidnapper.

Il promet qu'il la laissera quitter cette voiture quand ils seront plus loin dans la campagne, mais en aucun cas aussi près encore de Princeton. Elle fait mine d'accepter, mais quand il descend pour réparer le pneu, elle met le contact et le moteur en prise. L'agent secret la surprend juste à temps, escalade le siège arrière et arrête le véhicule. Puis il redescend, en prenant cette fois la clé avec lui, et aussi l'obus parce qu'on n'est jamais trop prudent. Il exécute chacun de ces gestes avec une équanimité absolue.

Une fois de plus, Ann attend son heure, jusqu'au moment où il glisse le cric sous l'essieu. À ce moment-là, il ôte son manteau et le jette à l'arrière de la décapotable – alors que la jeune fille l'a vu plus tôt glisser la clé dans sa poche. Avec mille précautions, elle tire le manteau à elle et en sort la clé.

Cette fois, elle réussit à s'enfuir. Cependant, une vingtaine de mètres plus loin, elle s'arrête, tout en laissant le moteur tourner. Elle craint, si elle l'abandonne là avec l'obus, qu'il ne réussisse d'une façon ou d'une autre à disparaître.

L'agent secret cache l'obus derrière des arbres au bord de la route et, en l'abreuvant de charmantes flatteries, il tente de s'approcher d'Ann. Mais chaque fois qu'il fait un pas, elle s'éloigne un peu plus. Il abandonne. Pour lui la situation est la suivante : s'il s'enfonce à pied dans la campagne avec l'obus, elle ne pourra pas le suivre, mais elle ne manquera pas de retourner chercher de l'aide à Princeton, même avec un pneu crevé. Ann, pour sa part, prie pour qu'une autre voiture passe. Elle ne sait pas ce que nous savons : la route a été fermée des deux côtés pour travaux. Personne ne l'empruntera.

Et donc le temps, dont Ann pensait qu'il était son allié, se révèle agir contre elle. La nuit tombe. La pluie crépite. Ann essaie de fermer la capote mais n'y parvient pas toute seule. L'agent secret profite de cette tentative pour se rapprocher sans un bruit, juste au moment où l'orage éclate pour de bon. Elle jette la clé dans les fourrés, regarde bien où elle retombe, mais il ne remarque pas ce geste. L'orage est trop violent pour qu'il puisse réparer le pneu, mais il parvient à remonter la capote et ils restent à l'abri de cette faible protection jusqu'à ce que l'image disparaisse en fondu.

Le lendemain matin à Princeton, Tom et Dick discutent des événements de la veille. Ils savent seulement qu'Ann a disparu, de son plein gré ou non, avec un type qui se prétend agent secret au service de l'État, mais qu'un professeur étranger a reconnu comme son compatriote. Le professeur avait dit qu'il ressemblait assez au capitaine X pour être son propre frère. Mais il concédait aussi qu'il avait pu se tromper, ce qui explique la confusion et le temps de réaction des deux garçons. Ils décident d'appeler chez le grand-père de la jeune fille pour voir si elle s'y trouve, mais une domestique leur explique qu'elle est partie rendre visite à une amie à Princeton. Ils savent, bien entendu, que c'est faux. Dick, qui est amoureux d'elle, veut prévenir la police. Il se rappelle qu'Ann ne veut aucune publicité de ce genre dans les journaux et pense qu'ils doivent la retrouver eux-mêmes. Troublés, ils empruntent une voiture et prennent la direction de Washington, tels des chevaliers errants, sans le moindre indice pour les aider dans leur quête. La première chose qu'ils croisent, c'est le panneau annonçant « Déviation. Travaux ». Ils tentent de convaincre un policier, mais il refuse de les laisser passer.

Pendant ce temps, nos protagonistes se réveillent et ils ont faim. L'agent secret a quelques vivres en réserve dans le coffre, et ils se les partagent. Ils se lavent – chacun jurant à l'autre qu'il peut lui faire confiance – dans un ruisseau tout proche, ensuite il insiste fermement pour qu'elle retourne dans la voiture tandis qu'il essaie pour de bon de réparer le pneu sous le soleil. C'est seulement à cet instant qu'il s'aperçoit que la clé n'est plus là. Il la lui réclame et elle éclate de rire. Elle a le contrôle de la situation, à moins qu'il n'exerce des menaces physiques, et il est clairement établi que l'homme est un gentleman. Une fois de plus, il essaie la ruse. Avant de s'éloigner il déconnecte le démarreur sans le lui dire, puis il remonte la route à pied à la recherche du cric, laissé derrière eux la veille. Mais il garde un œil sur elle, et de fait, dès qu'il a franchi quelques mètres, Ann descend de voiture et se hâte de chercher la clé dans les buissons.

L'agent secret revient au pas de charge. Il sait désormais dans quelle direction elle l'avait lancée, et il ne tarde pas à la retrouver. Il a de nouveau l'avantage.

On dirait qu'ils se connaissent depuis longtemps, et c'est avec beaucoup d'humour qu'ils se sont battus pour la clé.

Tandis qu'ils reprennent la route, Ann essaie au moins d'en apprendre un peu plus sur le mystère. Comment cet obus s'est-il retrouvé dans sa malle ? Cela s'est produit à l'étranger, bien sûr, mais elle a dû traverser tant de pays sur le chemin du retour qu'elle ne sait pas dans lequel, et elle ignore aussi pourquoi l'engin avait été envoyé là. Il refuse de lui répondre.

« Le douanier aurait très bien pu le découvrir sur le quai, dit-elle, s'il n'y avait pas eu tout cet afflux de réfugiés. »

Baissant sa garde, il répond : « C'était le seul risque encouru. »

Cela rend évident pour elle que l'homme est un espion, parce qu'un agent américain aurait pu s'arranger avec le douanier pour reprendre possession de l'obus à un moment et en un lieu convenus. Alors qu'elle était d'humeur joyeuse depuis le matin, elle se sent soudain en colère. La voici transformée en ardente patriote, alors qu'elle ne pensait qu'à s'amuser et à danser il y a encore vingt-quatre heures.

Pendant ce temps, Dick et Tom ont atteint l'endroit où la déviation se termine et débouche sur la route principale. Là aussi, ils trouvent un panneau annonçant une « Voie en travaux », et le contremaître d'une équipe de cantonniers leur dit que personne n'a emprunté la route principale depuis 5 heures du matin la veille quand un pont s'est effondré. Ils savent en conséquence qu'Ann et son kidnappeur sont encore quelque part sur cet axe secondaire. Mais malgré tous leurs efforts, le contremaître refuse de les laisser accéder au tronçon fermé. Il a reçu des ordres. Donc, ils abandonnent leur voiture et montent à bord de son camion, bondé d'ouvriers qui vont réparer le pont endommagé. En plus de tous les soucis qu'ils se faisaient déjà pour Ann, vient s'ajouter la peur que la voiture ait pu avoir un accident sur ce pont.

Au même moment, Ann et l'agent secret sont absorbés par leur querelle. Il lui a avoué ne pas être américain, mais un patriote fidèle à son propre pays qui essaie de faire son devoir.

« Si tel est votre sentiment, je ne crois pas qu'il soit sûr pour moi de vous relâcher. Il va falloir que vous continuiez à me suivre.

– Où cela ?

– Plus très loin maintenant.

– Je vous hais.

– Ne vous donnez pas cette peine, dit-il. Nous ne nous reverrons jamais. Si je me fais prendre, j'irai en prison. Sinon, ma mission sur ces rives est terminée. Pendant le peu de temps qu'il nous reste, pourquoi sacrifier à la haine ? Votre pays n'est pas en guerre contre le mien.

– Mais cet obus ?

– Je ne peux rien vous dire. Cela pourrait mettre d'autres vies en péril.

– Vous témoignez d'un drôle de respect pour la vie des autres quand vous vous promenez avec cet engin pour mallette. »

Elle montra du doigt la banquette arrière.

« On n'a pas toujours le dernier mot… »

Il s'interrompt en se rendant soudain compte que l'obus n'est pas dans la voiture : il est resté au bord de la route. Elle le comprend elle aussi et éclate de rire. Il se tourne pour la regarder, et à ce moment, la voiture passe par-dessus le parapet du pont.

Ils ne sont pas blessés, mais de nouveau trempés. Ils nagent jusqu'à l'autre rive, la berge la plus proche où le niveau de l'eau a commencé à redescendre. Ann aperçoit alors une maison à demi dissimulée derrière un bouquet d'arbres. Elle songe à un moyen d'y accéder et d'utiliser le téléphone. Elle voit que le chemin le plus direct vers la maison est semé de graviers pointus. Il a retiré ses chaussures pour en faire partir l'eau. Elle porte toujours les siennes. Elle se saisit des chaussures de l'espion et se précipite vers la maison. Il se lance à sa suite sur le gravier, mais bien sûr, la douleur est terrible. Il renonce et choisit le chemin le plus long. Elle va atteindre la maison avec une avance confortable.

À l'intérieur, une silhouette sinistre est à la fenêtre – une toute petite femme qui porte un uniforme d'infirmière diplômée. Comme je viens de le dire, elle est sinistre et mystérieuse, mais ne paraît pas particulièrement malfaisante. Pour l'instant, nous ne sommes pas très sûrs de qui elle est. C'est plutôt le caractère hanté, barricadé de la maison qui produit en nous une impression de menace. L'infirmière ouvre la porte, et Ann s'engouffre à l'intérieur.

À ce moment-là, le camion qui amène les terrassiers arrive au pont, et Dick et Tom, en découvrant l'épave de la voiture, jettent alentour des regards effrayés. Ils repèrent la maison.

L'agent secret est dans la véranda, mais s'apercevant que Dick et Tom s'y dirigent, il passe par-dessus la balustrade latérale, et disparaît provisoirement de l'histoire.

À l'intérieur, Ann vient de bredouiller un résumé de sa situation. L'infirmière lui assure que l'homme ne pourra pas entrer par effraction, qu'il y a des volets à chaque porte et à chaque fenêtre, et elles montent au premier pour téléphoner. Mais Ann ne voit aucun combiné : à la place, la femme braque sur elle un revolver et lui demande sa montre et ses bagues. Elle la bâillonne, lui passe des menottes et l'attache à un anneau scellé dans le mur. On frappe à la porte d'entrée mais l'infirmière la menace : « Si tu ouvres la bouche, je te fais exploser la tête. »

Au rez-de-chaussée, les deux jeunes hommes essaient de réveiller les occupants de la maison. N'obtenant aucune réponse, ils se disent qu'elle doit être vide, mais décident néanmoins de forcer la porte dans l'espoir de trouver un téléphone. Ils ne doutent pas qu'Ann et l'espion ont dû connaître un sort funeste.

Ils réussissent à dégonder un volet et se trouvent face à l'infirmière. Elle leur dit qu'elle n'a vu personne, qu'elle a entendu la voiture s'écraser mais rien d'autre. Ils lui demandent pourquoi une infirmière diplômée n'a rien tenté pour secourir les occupants. Elle leur répond que ce n'était pas son affaire et cela éveille leurs soupçons. Ils décident de faire le tour de la maison, mais à ce moment précis, l'infirmière braque sur eux son revolver et les enferme dans un placard.

L'infirmière se prépare à décamper rapidement, tout en gardant un œil sur les cantonniers qui travaillent sur le pont. Elle prépare un petit sac, puis ouvre avec précaution sa fenêtre et imite le sifflement d'un oiseau.

Dans le bois, l'agent secret, paisiblement occupé à fumer sous un arbre, entend l'appel. Il y répond et repart vers la maison. Il est évident que c'est là qu'il devait conduire Ann et livrer l'obus. L'infirmière lui explique qu'elle a pris les bagues pour brouiller les pistes, mais il ne peut pas laisser Ann comme cela. Il porte les bagues jusqu'à la pièce où elle est enfermée, et lui dit qu'il appellera la police pour leur dire où la retrouver quand il sera lui-même en lieu sûr. Ses regrets et sa honte sont sincères. Il laisse même sur place la clé des menottes mais hors d'atteinte.

Accompagné de l'infirmière, il se dirige en silence vers la porte, de peur que les deux jeunes gens ne les entendent partir et ne fassent du chahut. Les terrassiers ont laissé leur camion au bout du pont et se sont mis au travail. L'agent et l'infirmière s'approchent avec prudence du véhicule, montent à bord, et traversent un champ en passant à gué par un fossé peu profond jusqu'à l'autre rive. Ils se hâtent ensuite de rejoindre la route fermée, manifestement pour aller récupérer l'obus.

Dans la maison, Ann a réussi à se débarrasser de son bâillon, et ayant entendu ce qu'il s'est passé au rez-de-chaussée, elle crie qu'ils se sont enfuis. Dick et Tom se précipitent pour venir la libérer. Elle leur parle de l'obus. Ils se dépêchent de rejoindre l'équipe de terrassiers au bout du pont. Le contremaître attend un autre camion pour partir à la poursuite du premier. Il arrive et Tom et Dick montent à bord eux aussi.

De retour sur la portion de la route où l'obus a été abandonné. Un vagabond d'un autre âge, pareil à ceux que dessinait Norman Rockwell, s'approche. Il s'éponge le front et s'assied sur le bord de la route pour se reposer. En fait, il s'installe juste en face de l'obus tellement enfoui dans les hautes herbes qu'on pourrait le prendre pour un rondin. Il sort un paquet de cartes de sa poche et commence à disposer la première rangée d'un jeu de solitaire. Pour rendre les choses plus animées, il fouille dans son autre poche, en tire une flasque de gin, et regarde avec tristesse les quelques centimètres cubes qui y restent. Il la vide, et quand il éloigne la flasque de sa bouche, elle heurte l'obus et se brise.

Il s'empresse d'ouvrir la sacoche, mais quand il découvre l'obus, il se relève d'un bond et le regarde fixement. Il se gratte le crâne et lève les yeux vers le ciel. Il secoue la tête. Comment cet engin est arrivé là, Dieu seul le sait. Soudain, il décide de s'enfuir en courant, mais ensuite sa panique se dissipe, et en se rendant compte que l'obus doit posséder une valeur incalculable, il revient sur ses pas. Il le touche avec précaution, pose l'oreille dessus et écoute. Aucun tic-tac à l'intérieur. Tout doucement, il le repose dans sa sacoche, qu'il soulève par les poignées avant de la soupeser avec soin. Puis il entend le ronronnement d'un moteur dans le lointain, et il se cache avec la sacoche derrière un arbre.

Le camion, avec l'agent secret et l'infirmière à son bord, s'arrête. « C'est exactement par ici », explique-t-il.

Il fouille le bord de la route, le vagabond l'observant depuis sa cachette. Avec précaution, l'homme pose l'obus derrière l'arbre, s'en éloigne, et s'avance sur la route en direction de l'agent secret pour lui demander s'il cherche quelque chose. L'agent secret décrit l'objet avec soin. Le vagabond affirme ne pas l'avoir vu.

« L'engin n'est plus là », dit l'agent secret à l'infirmière.

Mais à ce moment-là, le vagabond commet l'erreur stupide d'ajouter : « J'ai effectivement vu une voiture s'arrêter pour ramasser quelque chose il y a une demi-heure. »

En désespoir de cause, l'agent secret et l'infirmière sont en train de regagner le camion quand les implications de ce qu'ils viennent d'entendre les frappent tous deux au même moment. L'agent secret dit : « Il n'a pas pu voir qui que ce soit le ramasser. Cette route est fermée depuis hier soir. Il ment. »

Ils retournent auprès du vagabond. Il essaie de jouer au plus fin. L'infirmière le menace avec son revolver et ils tentent de lui faire avouer la vérité. Alors qu'ils sont sur le point d'y réussir, ils entendent un moteur – celui du camion qui les poursuit. Il lui dit de garer le véhicule qui risque de les trahir. Il assomme le vagabond et le tire jusqu'aux buissons où il aperçoit l'obus. Mais l'infirmière est déjà partie.

Le camion de leurs poursuivants s'arrête. Ann saute à terre et regarde vers l'endroit où se trouvait l'obus la veille. Le contremaître pense que bien sûr quelqu'un l'aura ramassé, mais soudain, il voit le premier camion qui s'éloigne sur la route à flanc de colline. Sans même attendre qu'Ann reprenne sa place, il s'élance sur la trace des fuyards.

Ann se tient au milieu de la route. À cet instant, l'obus qui se trouvait sur une petite éminence se met à rouler en direction du vagabond. L'engin le heurte et il pousse un grognement.

Ann sursaute en l'entendant. L'agent secret bondit sur la route et pose les doigts sur ses lèvres comme s'il venait de bâiller. Il lui dit : « Vous êtes arrivée une minute trop tard. »

Le plan suivant montre le camion des poursuivants et l'on voit que Tom et Dick, qui ne veulent pas abandonner Ann seule sur la route, se laissent glisser à terre pour la rejoindre. Ils avaient cependant déjà parcouru plus de huit cents mètres.

La situation de l'agent secret paraît sans espoir. Il n'a aucun moyen de transport, ne peut en espérer aucun, sauf si l'« infirmière » réussit à semer ses poursuivants et revient le chercher. Sans parler du fait qu'il est amoureux de cette fille, et qu'il voudrait pouvoir se justifier à ses yeux. De plus, il y a ce vagabond, attaché derrière les arbres, qui pourrait à tout moment recouvrer la voix. Et dans les fourrés, se cache cet obus, cet obus qu'il a pris tant de risques à récupérer.

Ann une fois de plus a la main, et parce qu'elle est furieuse de l'épisode des menottes, elle a bien l'intention d'en profiter.

« Que faisons-nous maintenant ? demande-t-elle.

– On peut toujours jouer aux cartes. »

Il fait référence au jeu de cartes disposé sur le bord de la route pour le solitaire. Il s'approche, s'assied dans l'herbe, ramasse les cartes. Elle le regarde avec un certain scepticisme, en se demandant ce que peut bien mijoter cet homme qui la fascine, qu'elle aurait pu aimer si elle n'était pas sans cesse forcée de le haïr. Elle le rejoint à regret, et s'assied au pied d'un arbre.

« À quoi allons-nous jouer ? demande-t-il en triant les cartes avec brio. Pas à la bataille. Nous avons assez bataillé comme ça. »

Il découvre d'abord un as. « Seul et unique, c'est difficile. Mais il y a tant de choses que nous devons faire seuls. Deux. Voilà qui est mieux pour… »

Ann l'interrompt : « Pas toujours.

– Mais la plupart du temps. *Deux* cœurs valent mieux qu'un. » La carte qui se trouve devant lui est un deux de cœur.

« Je n'ai pas de cœur, dit Ann.

– Oh mais si. J'ai pu m'en rendre compte *trois* fois. » Il pose un trois de pique. « Une fois quand j'étais électricien, une fois quand nous nous sommes retrouvés sous la pluie, et une fois quand le pont avait disparu. »

Il découvre un quatre. Ann touche la carte du bout du doigt et dit : « C'était avant que vous arrêtiez d'y aller par *quatre* chemins.

– Pour cinq, je suis à court d'idées, dit-il en posant la carte. Mais si cette maudite guerre n'existait pas, je suis sûr que vous et moi saurions encore la différence entre le *six*-tématiquement moche et le *sept*-éblouissant. »

Après le six et le sept, il pose un huit, et Ann dit : « Je ne suis même pas sûre d'avoir jamais mangé d'*huit*res. Arrêtez-moi, je vous en prie. »

Il recouvre le huit avec un neuf, et dit d'un ton plus grave :

« *Neuf* vies. Voilà ce qu'il me faudrait pour aller au bout de ce rôle. » Il fait rapidement défiler toutes les cartes, et elle répond : « Si vous ne trouvez pas de dix, la partie est terminée, mon ami. »

Il finit par trouver le dix quelque part dans le paquet et il le fait glisser sur la pile. Elle lève le bras comme pour brandir un fusil.

« Je suis prête pour la suivante. Onze, comme les *onze* soldats d'un peloton d'exécution. » Et elle claque des doigts.

« Cette fois vous vous trompez, reprit-il en découvrant la figure d'Hector, le valet de carreau. Hector, c'est mon prénom, ou du moins ça l'était. Mon vrai prénom.

– Hector, répéta-t-elle, s'essayant à répéter ces deux syllabes.

– Un nom bien choisi. Il vient d'un espion du roi Louis XI. » Il place la reine de cœur sur le paquet, la regarde et lève lentement les yeux vers les siens.

« C'est exactement ce que je ressentirais », prononce Hector, avec lenteur, gravité et sincérité. Il pose encore une carte et ajoute : « si j'étais le roi… »

Ils sont assis en tailleur, face à face. À ce moment précis, alors qu'ils sont irrésistiblement attirés l'un par l'autre, Dick et Tom, qui rampent discrètement, s'approchent sans un bruit. Ils bondissent, tordent les bras d'Hector derrière son dos et les attachent avec leurs cravates. Cette fois, on dirait que la partie est bel et bien finie.

Le vagabond s'est réveillé mais il reste complètement immobile dans l'herbe. Il regarde à travers les buissons, ébahi par la scène.

Dick et Tom se tournent vers Ann, s'attendant à des félicitations. Au lieu de quoi, presque agacée, elle ironise :

« Vous avez encore sauvé la patrie. »

À cet instant, une camionnette équipée d'un haut-parleur s'avance sur la route. En jaillit un journaliste, un microphone à la main :

« Avez-vous quelque chose à nous dire ? demande-t-il, péremptoire. L'émission s'appelle "Rencontres sur la route". Comment vous appelez-vous ? »

Il brandit le micro sous le nez d'Ann. Elle approche sa bouche pour répondre : « Je m'appelle Glamor O'Hara. Je pense que chacun devrait s'occuper de ses affaires. »

Vexé, le journaliste rétorque : « Vous autres ne prenez pas ces choses assez au sérieux. » Il retourne en courant vers sa camionnette tout en criant dans son micro : « Peu importe, chers auditeurs. Ces gens étaient en train de répéter une pièce de théâtre. Ils n'ont pas voulu nous parler, mes amis. Alors laissez-moi vous décrire maintenant ce sentiment de libération qu'on éprouve quand… »

Mais le quatuor resté en plan le poursuit. Les deux jeunes hommes tenant fermement l'agent secret par les coudes, Ann les suivant contre son gré.

« Nous avons un prisonnier, explique Dick, recherché par la police. Il avouera tout si vous nous conduisez à Princeton. »

Ils s'entassent dans la camionnette. Ann, à droite du chauffeur, le prisonnier à son côté. Tom et Dick sur un marchepied, le journaliste sur un autre. Quand le véhicule fait demi-tour pour se diriger vers Princeton, le journaliste agite son micro vers l'agent secret, mais Ann s'en empare.

« Il ne parlera pas, je vous dis, déclare-t-elle.

– Pratiquement exact, confirme Hector.

– Le prisonnier refuse de parler, dit le journaliste, mais de toute façon, je suis sûr que vous préférez que je vous explique comment garder vos vêtements frais et propres. »

Les faubourgs de Princeton : nous découvrons que la camionnette de la radio est maintenant suivie de près par le camion volé que conduit l'infirmière. Soudain elle double le premier véhicule, écrase le frein et le force à un arrêt brutal et dangereux, qui fait tomber les deux jeunes gens du marchepied et permet à Hector de s'échapper. Durant toute cette suite d'épisodes, la voix du journaliste ne s'est jamais tue – que la caméra montre l'action menant à l'évasion ou qu'elle recueille les réactions d'Ann qui, au fond de son cœur, se réjouit terriblement.

« Le prisonnier s'est échappé, chers auditeurs, annonce le journaliste. Je ne connais aucun détail. Tout ça me semble très suspect, mes amis, très suspect. »

Sur ces propos et un gros plan d'Ann qui regrette la fin de sa belle aventure, on enchaîne sur la portion de route où nous avons laissé le vagabond. Il porte l'obus, et essaie de faire de l'auto-stop. Un élégant coupé s'arrête et l'homme y monte avec son précieux fardeau. Alors qu'il redémarre, il demande au bon Samaritain : « Vous allez jusqu'où ? »

Et ce dernier répond : « Washington. Je suis entrepreneur. J'ai des affaires à traiter au ministère de la Guerre. »

Le vagabond pense à l'obus à ses pieds et saute sur l'occasion : « Moi aussi », dit-il, et l'image disparaît en fondu.

On découvre en fondu enchaîné le plan d'un bal étudiant au Gymnase de Princeton deux mois plus tard. Nous suivons Ann qui danse, constamment sollicitée par une escouade de garçons. Elle a un visage plus grave, plus inquiet que nous ne l'avons jamais vu. Elle n'est manifestement plus la jeune fille gaie et insouciante qu'elle était quand nous l'avons rencontrée. Son expression laisse penser qu'elle cherche quelqu'un. Chaque fois qu'un nouveau partenaire tape sur l'épaule du précédent pour réclamer un changement de cavaliers, elle se tourne avec empressement vers l'arrivant pour l'accueillir. « Est-ce que ce pourrait être lui ? » semblent demander ses yeux. Mais ce n'est jamais lui, et elle s'adapte avec grâce et courtoisie à chaque nouvelle déception.

À un certain moment de cette histoire, Hector a appris qu'elle devait se rendre à ce bal.

Et soudain le voici qui fait son apparition en queue-de-pie, sûr de lui, décontracté et sans déguisement. Plein d'espoir, il la repère dans la foule. Quand elle le voit, elle paraît effrayée pour lui aussi bien que pour elle-même.

« Vous permettez ? »

Ils bavardent, l'air tout à la fois effrayés et ravis, attirés et repoussés l'un par l'autre.

« Vous ne manquez pas d'audace, dit-elle.

– Non, cette fois, je suis dans la légalité la plus stricte. Je travaille comme attaché auprès de notre ambassade à Washington.

– Si Dick et Tom vous voient…

– Je bénéficie de l'immunité diplomatique. »

À ces mots, elle cesse de danser.

« Je vous déteste, s'exclame-t-elle. Je ne peux pas danser avec vous. Qui êtes-vous ? Vous ne voulez toujours pas me le dire ? Expliquez-moi de quoi il s'agissait.

– Dansez et je vous le dirai. »

Elle hésite, vacille, mais une curiosité irrésistible la pousse sans doute.

« Dites-moi », exige-t-elle, haletante, alors qu'ils recommencent à tournoyer.

Durant cette danse, elle interrompt sans cesse l'agent secret pour se tourner vers les jeunes hommes qui réclament un changement de cavalier. « Non, pas tout de suite, merci. » Chaque fois avec un sourire radieux, mais elle redevient grave pour se tourner vers Hector.

« Dans un des pays que vous avez visités, explique-t-il, ils ont mis au point un obus sur lequel nous voulions des renseignements. Un de mes collaborateurs a acheté un ouvrier et a réussi à s'emparer du prototype, le jour même de la déclaration de guerre. Restait la question du rapatriement vers mon pays pour procéder à un examen et à des analyses. Une touriste américaine comme vous avait plus de chances de passer la frontière sans qu'on fouille ses bagages et votre malle se trouvait dans le hall de l'hôtel avec une étiquette :

« Soute à bagages ». Il m'a envoyé un télégramme codé. Je ne vous expliquerai pas comment nous avons fait passer la douane à cette malle parce que cela pourrait donner des idées à vos compatriotes. »

Elle se hérisse à ces mots, et il se dépêche de poursuivre.

« Excusez-moi, je voulais dire *nos* compatriotes. Quand la guerre sera finie, je viendrai vivre ici, et vous et moi serons pour toujours citoyens du même pays.

– Ce n'est pas aussi simple. Qu'est-il advenu de l'obus ?

– Là, vous m'avez bien eu ! »

Soudain, elle sourit.

« Vraiment ? » demande-t-elle alors que leur étreinte se resserre.

Fondu sur le portail du ministère de la Guerre à Washington où le vagabond, maintenant en uniforme, monte fièrement la garde.

Le couple

I.

L'apogée de cette tragédie eut lieu sur le vaste et confortable canapé qui était pour ainsi dire la première des acquisitions réalisées en commun au cours de leur vie conjugale.

« C'est entendu, dit le jeune Pawling, d'un ton grave et triste. Restons-en là. Nous n'arrivons pas à nous mettre d'accord, donc séparons-nous. Nous aurons essayé pendant un an au risque de voir nos vies perdre complètement leur sens. »

Carrol hocha la tête.

« Que *ma* vie perde complètement *son* sens, tu veux dire, corrigea-t-elle.

– Non, je ne dirais pas ça. Mais restons-en là. Je ne veux plus de querelles. Tu ne m'aimes pas, et la seule chose que je ne comprends pas, c'est pourquoi tu ne t'en es pas rendu compte avant notre mariage. Maintenant – Pawling hésita – quand allons-nous effectivement... effectivement... »

Il faisait frais par ce soir de début mai, et Carrol traversa le salon avec grâce pour se rapprocher de la cheminée.

« Je voudrais rester ici jusqu'à ce que Maman rentre d'Europe. Deux semaines, et je pourrai faire mes bagages.

Si tu le souhaites, je peux partir dès demain, bien sûr, mais je n'ai nulle part où aller.

– Ne songe même pas à partir, s'empressa de répondre Pawling. Tu peux rester ; c'est moi qui vais m'en aller dès demain matin.

– Non, si tu vois les choses ainsi, c'est moi qui déménagerai. Je m'étais seulement dit, si cela ne t'importunait pas de m'avoir ici…

– M'importuner ! Pas le moins du monde. Pourquoi… » Il se mordit la lèvre. C'était précisément la raison de leur séparation. Tout ce qu'il faisait irritait prodigieusement sa femme. Il avait cessé de lutter pour lui plaire plusieurs semaines auparavant.

« Il est évident que tu peux rester, poursuivit-il d'un ton solennel. Je retirerai mes affaires de la grande chambre dès ce soir.

– Ce n'est que pour deux semaines, tu verras.

– Mais je serais ra… » De nouveau il s'interrompit. Il allait dire « ravi » mais s'était rendu compte que le mot ne convenait pas. Néanmoins, il aurait été assez proche de la vérité – son esprit s'accrochait à l'idée qu'elle reste, même pour deux semaines seulement. La séparation était nécessaire, bien sûr – mais ce bref intervalle entre la décision et sa mise à exécution rendrait la rupture moins dure et moins violente au bout du compte.

« Encore une chose, dit sa femme. Deux, en fait. Tout d'abord, j'ai invité du monde à dîner demain soir…

– Entendu.

– Et ensuite, je voudrais te parler des domestiques. Esther et Hilda partent demain matin et nous allons avoir besoin de quelqu'un jusqu'au retour de Maman. J'ai donc trouvé ce qu'il nous fallait en ville aujourd'hui.

– Deux personnes ? Naturellement.

– Un couple, en fait. C'est différent. Mari et femme. Elle cuisine et il fait office de majordome tout en l'aidant au ménage. Ils m'ont eu l'air très bien. Il est anglais, et elle, irlandaise. Je ne les aurais pas engagés du tout si j'avais été sûre que nous nous séparions, mais puisqu'ils viennent… »

Sa voix s'estompa et elle fixa un point au centre du tapis.

« Bien sûr », murmura Pawling, les yeux rivés sur le même point. Il se rendit à peine compte qu'elle s'était tue et que le silence s'était fait dans la pièce. Il pensait que d'ici quelques minutes, il lui faudrait monter à l'étage et, sans colère mais avec toute la dignité qu'il lui restait, retirer ses affaires de la grande chambre de maître : son peigne et sa brosse, la petite boîte contenant ses boutons de col et de manchettes, les papiers divers dans son bureau. Après cela, c'en serait fini de son mariage. Quelque chose se passerait durant la nuit, alors qu'ils seraient chacun dans leur chambre, qui détruirait pour toujours le lien ténu et mystérieux qui les avait attachés l'un à l'autre, cette union intangible et à moitié évanouie des cœurs qui leur avait depuis longtemps interdit de se séparer. Le lendemain matin, chacun ouvrirait les yeux sur un monde différent, conscient de leur séparation et capable de vivre loin l'un de l'autre pour toujours.

Pawling se releva.

« Je crois que je vais monter maintenant, déclara-t-il avec froideur.

– Entendu. Je vais verrouiller la porte. »

Une demi-heure plus tard, il éteignait la lumière dans la chambre d'amis et se glissait dans son lit. Au-dehors, cette nuit claire et fraîche de mai ramenait le souvenir d'un autre printemps, un souvenir égratigné et souillé au cours de ces derniers mois, mais qui restait en lui-même charmant et idyllique. Il se demanda si l'amour revenait jamais avec pareille intensité, avec cette joyeuse magie de la première fois, ou si cela était désormais gâché et perdu pour toujours.

De temps à autre, il percevait les mouvements de Carrol au rez-de-chaussée. Il entendit le cliquetis des interrupteurs, et son pas résonna dans l'escalier. Elle marchait avec lenteur, comme épuisée, et quand elle atteignit le palier, elle marqua une pause d'une minute sur le seuil de la chambre d'amis. Ensuite, elle se dirigea vers la sienne, referma la porte derrière elle, et un lourd silence sembla entrer par la fenêtre avec l'air de la nuit et retomber sur la maison.

II.

Le lendemain matin, Pawling se rendit à la gare en voiture pour aller chercher les nouveaux domestiques, les identifiant sur-le-champ au milieu de la foule qui descendait du train de 11 heures.

« Reynolds ? »

L'homme, un Anglais d'une cinquantaine d'années doté d'un long cou et d'un visage cockney plutôt terne, hocha vigoureusement la tête.

« Oui, Monsieur, Reynolds. »

Il se tourna vers une dame corpulente d'origine irlandaise qui se tenait juste derrière lui.

« Je vous présente ma femme, Monsieur. Elle s'appelle Katy. »

Apparemment, ils devaient récupérer une malle. Reynolds alla s'informer tandis que Pawling et la grosse dame bavardaient sur le quai – plus exactement, Pawling fit observer qu'ils seraient bientôt arrivés, et Katy opina du chef avec un enthousiasme communicatif.

« Vous êtes depuis longtemps dans ce pays ? » demanda Pawling tandis que la voiture s'éloignait de la gare.

Reynolds fit oui de la tête.

« Pas très longtemps, le contredit Katy. Deux mois, peut-être.

– Vous avez travaillé à New York ?

– Non, à Philadelphie. Pour des messieurs très élégants. Vous les connaissez peut-être, Mr Marbleton et Mr Shafter ? »

Non, Pawling ne les connaissait pas. Il hocha cependant le menton d'un air de connivence, comme s'il savait qu'ils devaient être très sympathiques.

Une fois à la maison, Pawling leur montra la cuisine et fit délicatement allusion au fait que leurs chambres se trouvaient juste au-dessus. Puis il les abandonna à leur sort et se dirigea vers la véranda.

C'étaient ses vacances, ces trois semaines, les premières de l'année. Il était commode, bien sûr, qu'elles aient lieu maintenant au moment où la catastrophe du divorce s'était abattue sur lui, et pourtant, il aurait souhaité avoir du travail sur la planche. La mélancolie de toute cette affaire serait accentuée par son inaction – il ne pouvait que rester assis à contempler la douceur de ce mois de mai et à regarder défiler les jours qui marquaient la fin de cette aventure exceptionnelle. Il se réjouissait bien sûr que le dernier mot eût été prononcé. L'arrogance de Carrol, sa froideur, son antipathie croissante pour lui avaient dépassé ses capacités d'endurance. Il n'avait pas très bon caractère lui-même, et plusieurs fois au cours de ce dernier mois, leurs disputes avaient failli dégénérer en violence physique.

« Lou. »

Il releva les yeux pour l'apercevoir devant la moustiquaire de la véranda sous le soleil rayonnant.

« Salut, dit-il en se levant pour la faire entrer. Ton couple est bien arrivé. Ils sont dans la cuisine.

– Je te remercie, répondit-elle avec froideur, s'avançant dans la véranda, les bras chargés de fleurs. Je vais tout de suite aller les voir. »

Il remarqua qu'elle portait une robe d'un bleu très pâle soigneusement amidonnée qu'il ne lui avait pas vue depuis l'été dernier. Il l'observa avec attention à la recherche de signes d'insomnie autour de ses yeux, parce qu'il savait qu'il y en avait autour des siens, mais elle était aussi fraîche et rose que les fleurs qu'elle tenait entre ses bras.

« Je les ai coupées pour le dîner, dit-elle. Ne sont-elles pas ravissantes ?

– Tout à fait. »

Sans lui accorder un regard, elle poursuivit son chemin.

Ils prirent leur repas à 1 heure et en s'asseyant à table, il songea qu'il fallait que ce soit leur dernier déjeuner ensemble. Il devait trouver un moyen de passer ses journées en ville. Il goûtait peu l'idée d'une série de repas partagés en silence les yeux baissés.

Le déjeuner était frugal et peu appétissant. C'était normal, d'ailleurs : le nouveau couple n'avait pas eu le temps de s'habituer à la cuisine. Mais il se demanda tout de même si le pas de Reynolds autour de la table n'était pas anormalement lourd.

« Ils sont nouveaux, dit Carrol. Tout est sens dessus dessous dans cette cuisine. Ce soir, ce sera déjà différent. »

Le dessert arriva : des pêches au sirop – dans une saucière.

« Cela n'a pas d'importance pour maintenant, Reynolds, dit Carrol, mais pour ce soir, bien entendu, j'entends que le dessert soit servi dans un saladier.

– Quoi, Madame ?

– Je dis que je veux que le dessert soit servi dans un saladier – vous savez, ce blanc-manger dont nous avons parlé. »

Reynolds hocha la tête avec l'air de comprendre. Il semblait hésiter.

« Au fait, vous voulez que je tonde la pelouse cet après-midi ? »

Surprise, Carrol releva les yeux.

« Eh bien oui, s'il vous plaît. Enfin, vous feriez peut-être mieux d'attendre demain.

– Quoi ?

– Je dis que peut-être vous feriez mieux d'attendre demain, répéta Carrol, un peu plus fort. Vous allez avoir beaucoup à faire cet après-midi, savez-vous ? »

Reynolds opina du chef et repartit à pas lourds vers l'office.

« Il doit avoir l'habitude de tondre la pelouse. C'est sans doute une des tâches qu'assument habituellement les couples. » Et elle ajouta en baissant la voix : « On dirait qu'il est un peu sourd. C'est sans doute pour cela qu'il fait tellement de bruit en marchant. »

Ils avaient trois invités ce soir-là, les Harold Gay de Portchester, qu'ils connaissaient à peine, et Roderick Barker, un ancien prétendant de Carrol, de New York.

Pawling se surprit à se demander si Barker, quand Carrol serait libre, recommencerait à lui faire la cour là où il l'avait interrompue. Il espérait que non – en tout cas, pas Barker. L'idée de voir Carrol sortir avec Barker, flirter avec Barker, embrasser Barker le désespérait. Au prix d'un effort, il chassa cette pensée.

« Et comment va Twine ? » s'enquit Barker.

Twine était un caniche nain au poil clairsemé ; il avait les yeux d'un ivrogne invétéré, et à certains moments, Carrol l'aimait tendrement, alors qu'à d'autres, elle le trouvait répugnant.

« Twine va très bien, répondit-elle. Il a failli mordre le nouveau majordome aujourd'hui. Oh, j'avais oublié de vous dire que nous avons désormais un majordome. Ne menons-nous pas la grande vie ?

– Mais quelle nouvelle merveilleuse ! s'exclama Barker avec enthousiasme.

– Il fait en réalité partie d'un couple, avoua Carrol, mais il vient tout droit d'Angleterre, et vous devez reconnaître que c'est là quelque chose. »

Une minute plus tard, celui dont on parlait apparut sur le seuil et annonça d'une voix forte et chantante :

« Madame est servie ! »

Tous les yeux se tournèrent vers lui. Le ton de l'interruption avait quelque chose de surprenant, et chacun se hâta de se lever comme si l'ordre irrévocable avait été donné de passer d'une pièce à l'autre. Carrol se promit de se souvenir de lui parler de sa voix dès le lendemain.

« Je vais l'envoyer chez un spécialiste pour qu'on lui fasse baisser le volume », annonça-t-elle avec une espièglerie qui sonnait faux tandis qu'ils se dirigeaient vers la salle à manger.

« Quelle idée charmante ! » murmura Barker en souriant.

Une dizaine de fois durant le dîner, des remarques furent échangées avec insouciance, des propos désinvoltes, qui firent comprendre à Pawling que tout avait changé. Le divorce d'Untel fut discuté en détail, ce qu'« il » avait dit, et combien « elle » s'était montrée cruelle, une énumération qui incluait le nom des personnes avec qui les deux divorcés « s'affichaient » désormais.

« On raconte que vous avez tous deux donné un fabuleux exemple à Rye, déclara aimablement Mrs Gay. Vous êtes le seul couple qui ait refusé de se quereller en public quelles que soient les circonstances.

– Ces couples-là sont les plus dangereux, cela signifie qu'ils se disputent à la maison. C'est un vice caché, exactement comme l'alcool. Si des époux ne se querellent pas en public, c'est parce qu'ils ne peuvent jouir de leur violence que quand ils sont seuls. »

Pawling et Carrol étaient tous les deux rouges comme des écrevisses – les trois autres semblaient comprendre que quelque chose de déplacé venait d'être dit, et la conversation glissa dans une atmosphère de gêne vers le golf.

Le rôti avait été servi selon les instructions de Carrol, préalablement découpé en cuisine, et alors que le dîner progressait, elle sonna pour qu'on resserve les invités. Craignant que Reynolds n'y aille d'un de ses tonitruants « Quoi ? », elle capta son regard et lui indiqua d'un hochement de tête son assiette vide. Il hocha la tête en retour, et avant qu'elle eût compris ce qu'il se passait, il s'était déjà emparé de l'assiette et avait filé vers l'office. Il y eut une brève pause, presque imperceptible, dans les conversations – un de ces moments qui peuvent signifier une chose ou son contraire. Carrol vit les yeux de Mrs Gay qui fixaient curieusement sa propre assiette vide.

À cet instant, la porte de l'office s'ouvrit à la volée et Reynolds entra d'un pas énergique. Il rapportait l'assiette de Carrol. Il l'avait généreusement emplie de rosbif et de légumes, et la posa devant elle dans un grand geste théâtral, comme pour dire : « Voilà ! Regardez un peu ce que j'ai fait pour vous ! »

Difficile d'imaginer que la situation pût passer inaperçue. Carrol était rose d'embarras et ses oreilles furent saluées par un bref ricanement qu'étouffèrent les trois hommes présents.

« Merci de recommencer à servir, Reynolds, dit-elle non sans impatience.

– Quoi ? » Il tendit son long cou et garda la bouche poliment entrebâillée.

« Merci de recommencer à servir. »

La seule idée qui la guidait était de terminer ce dîner avec le moins de commentaires possibles sur le service.

« Pourriez-vous nous trouver une maison à Portchester ? glissa-t-elle rapidement à Mrs Gay. Nous voudrions y passer l'été prochain. »

Elle croisa le regard de son mari à l'autre bout de la table, et le caractère déplacé de sa demande la consterna, mais elle s'entêta néanmoins avec nervosité : « Enfin, peut-être, à moins que nous n'allions en Europe ou que nous soyons morts d'ici là. »

Heureusement ou malencontreusement, Reynolds, rendu nerveux par son faux pas précédent, était maintenant bien décidé à se rattraper en s'assurant que personne ne manquait de rien.

« Quoi ? fit-il observer à Mrs Gay. Pas d'asperges ? »

Le rire irrépressible, légèrement spectral même aux oreilles de Carrol, qui s'ensuivit n'atteignit même pas celles du majordome.

L'homme était à l'évidence sourd comme un pot. Bam bam bam, résonnaient ses pas autour de la table ou de l'office à la salle à manger, interrompant les conversations et donnant l'impression que, d'une certaine façon, les casseroles s'entrechoquaient, qu'on martelait quelque chose et que la porcelaine se fracassait sans arrêt par terre.

Après le déjeuner, Carrol lui avait donné toutes les instructions concernant le dessert. Il fallait qu'il prenne une assiette appropriée, dit-elle, qu'il pose un napperon dessus, et un rince-doigts. Les invités retireraient eux-mêmes le napperon et le rince-doigts quand il les servirait.

Tout cela avait causé une grande confusion dans l'esprit de Reynolds. Il savait où seraient placés l'assiette, le napperon et le rince-doigts sur la table, et il se rappelait vaguement que quelque chose allait être retiré. Comment ou pourquoi, il ne savait plus très bien. Mais c'était un homme plein de ressources.

Dès que la conversation fut redevenue suffisamment animée, il entra avec le blanc-manger, se dirigea vers Carrol, et après quelques secondes d'hésitation, il tendit la main pour s'emparer de son rince-doigts. Puis, avant qu'elle n'eût deviné son intention, il avait déjà versé une bonne cuiller de blanc-manger sur le napperon en tissu. Sans attendre, il marcha vers Barker à pas sonores et répéta l'opération. Mrs Gay, avec une grande présence d'esprit, réussit à retirer le napperon de son assiette tandis que les autres contemplaient avec stupeur la vision de ce dessert sur fond de tissu mouillé.

« Si quelqu'un en reveut, claironna en confidence Reynolds à la maîtresse de maison, il y en a encore plein à la cuisine. »

III.

Il ne restait pas très longtemps, douze jours maintenant, si bien qu'ils décidèrent le lendemain matin de ne pas congédier le couple. Quand les invités furent partis, tout cela sembla infiniment dérisoire à Pawling en comparaison de l'imminence de leur séparation. Non qu'il eût cessé de la souhaiter – loin de là –, il l'acceptait même mieux qu'au moment où ils en avaient décidé, mais dans le calme sans nuage qui fit suite aux disputes passionnées des trois derniers mois, elle lui apparaissait comme une question grave et importante.

Pawling partit tôt pour la ville et passa la journée au Yale Club, se sentant un peu malvenu parmi les jeunes gens qui s'y trouvaient, plus vieux même que ses camarades de promotion, et même déjà un peu sali par la perspective de son divorce tout proche. D'une certaine façon, il était impatient de se retrouver libre. Il allait pouvoir lire et voyager davantage, à distance du caractère tendu et nerveux de Carrol, mais plus jamais il ne serait exactement le célibataire d'autrefois. Ce serait presque indécent de sa part de se considérer comme tout à fait libre.

Le soir venu, il ne vit aucune raison de rentrer à la campagne. Il pouvait dormir au Club et passer le lendemain en ville. Mais quand l'heure du dernier train de l'après-midi approcha, il comprit qu'il allait repartir. Se dire que Carrol était seule à la maison avec ces deux étranges domestiques le mettait mal à l'aise.

Ses pressentiments étaient justifiés. À son arrivée, il la trouva assise sur le canapé, Twine sur les genoux, fixant un point droit devant elle avec des yeux furibonds.

« Tu vas devoir renvoyer ces gens, lança-t-elle aussitôt. Ils sont épouvantables. Je ne vois pas comment nous pourrions les supporter encore deux semaines.

– Mais pourquoi ? Qu'ont-ils encore fait ?

– Eh bien pour commencer, ils m'ont servi un déjeuner affreux, et quand je suis allée m'en plaindre à la cuisine, cette femme m'a jeté un regard terrible comme si elle voulait m'assommer avec une casserole. J'avais peur de dire quoi que ce soit. Le mari est pire encore.

– Je vais leur parler.

– Encore une chose. Ils ont fouetté Twine.

– Fouetté Twine ? s'exclama-t-il, incrédule. Mais pour quelle raison ?

– Aucune. Ils disent qu'il avait mordu cet homme – Mr Reynolds, comme l'appelle sa femme. Mais si c'est le cas, il avait dû le chercher, parce que Twine n'a jamais mordu personne. En tout cas, je les ai surpris en train de le battre.

– Qu'as-tu fait ?

– J'avais trop peur pour réagir. Cette femme marmonnait avec une telle violence et Reynolds arpentait la cuisine comme s'il avait été attaqué par un grizzly. J'ai pris Twine, me suis réfugiée au salon et je n'en ai pas bougé depuis.

– Hum ! s'écria Pawling. Je les renvoie juste après le repas. »

Le dîner était immangeable. Les coudes posés sur la table, Carrol se tenait le visage à deux mains et secouait sèchement la tête chaque fois qu'on lui proposait un plat. Aussitôt après, Pawling poussa la porte de l'office.

« Reynolds !

– Oui, Monsieur. »

Comme s'il s'était attendu à cet appel, le majordome bondit hors de la cuisine avec un empressement agressif.

« Reynolds, peut-être ne sommes-nous pas faits les uns pour les autres et ferions-nous mieux de mettre un terme à cette expérience. »

Reynolds le fixa d'un œil vide. Manifestement, il n'avait pas entendu un seul mot.

« Je disais, reprit Pawling, que peut-être nous ne sommes pas faits les uns pour les autres et que nous ferions mieux de mettre un terme à cette expérience. »

Reynolds hocha la tête.

« Oh nous, on n'a pas à se plaindre, déclara-t-il en tendant son long cou et en regardant Pawling d'un air obtus.

– Mais nous, si, poursuivit Pawling non sans irritation. Et je pense qu'il faudrait…

– J'ai fait quelque chose ? demanda Reynolds. La dame s'est plainte de moi ?

– Laissons Madame en dehors de cela.

– Qu'est-ce qui ne vous va pas ?

– Nous avons besoin d'un majordome expérimenté. Nous vous versons des gages importants et nous voulons quelqu'un qui connaisse son métier.

– Ils ne savent même pas faire les lits », renchérit Carrol. Elle était revenue dans la salle à manger et se tenait au côté de Pawling. « J'ai regardé le mien cet après-midi, et le couvre-lit avait seulement été tiré, les draps étaient tout froissés, j'ai dû le refaire moi-même. »

Reynolds les fixait de ses yeux pâles d'un air scandalisé.

« J'ai toujours donné satisfaction avant, explosa-t-il. Quand nous étions chez ces deux messieurs à Philadelphie, ils nous auraient donné leur dernière chemise. »

On entendait à son ton que ces deux messieurs de Philadelphie les avaient entourés d'affection.

« Il n'y a pas plus anglais que moi, un vrai John Bull [1], poursuivit-il avec défi, et si j'ai commis des erreurs, je veux qu'on me le dise. Pourquoi votre femme ne me dit pas ce qui ne va pas tout simplement au lieu de faire ce scandale ?

– Parce que vous n'êtes pas dans une école hôtelière, s'écria Pawling. Vous étiez censé être déjà un majordome efficace en arrivant ici. Vous aviez prétendu l'être. »

Reynolds se réfugia derrière sa déclaration précédente.

« J'ai toujours donné satisfaction.

– Les repas sont infects, mugit Carrol.

– Quoi ? » Il la regarda avec incrédulité. « Mais ma femme et moi, on a tenu un restaurant en Angleterre pendant dix ans.

– Écoutez, je n'ai aucune intention d'en discuter, déclara Pawling. Vos façons de cuisiner et de servir sont peut-être acceptables, mais ce n'est pas ce que nous attendons, et il n'y a rien à ajouter. Donc, bonsoir. »

Ils repartirent vers le salon.

« Pourquoi ne leur as-tu pas dit de déguerpir dès demain ? demanda Carrol.

– Je n'en ai pas eu le cœur. C'est à l'évidence leur deuxième emploi en Amérique, et il va falloir bien deux heures pour que l'idée fasse son chemin dans sa caboche. »

1. Personnage imaginaire qui représente l'Angleterre.

Carrol prit un magazine de cinéma sur la table et monta dans sa chambre.

Quelques minutes plus tard, Reynolds entrait au salon de son pas pesant.

« Oui, demanda Pawling, que puis-je faire pour vous ?

– Je voudrais une lettre de recommandation. »

Devant cette exigence surprenante, Pawling se redressa sur le canapé.

« Une lettre de recommandation ? Mais vous n'avez travaillé ici que trois jours !

– C'est vrai. Mais on a fait tout le chemin depuis Philadelphie.

– Quel est le rapport, je vous prie ? »

Laissant de côté cette question, Reynolds poursuivit :

« Vous voyez, nous n'avons qu'une lettre de ce genre, et c'est très dur de trouver du travail à moins d'en avoir deux.

– Entendu, dit Pawling, pas très convaincu. Je suppose que je peux vous écrire quelque chose. »

Il se dirigea vers un secrétaire, dans un coin de la pièce.

« Que faisiez-vous avant d'être majordome ? s'époumona-t-il.

– D'abord nous avons tenu un restaurant, et ensuite j'ai été porteur de colis dans le Devon. »

Pawling se mit à rédiger.

« Voilà, écoutez, je vais vous la lire, dit-il quelques instants plus tard.

À qui de droit

Je certifie par les présentes que James Reynolds et son épouse ont été mes employés, qu'ils se sont montrés pleins de bonne volonté et honnêtes. Il a par ailleurs été porteur de colis et possède une expérience de restaurateur et de majordome.

Cela vous convient-il ? J'ai bien peur de ne pas pouvoir en dire davantage. »

Reynolds relut la lettre et la plia avec soin.

« Et donc, vous voulez me donner mon mois de préavis ?

– Votre mois de préavis ! s'indigna Pawling. Je veux que samedi, vous soyez partis. »

La tête de Reynolds s'avança comme celle d'un canard.

« Samedi ?

– Évidemment. On ne donne pas de mois de préavis ici. »

Reynold considéra la question avec une profonde mélancolie.

« Très bien, annonça-t-il comme à regret. Vous me payez mon mois de salaire, et on s'en va.

– Écoutez, mon vieux. Il n'est pas question de vous payer un mois de salaire. Je vais vous régler deux semaines. Cela ne fait jamais que trois jours que vous êtes ici !

– Impossible d'accepter une chose pareille. »

Pawling se leva et arracha la lettre de recommandation des mains de Reynolds.

« Si vous discutez encore, vous n'aurez même pas cette lettre ! »

Il ressentait une sorte de pitié pour cet homme et son incompétence notoire, mais quand, le matin suivant, la discussion reprit, il perdit patience. Apparemment, Katy était très blessée et déçue.

Pawling, qui partait pour New York, avait déjà enfilé son manteau.

« Écoutez, dit-il, aucun argument ne me fera changer d'avis. Si vous avez quelque chose à ajouter, voyez cela avec Mrs Pawling. »

Et sans accorder la moindre attention à l'importun « Attendez une minute » de Reynolds, Pawling mit son chapeau et se hâta de sortir.

Il se réjouit de voir la fin de la semaine arriver. Samedi, après le petit déjeuner, il ouvrit la porte de l'office et demanda à Reynolds de le rejoindre dans la salle à manger.

« Je suis prêt à vous payer quand vous voudrez.

– Quoi ?

– Votre argent. »

Reynolds agita la main avec désinvolture.

« Oh vous pouvez attendre jusqu'au jour de notre départ.

– Le jour de votre départ s'exclama Pawling, c'est aujourd'hui ! Nous sommes samedi.

– Nous partons mercredi, annonça Reynolds, placide. Mrs Pawling a dit qu'on pouvait rester jusqu'à mercredi. »

La porte de l'office s'était entrouverte, et par l'embrasure, deux yeux noirs fixaient Pawling par-dessus l'épaule de Reynolds.

« C'est ce qu'elle a dit, insista Katy d'un air menaçant. C'est moi qui lui ai parlé. »

Quand Carrol descendit au rez-de-chaussée, Pawling, incrédule, lui posa la question. « Tu leur as dit qu'ils pouvaient ne partir que mercredi ? »

Elle sembla hésiter.

« Oui.

– Pourquoi ?

– Cette femme, cette Katy, répondit-elle d'une voix mal assurée, est montée me voir l'autre jour après ton départ et elle m'a forcée…

– Forcée ? Comment aurait-elle pu…

– Eh bien, c'est le cas. Elle m'a expliqué que je l'avais fait venir en lui promettant un emploi et qu'ensuite j'étais allée me plaindre d'eux dans leur dos. Elle était tout agitée, elle vociférait, et pendant ce temps Reynolds arpentait le couloir comme un régiment britannique, j'ai pris peur et j'ai accepté qu'ils restent jusqu'à mercredi. Par ailleurs, j'étais navrée pour eux, elle m'a avoué qu'ils n'avaient nulle part où aller.

– Hum…

– C'est l'affaire de quelques jours seulement, ajouta-t-elle. J'ai reçu un télégramme de Maman hier. Elle arrive jeudi sur le *Mauretania.* »

Pawling, épuisé d'avoir mal dormi au cours des trois dernières nuits, s'allongea sur le canapé de la véranda et fit une sieste dans la chaleur de l'après-midi. Les heures défilèrent, traversées de rêves agités. À 5 heures, il se réveilla en sursaut pour trouver Carrol devant lui, terrifiée. Elle sanglotait et articulait quelque chose avec peine.

« Que se passe-t-il ? marmonna Pawling en se redressant.

– C'est Twine. Ils l'ont tué. Je le savais. Il a disparu depuis ce matin et je viens de trouver un revolver sur la table de la cuisine. »

IV.

Pawling bondit sur ses pieds.

« Comment ? Mais tu en es sûre ?

– Absolument. J'ai entendu le coup de feu il y a une heure, suivi d'un gémissement. Comment ont-ils pu tuer un pauvre petit chien sans défense ?

– Attends-moi ici, dit Pawling. Je vais me renseigner.

– Il va te tuer, toi aussi, s'écria Carrol. Si j'étais toi, je n'irais pas sans arme. Ce sont deux fous dangereux à mon avis. »

Il trouva Katy seule dans la cuisine, occupée à pétrir une masse de pâte qui maculait ses gros bras musclés jusqu'aux coudes.

« Où est Reynolds ? demanda-t-il aussitôt.

– Mr Reynolds est sorti.

– Où est-il ? »

Elle haussa pesamment les épaules.

« Il a pas le droit de sortir faire un tour ? »

La situation était sans issue. Pawling jeta un rapide coup d'œil circulaire dans la cuisine.

« Avez-vous vu le chien ? demanda-t-il d'une voix moins pressante.

– Le chien. » Katy suivit son regard qui fouillait les quatre coins de la pièce. « Bien sûr que j'ai vu le chien. Il entre et il sort sans arrêt. Mais là tout de suite, je le vois pas. J'aime pas les chiens, ajouta-t-elle de façon inquiétante.

– Ma femme veut savoir où il est passé. »

Katy soulevait et faisait retomber la pâte d'un air courroucé.

« J'ai pas pris cet emploi pour surveiller un chien, répondit-elle. C'est déjà assez désagréable comme ça de supporter cette bête puante dans la cuisine.

– Il ne sent pas mauvais.

– Ah mais si ! » insista Katy, catégorique.

La conversation semblait soudain à nouveau dans une impasse. Il essaya une nouvelle tactique.

« Ma femme me dit qu'elle a vu un revolver dans la cuisine. »

Katy hocha la tête, sans trahir aucune inquiétude.

« Il appartient à Mr Reynolds. Il le nettoyait. Il a tiré sur un cambrioleur à Philadelphie. »

À ce moment précis, la porte de la cuisine s'ouvrit sur Reynolds. De sa main pendait une lanière en cuir que Pawling reconnut aussitôt pour être la laisse de Twine.

« Où étiez-vous ? interrogea-t-il.

– Ce que je faisais ? demanda Reynolds.

– J'ai dit : "Où étiez-vous ?"

– Je me baladais, répondit posément le majordome en jetant la laisse sur la table.

– Mais que faites-vous avec cela ? demanda Pawling en montrant la table du doigt.

– Ça ? Oh, c'est pour le chien. Je voulais promener un peu cet animal.

– Et vous l'avez fait ?

– Je n'ai pas réussi à le trouver.

– Hum… » Pawling se demanda ce que cela signifiait. S'il avait tué Twine dans le jardin, il n'aurait pas eu besoin de la laisse.

« Que faisiez-vous avec un revolver ? »

Reynolds tendit le cou avec indignation.

« Je compte bien porter un revolver quand ça me chante, et je ne vois pas ce que vous avez à en dire.

– J'en dis que vous êtes un imbécile ! » répondit Pawling, hors de lui.

Reynolds s'avança soudain et posa la main sur l'épaule du maître de maison.

« Écoutez un peu, Pawling », commença-t-il, mais il s'interrompit aussitôt. Pawling recula avec fureur et la main du majordome retomba.

« Attention à vous ! s'écria-t-il. Je vous rappelle que vous êtes un domestique ici.

– Je suis peut-être un domestique, rétorqua l'autre avec hauteur, mais je suis John…

– Cela m'est tout à fait égal. Pour l'instant, je vous paie comme domestique, et vous ne posez pas les mains sur moi.

– Je suis peut-être un domestique, mais je suis John Bull en personne. »

Pawling était partagé entre la colère devant la stupidité de l'individu et l'amusement devant son chauvinisme forcené.

« J'ai travaillé dans de meilleures places qu'ici, poursuivit Reynolds. Par exemple, ces deux messieurs de Philadelphie, Mr Marbleton et Mr Shafter…

– Ils nous auraient donné leur dernière chemise », cria sa femme.

Pawling sortit en rage de la cuisine. Durant une heure, il passa le voisinage au peigne fin à la recherche d'une tombe fraîche, furetant dans les hautes herbes et explorant même les jardins derrière les maisons. Plusieurs chiens policiers aboyèrent sur son passage, mais il ne trouva aucune trace de Twine. Si le caniche avait été assassiné, le meurtre avait à l'évidence été commis près de la maison.

Il arpenta ensuite son propre jardin et fouilla chaque recoin du garage, finissant par descendre à la cave et par regarder derrière les caisses, sous le tas de charbon et même dans la chaudière froide. En vain. Twine avait bel et bien disparu.

Ils dînèrent au club de golf, une soirée glaciale et guindée, et quand ils rentrèrent à la maison, Carrol monta tout de suite dans sa chambre pour commencer à faire ses bagages. Avec tristesse, il sentait qu'au fond d'elle-même elle le rendait responsable aussi pour la perte de son chien – comme s'il s'agissait d'une dernière façon qu'il aurait trouvée de lui faire payer son départ.

Dans ses rêves cette nuit-là, il vit Reynolds poser Twine sur la table – un chien cuisiné à la maître d'hôtel* – devant la mère de Carrol à bord du *Mauretania.*

« Je suis John Bull en personne, disait Reynolds en nappant le chien encore fumant d'une sauce épaisse.

– Parfait, répondait la mère de Carrol. Je rentre pour reprendre ma fille.

– Très bien, disait Reynolds, je vais présenter votre fille aux deux messieurs de Philadelphie. »

Pawling se réveilla en sursaut et se dressa avec nervosité sur son séant. Le bouton de sa porte avait légèrement tourné et la porte s'entrouvrait.

« Qui est là ? demanda-t-il sèchement.

– Lou. » C'était la voix de Carrol, qui murmurait avec terreur. « Il y a quelqu'un au rez-de-chaussée. »

Pawling sortit du lit, se hâta d'enfiler sa robe de chambre, et la rejoignit dans le couloir.

« Je crois que c'est Reynolds, chuchota-t-elle. Je ne suis pas sûre, mais en tout cas, il essaie de marcher sans faire de bruit.

– Oh oh, marmotta-t-il en plongeant le regard dans la cage d'escalier. Il a allumé la lumière.

– Tu ne ferais pas mieux de l'interpeller ? »

Il secoua la tête. Le revolver à la main, il descendit les marches à pas feutrés, traversa l'étroit vestibule et passa la tête dans le salon.

Reynolds, affublé d'un riche peignoir à fleurs, était agenouillé devant le secrétaire, ses doigts palpant avec attention les moulures sur le côté du meuble comme pour détecter la présence d'un ressort secret. Les tiroirs étaient ouverts et le sol, jonché des papiers qu'ils contenaient auparavant.

Il n'était pas seul. Katy, elle aussi vêtue d'un négligé, fouillait la pièce, inspectant chaque vase et chaque boîte de cigares, fouinant derrière les livres et sur la tablette de la cheminée d'un œil avide et perçant. De temps à autre, ils échangeaient un regard, et ils secouaient la tête de conserve, comme si jusque-là leurs recherches n'avaient rien mis au jour de précieux.

Pawling pénétra sans tarder dans la pièce.

« Les mains en l'air ! » ordonna-t-il en braquant son arme sur Reynolds.

L'homme fit si surpris qu'il lâcha le bord du secrétaire auquel il se tenait, et tomba assis sur le plancher, d'où il observa le revolver dans une panique silencieuse. Poussant un petit cri, Katy tendit les mains vers le plafond.

« Pouvez-vous m'expliquer ? » demanda Pawling.

L'homme regarda sa femme toujours sans dire un mot.

« On est des pauvres gens, s'écria-t-elle avec effroi.

– Vous êtes surtout des malhonnêtes, rétorqua Pawling. Et sans attendre, vous allez droit en prison.

– Oh non, gémit Katy en éclatant en sanglots. Dites pas ça. La vie est si dure pour nous, Monsieur, si dure ! Mr Reynolds est tellement sourd que nous pouvons plus trouver de travail. Nous avons jamais rien fait de mal.

– En fait, vous vouliez juste prendre un peu de bon temps en toute innocence ?

– Mais on était obligés ! s'écria Katy. On est en Amérique, et il faut bien vivre. Alors on a décidé que c'était la seule solution. C'est moi qui l'ai convaincu, je vous assure, Monsieur, c'est moi. On avait jamais rien fait de pareil avant. »

La bouche de Reynolds remuait convulsivement.

« C'est vous qui l'aviez et il fallait qu'on l'ait, voilà tout, dit-il.

– On n'a rien fait de mal, répéta Katy en larmes. Vous, ça vous servait à rien. On pensait que ça vous serait égal.

– Que ça me serait égal ! s'exclama Pawling. Il me serait égal que vous essayiez de dévaliser ma maison !

– Mon Dieu, mais si seulement vous l'aviez donnée à Mr Reynolds, hoqueta Katy.

– Mais pourquoi est-ce que je vous aurais donné mon argent ?

– Votre argent ? » Reynolds et Katy échangèrent un regard.

« Nous ne voulons pas de votre argent, déclara Reynolds avec dignité, sauf celui que vous nous devez.

– Mais alors que cherchez-vous, bon sang ?

– Je cherche ma lettre de recommandation.

– Votre lettre…

– Celle que vous étiez sur le point de me remettre. Je considère qu'elle m'appartient de plein droit. »

Pawling baissa lentement son arme.

« Vous voulez dire que c'est pour cette raison que vous êtes venus ici à cette heure de la nuit ?

– Oui », confessa Katy.

Reynolds se releva avec raideur.

« Je suis John Bull en personne, déclara-t-il hors de propos.

– Eh bien allez donc jouer les John Bull dans votre chambre ! Je devrais vous faire arrêter tous les deux.

– Il n'y a que des problèmes depuis qu'on est arrivés, pleurnicha Katy. Je suis sûre que c'est pas notre faute, à Mr

Reynolds et moi. C'est Mrs Pawling qui a manigancé tout ça. Elle reste à rien faire toute la journée et elle pleure sans arrêt, comme si elle avait le cœur brisé…

– Comment ? »

Pawling était si surpris qu'il manqua sa poche et que son revolver alla rouler sur le plancher.

« Et comment elle croit que je peux lisser tous les plis des draps, poursuivit Katy, alors qu'elle se retourne dans tous les sens pendant la nuit et que c'est déjà miraculeux qu'elle les ait pas tous déchirés ?

– Mon Dieu, s'exclama Pawling, vous dites la vérité ?

– La vérité ? Mais pourquoi est-ce que je mentirais ?

– Vous êtes ici chez vous, l'interrompit-il de façon extravagante. Il y a des cigares sur la table ! Vous pouvez rester ici toute la nuit. » Fou de joie, il bondit hors du salon et monta l'escalier quatre à quatre.

« Carrol, cria-t-il, oh Carrol ! »

Elle l'attendait sur le palier et elle descendit deux marches à sa rencontre. Ils se retrouvèrent dans le grand rectangle d'argent qui, tout droit tombé de la lune, s'était glissé par la fenêtre ouverte.

V.

À 10 heures le lendemain matin, Reynolds, dans un pardessus bleu roi et tirant sur des gants de peau, apparut au salon avec Mrs Reynolds à son côté. En entrant, ils jetèrent tous deux un coup d'œil assez dédaigneux aux vêtements que les Pawling avaient cru bon de choisir.

« Eh bien nous partons, annonça Reynolds. Un taxi va nous conduire au train de 10 h 30. Il pleut beaucoup. »

Pawling se dirigea vers son secrétaire et après quelques instants de recherche dans les papiers dérangés de la veille, il finit par dénicher son carnet de chèques.

« Et d'homme à homme, ajouta Reynolds en reniflant un peu, je compte sur votre générosité pour nous remettre la lettre de recommandation. »

Quand Pawling eut rempli le chèque, il fouilla dans la poche de sa veste et en sortit un papier qu'il examina, les sourcils froncés.

« J'ai oublié de la signer », dit-il soudain.

Le stylo-plume en main, il se pencha sur la lettre. Puis il la replia autour du chèque, et remit le tout à Reynolds.

Inclinant la tête et souriant aimablement, Katy ouvrit la porte.

« Au revoir, dit Pawling, je vous souhaite bonne chance.

– Au revoir, lança gaiement Carrol.

– Au revoir, Monsieur, au revoir, Madame. » Reynolds, la main sur la porte ouverte, marqua une pause. « Je voulais juste vous dire une chose. Je vous souhaite seulement, si vous vous trouvez un jour dans un pays étranger, qu'on ne vous chassera jamais par un jour aussi froid. »

Son effet fut un peu gâché par l'apparition soudaine du soleil, juste à ce moment-là. Reynolds remonta néanmoins le col de son manteau d'un geste théâtral, et poussant sa femme devant lui, il sortit dans ce qu'il s'imaginait manifestement être une tempête faisant rage.

« Eh bien les voilà partis, dit Pawling en refermant la porte avant de se retourner. Ils sont partis, et nous avons la maison pour nous ! »

Elle tendit les bras, il s'approcha et s'agenouilla près d'elle.

« Encore une chose, dit-elle au bout d'un long moment. Qu'as-tu fait avec cette lettre de recommandation ? Je t'ai vu écrire quelque chose, à part ta signature.

– Je n'ai changé qu'un mot. » Il se mit à rire, doucement d'abord, puis de plus en plus fort, jusqu'à ce que l'hilarité la gagne elle aussi. « Je leur ai signé un chèque de deux cents dollars, dit-il, mais cette lettre de recommandation, je crains bien qu'ils ne puissent jamais l'utiliser.

– Quel mot as-tu changé ? Dis-le-moi vite !

– À un moment, je disais qu'il avait été porteur de colis. J'ai changé le mot "colis" en "virus".

– Un porteur de virus ? » répéta-t-elle, déconcertée.

Puis soudain, elle comprit et ils se remirent à rire, avec une gaieté irrépressible – un rire qui monta jusqu'à l'étage, s'infiltra dans les chambres, les salles de bains, tournoya dans la salle à manger, gagna l'office et revint vers eux comme un boomerang. La maison entière était désormais inondée de lumière, et comme la brise fraîche leur portait par la fenêtre les senteurs du jardin, la vie, comme elle sait si bien le faire, sembla recommencer à cet instant.

À midi, vous auriez pu apercevoir un petit caniche au poil clairsemé, l'œil chassieux d'un ivrogne invétéré, qui passait le coin de la rue et s'approchait de la maison des Pawling. Il atteignit la porte de la cuisine, et comprenant apparemment où il se trouvait, il sursauta et battit aussitôt en retraite. Au terme d'un long détour prudent, il s'approcha de l'entrée principale où il annonça sa présence en toussotant discrètement.

« Eh, aboya-t-il. Je suis rentré ! »

Il se passa un certain temps avant qu'on remarquât sa présence. Il avait senti que les choses prenaient une mauvaise pente, et il craignit un instant que la demeure n'eût été abandonnée. Mais il se trompait : un couple, celui qu'il redoutait, était parti, mais il restait bien un couple dans la maison.

Congé d'amour

L'après-midi du jour où ils décidèrent de se marier, ils traversèrent la forêt en marchant sur un tapis d'aiguilles de pin humides, et Mary, hésitante, lui confia ses projets.

« Mais en ce moment, je te vois tous les jours, déplora Sam.

– Seulement cette semaine, corrigea Mary. C'est parce qu'il nous fallait nous assurer que nous étions capables d'être ensemble tout le temps sans… sans…

– Sans nous rendre complètement fous, termina-t-il à sa place. Tu voulais savoir si tu le supporterais.

– Non, protesta Mary. Les femmes ont moins tendance à s'ennuyer que les hommes. Elles peuvent fermer pour ainsi dire les écoutilles de leur attention, mais elles savent à tout coup quand les hommes s'ennuient. Par exemple, j'ai connu une femme dont les mariages ne duraient qu'un temps limité. Elle y mettait fin quand elle s'entendait répéter à son mari une histoire qu'elle lui avait déjà racontée. Alors elle filait à Reno. Pas question que la même chose nous arrive. Moi, je suis sûre qu'il m'arrivera de me répéter. Et alors nous devrons tous les deux le supporter. »

Et en ce moment précis, elle refaisait un geste qu'il adorait, elle se pinçait en quelque sorte la taille comme pour dire « allez, boucle ta ceinture, ma petite. En route pour de nouvelles aventures ». Et Sam Baetjer aurait voulu qu'elle porte à jamais la même tenue : cette robe en laine gris perle avec un gilet à fermeture Éclair écarlate, assorti à la couleur de ses lèvres.

Soudain, il eut une intuition. C'était un de ces hommes qui paraissent éternellement impassibles, et même inattentifs, mais qui ensuite sont capables de vous donner le compte total des points, sans la moindre erreur.

« C'est à cause de ton premier mariage, dit-il. Moi, je croyais que tu ne regardais jamais vers le passé.

– Sauf pour apprendre à me méfier. » Mary hésita. « Pete et moi avons été on ne peut plus proches… pendant trois ans… jusqu'au jour où il est mort. J'étais lui et il était moi, mais au bout du compte, ça n'a pas marché… je n'ai pas réussi à mourir avec lui. » De nouveau elle hésita, pas très sûre de ce qu'elle pensait à ce sujet. « Je crois qu'une femme a besoin d'un lieu où se réfugier en elle-même, un peu comme un homme a besoin de son ambition. »

Et donc, il y aurait à jamais un jour de congé d'amour, un jour par semaine où ils vivraient géographiquement séparés. Et jamais, ils ne devraient parler de ces moments-là. Aucune question posée.

« Est-ce que tu as un enfant caché quelque part ? plaisanta Sam. As-tu un jumeau en prison ? Es-tu un agent secret ? Le saurai-je jamais ? »

Quand ils arrivèrent à destination, pour la réception donnée dans un de ces « chalets » de luxe qui constellent les collines de Virginie, Mary retira son gilet écarlate et se campa, pieds écartés, devant le grand feu, racontant à ses amis de jeunesse qu'elle allait se remarier. Elle portait une ceinture en argent, avec des étoiles découpées dans le métal, si bien qu'elles étaient là sans y être, et en les regardant, Sam comprit qu'il ne l'avait pas encore complètement faite sienne. L'espace d'un instant, il regretta d'avoir si bien réussi et aurait voulu trouver Mary moins désirable. Il aurait préféré qu'ils fussent tous deux un peu brisés par la vie et eussent davantage besoin de s'accrocher l'un à l'autre. Durant toute la soirée, il se sentit un peu triste en contemplant les étoiles inaccessibles alors qu'elles scintillaient ici et là dans ces grandes pièces.

Mary avait vingt-quatre ans. Fille de professeur, elle avait l'éclat d'une meneuse de revue – des cheveux cuivrés, des yeux gris vert, et de subites rougeurs qui lui montaient au front et aux joues, dont elle avait presque honte. Le contraste entre sa position sociale et ses avantages physiques lui avait causé beaucoup d'ennuis dans sa petite ville universitaire. Elle avait épousé un enseignant sans raison particulière d'en faire son mari, mais cette union avait été un tel succès qu'elle avait presque voulu mourir avec lui, et avait mis deux ans avant que ses nuits ne fussent plus hantées et que le ciel lui parût bleu à nouveau. Mais aujourd'hui, épouser ce jeune prodige de Baetjer, qui réorganisait des concessions de charbon de l'autre côté de la frontière de la Virginie occidentale, lui semblait aussi naturel que l'air qu'elle respirait. Tous les matériaux de base sont là, elle ne l'ignorait pas, pesant les choses à deux mains comme elle savait le faire, et l'amour, c'est précisément ce qu'on sait en faire.

Le mardi suivant aussi, elle se rendit dans ce village de montagne, un chef-lieu du comté – avec un tribunal en forme de cube doté de la statue en fonte d'un soldat de la Confédération, et un cinéma ; toute sa population, hommes et femmes confondus, vêtue de blue-jeans – assiégé sur trois côtés par les massifs bleutés. Cette fois, elle eut vraiment l'impression d'en avoir fait le tour – l'aspect purement physique de sa disparition se concrétiserait seulement quand Sam serait élu au Congrès l'automne prochain. Il y avait un sanatorium à flanc de colline, et un peu plus haut, le bâtiment principal de ce qui en 1929 était sûrement une résidence hôtelière. Elle se renseigna et apprit que tous les lits avaient été volés, le reste des meubles disparaissant peu à peu, et contemplant encore une fois la carcasse blanche perchée sur ce magnifique promontoire, elle s'y rendit nonchalamment en fin d'après-midi.

« … enfin, c'est ce qu'en pense une malheureuse veuve, confia-t-elle à un inconnu rencontré à la Simpson's Folly.

– En théorie, répondit l'autre. Mais en théorie, ce Simpson aurait pu faire de cette bâtisse la plus grande résidence hôtelière du pays.

– Mais il y a eu la Grande Dépression, dit Mary, jetant un coup d'œil à la carcasse vide, fichée sur son rocher escarpé – une carcasse à laquelle les alpinistes avaient arraché jusqu'à la robinetterie depuis bien longtemps.

– Vous avez connu la Dépression, avança l'inconnu, et regardez-vous aujourd'hui, si pleine de foi et d'espoir que tout semble être une question de courage d'entreprendre. Pourquoi pour votre premier jour de liberté, avant même que vous ne soyez mariée, rencontrez-vous un homme ou ce qu'il en reste ? Imaginez seulement que nous tombions amoureux et que vous veniez me retrouver chaque semaine.

Ce jour alors paraîtrait plus important que les six jours que vous passeriez avec lui. Alors qu'en est-il de vos projets ? »

Ils étaient assis sur une balustrade décrépite, les jambes dans le vide. Une tiède brise de printemps montait de la vallée, et Mary la laissa soulever ses talons qui se balançaient contre la roche calcaire.

« Je vous ai confié beaucoup de choses, dit-elle.

– Vous voyez, je vous intéresse. Déjà, je suis l'homme à qui vous vous êtes largement confiée. C'est une situation dangereuse. Donner d'entrée de jeu une confiance que les gens mettent des semaines à accorder.

– Cela fait environ dix ans que je viens ici pour réfléchir, protesta-t-elle. C'est au vent que je parle.

– Je vous crois. C'est un sacrément bon vent auquel parler sans retenue. Surtout la nuit.

– Vous vivez ici ? demanda-t-elle, surprise.

– Non, je suis en visite, répondit-il un peu hésitant. Je viens rendre visite à un jeune homme.

– J'ignorais que quelqu'un habitait sur ces hauteurs.

– Mais personne n'y vit. Le jeune homme c'est, ou plutôt c'était moi-même. » Il s'interrompit. « Un orage se prépare. »

Mary le regarda avec curiosité. Il avait environ trente-cinq ans, mesurait bien un mètre quatre-vingts, un homme tout maigre qui parlait lentement. Il portait des bottes de chasse à lacets et un coupe-vent couleur chamois assorti à ses yeux marron assez durs. Il gardait ce genre de teint livide qu'on conserve après une longue maladie, et il alluma une cigarette entre ses doigts tremblants.

Dix minutes plus tard, il reprit :

« Votre voiture ne veut pas démarrer, et vous en avez pour quatre heures. Vous pouvez rouler jusqu'au garage au pied de la colline et ensuite, je vous conduirai jusqu'à la ville voisine. »

En chemin, ils restèrent silencieux. Une journée au cours de laquelle elle s'absentait volontairement se révélait au bout du compte assez longue, et le projet entier lui inspirait quelques doutes. Même maintenant, alors qu'ils roulaient au long de la rue principale en direction de la maison de son père, car il n'était encore que 6 heures, et il restait toute la soirée à meubler.

Mais elle se ragaillardit : le premier jour était le plus dur. Elle gardait même un œil rivé sur les trottoirs dans l'espoir malicieux que Sam l'apercevrait. Cet étranger au moins avait quelque chose de mystérieux.

« Arrêtez-vous au bord du trottoir », demanda-t-elle soudain. Quelques mètres plus loin, elle venait d'apercevoir le roadster de Sam. Et quand les deux voitures s'arrêtèrent, elle se rendit compte que Sam n'était pas seul.

« Et voilà mon amour, dit-elle à l'inconnu. Il semble qu'il a aussi pris un jour de congé. »

Docilement, il regarda dans la direction indiquée.

« La jolie fille qui l'accompagne, c'est Linda Newbold, expliqua Mary. Elle a vingt ans, et elle lui a fait le grand jeu il y a un mois.

– Et ça ne vous dérange pas ? » demanda l'étranger, la curiosité en éveil.

Elle secoua la tête.

« La jalousie ne fait pas partie de mon équipement. On m'a sans doute donné une bonne dose de vanité à la place. »

POSTFACE

... il est assez peu vraisemblable que j'écrive encore beaucoup de nouvelles sur les amours de jeunesse. C'est une étiquette qui me colle à la peau depuis mes premières tentatives jusqu'en 1925. Depuis lors, j'en ai composé plusieurs. Elles ont été écrites avec de plus en plus de difficulté et de moins en moins de sincérité. Je serais soit un prodige soit un misérable plumitif si j'étais capable de produire le même texte pendant trente ans.

Je sais ce qu'on attend de moi, mais cette source d'inspiration est franchement tarie, et je crois beaucoup plus sage de ne pas m'obstiner et de tenter de creuser un autre puits, une veine nouvelle... Néanmoins un nombre désespérant d'éditeurs continuent à associer mon nom à un penchant irrésistible pour les jeunes filles – un penchant qui, à mon âge, serait sans doute de nature à me conduire derrière les barreaux.

F. Scott FITZGERALD à Kenneth LITTAUER,
rédacteur en chef du magazine *Collier's*, 1939.

Après ses débuts époustouflants comme auteur professionnel en 1919, F.S. Fitzgerald se trouve rapidement enfermé dans la catégorie des écrivains qu'il avait lui-même appelée le

«*Jazz Age*». Lecteurs et éditeurs attendent de lui de classiques histoires d'amour où des garçons désargentés courtisent des filles riches, un monde de réceptions mondaines et de paillettes où évoluent des garçonnes désinvoltes. Quand il s'essaie à autre chose, au cours d'une décennie plus sombre et davantage marquée par l'Histoire – après avoir traversé de rudes épreuves, il est désormais plus mûr –, Fitzgerald a bien du mal à échapper au stéréotype de ses années antérieures. Le jeune étudiant de Princeton (*Loin du paradis*) fait désormais partie d'un couple (*Beaux et damnés*), puis le créateur chroniqueur du *Jazz Age* (recueils de nouvelles des années 20 et *Gatsby le magnifique*) cède la place à l'essayiste de *La Fêlure*[1] dans la plupart des biographies et dans l'esprit de la majorité des lecteurs. Malheureusement, bien peu nombreux furent ceux qui comprirent ou surent apprécier ce qu'il tentait désormais de faire.

Les nouvelles de ce recueil ont pour sujet le divorce et le désespoir ; les jours de labeur et les nuits solitaires ; des adolescents brillants qui ne trouvent pas leur place à l'université ou qui restent sans emploi pendant la Grande Dépression ; l'histoire américaine avec ses guerres, ses horreurs et ses promesses ; les relations sexuelles, suivies ou non de mariage ; et puis la vitalité brutale et lumineuse de New York mais aussi sa misère noire – une ville que Fitzgerald aime passionnément et dont il a saisi tout le potentiel, la superficialité et la laideur. Elles dessinent le portrait non pas d'un « jeune homme triste » qui avance en âge, pris au filet des jours dorés

1. *The Crack-Up*, recueil d'essais et d'écrits autobiographiques de Fitzgerald édité par E. Wilson en 1936, à ne pas confondre avec la nouvelle de la même année qui porte le même titre (*NdT*).

de son passé encore récent, mais d'un pionnier de l'aventure moderniste, avec toutes ses expérimentations formelles et ses complexités croissantes.

> *F. Scott Fitzgerald, le cheveu grisonnant et l'embonpoint naissant, a alors la réputation de faire partie des auteurs auxquels les magazines ont le plus de mal à arracher un texte. Véritable symbole littéraire d'une époque – celle de la nouvelle génération –, on continue à lui réclamer des nouvelles qui parlent de flasques de gin et d'étudiants bien élevés précédant les dames quand il s'agit de traverser le pare-brise lors de joyeuses escapades nocturnes en voiture. Le public a lui aussi acquis ce goût des histoires « à la Fitzgerald ». Mais l'auteur a pris le virage de la maturité et s'intéresse désormais à des sujets naturellement plus sérieux. « Il s'est patiné » serait l'expression exacte. Il veut aussi patiner son écriture. Et si on ne le laisse pas libre de le faire, il refuse d'écrire. Un point c'est tout.*
>
> O.O. McIntyre,
> colonne : « New York Day by Day », 1936.

Les rédacteurs en chef des magazines populaires destinés au grand public à l'époque ne sont bien sûr pas des béotiens. Ils ont cependant de bonnes raisons de se détourner de ce que Fitzgerald propose au milieu des années 30 : certaines nouvelles paraissent bien sombres et austères. Un seul parmi eux comprend clairement le projet de l'écrivain et il le publie avec constance : Arnold Gingrich, de la revue *Esquire*, lui-même romancier. Fitzgerald vend les nouvelles de la série « Pat Hobby » à *Esquire* 200 ou 250 dollars l'une au cours des deux années précédant sa mort (une somme dérisoire pour Fitzgerald mais plutôt élevée pour un écrivain durant la

Dépression, surtout si l'on considère, d'après le Recensement américain de 1940, que le revenu annuel moyen par habitant était à peine supérieur à 1000 dollars). Gingrich encourage alors Fitzgerald à transformer ses belles histoires de scénariste irlando-américain raté en roman. Mais même cet admirateur enthousiaste doit opposer quelques refus ; ces textes parlent de jeunes hommes inquiets d'avoir contracté des maladies vénériennes et qui mettent enceintes des gamines de seize ans : *Esquire* décline poliment.

La plupart de ces nouvelles datent de l'époque où l'Amérique et le monde connaissaient la Grande Dépression. La chance de Fitzgerald, au sommet de sa gloire encore quelques années plus tôt, a tourné avec celle du pays. Il est souvent malade, souvent sur la paille, et il fait nerveusement la navette entre la région de Baltimore – où il s'est installé avec Zelda et leur fille, Scottie – et un chapelet de maisons de repos dans les montagnes de Caroline du Nord. Après une dépression survenue en Europe en 1930, Zelda est admise à l'hôpital Johns Hopkins de Baltimore en février 1932. Tout le reste de la vie de son mari et de la sienne, Zelda passera son temps à séjourner par intermittences dans des cliniques et hôpitaux privés hors de prix. La pression que Scott fait alors peser sur lui-même pour régler ces honoraires est considérable. Dès le début de l'année 1935, sa propre santé devient pour lui une source d'inquiétude, et malgré sa crainte d'une récidive de la tuberculose diagnostiquée dans sa jeunesse, il aggrave la situation par des excès d'alcool et de tabac.

Néanmoins, la première nouvelle de ce recueil, « Reconnaissance de dette », date de ses tout débuts d'écrivain, tandis que les dernières sous une forme achevée, « Les

Femmes de la maison » et « Salut à Lucy et Elsie », viennent d'une période qu'il passe à Hollywood en 1939, alors qu'il a complètement cessé de boire et travaille d'arrache-pied à son dernier roman, publié à titre posthume sous le titre du *Dernier Nabab.* Ces textes proviennent de toutes les étapes d'un parcours dont on n'ignore aujourd'hui plus rien : le brillant noceur des jours et des nuits pétillant de champagne, au temps du succès et de la célébrité ; le père de trente ans, soudain plongé dans un univers médical et hospitalier à cause de sa femme malade ; l'homme dont la propre santé décline, à la recherche d'une nouvelle source d'inspiration ; et surtout, l'écrivain professionnel qui puise inlassablement son énergie dans le décor américain et ses proches. Cette soif de création reste inextinguible et les nouvelles de F. Scott Fitzgerald en témoignent.

> *Est-ce qu'on peut gagner de l'argent en publiant des recueils de nouvelles ?*
>
> Lettre de FITZGERALD à son agent,
> Harold OBER, 1920.

Les nouvelles sont, depuis le début de sa carrière, le gagne-pain de l'écrivain. Quand le président de Princeton, John Grier Hibben, lui écrit pour se plaindre, entre autres, de la façon dont son établissement et ses étudiants sont présentés comme superficiels et mondains dans une nouvelle intitulée « Des quatre poings » (1920), il répond : « Je l'ai rédigée un soir par désespoir parce que j'avais devant moi une pile de presque dix centimètres de refus et qu'il était impératif pour moi de proposer à ce magazine ce qu'il me réclamait. »

Donner au magazine ce qu'il lui réclame : telle est la formule adoptée par le jeune écrivain, et il continue à exploiter ce filon lucratif au fil des années 20. Il vend son travail, avec une conscience aiguë de ce qu'il fait, et des sommes d'argent que peuvent lui rapporter ces nouvelles, plutôt que d'attendre d'avoir suffisamment avancé dans un roman pour songer à le publier par épisodes. Sa famille et lui vivent confortablement, mais comparé à l'immense succès de ses deux premiers romans, *Gatsby le magnifique* (1925) ne se vend pas très bien, et il lui faut trouver des fonds. Déçu par la tiède réception de *Gatsby*, il continue de composer des nouvelles pour le *Saturday Evening Post* et se force à s'intéresser à la rédaction de scénarios pour Hollywood à la fin du *Jazz Age*. Fitzgerald marche sur la corde raide entre l'art et le commerce, et il s'en tire aussi bien que n'importe quel écrivain de sa génération.

Il a cependant aussi conscience de la différence entre ses meilleurs écrits et ce qu'il appelle lui-même un travail de plumitif. Jamais il ne se ment à lui-même, ni d'ailleurs à personne, sur le fossé qui sépare les nouvelles commerciales et les textes authentiquement créatifs. Il est ravi quand ces deux catégories coïncident et que des histoires dont il est fier comme « Babylone revisitée », « Rêves d'hiver », « Le Garçon riche », et les nouvelles du cycle de l'adolescent Basil Duke Lee, connaissent le succès. Il espère toujours que ses préférées seront celles qui lui rapporteront le plus. « Je suis découragé quand je vois qu'une nouvelle sans intérêt comme "La Fille populaire", composée en sept jours autour de la naissance du bébé, peut être achetée 1500 dollars, pendant qu'un vrai travail d'imagination, sur lequel j'ai travaillé avec un entousiasme [*sic*] sincère pendant trois semaines comme “Le Diamant dans le ciel” [plus tard, “Le Diamant gros comme le Ritz”] ne rapporte pas un sou », écrit-il à son agent, Harold Ober, en 1922. « Mais si Dieu et Lorimer m’entendent, je compte bien encore amasser un trésor. » George Horace Lorimer, diplômé de Yale et rédacteur en chef du *Saturday Evening Post* de 1899 à 1937, paie très bien Fitzgerald pour ses nouvelles, une vraie fortune pour un jeune écrivain. En 1929, le *Post* commence à lui verser 4000 dollars par nouvelle, l’équivalent de plus de 55 000 dollars de nos jours. Pourtant, Fitzgerald regimbe sous ses fers dorées, et écrit par exemple à H.L. Mencken en 1925, juste après la publication de *Gatsby*.

> *La camelote que je fourgue au* Post *est de plus en plus mauvaise étant donné que j’y mets de moins en moins de cœur – comme si, étrangement, j’avais tout mis dans les premières nouvelles. Je pensais que « Le Pirate de la côte » était aussi bonne que « Bénédiction ». Je n’ai jamais baissé le niveau depuis l’échec d’« Un légume », et c’est ce qui a rendu ce livre [*Gatsby*] possible. J’aurais accepté d’écrire des choses moins ambitieuses si cela avait été profitable – j’ai même essayé, sans succès, pour le cinéma. Les gens ne semblent pas se rendre compte que, pour un homme intelligent, baisser son propre niveau d’exigence est ce qu’il y a de plus difficile au monde.*

Avec son éditeur chez Scribner, Maxwell Perkins, la même année, il se montre plus clair et plus direct : « Plus je gagne d’argent avec ma camelote, et plus j’ai du mal à me mettre à écrire. »

Fitzgerald s’est toujours considéré comme un romancier, bien qu’il ait été un sublime nouvelliste – un genre en rien inférieur au roman, seulement plus concis. Ses nouvelles, célèbres et admirées, ont leur existence propre, mais elles lui servent aussi de terrain d'essai, une sorte de brouillon primitif, un espace initial pour expérimenter idées et descriptions, lieux et personnages, dont certains éléments se retrouveront dans le roman suivant. Le journal de sa vie et de ses écrits, qu'il tient jusqu'en 1938, fait apparaître dans la rubrique « Fictions publiées » de nombreuses nouvelles « élaguées ou enterrées à jamais ». Ce processus d'élagage est manifeste dans ses brouillons et les exemplaires de ses textes destinés aux magazines, pour la publication desquels l'auteur révise, édite, et souligne les passages qui réapparaîtront dans *Beaux et damnés*, *Gatsby le magnifique* et *Tendre est la nuit.*

Les nouvelles de ce recueil, dont la plupart datent du milieu à la fin des années 30, contiennent des phrases qui seront familières aux lecteurs des documents de travail de l'écrivain (publiés en anglais sous le titre de *Notebooks of F. Scott Fitzgerald* en 1978) et *Stahr* (*Le Dernier Nabab*), son ultime roman, laissé inachevé à sa mort.

Est-ce qu'on peut gagner de l'argent en écrivant pour le cinéma ? Vendez-vous des scénarios ?

Lettre de Fitzgerald à son agent,
Harold Ober, décembre 1919.

La magie et le potentiel de Hollywood, l'écriture de scénarios et de scripts pour les films, attirent Fitzgerald depuis ses tout débuts. En septembre 1915, alors qu'il est étudiant en deuxième année à Princeton, le *Daily Princetonian* publie une annonce : « À l'attention spéciale des étudiants qui échouent : les ateliers des studios de cinéma ouvrent des possibilités séduisantes de gains substantiels à des jeunes gens talentueux.» Cette équation entre travailler dans le cinéma et échouer était tout à fait patente pour Fitzgerald dès ses premiers pas à Hollywood. Bien que plusieurs de ses nouvelles et deux de ses romans aient été adaptés dans les années 20, il n'aimait pas le résultat. Zelda et lui pensaient que le film tiré de *Gatsby le magnifique* en 1926, aujourd'hui perdu, était «un navet». Néanmoins, en janvier 1927, les Fitzgerald s'installent à l'hôtel Ambassador à Los Angeles pour trois mois pendant que Scott travaille sur un scénario, taillé sur mesure pour Constance Talmadge. Cette actrice, surnommée «Brooklyn Connie», était une vedette du muet qui tentait de se faire une place dans le cinéma parlant. Au début, Zelda et lui prennent plaisir à rencontrer et à fréquenter des stars, mais ils ont tôt fait de se lasser. Le scénario est refusé et les Fitzgerald rentrent chez eux sur la côte Est. Zelda rapporte que «Scott dit qu'il n'écrira plus jamais aucun script parce que c'est trop dur, mais je ne crois pas que les écrivains tiennent jamais parole».

Elle avait raison. Les ventes décevantes et les critiques mitigées de *Gatsby le magnifique* ont changé l'écrivain qu'il était. Il annonçait presque aussitôt un changement de plan, comme il l'écrivait à Perkins depuis l'Europe au printemps 1925:

Dans tous les cas, j'aurai écrit un bon recueil de nouvelles pour l'automne. Pour l'heure, je vais en écrire une série de faciles jusqu'à avoir accumulé assez d'argent pour mon prochain roman. Quand il sera terminé et publié, je pourrai voir venir. S'il me rapporte suffisamment pour m'épargner de devoir produire davantage de camelote, je continuerai en écrivant le suivant. Sinon, j'arrête tout, je rentre en Amérique, et je repars pour Hollywood pour essayer de comprendre comment fonctionne l'industrie du cinéma.

En 1931, Fitzgerald est de retour à Hollywood, à nouveau pour l'argent, pendant quelques mois : une période triste, totalement inféconde et pénible pour lui à tous les niveaux. *Tendre est la nuit*, le roman auquel il a travaillé, n'est toujours pas achevé. Et cette fois, Zelda ne l'a pas accompagné à Los Angeles. Elle est rentrée à Montgomery, Alabama, dans la maison de ses parents, au bord de la dépression nerveuse qui va la conduire à être hospitalisée au printemps suivant. Elle ne pourrait pourtant pas être plus lucide quand elle écrit à son mari à Hollywood en novembre 1931 : « Je regrette que ton travail ne soit pas plus intéressant. J'avais espéré qu'il comporterait des aspects nouveaux et spectaculaires qui compenseraient son caractère évidemment routinier. Si cela te semble trop pénible et si tu te trouves face à ce monde factice où l'on ne cesse de dire "voyons-nous vite pour en parler un peu", rentre à la maison, mon chéri. Tu auras au moins éliminé Hollywood de tes pensées pour toujours. À ta place, je ne gâcherais pas davantage mon temps là-bas à me consacrer à ce qui apparaît comme d'une médiocrité incontournable et trop éprouvant pour toi. »

Malgré un nouvel échec à Hollywood en 1931, Fitzgerald qui connaît, une fois de plus, des difficultés financières, y retourne pour de bon au cours de l'été 1937. La troisième tentative n'est pas non plus la bonne. Le titre de la nouvelle dont le recueil tire le sien nous donne une idée claire de ce qu'il pense du monde du cinéma – son caractère intrinsèquement corrosif et destructeur de la créativité. En 1934, Arnold Gingrich avait conseillé à Fitzgerald de ne pas y retourner et expliqué pourquoi en termes très clairs :

> *Ce serait vraiment dommage de vous voir prostituer votre talent en écrivant de nouveau pour Hollywood, et j'espère vivement qu'on n'en arrivera pas là. Car si l'on compare l'écriture à un instrument de musique, alors vous êtes le virtuose suprême – personne ne sait mieux que vous tirer les harmoniques les plus pures de la phrase anglaise – et pouvez-vous me dire, bon Dieu, quel est le rapport entre l'art d'écrire et Hollywood ?*

Peu de temps avant de partir pour la côte Ouest, Fitzgerald écrit à Perkins, avec un grand discernement et même une sorte de prescience : « Chaque fois que je suis allé à Hollywood, malgré l'énorme salaire, je me suis retrouvé sur la paille tant financièrement qu'artistiquement… Bien sûr, j'ai encore ce roman en chantier [*Stahr*], mais il est possible qu'il reste au nombre des livres de ce monde qui ne s'écriront jamais. » Fitzgerald a alors de lourdes factures à régler, pour assurer ses dépenses personnelles bien sûr, mais aussi pour payer la clinique privée de Zelda, près d'Ashville, Caroline du Nord, sans parler des frais de scolarité de Scottie. Le contrat signé avec la Metro-Goldwyn-Mayer est lui aussi important – mille dollars par semaine pour son travail de « *script doctor* ». Ses dernières nouvelles sont arrachées au temps qu'il passe à tenter d'améliorer les scénarios des autres – des scripts qu'il se fatigue les méninges à lire et sur les marges desquels ses commentaires cinglants ont survécu. Ce travail à Hollywood le décourage ; il lui donne littéralement la nausée, et son manque d'enthousiasme apparaît clairement dans la faiblesse des scénarios qu'il écrit lui-même. Pourtant, c'est ce contrat signé avec la MGM qui le sauve alors qu'il est prodigieusement endetté et c'est dans ces studios qu'il trouve le matériau nécessaire à son roman, *Stahr*. Au moment de sa mort, il était heureux de travailler à ce « dernier livre », mais le coût en termes psychiques et créatifs d'avoir vendu son talent et son temps aura été immense et explique en partie pourquoi ce roman est resté inachevé.

F. Scott Fitzgerald pensait que certaines nouvelles contenues dans *Je me tuerais pour vous* étaient excellentes, et fut cruellement déçu, pour des raisons plus personnelles que financières, quand elles furent refusées par des rédacteurs en chef de magazines qui voulaient le voir écrire de pétillantes histoires de jazz sur des jeunes filles insensibles et de beaux garçons languissants. Depuis le temps de ses études, c'était un écrivain professionnel : il corrigeait brouillon après brouillon, et continuait à réviser même après la publication d'une nouvelle ou d'un roman. Son exemplaire personnel de *Gatsby* porte la marque de changements et d'annotations de sa main qui vont de la page de dédicace aux paragraphes aujourd'hui épiques de la dernière mouture.

Le labeur acharné que lui demandait l'écriture exigeait à son avis récompense. Il voulait que ses nouvelles soient publiées. Il s'appliquait à ce qu'elles le soient. Cependant, la plupart proviennent d'un moment de sa vie où il n'acceptait plus les conseils de révision. Plus tôt au cours de sa carrière, il s'opposait moins aux changements ; parfois, les éditeurs s'y livraient sans qu'il le sache, ce qui eut le don de le fâcher par la suite, et il sut parfois tenir bon quand la question lui paraissait importante. En 1922, il se plaignit des « volumes de correspondances » qu'il lui fallut échanger avec Robert Bridges, éditeur au *Scribner's Magazine*, « à propos d'un "bon Dieu de" » dans une nouvelle intitulée « La Coupe de cristal » (et le « bon Dieu de vulgaire nouveau riche » demeura). Dans les années 30, Fitzgerald se montre de moins en moins prêt au compromis pour les élisions, édulcorations et autres nettoyages – même quand l'un de ses plus vieux amis et agent au professionnalisme irréprochable, Harold Ober, lui réclame des révisions. Et même lorsque Arnold Gingrich, dont le soutien pour la publication des nouvelles du cycle « Pat Hobby » lui a pourtant permis de subsister et de ne pas perdre sa place sur le marché, lui en fait la demande. Il préfère laisser les nouvelles en attente. Le bon moment serait peut-être venu de son vivant, s'il n'était pas mort prématurément.

Personne ne s'est mieux fait le chroniqueur de ses années difficiles que Fitzgerald lui-même dans le recueil d'essais autoflagellants et confessionnels intitulé *La Fêlure* (1936). Les révisions dont il parle et auxquelles il se livrait dans ses nouvelles apparaissent clairement sous sa plume : un homme qui tente désespérément d'échapper à un asile dans « Cauchemar » ; un écrivain qui change le cours de sa carrière dans « Voyager ensemble » ; un cameraman et une vedette de cinéma qui pensent aux limites de leur succès et veulent être plus célèbres encore dans « Je me tuerais pour vous ».

Dans plusieurs textes de ce recueil, Fitzgerald explore les nouvelles possibilités offertes aux femmes dans les années 30, et les limites de ces mêmes opportunités : Mrs Hanson, la représentante de commerce dans « Merci pour le feu » ; les adolescentes Lucy et Elsie, qui ont des relations sexuelles avec des garçons ; les liaisons au grand jour de Kiki dans

« Hors-jeu ». L'intrigue traditionnelle du mariage est mise à mal : « Salut à Lucy et Elsie », par exemple, propose un mélange nuancé de tolérance et de désapprobation pour les libertés que s'octroie la nouvelle génération ; et le scénario d'« Une femme à la mer » fait alterner ironie et adhésion sur ces questions.

Que quatre de ces nouvelles aient des médecins et des infirmières pour protagonistes établit un lien on ne peut plus clair avec la vie des Fitzgerald à l'époque. Les « histoires médicales », « Cauchemar », « Que comptez-vous y faire ? », « Dans l'œil du cyclone » et « Les Femmes de la maison » ,s'inspirent pour certains de leurs détails les plus sinistres des divers épisodes qui ont conduit par la suite à la fêlure, et aux maladies chroniques et respectives de Scott et de Zelda.

« Je me tuerais pour vous », la nouvelle éponyme, que Fitzgerald appelait aussi « La Légende du lac Lure », naît de son triste séjour dans les montagnes de Caroline du Nord au climat si salutaire. C'est pour sa santé qu'il s'y rend. Craignant une récidive de sa tuberculose, il espère que l'air frais le soignera – et soignera Zelda par la même occasion. De 1935 à 1937, avec de temps à autre des retours vers Baltimore où Zelda, Scottie et lui avaient essayé de s'installer au début des années 30, Fitzgerald passe le plus clair de son temps dans des hôtels de villégiature, y compris le Lake Lure Inn, l'Oak Hall et le Grove Park Inn. Quand il est à court d'argent, il choisit des motels bon marché, mange des conserves de soupe, et lave ses vêtements dans le lavabo. Quand il en a le temps, que sa santé le lui permet et qu'il en a les capacités, il travaille littéralement pour gagner sa vie. « Je me tuerais pour vous » tire son inspiration de cette époque et de ces lieux.

Cependant, malgré les préoccupations de l'écrivain et ses angoisses personnelles, certaines nouvelles sont tout sauf autobiographiques – et ce sont souvent les plus réussies. Plutôt que de se pencher sur les forces qui gouvernent sa propre vie, Fitzgerald puise son inspiration, et se réfugie sans doute, dans la description des mouvements plus vastes qui affectent l'Histoire et la culture américaines, de la misère faisant suite à la Grande Dépression aux questions d'identité raciale et de droits civiques, en passant par les coutumes, les perspectives et les traditions régionales. Parfois, il est certain que ces interrogations publiques et historiques se mêlent à la dimension privée et intime pour l'écrivain. En quittant le Sud et sa femme originaire d'Alabama pour Hollywood en 1937, Fitzgerald réfléchit beaucoup à la conjonction de l'Histoire et de la famille. Un récit de la guerre de Sécession, présenté ici sous deux formes distinctes avec des intrigues différentes, lui a par exemple été inspiré à l'origine par une anecdote que lui avait racontée son père, à propos d'un cousin autrefois pendu par les pouces au fond du Maryland. « Pouces levés » et « Rendez-vous chez le dentiste » sont des nouvelles où figurent brutalité et torture, ainsi que des actes et des mots d'une rare violence – en un contraste saisissant avec les réécritures romantiques que Fitzgerald ajoute au même moment au scénario d'*Autant en emporte le vent*. Ces deux récits explorent de façon discordante des moments clés de l'Histoire américaine et interrogent les mythes auxquels ils ont donné naissance, tout en montrant le questionnement de Fitzgerald sur les effets, plus ou moins contraignants, qu'a eus sur lui l'histoire familiale en tant que chroniqueur d'événements marquants du passé de son pays. Ils posent aussi la question de l'originalité et des sources de la création :

redire – et peut-être exorciser – une histoire entendue quand on est enfant, au contraire de s'efforcer d'imaginer quelque chose de neuf.

« Chaussons de danse », « Une femme à la mer » et « Les Peines de l'amour » se présentent sous la forme de propositions de scripts ou de scénarios achevés. D'autres donnent l'impression que l'auteur s'est mis à écrire un scénario commercialisable, et l'a par la suite transformé en ce qui l'intéressait davantage : une nouvelle ou une esquisse de roman. « Les Femmes de la maison » commence comme une pétillante comédie romantique de l'Âge d'or du cinéma, destinée à William Powell et Carole Lombard. Des descriptions fouillées sont alors introduites et une ombre s'abat sur l'intrigue : le bel aventurier va mourir de ses problèmes cardiaques qui, sur un mode tragique, sont l'écho de ceux que connaît Fitzgerald. Peut-il, en conscience, continuer à courtiser la belle étoile du cinéma dont il est amoureux ? Des détails insolites se glissent ici qu'aucun studio de cinéma n'aurait acceptés, comme une infirmière critiquant ses anciens patients qu'elle traite de « drogués », un acteur de cinéma doté d'un fascinant « physique d'Apollon », ou un vaste carré de marijuana dissimulé derrière des écuries. La nouvelle exhibe et cloue au pilori les vanités de Hollywood, ses hypocrisies et sa rapacité, mais finit littéralement dans un lit de roses, au cours de l'un de ces épilogues classiques mais pas tout à fait rédempteurs dont Fitzgerald avait le secret. Non seulement il tourne en dérision l'amour et l'intrigue sentimentale qui assurent les profits de l'industrie du cinéma, mais il en profite pour écrire une parodie incisive de ce que les éditeurs attendent de lui, et il s'amuse prodigieusement à le faire.

« Une femme à la mer », « Chaussons de danse » et « Les Peines de l'amour » présentent certes des défauts si on les considère comme des nouvelles, mais c'est précisément ce que ces textes s'efforcent de ne pas être. « Chaussons de danse » a été écrit pour une autre ballerine, mais Fitzgerald pensait que la passion pour la danse de Zelda et sa formation classique l'aideraient à « produire une histoire authentique sur ce sujet, pleine d'imagination et de sentiment », ce qui n'est pas sans apporter un éclairage biographique à ce scénario. Fitzgerald reprend « Une femme à la mer » après en avoir interrompu la rédaction pendant cinq ans ; « Les Peines de l'amour » est remarquable en ce qu'il constitue un « scénario original » écrit par Fitzgerald, son idée personnelle pour un film du début à la fin, au contraire du traitement d'une histoire rédigée par quelqu'un d'autre.

> *Je pense que les neuf ans qui ont séparé* Gatsby le magnifique *de* Tendre est la nuit *ont gravement nui à ma réputation parce qu'une génération entière a grandi entre-temps pour laquelle je n'étais qu'un écrivain de nouvelles du* Post…
>
> *Je trouve étrange que le talent que j'avais toujours eu pour les nouvelles ait disparu. C'était sans doute que les temps avaient changé, les éditeurs avaient changé, mais une partie de l'explication résidait sans doute dans notre couple – le happy-end. Bien sûr une nouvelle sur trois se terminait différemment, mais pour l'essentiel, je séduisais mon public avec des récits d'amours de jeunesse. Je devais avoir une puissante imagination pour qu'elle se projette aussi loin et si souvent dans le passé.*

Lettre de Fitzgerald à Zelda, octobre 1940.

L'imagination qui préside aux nouvelles de *Je me tuerais pour vous* est de fait étonnamment puissante. Elles sont bien sûr inégales, et l'auteur en avait lui-même conscience, comme en témoigne sa correspondance. Certaines ont à l'évidence été composées pour des raisons matérielles, et bien qu'on y trouve des phrases, des expressions et des personnages relevant du génie, elles souffrent parfois de la hâte de l'écrivain et ne vont pas sans certaines imperfections. Les dettes et ses difficultés pèsent irrémédiablement sur lui au milieu des années 30. La peine qui l'accable et l'honnêteté dont il fait preuve dans la lettre qu'il adresse à Ober en mai 1936 se retrouvent dans les nouvelles de la même période.

> *C'est absolument affreux d'être ainsi endetté. J'y ai perdu toute confiance en moi jusqu'à un point affligeant. Autrefois, j'écrivais pour moi-même, aujourd'hui j'écris pour les éditeurs de magazine parce que je n'ai jamais le temps de penser à ce que j'aimerais vraiment faire, ni celui de trouver quelque chose qui me plaise. Je suis un peu dans la situation d'un homme qui tire de l'eau goutte à goutte parce qu'il a trop soif pour attendre que le puits se remplisse. Ah si j'avais la chance de pouvoir faire une pause !*

Pourtant, il confie à Zelda à propos de ce que le *Saturday Evening Post* attendait de lui et qu'il n'était plus prêt à écrire : « Dès que j'ai l'impression d'écrire dans un but bassement mercantile, ma plume se fige et mon talent est à jeter aux orties. » Qu'il ait composé pour satisfaire ses propres exigences ou celles de quelqu'un d'autre, toutes ces nouvelles, prises dans leur ensemble, font preuve d'une liberté créatrice accrue, d'un goût de l'aventure formelle, et souvent d'une résistance obstinée à produire ce qu'on attendait de « F. Scott Fitzgerald » ou à suivre règles et exigences traditionnelles. Les éditeurs et les lecteurs ne voulaient pas voir de jeunes gens coucher ensemble lors d'une croisière ? Ne souhaitaient pas que des soldats se fassent torturer pendant une guerre ? Refusaient que des gens menacent de se suicider ? Qu'on consomme de l'alcool et de la drogue sur les collines de Hollywood ? Qu'on parle de corruption et de pots-de-vin dans le monde du sport universitaire ? Dommage ! Il lui arrive d'accepter de réviser. Parfois, et en particulier dans les cas où il a sacrifié son talent pour gagner les faveurs de Hollywood – comme dans « Une femme à la mer » –, la tiédeur de l'écrivain envers sa propre production est perceptible. Mais parfois, et de plus en plus souvent au cours des années 30, Fitzgerald refuse de se soumettre aux attentes de ceux qui s'étonnent de le voir choisir une veine réaliste, ou adopter le côté sombre ou le style heurté du haut modernisme, ou encore rédiger quelque chose qu'ils jugent tout simplement laid.

Le raffinement et la précision, les phrases lapidaires et la langue élégante que nous associons à la prose de Fitzgerald à ses débuts se retrouvent dans les plus réussies de ces nouvelles. D'un bout à l'autre de sa carrière d'écrivain, il continua de témoigner d'un humour tout à la fois brillant et sombre, d'une fascination pour la beauté des êtres, des lieux et des choses, du plaisir que lui procurait l'idée que le clair de lune ou la lumière mouchetée du soleil pouvaient influencer l'humeur, et d'une grande tendresse pour ses lecteurs et ses productions. Même quand il désespérait de jamais retrouver sa popularité de son vivant, Fitzgerald ne doutait pas qu'il était et redeviendrait un grand auteur. À Perkins, il écrivit au printemps 1940 :

> *Autrefois, je croyais… que je pouvais (même si je n'y parvenais pas toujours) rendre les gens heureux, et cela m'enchantait plus que toute autre chose. Aujourd'hui, même cette idée ressemble à un rêve de paradis dans un vaudeville à l'eau de rose, un* minstrel show *où on joue à jamais le personnage de Bones…*
>
> *Mais disparaître, si radicalement et si injustement après avoir tant donné… Encore aujourd'hui, il se publie rarement de choses dans le domaine de la fiction américaine qui ne portent un tant soit peu mon empreinte. À ma façon, modestement, j'ai créé une œuvre originale.*

Même si Hollywood, comme Fitzgerald l'avait toujours su, avait eu une mauvaise influence sur son art d'écrivain à bien des égards, le cinéma n'a pas été que négatif pour lui. Dans ces nouvelles, on repère souvent une fascinante utilisation de la cinématique, là où de longues scènes descriptives dépourvues de dialogues ressemblent à des images défilant sur un écran : un homme qui court, presque hors d'haleine, jusqu'au sommet de Chimney Rock à la poursuite d'une jeune femme (« Je me tuerais pour vous ») ; une ambulance qui a un accident au ralenti, ses occupants en sortant étourdis et légèrement blessés pour découvrir un car de ramassage scolaire en flammes, bondé d'enfants qui hurlent (« Dans l'œil du cyclone »). Des séquences réussies et innovantes comme celles-ci compensent – et même font oublier – d'autres moments, tel celui où un bébé escalade une harpe dans « Une femme à la mer », où le talent de Fitzgerald est compromis, voire franchement gâché. En avril 1940, il écrit à Zelda : « J'en suis venu à haïr la Californie et je donnerais ma vie pour passer trois ans en France », alors que le mois précédent, il lui avait dit : « Je compose ces histoires de "Pat Hobby", et j'attends. J'ai une nouvelle idée, d'ailleurs – une série de textes proches de la comédie qui m'ouvrira de nouveau la porte des grands magazines – mais pour l'heure, mon Dieu, on m'a complètement oublié. » Cette inspiration nouvelle, comique plutôt que tragique, allait lui redonner sa place d'écrivain. Contre vents et marée, malgré les épreuves, l'alcoolisme et la maladie, Fitzgerald a continué à écrire et s'est appliqué à donner un reflet de ce qu'il savait et ce qu'il voyait. La marque distinctive de Fitzgerald dans ces nouvelles, c'est assurément leur potentiel d'espoir.

Anne Margaret DANIEL, septembre 2016.

TABLE

Cet ouvrage a été achevé d'imprimer sur Roto-Page
par l'Imprimerie Floch à Mayenne
pour le compte des Éditions Grasset
en mars 2017

Composition Maury-Imprimeur
45330 Malesherbes

PAPIER À BASE DE
FIBRES CERTIFIÉES

Grasset s'engage pour
l'environnement en réduisant
l'empreinte carbone de ses livres.
Celle de cet exemplaire est de :
1,2 kg éq. CO_2
Rendez-vous sur
www.grasset-durable.fr

N° d'édition : 19851 – N° d'impression : 90843
Dépôt légal : avril 2017
Imprimé en France